정통교회와 교인들을 보호하기 위한

바로알자!
영지주의의 정체

한국이단상담목회연구소
강 경 호

Gnosticism

한사랑가족상담연구소

편저자 머릿말

　지난 2024년 4월 13일 한국기독교이단연구학회 창립과 함께 학술발표회
가 합동신학대학원대학교에서 있었습니다. 새롭게 창립한 이단학회가 발전
하여 중심된 모판 역할을 하였으면 하는 바램을 가지며 기도하고 있습니다.
이러한 귀한 학회에 필자는 '초대교회의 이단 현황과 대처 분석'을 중심으
로 하여 발제하는 기회가 있었습니다. 이러한 발제를 위하여 준비하면서 느
껴졌던 것은 초대교회에 나타난 다양한 형태의 이단들이 나타나 그리스도
인들을 미혹하며 그리스도의 교회를 오염시켰습니다. 이러한 거짓 교사들이
나 이단들이 초기에 나타남에 대하여 정통교회는 이들을 대처하여 그리스
도의 양 떼들을 보호하며 바르게 양육하고자 하였습니다. 그러한 결과물들
이 여러 사도들과 그의 제자들을 통하여 각 교회에 편지를 써 보내며 경계
를 하였습니다. 또한, 그러한 결과물이 지금 우리 손에 둘려져 있는 정경을
만들게 되었으며 사도신경과 같은 고백서나 교리를 체계화하여 교육하면서
대비해 왔습니다.

　여기에 정통교회는 이단들을 규정하면서 대부분의 이단들을 물리치는
듯하였습니다. 그러나 그러한 이단들이 사라졌을까요? 문제는 그러하지
못하다는 것입니다. 그 이유는 초기에 나타난 이단들의 모습을 오늘 이
시대에서도 찾아볼 수 있기 때문입니다.

　임박한 종말론을 주장하였던 에비온파는 4세기경까지 존속하다가 사
라졌다고 합니다. 몬타누스는 자신이 참 예언자라고 주장하면서 재림의
임박성을 주장하였습니다. 그러나 오늘날에서는 이장림이나 안상홍(하나

님의교회) 증인과 같은 이단들이 유사한 주장을 하면서 미혹하고 있습니다. 또한, 지상 천년왕국을 고대하는 에비온파나 케린투스(Cerinthus)파에 주장은 오늘날 여호와증인이나 신천지와 같은 곳에서 주장하며 활발하게 미혹하고 있습니다. 또한, 최근 들어 유대교에서 기독교로 개종하는 유대인들의 증가와 더불어 예수를 유대적인 방식으로 이해하려는 에비온주의적 관점이 소생하고 있는 것으로 보여지는 메시아닉 쥬(Messianic Jew)에게도 관심을 가지고 연구해야 할 시점에 와 있습니다.

또한 황홀경적 방언과 예언을 동반한 열광주의적 성령 운동과 계시를 받아서 예언한다고 하며 많은 사람들을 미혹하였던 몬타누스주의(Montanism)는 AD 235년에 이고니움 회의에서 이단으로 규정되었으며, AD 381년 니케아-콘스탄터노풀 교회회의(Nicaene-Constantinopolitan Assembly)에서 이교도와 같이 취급하였고 이의 여파로 5세기 초에 자취를 감추었다고 합니다. 그러나 오늘날에는 도처에 신사도운동을 하는 사람과 교회를 통해서 많은 사람을 미혹하고 있습니다.

엘케사이(Elkesaites)파는 그리스도는 단순한 피조물로 보고 신성을 부인하였습니다. 마르키온은 예수 그리스도는 메시아가 아니라고 주장하였습니다. 오늘날에도 예수는 피조물이라며 그리스도 되심을 부인하고 있는 은혜로교회 신옥주에게서 그 모습을 볼 수 있으며, 몬타누스(Montanus)는 삼시대론을 주장하면서 성령 시대에 자신이 보혜사의 대언자라고 주장하였습니다. 그러한 주장을 오늘날에도 하고 있으니 하나님의교회의 안상홍, 신천지의 이만희 등에게서 찾아볼 수 있습니다.

이렇게 초대교회에 나타났던 이단들은 사라진 것이 아니라 새로운 변형된 모습으로 이 시대에도 나타나 그리스도교회와 그리스도인들은 미혹하고 있습니다. 미혹 당한 사람들로 하여금 많은 가정에서 식구들을 눈물을 짓게 하고 있음을 현장에서 보며 안타까운 심정을 가질 때가 많습니다.

이제 특별히 초대교회를 연구하던 중에 예전 그 당시에 나타난 이단이나 영향을 주는 사상 가운데 이 시대에도 조심해야 할 것이 영지주의임을 강하게 느끼게 되었습니다. 이로 인해 다른 연구하던 일을 멈추고 '영지주의 정체'를 밝혀야 할 필요성에 자료를 수집하였습니다. 그리고 연구에 매진하던 중에 작은 결심을 보게 되었습니다.

현대에도 여러 이단들과 사상에 지대한 영향을 끼치고 있는 영지주의는 영적인 지식을 통해 깨닫고 해탈하여 구원을 받을 수 있다고 주장합니다. 그리스도교 영지주의는 신자들이 '영적인 지식'(깨달음)과 '영적인 안내자'(예수 그리스도)를 통하여 자신 안에 잠재된 신성이 되살아나서 우주의 궁극적 신성과 일치됨을 누리는 것을 목표로 합니다. 영지주의에서는 신자들이 이러한 방식으로 '신인합일의 경지'에 도달한다고 착각하게 하고 있습니다.

이러한 영지주의의 정체를 밝히고자 제1장에서는 영지주의의 정의와 기원, 개념과 특징을 중심으로 살펴보았으며, 제2장에서는 영지주의 배경과 계열을 살펴보았으며, 제3장에서는 영지주의 주요 사상에 대하여 살펴보았습니다.

제5장 이후에서는 이러한 영지주의는 만다교·마니교·카타르파에 스며들어 영향을 끼쳤으며, 힌두교·불교와 같은 이교만이 아니라 뉴에이지 운동과 종교다원주의에도 스며들어 있으며, 현대에 반 그리스도교라고 필자가 보는 로마카톨릭교회나 세칭 구원파와 신천지 이단에서 스며들어 영향을 끼치고 있음을 살펴보았습니다.

특히 영지주의는 그리스도교회에 스며들어 왜곡되게 미혹하고 있는 사탄주의 사상으로 보고 경계해야 할 것입니다. 이러한 영지주의에 대한 교부들에 의한 대처 방법과 유다서를 통한 경계와 대처 방안을 찾아보고

자 하였습니다.

참고로 본문에서 용어의 통일을 하고자 하느님을 하나님으로, 성서를 성경으로, 기독교를 그리스도교로, 가톨릭을 로마카톨릭으로, 그리스를 헬라 등으로 표기하였습니다.

이제 필자가 연구한 「바로알자! 영지주의의 정체」는 개론서입니다. 미력하지만 이 책을 통하여 많은 분들에게는 영적인 분별력을 키워줄 수 있었으면 하며, 이단을 대처하는 사역자분들에게도 작은 도움이 되었으면 하는 바램을 가지고 있습니다. 이와 함께 누군가 더 깊숙한 연구가 진행되어 그리스도교회를 더욱 건강하게 분별력을 가질 수 있게 하였으면 합니다.

어려운 상황이지만 「바로알자! 영지주의의 정체」를 집필하여 마무리할 수 있도록 배려해 주신 하나님께 영광을 돌려드립니다. 본 책자가 속히 나올 수 있도록 특별히 관심을 가지고 기도해 주시고 계신 유영권 목사님과 여러 이단 사역에 수고하시는 분들, 출판비가 많이 부족하여 지체하던 중에 출판비 일부를 후원해 주신 조남민 목사님께 지면을 통해 감사를 드립니다.

주후 2024년 여름 장마철을 보내면서
한국이단상담목회연구소 강 경 호

이단 대처는 예방 사역이 최선입니다!

제1장 영지주의 개관

1. 초기 그리스도교의 이단 탄생의 배경

이단들은 이미 초기교회에서부터 서서히 출현하기 시작했음을 알 수 있다. 놀랍게도 이단의 시초는 신약성경 사도행전에서 이미 언급이 되고 있다.[1]

"[9]그 성에 시몬이라 하는 사람이 전부터 있어 마술을 행하여 사마리아 백성을 놀라게 하며 자칭 큰 자라 하니 [10]낮은 사람부터 높은 사람까지 다 따르며 이르되 이 사람은 크다 일컫는 하나님의 능력이라 하더라 [11]오랫동안 그 마술에 놀랐으므로 그들이 따르더니"(행8:9-11)

고대 교회사가인 유세비우스는 그의 저서 「유세비우스의 교회사」에서 베드로에게 정죄 받은 시몬 마구스를 '모든 이단의 선구자'라고 정의하고 있다.[2] 또한, 초대교부였던 이레니우스(Irenaeus)는 「이단들에 반대함」(Against Heresis)이라는 글에서 시몬 마구스(Simon Magus)를 향해

---

1) 주희연, "초대 교회에 출현한 이단", 「신학과 선교」, (서울: 서울신학대학교 기독교신학연구소, 2019), p. 123.
2) 유세비우스, 「유세비우스의 교회사」, 엄성옥 역, (서울: 도서출판 은성, 1990), p. 97.

'모든 이단들의 아버지'라고 공격하였다. 이 사람이 사도행전 8장 9절에서 24절에 나오는 인물과 동일한가는 확실치 않다.[3]

그런데 예상외로 많은 이단들이 이미 초기교회 시대부터 출발하여 고대교회사의 하나의 이슈들로 각인되었던 점이 발견된다고 주희연은 지적하고 있다.[4]

이러한 이단 탄생의 배경 중 놀라운 것은 이들이 초기 기독교 공동체들의 성격 및 특성과 서로 맞물려 있었다는 것이다. 초기 기독교 공동체는 단일한 전통을 가졌음에도 불구하고 서로 다양한 문화, 언어, 사회적 상황에 거하던 집단과 개인들의 복합체였다. 따라서 이로 인해 통일성과 다양성이 동시에 존재하였다. 그들은 획일적인 구조가 아닌 자율성에 근거하였으며, 자기네 신앙을 자신들이 처한 상황과 연관시켜 그런 맥락에서 통하는 언어로 표현하려고 애썼다.[5]

알리스터 맥그라스(Alister McGrath)는 그의 저서 「Heresy: A History of Defending the Truth」에서 이러한 초기교회 배경 상황을 설명하며 이단 출현의 발단은 초대교회 내부에서부터 시작되었다고 말한다. 즉, 이단이란 기독교 밖의 외부에서 어느 날 갑자기 파고 들어온 것이라기보다는 내부의 신앙공동체 안에서 발생하였다는 것이다.[6]

그런데 초대교회 당시의 문화(文化)는 크게 셋으로 나누어 볼 수 있다. 첫째는 유대교(Judaism), 둘째는 헬레니즘(Hellenism), 셋째는 로마제국주의(Roman imperialism)가 그것이다.[7]

이에 박상경은 "유대교는 기독교의 뿌리가 되었고, 헬레니즘은 기독교

3) 김재성, "신론을 중심으로 본 이단 사상", 「교회와 신앙」, 1994년 1월호, p. 90.
4) 주희연, "초대 교회에 출현한 이단", op. cit., p. 123.
5) Ibid., p. 123.
6) Alister McGrath, 「Heresy: A History of Defending the Truth」, (New York : Harper Collins, 2009), pp. 61-72.
7) 박상경, 「기독교교리사」, (서울: 리폼드북스, 2023), p. 93.

가 성장할 지적토양이 되었고, 로마제국은 기독교가 성장 할 수 있도록
환경을 만들어 주었다. 그러니 이 세 문화는 아이러니하게도 기독교의
가장 무서운 적이 되었다."고 하고 있다.[8]

2세기 헤게시푸스는 초기교회 시대에 유대인들 사이에서 발흥하였었
던 이단들의 기원에 대해서 언급하고 있는 것은, 당시 유대 일곱 당파들
이 존재하였다. 이 중 한 당파에 속하였던 예루살렘의 감독 시므온이 죽
은 후 데부티스(Thebuthis)가 자신이 감독이 되지 못한 것에 대한 시기
로 많은 사람들을 배교의 길로 이끌어가며 교회를 은밀히 타락시키기 시
작하였다. 그 후 이 당파에는 시므온(Simeon)에게서 시작된 시므온파,
클레오비우스(Cleobius)파, 도시테우스(Dositheus)가 창시한 도시테우스파
가 생겨났다. 다시 여기서 파생되어 고르테우스(Gorthaeus)파, 마스보테
우스파(Masbotheus) 등이 있었다. 여기에서 다시 메난드리아파
(Menandrians), 바실리디우스파(Basilidians), 마르시온파(Marcionist), 카
르포크라티아파(Carpociatians), 발렌티안파(Valentinians), 사투르닐리아
파(Saturnilians)가 생겨났다. 이들의 특징은 모두 나름대로 특이한 견해
를 도입하고 있었고 이들로부터 거짓 그리스도들과 거짓 선지자들, 거짓
사도들이 나타나게 되었다. 또한, 이들은 하나님과 그리스도를 거역하는
타락한 교리들을 소개하면서 교회의 일치를 깨뜨렸다고 지적하고 있다.[9]

초대교회에 출현했었던 이단들에게서 발견되는 공통점이 있다. 그것은
바로 이들의 출발점이 많은 경우 '전통적인 유대교에서 유래했거나', '그
리스도교' 신앙 안에서 시작되었거나, 또는 '그리스도교와 지속적인 관련
을 맺으며 성장, 발전했다는 것'이라고 주희연은 보고 있다. 또한, 헬레니
즘의 철학적 경향성을 따라 해석상의 오류를 낳은 이단들도 있었다고 언

8) Ibid., p. 93.
9) 유세비우스, 「유세비우스의 교회사」, op. cit., pp. 204-205.

급하고 있는 주희연은 이들 이단들에 대하여 다음과 같이 분류하고 있다.[10]

첫째, 유대주의적 성향에서 탄생한 이단들이다. 즉, 에비온파, 엘케사이파, 케린투스파, 가현설 등은 예수 그리스도를 믿는 신앙 안에서 출발하였다. 그러나 그들 나름대로의 유대주의적 의식을 버리지 못하였거나, 이것을 그리스도교와 연결하려고 하였고, 강한 분파를 형성하고 있었다. 따라서 이들이 진정한 정통 그리스도교 신앙인으로 자리 잡기가 한편으로는 쉽지 않았을 것처럼 보인다. 오히려 겉으로는 기독교적 모습을 가지고 있었기 때문에 처음부터 이단으로 분별해 내기도 쉽지는 않았을 것으로 생각한다.

둘째, 헬라와 로마문화 사회의 배경 안에서 탄생한 이단들이다. 영지주의, 마르키온주의, 몬타누스주의, 마니교 등이다. 이들은 한마디로 그레코-로만 문화의 혼합주의, 신비주의, 철학의 영향으로 탄생한 헬라·로마 문화의 종교적 산물이라고 보아도 과언이 아닐 것이다. 물론 이들의 출발점은 기독교에서 시작하였고, 기독교라는 씨앗을 그 매개체로 삼고 확대 발전시킨 경우였다.

영지주의는 초대 그리스도교인들에게 무척이나 매력적인 종교였고, 영지주의로 이탈되어 나간 그리스도교인들이 많았던 것 같다. 마르키온은 그리스도교의 하나님을 해석하다가 생겨난 오류에서 출발하였고, 몬타니즘은 처음부터 그리스도교 신앙에서 출발하였지만, 지방의 신앙적 특색의 영향을 강하게 받았다. 마니교 역시 영지주의와 주변의 혼합종교가 섞어지면서 그리스도교와 비슷한 형태를 띠었던 것처럼 보인다. 특별히 그리스도교를 대표하는 신학자인 아우구스티누스가 9년이라는 장시간을 몸담았던 곳으로 하나님을 알아가고자 사색했었던 공동체였다. 그러한

---

10) 주희연, "초대 교회에 출현한 이단", op. cit., pp. 139-141.

마니교 역시 기독교와 전혀 관련이 없었다고 말하기는 역부족일 것이다.

셋째, 삼위일체와 그리스도론 논쟁의 정립 과정에서 출현한 이단들이다. 대표적으로 아리우수주의와 아폴리나리우스주의이다. 이들은 사실 정교한 신학과 교리 발전이 없었더라면 이단의 반열에 세우기에 많은 어려움이 따랐을 정도로 정통 그리스도교 신앙을 그들의 모체로 가지고 있다. 초대교회는 이들과 수많은 논쟁과 거쳐야 했다. 그 결과 정교한 사상적 정립, 곧 그리스도론과 삼위일체라는 교리의 정립이 완성될 수 있었다. 비록 이들은 패배하여 이단으로 사라졌고 비록 정통에 반하는 그릇된 신앙관과 신학을 가지고 있었지만, 그들 역시 출발은 그리스도교였고 그 배경 안에서 등장한 이단들이었다.

2. 영지주의 정의

영지주의의 실체에 대한 견해는 연구자마다 달라서 영지주의는 그동안 사상, 운동, 종교 등 서로 다르게 정의되었다. 그런데 영지주의가 '사상'이라는 것은 영지주의가 어떤 인물을 중심으로 해서 그 사상에 동조하는 제자들이 모여서 그 사상을 계승, 발전시켜나갔다는 것이다. '운동'이라는 것은 그 모임이 좀 더 대중적인 범위까지 넓혀졌다는 말이며, '종교'라고 하는 것은 그 사상에 제의적인 부분과 교단적인 뒷받침이 합쳐져서 새로운 차원을 얻게 되었다는 주장이다. 영지주의가 이렇게 다양하게 정의되는 이유는 그것이 언제 어디서부터 시작되었는지 기원이 명확하지 않고, 많은 영지주의자들 사이에 미세한 부분에서는 저마다 다른 주장을 하기 때문이다.[11]

이에 신약성경에서 이미 그리스도인을 가장 미혹하는 신앙의 양태를 영지주의로 지목하고 있다. "미혹하는 자가 세상에 많이 나왔나니 이는 예수 그리스도께서 육체로 오심을 부인하는 자라 이런 자가 미혹하는 자요 적그리스도니"(요이1:7)라고 하였다.[12]

이러한 영지주의(gnosticism)는 영지(gnosis)를 추종하는 동방종교와 헬라철학과 신지학(神智學, theosophy), 그리고 그리스도교 신앙의 혼합 형태로서 주후 80년부터 150년 사이 초대교회와 경쟁했던 가장 강력하고 위협적인 운동이었다. 그러나 엄격한 의미의 종교도 아니고 순수하고 단순한 철학도 아니였으며 일종의 밀의적인 민중 신앙으로서 여러 체계와 분파들이 있어 그들의 가르침은 서로 간에도 현저하게 달랐다.[13] 즉, 영지주의는 다양하고 개별적으로 매우 세분화된 체계에서 발생하였다. 영지주의는 바빌론의 점성술, 이란의 이원론, 이집트 또는 헬레니즘의 종교 혼합주의, 유다교와 그리스도교 언어, 철학, 신화, 밀교적 신비를 받아들였다.[14]

이에 카렌 킹(Karen King)은 영지주의에 대한 정의를 ①영지주의는 그리스도교 이단이다. ②영지주의는 다른 그리스도교의 다양한 분파 중의 하나이다. ③영지주의는 형성기의 그리스도교에 영향을 주었거나 경쟁했던 그리스도교 이전(pre-Christian)이나 원형 그리스도교(proto-Christian) 종교이다. ④영지주의는 본질적으로 그리스도교와는 다른 독립적인 전통이라고 하고 있다.[15]

---

11) 김성민, "영지주의와 C.G. 융과 분석심리학", 「心性硏究 24」, (서울: 한국분석심리학회, 2009), p. 248.

12) 허호익, "영지주의의 기독교 왜곡과 사도신경의 형성", 「신학과 문학 제14집」, 2005, p. 191.

13) Ibid., pp. 191-192.

14) 하성수, "교부들의 가르침(18) 영지주의", 「가톨릭신문」, 2003. 2. 16.

15) 조재형, 「초기 그리스도교와 영지주의」, (서울: 도서출판 동연, 2020), p. 69.

그런데 이러한 영지주의에 대한 기록은, 성경에는 물론 그리스도교 초
기교부들의 문서에도 등장하여 비교적 일찍부터 알려졌다. 그러나 영지
주의자들이 직접 쓴 문서는 18, 9세기부터 발굴되기 시작하다가 1945년
이집트의 나그 함마디(Nag Hammadi)에서 방대한 자료가 발견되어 그에
대한 본격적인 연구가 비로소 시작되기 시작한다.[16]

일반적으로 영지주의라고 칭하는 것은 그 구체적인 형성에 있어서 다
양하나 기본 구조에서는 통일적인 하나의 종교현상이다.[17] 이에 영지주의
자(gnostic)와 영지주의(gnosticism)라는 말은 헬라어 그노시스(gnosis 靈
知)에서 유래했다.[18] 즉, 영지주의(靈知主義, Gnosticism)는 헬라어로 '지
식'(knowledge), '앎' 등의 뜻을 가진 그노시스(gnosis)에서 비롯된 용어
이다.[19] 그러나 이 의미가 내포하는 것은 단순한 지식을 뜻하는 앎이 아
니다. 그리스어의 본래적인 의미의 'gnosis'란 근본적으로 이성적인 지식
이 아니다. 그리스어에서는 과학적 지식 또는 반성적(反省的)인 지식('그
는 수학을 안다')과 관찰이나 경험에 의해 아는 것('그는 나를 안다')이
구별되며 후자가 '영지'이다.[20]

그런데 유대교, 그리스도교, 이슬람교와 같은 유일신교의 주류 분파들
은 믿음(faith)을 크게 강조한다. 대부분의 전통 종교인들에게 "나는 믿는
다."(credo)는 고백은 아주 중요한 증언이다. 이와 반대로 영지주의자들
은, 믿음이 아니라, 무의식에서 자신을 해방시켜 마침내 물질세계의 울타

---

16) 김성민, "영지주의와 C.G. 융과 분석심리학", op. cit., p. 248.
17) Rudolf Bultmann, 「Das Urchristentum」, 허혁 역, 「西洋古代宗教思想
史」, (서울: 이대출판부, 1981), p. 216.
18) Stephan A. Hoeller, 「Gnosticism: New Light on Ancient of Inner
Knowing」, 이재길 역, 「이것이 영지주의다」, (서울: 샨티, 2022), p. 18.
19) 조덕영, "기독교는 영지주의를 어떻게 볼 것인가", 「크리스천투데이」,
2011. 11. 9.
20) 유승종, "영지주의와 동양종교의 상관성", 「철학·사상·문화 제7호」, (서
울: 동국대학교 동서사상연구소, 2008), p. 30.

리 너머로 자신을 실어다 줄 내면의 앎을 열망하고 끝내 성취한다.[21]

영지주의 핵심적 사상은 '앎'을 통해서 진리에 이르는 것이라고 하고 있다. 여기에서의 '앎'이란 결국 궁극적인 존재와의 합일에 이르는 전 과정을 말한다. 이 과정이 능동적인 입장을 취하는 것은 믿음과 대조할 때 더욱 명확히 드러난다.[22]

이에 횔러(Hoeller)는 앎이 갖는 특징을 설명하기 위해 믿음과의 관계를 잘 대조해서 말하고 있다.

> "유일신교 계열인 유대교, 기독교, 이슬람교가 주되게 표명하는 것은 믿음을 매우 강조하는 것이다. 전통적인 종교인들의 대부분의 중심적인 주장은 '나는 믿는다'는 것이다. 그러나 반대로 영지주의자는 단지 믿음이 아니라 내적인 지식을 갈망하고 궁극적으로 그것을 얻는 것이고, 그 지식은 무의식으로부터 자신을 해방하여 궁극적으로 눈에 보이는 물질세계 영역 너머로 이끌어준다. 이러한 상태는 확실히 단순한 믿음을 뛰어넘는 어떤 강점을 가지고 있다. … 믿음은 지식과는 매우 다른 면이 있다. 따라서 전통종교가 왜 영지주의와 다른지를 이해하는 것은 아주 쉽다."[23]

월리암 제임스(William James)의 논리에 따르면 믿음이란 누군가가 믿은 것을 믿는다는 것으로 믿음을 해석했다. 믿음이 갖는 수동적 원리가 발견된다. 따라서 믿음이란 외부적인 것이 언제나 전제되어야 한다. 다시 말하면 외부적인 것에 대한 반응으로서의 믿음이 생성된다. 믿음은

---

21) Stephan A. Hoeller, 「Gnosticism: New Light on Ancient of Inner Knowing」, op. cit., pp. 22-23.
22) 정연욱, "W.B.Yeats 그리고 그의 시에 나타난 영지주의의 시학과 앎의 시학에 대한 비교연구", 「한국 예이츠 저널, Vol. 40」, (서울: 한국예이츠학회, 2013), p. 217.
23) Ibid., p. 217에서 재인용.

믿는 대상이 언제나 설정되어야 하고 그 대상에 대한 일종의 반향이기에
수동적 입장을 취하게 된다. 그러므로 믿음은 그 자체가 능동적이기보다
는 수동성 원리를 갖는 면이 발생한다. 대표적으로 전통 종교인 유대교,
그리스도교, 이슬람교는 영지주의와 달리 믿음의 원리가 중요 핵심에 자
리 잡고 있어서 영지주의와 근원적인 차이가 있다는 것이다.[24]

이렇게 '앎'이란 것은 '믿음'과 그 속성에서 차이점을 발생시킨다. '믿
음'에는 수동적 원리가 담겨 있다면, '앎'은 능동적인 속성을 내포하고 있
다. 따라서 영지주의가 갖는 특징은 인간으로 하여금 주체가 되어 능동
적으로 궁극적 진리를 향해 추구해 나아갈 수 있는 길을 열어준다.[25]

인간이 주체적인 존재가 되어 진리 탐구의 시발점으로 스스로 탐구하
여 궁극적인 존재를 인식하게 되는 것은 영지주의 교사 모노이머스
(Monoimus)에게서 더욱 구체적으로 살펴볼 수 있다.

> "신이나, 창조, 그리고 비슷한 종류의 다른 문제들을 탐구하는 것은
> 그만두시오. 네 자신을 출발점으로 삼아 신을 찾으시오. 네 안에서 모
> 든 것을 신의 것으로 만들고, 나의 신, 나의 마음, 나의 생각, 나의 영
> 혼, 나의 몸이라 말하는 자가 누구인지를 알아라. 슬픔, 기쁨, 사랑, 증
> 오의 근원을 알아라 … 만일 당신이 주의 깊게 이러한 문제들을 살핀
> 다면, 당신은 당신 안에서 그를 발견할 것이다."[26]

일레인 페이절스(Elaine Pagels)는 「영지주의 복음」(Gnostic
Gospels)에서 영지주의자들이 사용한 '그노시스'(영지)란 단어가 자기 지
식(self-knoowledge)은 물론 궁극적·신적 실재들에 대한 지식까지도 아

---

24) Ibid., p. 218.
25) Ibid., p. 218.
26) Ibid., p. 218에서 재인용.

우르는 직관의 과정을 담고 있다는 점에서 그노시스를 '통찰'(洞察, insight)로 번역하고 있다.[27]

또한, 영지주의는 일종의 우주론적 이원론으로 우주는 영적 세계와 악한 물질세계로 구분되며 사람은 그리스도를 믿거나 여타 종교를 통해 구원받는 게 아니라, 신비한 지식을 통하여 구원에 이른다고 본다. 그 특별한 비법, 특별한 지식을 바로 영지(그노시스)라고 부른다.[28]

그런데 영지주의에 대한 더 정확한 논의를 위해서는 '영지'(gnosis)와 '영지주의'(gnosticism)에 대한 구분이 필요하다. 이에 1966년 메시나에서 열린 "영지주의의 기원에 대한 학술대회"는 매우 유용하다. 거기에서 영지(靈智)는 이론적 인식이 아니라 경험을 통해서 직접적으로 얻는 것으로 종교 엘리트들이 추구했던 신적 비밀에 대한 지식, 영지주의는 2~3세기에 있었던 영지적 체계라고 정리하였기 때문이다. 영지는 영지주의를 포함한 넓은 의미에서의 '인식'이나 '깨달음'이지만, 영지주의는 좁은 의미에서 영지를 찾으려고 했던 특별한 형태의 체계라고 정의했던 것이다. 그러므로 영지는 제도적인 종교로부터 직접적으로 신 체험을 할 수 없었던 내향적인 사람들이 추구하는 좀 더 깊은 신 - 인식 또는 자기 - 인식이지만, 영지주의는 4세기경 그리스도교가 로마제국의 국교가 되자 박해를 받아 약화 될 수밖에 없었던 사상운동이었다.[29]

그러나 영지는 신비가들에 의해서 그리스도교의 수도원에서 여러 가지 형태로 이어져 왔고 연금술, 점성술, 신비학(occultism) 등의 형태로 존재하면서 제도적인 종교의 경직된 합리주의에 지친 사람들의 요구에 응해 왔다.[30]

---

27) Stephan A. Hoeller, 「Gnosticism: New Light on Ancient of Inner Knowing」, op. cit., p. 19.
28) 조덕영, "기독교는 영지주의를 어떻게 볼 것인가", op. cit.
29) 김성민, "영지주의와 C.G. 융과 분석심리학", op. cit., pp. 248-249.
30) Ibid., p. 249.

영지주의에서 '영지'라는 말은 '깨달음'이나 '인식'을 의미한다. 그런데 이 인식은 학문적인 연구와 비판적인 방법을 위한 통찰력이 아니라 계시를 통해서 인간들에게 하나님 인식을 전달해 주는 진정한 지식을 의미한다고 한다.[31]

깨달음에 관련하여 영지주의자였던 모노이무스는 다음과 같이 말하고 있다.

> "신이라든가 창조, 그 비슷한 문제들에 관한 연구는 그만두도록 하라. 네 자신을 출발점으로 삼아 신을 찾으라. 네 안에서 모든 것을 신의 것으로 만들고 '나의 신, 나의 마음, 나의 생각, 나의 영혼, 나의 몸'이라 말하는 자가 누구인지 깨달으라. 슬픔, 기쁨, 사랑, 증오의 원천이 무엇인지 깨달으라 … 이러한 문제들을 주의 깊게 살피고 나면 너는 바로 네 안에서 그를 발견하게 될 것이다."[32]

또한 '그노시스'는 일반적 지식을 의미하기도 하지만, 특히 신비적 합일을 통한 지식, 친밀한 결합을 통한 앎을 의미한다. 이것은 일종의 '영적인 지식'을 뜻한다. 따라서 어원으로 볼 때, 영지주의는 신비적 지식을 통해 구원을 성취하려고 한 종교운동으로 풀이된다.[33] 이러한 영지주의에 대해서 요한은 "(영지주의는) 보통 인간이 도달할 수 없는 경지의 지식, 즉 신과의 신비적 교제의 욕망과 또한 사후 하늘에서 영혼의 안전을 찾는 소망을 추구하였다."[34]고 하고 있다. 또한, 어떤 사람은 '영지주의'라는 용어로 '신비주의', '밀교'(Esoterism), '가현설'(假現說, Docetism)을 의미

---

31) 근광현, 「기독교 이단 길라잡이」, (서울: 도서출판 누가, 2003), p. 152.
32) 정대운, "인간을 '작은 예수'로 만드는 초기 이단 영지주의", 「바른믿음」, 2017. 3. 7에서 재인용.
33) 송광택, "영지주의(Gnosticism)", https://cafe.daum.net/kcmc91/MbG7/49
34) 서요한, 「초대교회사」, (서울: 그리심, 2010), p. 307.

한다고 하고 있다. 이것은 아주 넓은 의미로 쓰이는 경우이다.[35]

영지주의자들은 구원에 이르기 위해서는 특별한 구별된 신비로운 지식을 소유해야 하는 데 이 '지식'이야 말로 구원에 이르는 비밀 열쇠라고 주장하였다. 하르낙(Harnack)은 영지주의를 "그리스도교의 극단적인 헬라화이다"라고 하였고 켈리(Kelly)는 영지주의를 "유대교와 헬라철학과 동양철학의 혼합으로 헬라화된 그리스도교이다"라고 하였다.[36] 이러한 영지주의는 초대교회 이후 교회를 위협해온 이단적 신학이다. 비록 성경에 노골적인 영지주의나 영지주의자라는 말이 등장하고 있지는 않으나 베드로와 야고보와 요한과 바울은 영지주의를 잘 알고 있었다.[37]

3. 영지주의 기원

영지주의가 여러 가지 모습으로 보인다. 이는 영지의 특성상 어쩔 수 없는 일이다. 그것은 어느 한 사람의 뚜렷한 창시자가 있고, 그다음 그것을 확산시키려고 했던 것이 아니다. 영지주의는 신에 대한 직접적 지식을 추구하려는 사람들의 보편적인 사상운동이었기 때문이다.[38] 이러한 영지주의가 언제 어떻게 발생하였는가에 대해서는 아직 일치된 견해가 없다. 그러나 그리스도교와 무관한 종교현상이라는 설과 유대교 이단이나 유대교 이탈 집단이라는 설 등으로 나누어 보기도 한다.[39]

---

35) 송광택, "영지주의(Gnosticism)", op. cit.
36) 빌립, "이단의 원조-영지주의(노스티시즘)", https://cafe.daum.net/kcmc91/MbG7/39
37) 조덕영, "초대교회는 영지주의를 어떻게 보았는가?", 「크리스천투데이」, 2017. 5. 10.
38) 김성민, "영지주의와 C.G. 융과 분석심리학", op. cit., p. 249.

그랜트에 따르면 영지주의의 기원에 관련하여 네 가지 주요한 설명이 있다. 즉 ①헬라철학, ②동양종교(주로 이란 종교), ③그리스도교, ④이설(異說)의 유대교이다. 이 관점들의 모든 요소들이 영지주의에서 발견되고 있음을 아무도 부인할 수 없다.[40] 다만 성경에 나타난 사도 베드로와 사도 바울의 일련의 글들과 그리스도께서 '육체로 오신' 것을 부인한 자들이 있음을 사도 요한이 언급(요일 2:22; 4:2~3)하는 것으로 보아 그리스도교 초기 사도들에게 있어 영지주의는 골칫거리였음을 알 수 있다.[41]

그러나 영지주의에 대한 자료들은 순교자 저스틴, 이레니우스, 히폴리투스, 터툴리안, 알렉산드리아의 클레멘트, 오리겐, 키프로스 살라미스의 에피파니우스(315경~403) 등의 저서에도 나타나고 있다. 특별히 이레니우스의 이단 논박(Adversus Haereses)에 잘 나타나 있다. 이렇게 이레니우스가 영지주의의 위험성에 대해 관심을 가졌다는 것은 그만큼 사도 시대로부터 영지주의가 그리스도교에게는 위험한 종교였음을 말해 주고 있다.[42]

이에 조덕영은 "다만 이들 교부들도 구체적인 영지주의 기원에 대해서는 논하지 않는 것으로 보아 당시 영지주의는 그리스도인이라면 누구나 잘 아는 널리 퍼진 사상이었음이 분명하다."라고 하고 있다.[43]

영지주의의 기원에 대해서는 학자들 간에 의견이 다양하다. 영지주의 자체가 페르시아의 이원론, 동양의 신비주의 종교, 바벨론의 점성술, 헬라철학, 이 외에도 2세기에 실제로 통용했던 모든 이론들을 총망라해서 혼합시켰기 때문이다.[44]

이러한 영지주의는 어떤 특정한 장소나 시간에 따라 제약되는 것이

39) 조덕영, "기독교는 영지주의를 어떻게 볼 것인가", op. cit.
40) 송광택, "영지주의(Gnosticism)", op. cit.
41) 조덕영, "기독교는 영지주의를 어떻게 볼 것인가", op. cit.
42) Ibid.
43) Ibid.
44) 송광택, "영지주의(Gnosticism)", op. cit.

아니라 실제로 신약시대를 불문하고 지중해 연안 여러 지역, 인도와 이란 세계, 또는 중국에까지도 인정할 수 있는 세계적인 종교현상이라고 말할 수 있다. 그러므로 영지주의의 고전적인 종교현상을 그리스도교 영지주의와 구별하여 원 영지주의(Proto-Gnosticism)라고 부른다. 원 영지주의의 일반적인 기원은 종교사적으로 끌어내어 정확할 수는 없다.[45]

가. 그리스도교 중심에서 살펴본 기원설

일반적으로 초기교회 교부들은 영지주의를 A. D. 1~2세기에 광범위한 지역에 널리 유포되어 있으면서 자신들이야말로 다른 그리스도교인들보다 더 깊은 특별한 인식을 소유하고 있는 구별된 무리라고 주장하였던 일단의 사람들에 의하여 일어난 그리스도교 이단 운동으로 인식하였다.[46] 그러나 신학자들의 주장에 의하면 영지주의의 기원은 그리스도교 이전설과 그리스도교 이후 발생설로 구분하기도 한다.[47] 이에 켈러(Carl A. Keller)는 이 문제와 관련하여 여러 학자들의 견해들을 분석해 본 결과 주로 영미 계통의 학자들은 그리스도교 이후에 영지주의가 발생했다고 주장하는 반면에, 독일 계통의 학자들은 그리스도교 이전에 발생한 종교 혼합주의로 간주한다는 사실을 발견하였다고 하고 있다.[48]

(1) 그리스도교 이전 발생설

---

45) 외경위경 편집부, 「외경위경전서9 신약외경Ⅲ」, (서울: 성인사, 1981), pp. 313-314.
46) 근광현, 「기독교 이단 길라잡이」, op. cit., p. 102.
47) J.W.C.Wand, 「A History of the early church」, 이장식역, 「교회사 상」, (서울: 대한기독교서회, 1981), p. 64.
48) 근광현, 「기독교 이단 길라잡이」, op. cit., p. 103.

전통에 의해 오랫동안 받아들여진 그리스도교 이후 발생설에 반대하여 안즈는 1897년에 영지주의 그리스도교 이전 기원설을 처음으로 제안하였다. 이 견해는 종교사학파의 구성원에 의하여 널리 확대되었다. 두 사람의 탁월한 대변인은 헬라적 유대주의 현상으로 그리스도교를 연구하는 부셋(W. Bousset)이고 헬레니즘에 있어서 신비주의를 연구하여 영지주의 기원을 이란과 만데안 전통에서 추적하는 철학자 라이첸스타인(R. Reitzenstein)이다. 부셋은 교부들에 의해 보고된 그노시스의 교훈들을 헬라철학에 의한 비교적 오래된 동양 신화의 변형의 결과라고 설명한다. 그는 그노시스의 구원자의 이교적 증거로서 필로, 헤르케틱문학과 갈대안 신학을 인용한다. 특히 바빌로니아와 페르시아 전통을 강조한다. 라이첸스타인은 그의 처음 중요한 작품 포이만드레스(Poimandres)에서 원인간에 대한 그노시스 신화를 그리스도교 이전 기원으로 설명한다. 그는 헤르메틱 소책자인 포이만드레스에서 원인 간 교리는 그리스도교 이전에 있었으며, 이 소책자는 가장 오래된 그노시스 문헌이라고 한다.[49]

영지주의에 관하여 종교사적으로 연구했던 부셋에게 있어서 영지주의란 단순히 그리스도교 내의 부산물만은 아니라, 이는 철저한 이원론과 급진적 비관론에 토대를 둔 독자적 종교운동으로 보고 있다. 영지주의는 이미 그리스도교 이전에 이집트, 바벨론, 그리고 이란 종교의 영향을 받은 종교운동이었다. 그는 이들이 가지고 있는 "원 인간 신화"(Urmensch-Mythos) 분석을 통해 이런 주장을 하였다.[50]

부셋의 이와 같은 견해는 루돌프 불트만(Rudolf Bultmann)에 의해 확고한 지지를 받았다. 불트만은 「만데안 의식문」(Die Mandaische Liturgien) 분석을 통해서 영지주의란 당시의 과학에 눈을 돌렸던 그리스

---

49) 김헌태. "영지주의와 신약성서에 나타난 그노시스", (미간행석사학위논문, 장로회신학대학대학원, 1984), p. 13.
50) 근광현, 「기독교 이단 길라잡이」, op. cit., pp. 103-104.

도교 이단이라기보다는 오히려 비그리스도교인들의 종교운동이라고 주장
하였다. 그에 따르면, 만데이즘(Mandaeism)은 영지주의와 마찬가지로
'인식'이라는 단어에 토대를 둔 동일한 어의를 소유하고 있다. 실질적으
로 「만데안 의식문」에 나타나 있는 'Manda'라는 단어는 'Gnosis'와 동
일한 의미를 가지고 있다.[51]

그러나 영지주의가 그리스도교 이전 발생 견해에 대하여 현재 전해지
고 있는 소위 영지주의 문서라고 하는 것들은 대부분 2세기 이후의 산물
로 보면서 반대하는 견해도 있다. 즉 마텔 헹엘(Martin Hengel) 같은 학
자는 영지주의를 그리스도교의 이단으로 그리스도교에 직접적인 영향을
주지 않았다고 주장하여 그리스도교 이전의 영지주의란 존재하지 않는다
는 입장을 취하고 있다. 또한, 교회사가 아돌프 폰 하르나크(Adolf von
Harnack)도 점진적인 헬라화의 과정으로 정통 그리스도교가 생겨났다면,
영지주의는 그리스도교가 급박하게 헬라화된 형태라고 보면서 그리스도
교 이전의 영지주의를 부정하고 있다.[52]

(2) 그리스도교 이후의 발생설

학계에서는 계속적으로 영지주의의 기원 문제에 대하여 그것이 그리
스도교 이전인가, 아니면 그 이후인가 하는 문제로 양분되어 있다. 그러
나 몇몇 학자들은 'Gnosis'와 'Gnosticism'이라는 어휘를 세분화하여 이러
한 난 문제를 해결해 보고자 하였다.[53]

이에 야마우치(E. Yamauchi)는 여러 학자들이 서로 양분되어 있는 현
상을 가리켜 그들은 '좁은 의미의 영지주의'와 '넓은 의미의 영지주의' 어

---

51) Ibid., p. 104.
52) 조재형, 「초기 그리스도교와 영지주의」, op. cit., p. 41.
53) 근광현, 「기독교 이단 길라잡이」, op. cit., pp. 104-105.

휘에 대한 혼동에 사로잡혀 있기 때문에 그러한 것이라고 비판하고 있다. 그리고 영지주의가 그리스도교 이전에 존재한 것이 아니라고 주장하는 학자들의 견해는 바로 좁은 의미의 정의를 염두에 둔 것이라 진단하였다.[54]

월슨(R. M. Wilson)도 영지주의를 'Gnosis'와 'Gnosticism'으로 구분하였다. 전자는 그 사고와 개념이 비록 충분하게 발전된 것은 아니지만 그리스도교 이전에 존재했던 영지적 체계로서, 이는 폭넓은 종교사적인 의미를 갖는 어휘라고 말했다. 나아가 그는 후자는 2세기 그리스도교 이단 영지주의를 가리키는 교리사적인 개념이라고 규정하였다. 이 밖에도 바렌(Van Baaren)은 'Gnosis'를 가리켜 인식의 개념을 지칭하는 현상학적인 어휘이지만 'Gnosticism'은 종교의 역사적인 한 형태라고 규정하였다. 이러하듯이 학자들 간에는 영지주의를 'Gnosis'와 'Gnosticism'으로 나누어 보는 면에서 서로 일치하는 견해를 가지고 있으면서도, 그 개념 규정에 있어서는 서로 다른 정의를 내리고 있음을 보게 된다.[55]

여하튼 그리스도교 이후 영지주의 기원설을 가장 활발하게 주장한 학자는 시몬느 페트레멘트이다. 이 여류학자는 영지주의는 그리스도교의 기생충으로 발전하였다고 한다. 또한, 영지주의의 비그리스도교적 다양성은 그리스도교의 점진적인 이교화의 결과되었고 그것이 여러 지방으로 확산되었다고 보았다. 시몬느 페트레멘트의 입장에 서면 영지주의가 이집트, 이란, 시리아, 메소포타미아에서 기원되었던 것이 아니고 이러한 지역으로 확산되었다고 보게 된다. 따라서 이러한 지역에서 원영지주의 발달은 증명할 수 없고 다양한 지역적인 요소들이 있을 뿐이다. 밀레 페트레멘트는 영지주의와 동시대의 사람들인 그리스도교 교부들이 영지주

---

54) Ibid., p. 105.
55) Ibid., p. 105.

의는 그리스도교 이후의 현상이었다는 견해를 갖는 것은 그리스도교 이전의 영지주의 문헌을 단 하나도 갖고 있지 않는 현재를 설명하고 있다. 이것은 영지주의가 점차로 1세기에 발전되었고 제2세기까지도 전성기에 도달하지 못하였다는 것과 일치한다는 것이다.[56]

그런데 저스틴과 이레니우스를 비롯한 초대교회 지도자들 대부분이 마술사 시몬(Simon Magus)을 모든 이단의 원천으로 보았다. 이레니우스는 "모든 종류의 이단들이 그로부터 생겨났다"고 주장했다.[57] 이렇게 시몬 마구스가 최초의 영지주의자라는 사실을 인정하는 자들은 순교자 져스틴(Justin Martyr), 교부 이레니우스(Ireneaus), 교회사가 유세비우스(Eusebius), 포슘(Jarl E. Fossum), 휴그스(Philip E. Hughes), 한스 요나스(Hans Jonas) 등이다.[58] 이렇게 그리스도교 전승에 의하면 그리스도교 영지주의의 창시자는 사도행전 8장에 언급된 시몬(Simon Magus, 행 8:9~24)이라고 한다.[59]

"[9]그 성에 시몬이라 하는 사람이 전부터 있어 마술을 행하여 사마리아 백성을 놀라게 하며 자칭 큰 자라 하니 [10]낮은 사람부터 높은 사람까지 다 따르며 이르되 이 사람은 크다 일컫는 하나님의 능력이라 하

56) 김헌태. "영지주의와 신약성서에 나타난 그노시스", (미간행석사학위논문, 장로회신학대학대학원, 1984), p. 13.
57) 박용규, 「초대교회사 교회사총서1」, (서울: 총신대학교출판부, 1994), p. 181.
58) 근광현, "영지주의 기독론이 초기교회 기독론에 미친 영향", (미간행박사학위논문, 침례신학대학교, 1996), p. 30.
59) 시몬은 자칭 '큰 자'라는 요술쟁이로 영력을 사려 했다 하여 성직 매매를 Simony라 부르게 되었다. 전설에 의하면 그는 사마리아 Gitta 사람으로 클라우디오(41~54) 황제 때 로마에 나타났는데 그 제자들은 신이라 했고, 영지주의 비슷한 것을 가르쳤다. 그가 다시 베드로를 로마에서 만나 마술을 하다가 실패하고 자멸했다고 한다. 그러나 Simon of Gitta는 Simon Magus와 다른 사람이었다는 이도 있다.
Williston Walker, 「A HISTORY OF THE CHRISTIAN CHURCH」, 류형기 역, 「기독교회사」, (서울: 한국기독교문화원, 1979), p. 51.

더라 [11]오랫동안 그 마술에 놀랐으므로 그들이 따르더니"(행 8:9~11).

이러한 시몬 마구스는 자칭 '하나님의 권능'이라고 하면서 초월해 계신 하나님을 부인하였다.[60] 그는 구약성경의 하나님을 사기꾼으로 취급한 반면, 에덴동산의 뱀을 지혜로운 교사로 간주하는 신화적 우주론을 주장했다. 선재하는 하나님의 첫 방출인 엔노이아(Ennoia)는[61] 하나님의 계획에 따라 천사와 천사장을 만들었으나 일부 천사들의 반역으로 인해 이 세상에 성육신되어 헬레나(Helena)의 몸에 갇히게 되었다고 한다. 시몬 자신은 하나님이 엔노이아(Ennoia)를 구출하도록 이 세상에 보낸 화신(avatar)이라는 것이다.[62] 즉 시몬은 헬렌이라는 여성의 짝을 통해 천사들과 물질세계를 창조했다고 주장했다. 그의 이러한 주장은 바로 영지주의적 모티브를 통해 자신을 신격화시킨 것이다.[63]

시몬 마구스는 성경을 거부하였고, 내재하는 영의 성육신을 강조하였다. 또한, 구원을 위해서는 '지식'을 가져야 한다고 역설하면서, 천지의 근원을 고요함에서 찾고자 하였다. 마치 신비적인 안개 속에서 헤매면서 마음으로 그 속에 있는 진리의 빛을 찾아간다는 것이다.[64]

시몬의 후계자 메난더와 사투르니누스는 미지의 하나님은 이 세계를 초

---

60) 시몬을 훗날 양태론(Modalism)으로 불려지게 될 신론을 갖고 있었다. 그에 의하면, 예수님은 인간의 형태를 입은 구세주가 아니요, 높으신 하나님도 아니다. 하나님과 구세주와(시몬 자신) 모두가 동격이다.
   김재성, "신론을 중심으로 본 이단 사상", 「교회와 신앙」, 1994년 1월호, pp. 90-91.
61) 엔노이아(ennoia)는 생각을 의미한다. 실제로 그 단어 그대로 신과 결합된 사고를 의미하는데, 그것을 '배우자' 형태로 보았다. 또한, 엔노이아는 '자신의 상식에서 벗어나 다른 사람의 처지를 깊이 묵상하고 헤아리는 능력'의 뜻을 가진다.
62) 목창균, 「이단논쟁」, (서울: 두란노서원, 2016), pp. 74-75.
63) Robert M. Grant, 「Gnosticism: An Anthology」, (London:Collins Clear-Type Press, 1961), pp. 24-25.
64) 김재성, "신론을 중심으로 본 이단 사상", 「교회와 신앙」, 1994년 1월호, p. 90.

월하여 존재하고, 그보다 못한 권세가 인간을 비롯한 이 세계 만물을 만들었으며, 구원은 영지를 통해 얻을 수 있다는 것 등을 가르쳤다.[65]

특히 시몬의 사상은 그의 제자 메난더(Menander)에게 계승되었다.[66] 시몬의 가르침은 하나님의 존재 위치를 본체론적 초월로 전제한 것이다. 시몬 마구스의 제자였던 메난더(Menander)도 하나님의 초월성을 강조했다. 그는 '최초의 능력'은 모든 존재들에 의해 알려질 수 없고, 메난더 자신으로부터만 알려질 수 있으며, 오직 자신은 사람들을 구원하기 위해 비밀리에 파송된 구원자라고 했다.[67]

1세기 말경 시리아의 안디옥에서 영지주의를 가르쳤던 메난더는 시몬의 추종자로서 시몬과 같은 사마리아 출신이었다. 메난더는 자신을 믿는 자는 영생을 얻을 것이라고 주장하였지만 그가 죽음으로 "시몬 못지않게 사악한 도구임"이 드러났다. 그는 "자기 스승 못지않게 마술에 능숙하게 된 뒤 한층 오만하게 기적을 행하는 체"하여 사람들을 유혹했다. 그에 대한 교부들의 기록을 보면 "사마리아의 카파라태아 마을 출신으로서 시몬의 제자가 되어 역시 마귀의 선동을 받고 있었던 메난더가 안디옥으로 와서 마술로 많은 사람들을 미혹케 했다. 그는 자신을 따르는 사람들에게 그들이 결코 죽지 않을 것이라고 가르쳤다. 지금도 그의 몇몇 추종자들은 같은 것을 믿고 있다. 이러한 사기꾼들은 그리스도교인라는 이름으로 악한 술책을 사용하여 위대한 경건의 비밀을 마술에 의해 손상시키려

---

65) 목창균, 「이단논쟁」, op. cit., p. 75.
66) 시몬 마구스의 제자 메난더(Menander)는 기독교인이 아니고 유태적 영지주의자라고 보는 견해도 있다. 그러나 그에 대해서 알려진 내용은 거의 없다. 고대 이단연구가에 의하면, 메난더는 그의 스승이 그랬었던 것과 같이 마술에 능통했다. 자신이 구세주이며, 사자(使者)로서 하늘로부터 보내심을 받았으며, 자신이 가르치는 마술에 의해서 이 세상을 창조하고 인간을 노예 상태로 속박하고 있는 천사들을 극복할 수 있다고 주장했다.
   송광택, "영지주의(Gnosticism)", op. cit.
67) Magaret Barker, 「The Great Angel: A Study of Israel's Second God」, (Louisville: John Knox Press, 1992), 170.

했고, 영혼의 불멸과 죽은 자의 부활에 관한 교리를 갈기갈기 찢어 버렸다. 그래서 이들을 구세주라고 믿는 사람들은 견고한 소망을 잃게 되었다."라고 기록한다. 결국, 메난더는 거짓 선지자임이 입증된 셈이다.[68]

나. 다양한 학설에 의한 기원설

영지주의는 어디에서 유래한 것인가에 대해서는 다음과 같이 다양한 학설들이 있다.

(1) 동양종교 유래설

고대 정통 교부들은 영지주의를 비그리스도교적인 것으로 취급하고 조로아스터교, 신비 종교, 점성술, 마술 등을 비롯한 동양종교에서 그 뿌리를 찾았다. 이 견해는 현대에서도 지지를 받고 있다.[69]

20세기 초 신약 성경학자 부셋(William Bousset)은 고대 바빌로니아와 페르시아를 영지주의의 근원으로 규명하였다.[70] 즉 영지주의 기원에 관하여 동방종교 기원설을 강력하게 주장하였던 부셋(Wilhelm Bousset)은 「그노시스교의 중심 과제」(Hauptptprobleme der Gnosis)에서 영지주의의 핵심을 이루고 있는 이원론은 페르시아 종교에서 비롯된 것이라고 주장했다.[71] 그런데 부셋의 이 같은 주장은 영지주의 이원론이 플라톤의 온건한 이원론과 전혀 상관이 없다는 의미는 아니다. 이는 다만 영지주의가 소유하고 있는 이원론은 플라톤 철학에서 유래한 것이기는 하지

---

68) 박용규, 「초대교회사 교회사총서1」, (서울: 총신대학교출판부, 1994), pp. 181-182.
69) 목창균, 「이단논쟁」, op. cit., p. 70.
70) Ibid., p. 70.
71) 근광현, 「기독교 이단 길라잡이」, op. cit., p. 111.

만 후일에 영지주의 이원론이 신화적으로 강력한 이원론의 성격을 띠게 되었다. 이것은 바로 동양의 과격한 이원론과 융합되면서 비롯된 것이었다는 의미라고 근광현은 보고 있다. 그런데 부셋이 이렇게 주장한 이원론은 조로아스터교의 이원론과 같이 빛과 어두움의 왕국에 대하여 강조하고 있는 시리아 영지주의에 잘 나타나 있다.[72]

한편 언어학자 라이첸스타인(Richard Reitzenstein)은 영지주의가 고대 이란 종교, 특히 조로아스터교로부터 유래했다고 주장했다. 영지주의의 심판의 날, 부활, 이원론적 세계관, 두 신관 등이 조로아스터교의 영향을 증거한다는 것이다.[73] 이러한 라이첸슈타인(Richard Reitzenschtein)은 역설적으로 말하길, 오히려 플라톤의 이원론이야말로 페르시아 종교에서 비롯된 것이 아니냐고 반문하면서 영지주의의 동방종교 기원설을 기정사실로 하고 있다. 물론 플라톤의 이원론과 페르시아 종교의 이원론 사이의 상호 관련성에 대한 문제를 명백하게 규명하기란 쉬운 일이 아니다. 그리하여 쉬미탈스(Waliter Schmithals) 같은 이는 영지주의 이원론을 '우주적 이원론'과 '인류학적 이원론'으로 구분하여 연구하였다. 그에 의하면, 우주적 이원론은 그 기원이 이란 종교이며, 인류학적 이원론은 헬라철학의 전통에서 유래했다는 것이다. 대체적으로 교회사가들은 영지주의의 이원론은 페르시아 종교에서 비롯되었고, 방사이론은 이집트에서 기원한 것으로 간주하고 있다.[74]

한편, 콘쯔(Edward Conze)는 영지주의자들의 우주에 대한 신지학적인 접근과 금욕주의적인 생활 태도를 근거로 하여, 영지주의가 동방종교인 불교와 아주 밀접한 관련을 가지고 있다는 주장을 하였다. 그는 자신의 소논문 「불교와 영지」(Buddhism and Gnosis)에서 여러 가지의 유사성

---

72) Ibid., pp. 111-112.
73) 목창균, 「이단논쟁」, op. cit., p. 70.
74) 근광현, 「기독교 이단 길라잡이」, op. cit., p. 112.

을 들어 이를 뒷받침했다. 물론 콘쯔의 이러한 주장은 일찍이 교회사가
였던 필립 샤프(Philip Schaff)에 의해서도 제기된 바 있었다. 그는 불교
가 가지고 있는 범신론적이고, 가현설적이며, 금욕주의적인 요소를 예로
들었다. 이처럼 영지주의가 동방종교 가운데 하나인 불교의 영향을 받은
것이 사실이라면, 이는 이미 그리스도교 이전에 혼합적 특성을 가진 그
노시스교(Gnostics)가 존재했었다는 사실을 뒷받침해 주는 증거라고 말
할 수 있다.[75]

(2) 헬라사상의 유래설

초기 그리스도교는 유대교와 헬라·로마 문화와 종교를 배경으로 발
생, 성장하였다. 그래서 신약성경을 비롯한 초기 그리스도교의 저작들은
제2 성전기 유대교, 헬레니즘(헬라·로마세계와 사상) 그리고 초기 그리
스도교 신앙을 원천으로 해서 만들어졌다. 고대 이스라엘은 다윗 왕
(1010~970 B.C)과 솔로몬 왕(970~930 B.C) 때 팔레스타인 전 지역을
차지하며 최고의 번영기를 누렸다. 솔로몬왕이 죽고 나서 기원전 922년
에 이스라엘은 북왕국 이스라엘과 남왕국 유다로 분열되었다가 기원전
722년에 북왕국이 아시리아 왕국에 의해서 멸망하였고, 남왕국은 기원전
587년에 바빌론 왕국에 의해서 멸망하였다. 수도 예루살렘과 솔로몬 성
전이 파괴되고 수많은 유대 사람들이 바빌론으로 포로로 끌려갔다. 기원
전 539년에 페르시아의 고레스(키루스) 대제는 바빌론에게서 패권을 빼
앗은 후 포로로 잡혀 와있던 유대인들을 고향으로 돌아가서 새 성전을
건설하게 해주었다.[76]

---

75) Ibid., pp. 112-113.
76) 조재형, 「초기 그리스도교와 영지주의」, op. cit., p. 29.

유배지에서 돌아온 유대인들은 기원전 520~516년에 새 성전을 다시 지었다. 구약성경 느헤미야와 에스라의 시대적 배경이 바로 바빌론 포로기에서 귀환한 유대인들이 성전을 짓는 시기이다. 이스라엘 역사에 솔로몬 성전 다음으로 건축된 이 성전을 스룹바벨 성전이라고 한다. 이것은 예수가 오기 얼마 전에 헤롯 대왕에 의해 크게 증축이 이뤄졌다가 로마에 의해서 파괴되었다(70. A.D). 스룹바벨의 성전부터 70년까지의 유대교를 제2 성전기 유대교라고 한다(516 B.C~70 A.D). 이 시기에 모세오경을 비롯한 구약성경이 기록되면서 신론과 율법, 성전과 사제, 종말론 등에 대한 신학이 형성되었다. 그런데 기원전 332년경에 알렉산더 대왕이 지중해 지역과 페르시아 지역까지 정복하면서 제2 성전기 유대교는 급격한 헬라화의 영향을 받기 시작하였다. 기원전 3세기경 이집트의 프톨레마이오스 왕조가 지배하던 시기에 알렉산드리아에서 모세오경이 히브리어를 모르는 유대인들을 위해서 헬라어로 번역되었다. 헬라어를 모르면 야만인으로 취급당했기 때문에, 헬라어는 지중해 지역의 공용어가 되었으며 이러한 헬라어의 영향은 마카베오 혁명을 거치면서 로마시대까지 이어졌다. 비록 급격한 헬라화에 반대한 마카베오 혁명과 그 뒤를 이은 하스모니안 왕조에서도 팔레스타인에서의 헬라어와 헬라문화의 영향력은 지속되었다. 알렉산더 대왕 이후의 유대인들은 율법과 성전을 중요하게 여기고 야훼에 대한 유일 신앙을 가지고 있었지만, 그들의 삶의 많은 부분은 헬라화되었다. 따라서 그들은 헬라화된 '유대인'이었다.[77]

당시 예루살렘을 중심으로 한 팔레스타인의 유대 공동체를 제외하고는 대부분의 팔레스타인 밖의 유대인들은 히브리어로 된 구약의 문서들을 읽을 수가 없었다. 게다가 팔레스타인의 유대인들이 유대 묵시문학에서 파생한 종말론적 희망에 익숙했다면 흩어져 있는(디아스포라, Diaspora) 유대인

---

77) Ibid., pp. 30-31.

들은 영혼 불멸이라는 헬라사상에 더욱 익숙했다.[78]

1세기 이후 그리스도교는 팔레스타인을 넘어서 로마제국 전역으로 빠르게 전파되면서 크게 성장하였다. 지중해 지역은 이미 알렉산드로스 대왕의 정책에 힘입어 그리스 문명이 각 지역 문명과 결합하여 새롭게 탄생한 헬레니즘 문명의 혜택을 누리고 있었다. 따라서 그리스도교의 확산은 교회가 유대교 배경에서 헬레니즘 배경으로 넘어감을 뜻했다. 이렇게 헬라·로마 종교와 문화는 초기 그리스도교뿐만 아니라 영지주의 자체가 발전할 수 있는 모판과 같은 역할을 하였다.[79]

송혜경은 "영지주의자들이 정통 그리스도교의 모습을 형성하는 데 깊은 영향을 준 사실은 누구도 부인할 수 없다", 또한 "초대교회 교부들은 영지주의자들에 반응하면서 신학적으로 더욱 성숙할 수 있었다"라고 지적한다.[80]

이러한 초기 정통 그리스도교와 영지주의 그리스도교의 신학적 배경이 바로 헬라·로마 종교와 문화에 있기 때문에 영지주의 연구는 이것들을 떠나서는 제대로 진행될 수 없다고 조재형은 지적하고 있다. 따라서 이러한 배경 하에서 초기 그리스도교에 있어서 영지주의의 뿌리는 그 무엇보다 헬레니즘에서 찾을 수 있다고 하고 있다.[81]

실상 고대 교부들이 영지주의의 근원 중 하나로 지목한 것이 헬라사상이었다. 그들은 영지주의가 신플라톤 철학과 같은 후기 헬레니즘 시대 철학의 영향으로 일어났다고 보았다. 헬라사상으로부터 모든 이단의 기원을 찾았던 히폴리투스가 대표적인 인물이다. 20세기 교리사가 하르낙(Adolf von Harnack) 역시 영지주의를 그리스도교 이단으로 간주하고

78) Ibid., p. 30.
79) Ibid., pp. 31-32.
80) Ibid., p. 31에서 재인용.
81) Ibid., p. 32.

그것은 그리스도교 교리를 헬라철학으로 해석하여 성경의 메시지를 '극단적으로 헬라화'한 것이라고 하였다. 영지주의는 "그리스도교 신앙이 헬라철학의 흙탕물로 오염된 결과"라는 것이다.[82]

이렇게 영지주의의 기원이 헬라철학에 있었으며 이 철학 체계 가운데 플라톤주의가 특히 알렉산드리아 영지주의에 영향을 미쳤다고 한다. 그러나 헬레니즘적이라기보다는 동방의 신비주의적이며 혼합주의적인 형태로 영향을 끼쳤다. 이를테면, 이상과 물질세계의 대립, 죄가 물질에서 유래했다는 견해, 영혼이 육체의 족쇄에서 구속되어야 한다는 견해 등이다. 영지주의 사색이 신비적이고 광신적인 면이 있고 후에 신플라톤주의 영향을 더 많이 받았지만, 영적 자부심이 죄의식을 흩뜨려 트리며 도덕적 불감증을 낳았으며 반(反) 율법주의를 조성했다. 그러나 육체를 악으로 여기고 고행을 일삼는 자들도 적지 않았다.[83]

그런데 영지주의가 가지고 있는 헬라적인 요소는 크게 두 가지이다. 하나는 플라톤의 '온건한 이원론'이고, 다른 하나는 피타고라스의 '신비적 우주관'이다.[84]

①플라톤의 온건한 이원론

플라톤은 그의 저서 「티메우스」(Timaeus)에서 우주를 최상의 영원한 형상계와 데미우르고스(Demiurgos)[85]에 의해 제한받고 늘 변화하는

---

82) 목창균, 「이단논쟁」, op. cit., p. 70.
83) 주희연, "초대 교회에 출현한 이단", 「신학과 선교」, (서울: 서울신학대학교 기독교신학연구소, 2019), p. 131.
84) 근광현, 「기독교 이단 길라잡이」, op. cit., p. 108.
85) 영지주의 체계에는 물질계, 즉 물질로 이루어진 우주를 창조한 지고한 존재와는 별개의 독립적 창조자 데미우르고스(demiourgós)가 있다. 이는 환영이자 유일한 지고의 근원으로부터 가장 늦게 분리되어 나온 신이다. 이 신은 최하위의 신이며 열등하고 거짓된 신이다. 영지주의자들은 이 창조의 신을 플라톤주의자들이 사용하던 그리스어 낱말에서 따와 '데미우르고스'라 불렀다. 이 말의 원래 의미는 '공공 작업자', '작업 에너지', '숙련된 작업자' 등을 뜻하는 말이었는데 영지주의자들은 이 말을 '대중의 신' 또는 '거짓 신'이라

세계인 가시적 물질계로 구분하였다. 이에 따라 그는 인간을 불가시적인 영혼과 가시적인 육체로 분리해서 보았다. 인간의 이 영혼은 인식론적으로 회상의 지식을 소유하고 있다. 그래서 인간은 이미 소유하고 있는 인식의 능력을 가지고 인식 대상인 불변하는 지성적 실재를 인식한다.[86]

플라톤의 이러한 우주관은 'Gnosis'에 의한 자아 인식과 인간 안에 있는 신적인 불꽃을 말하는 영지주의의 세계관에 잘 반영되어 있다. 물론 플라톤의 이원론적 세계관과 영지주의의 그것이 전적으로 일치하는 것만은 아니다. 니그렌(Anders Nygren)에 의하면, 플라톤의 구원 개념은 영혼의 상승 작용일 따름이지만 영지주의의 구원 개념은 영혼의 상승 작용과 더불어 신적인 존재의 하강 운동이 함께 작용하는 차이가 있다. 후에 플라톤의 우주관은 신플라톤주의를 거쳐 영지주의에서 구체화되어 초기 교회 이단 운동에 결정적인 영향을 미치게 되었다.[87]

②피타고라스의 신비적 우주관

영지주의 기원에 영향을 미친 피타고라스의 사상은 그의 상징주의와 신비주의이다. 그는 모든 사물의 실체를 숫자 개념으로 풀이하고, 인간의 영혼은 형벌로서 신체에 속박되어 있는 것으로 보았다. 나아가 그는 이 우주를 '선-악'과 '남성-여성' 사이에 반정립을 이루면서 끊임없이 반복적으로 흘러가는 영원한 흐름으로 간주하였다. 후에 그의 이러한 상징주의와 신비주의 사상은 시몬 마구스(Simon Magus)가 아내로 삼은 헬렌(Helen)이라는 여인의 '성육' 개념과 바실리데스(Basilides)가 주장한 '365개의 하늘' 개념과 발렌티누스(Valentinus)의 '30개의 에온' 및 '남-여 자웅동체의 하나님에 의한 유출' 개념, 그리고 말시온(Marcion)의 '선악 이

는 뜻으로 '데미우르고스'라고 한 것이다.
박흥배, "기독교 교회사 | 초대교회의 이단들, 영지주의 ③", 「크리스찬타임스」, 2021. 10. 2.
86) 근광현, 「기독교 이단 길라잡이」, op. cit., pp. 108-109.
87) Ibid., p. 109.

신론'(Ditheism) 개념 안에서 발견되어지고 있다. 이와같이 영지주의의 기원을 헬라 기원으로 주장하는 사람들은 초기교회 교부들과 아돌프 폰 하르낙이었다.[88]

(3) 유대교 유래설

영지주의는 유대교의 금욕적이고 묵시적인 종파, 특히 에세네파의 이원론적 세계관이나 지혜 전승에 뿌리를 두고 있다는 것이다. 독일의 프리들랜더(M. Firedlander) 교수는 유대교 기원설을 지지하고 유대교 랍비들이 1~2세기에 공격했던 이단이 '유대교적 영지파'라고 했다.[89]

영지주의의 유대 기원설은 나그 하마디 문서 발견 이후 자명한 것으로 인식되었다. 왜냐하면, 이 문서들의 대다수가 구약의 창조 이야기를 도입하고 있고, 상당량의 자료들이 유대 묵시문학과 유사한 문서들로 구성되어 있기 때문이다. 그리하여 숄렘(Gershom C. Scholem) 같은 이는 영지주의를 랍비주의 안에 있었던 밀의 종교현상에서 발전한 '유대 영지주의'라고 명명하고, 시몬 마구스(Simon Magus)야 말로 유대 영지주의의 장본인이라고 주장하였다.[90]

이와 달리 피어슨(Birger A. Pearson)은 「아담 묵시록」은 세계를 창조하시고 율법을 수여하신 유대교의 하나님에 대하여 강력하게 반대하고 있다는 사실을 들어, 영지주의란 유대교에 반발하고 나간 반 유대적 종교라고 주장하였다. 그런가 하면 시글(Robert A. Segal) 같은 이는 필로(Philo)를 유대교와 영지주의 사이를 연결해 주는 인물로 간주하기도 하였다. 그에 의하면, 필로가 창세기의 창조사건을 '제2의 하나님' 개념을

---

88) Ibid., pp. 109-110.
89) 목창균, 「이단논쟁」, op. cit., p. 71.
90) 근광현, 「기독교 이단 길라잡이」, op. cit., p. 110.

가지고 반 유대교적으로 사유하였기에, 영지주의란 유대교의 지성적 이단이라 할 수 있다고 주장하였다. 이뿐만 아니라, 그랜트(Robert M. Grant)는 쿰란 문서를 근거로 하여 당신의 사회적 환경 속에서 영지주의의 기원 문제를 규명하고자 하였다. 이 문서에 나타나 있는 영지주의란 예루살렘 함락 이후 유대교의 좌절된 종말관에 대한 반동에 의해 발생한 것이라는 주장이다.[91]

(4) 그리스도교 내부 유래설

그리스도교 내부 유래설은 두 형태로 세분된다. 하나는 영지주의가 그리스도교 내부의 이단적 사상에서 유래했다는 것이고, 다른 하나는 그것이 1~2세기에 번창한 그리스도교의 한 형태라는 것이다. 특히 바우어(Waiter Bauer)에 따르면, 영지주의는 본래 새로운 종교운동의 한 형태로 단순히 그리스도교였고 어느 지역에서는 다수를 점하기도 했으나 당시 그리스도교 권력자들의 눈 밖에 나고 정통주의자들의 미움을 사는 바람에 이단으로 정죄 되었다는 것이다. 즉 권력자들의 승인 쟁취를 위한 싸움에서 승리한 자가 정통이된 반면에 패배한 자는 이단이 되었다는 것이다.[92]

그런데 이러한 영지주의의 그리스도교 기원설에 관한 문제는 사도 요한과 바울이 영지주의의 영향을 받아 사복음서와 서신들을 쓴 것이라고 주장한 루돌프 불트만에 대한 반동에 의해 제기된 것이다. 이는 주로 영미 계통의 학자들에 의해서 제기되었다. 루돌프 불트만은 영지주의의 기원을 고대 근동의 이원론적 구원자 신화에서 찾았고, 영지주의를 그리스

---

91) Ibid., pp. 110-111.
92) 목창균, 「이단논쟁」, op. cit., p. 71.

도교와 병행 발전한 것으로 간주하였다. 그는 특히 「요한복음」 서문에 나오는 '로고스의 성육신 사상'과 '빛과 어둠'의 대칭 구조 그리고 '하나님 계시의 은폐성' 개념들에 대하여 이는 영지주의적인 것이었고, 후에 이 개념들이 그리스도교에 차용되었다고 주장하였다. 또한, 그는 빌립보서 2장 8절에 나오는 '하강하는 구속자' 신화 배후에 영지주의의 사고가 숨어있다고 말했다. 불트만의 이같은 '구원자 신화' 개념은 콜페(C. Colpe)와 쉔케(H. M. Schenke)에 의해 잘못된 이론으로 거부되었다. 이들에 따르면, 오히려 구원자 신화란 그리스도교 후기에 발전된 개념이다.[93]

그러나 불트만의 '병행 발전설'을 부정하는 올브라이트(W. F. Albright)는 사도 요한에게 영향을 주었다는 영지주의란 이미 제2세기에 사라져 버렸다고 했다. 특히, 녹(A. D. Nock)은 「진리 복음」과 「도마복음」 분석을 통하여 영지주의를 그리스도교 이단으로 볼 수밖에 없다고 했다. 물론 「진리복음」의 저자로 알려져 있는 발렌티누스나 이 밖에 바실리데스와 말시온의 사상 체계를 통해서 볼 때, 이들이 그리스도교의 이단자들임은 쉽게 알 수 있다. 실제로 바실리데스는 자신의 체계가 베드로와 마태의 비밀전통을 물려받은 것이라고 주장한 바 있다. 발렌터누스와 말시온 역시 자신들의 신학은 사도 바울에 근거한 것이라고 주장하였다. 그리하여 초기교부 터툴리안(Tertullian)은 바울을 가리켜 '이단의 사도'라고 극렬하게 비난하기도 하였다. 따라서 영지주의자들의 비밀 전통이 사도들에게서 나왔다는 사실만으로 볼 때, 영지주의는 그리스도교 이단임이 틀림없다.[94]

그렇다면 사무엘 레우클리(Samuel Laeuchli)가 지적한바 신약성경

---

93) 근광현, 「기독교 이단 길라잡이」, op. cit., pp. 113-114.
94) Ibid., p. 114.

안에 있는 나타나고 있는 영지주의 용어들인 'Gnosis', 'Cosmos', 'Aeon', 그리고 'Peroma'와 같은 어휘들은 어디에서 온 것이라고 보아야 하는가? 그리고 우리는 신약성경 안에 있는 이러한 영지주의적인 어휘 때문에 사도 요한과 사도 바울이 영지주의의 영향을 직접 받아 성경을 기록한 것이라고 말할 수 있을 것인가? 라는 질문이 생긴다.[95]

이점에 대해서 제임스 던(James D. G. Dunn)에 의하면, 사도 요한과 바울이 활동하던 시기에는 영지주의 출현으로 말미암아 비록 가현설(Docetism)이 유행하긴 하였다. 그러나 사도 요한은 예수의 인간 됨의 실재성을 강조함으로써 영지주의 가현설에 대응하는 케리그마를 형성했다는 것이다. 제임스 던(James D. G. Dunn)의 이 같은 주장은 신약성경이 영지주의에 영향을 받아 쓰여졌다는 불트만의 견해와 이와는 달리 신약성경은 영지주의와 전혀 관계가 없다고 말하는 영미 계통의 학자들 사이에 있는 극단적인 견해를 조화시켜 주는 절충적인 견해라 할 수 있다.[96]

이에 근광현은 그리스도교 이전에 이미 영지주의 분파들이 존재하고 있었고, 신약성경은 이들의 잘못된 가르침을 바로 잡고자 쓰여진 것이라 보고 있다. 예컨대, 요한복음 서문에 있는 '로고스 그리스도론'과 '성육신' 개념은 사도 요한이 영지주의 가현설에 대항하기 위하여 제시한 고등 그리스도론이다.[97]

이러한 영지주의는 단순한 분파나 일시적인 현상이 아니라 그리스도교 이전부터 존재한 종교혼합주의이다. 이들은 후에 그리스도교 안에 침투하여 그리스도교 세계관과 구원관 그리고 복음에 대하여 변질시키려 하였던 초기교회의 가장 큰 이단자였음을 알 수 있다.[98]

---

95) Ibid., p. 114.
96) Ibid., pp. 114-115.
97) Ibid., p. 115.

(5) 고대 종교 및 사상의 혼합설

이는 영지주의의 기원을 그리스도교 전파 과정을 통해 일어난 일종의 혼합 현상에서 찾는 것이다. 이는 여러 요인의 혼합에서 그 기원을 찾는 이론이다. 왜냐하면, 어느 특정 요인에서 기원을 찾는 것은 단순하지 않은 영지주의 개념이나 현상을 설명하는 데 한계를 노출할 수밖에 없기 때문이다. 여기에 그리스도교로 개종한 사람 중에는 자신들의 기존 견해나 신념을 포기하지 않고 오히려 그것에 첨가하는 방식으로 그리스도교 신앙을 수용한 자도 있었을 것이라고 보는 것이 더욱 자연스러운 추론이다. 이런 개종 과정에서 페르시아의 이원론, 동양의 신비종교, 헬라철학, 유대교 사상 등 여러 요소가 그리스도교 교훈에 혼입되어 그 모습을 드러내게 된 것이 그리스도교 영지주의라고 할 수 있다.[99]

4. 영지주의 개요 이해와 특징

가. 영지주의 개요 이해

스티븐 휠러(Stephan A. Hoeller)는 영지주의 개념에 대하여 다음과 같이 이해하면서 요약정리하고 있다.[100]

---

98) Ibid., p. 115.
99) 목창균, 「이단논쟁」, op. cit., pp. 71-72.
100) Stephan A. Hoeller, 「Gnosticism: New Light on Ancient of Inner

㉮근원적이고 초월적인 하나의 영적 통일체가 있고 그로부터 수많은 발현물이 방출되어 나왔다.

㉯물질과 마음(mind)으로 구성된 지금의 우주는 근원적인 영적 통일체에 의해서가 아니라 열등한 권능자들을 거느린 영적 존재들에 의해 창조되었다.

㉰이 조물주들의 목적 중 하나는 통일체(하나님)로부터 인간을 영원히 분리시키는 것이다.

㉱인간은 복합체이므로 내면은 궁극의 신적 통일체로부터 떨어져나온 불꽃이지만 외면은 열등한 조물주들의 작품이다.

㉲물질과 마음의 힘에 의해 자기 인식(self-awareness)이 무감각해진 까닭에 초월적인 신성을 지닌 불꽃들은 자신들의 물질적·심적 감옥 속에 잠들어 있다.

㉳잠들어 있는 불꽃들은 궁극의 통일체에 의해 버려진 것이 아니다. 오히려 깨달음과 해방을 향한 한결같은 노력은 이 통일체로부터 나온다.

㉴인간 안에 깊숙이 자리 잡은 신적 본질에 대한 자각은 '그노시스'라고 불리는 구원의 지식을 통해 얻어진다.

㉵그노시스는 믿음이나 고결한 행위나 계명에 대한 순종을 통해 얻어지지 않는다. 그런 것들은 기껏해야 해방의 지식을 위해 인간이 준비되도록 도와줄 뿐이다.

㉶잠들어 있는 불꽃들을 돕는 존재들 가운데 특히 영예롭고 중요한 자리는 통일체의 여성적 방출물인 소피아(지혜)[101]가 차지한다. 소피아는

Knowing」, op. cit., pp. 238-240.

101) Sophia(영어)/σοφία(헬라어)는 그리스어로 '지혜'(智慧)라는 뜻이다. 구약에도 지혜는 여성으로 의인화되어서 나타난다. 게다가 헬라어에서도 지혜(소피아)는 여성명사이기 때문에 이런 표현을 여신으로 확대해석한 것이 이른바 영지주의의 소피아이기도 하다. 또한, 사물에 대한 완전한 인식 또는 최고선에 대한 지식을 이르는 말이기도 하다.

세계의 창조에 관여했고, 그때부터 지금까지, 고아 신세가 된 인간 자녀들의 안내자로 남아 있다.

㉑태초부터 지금까지 인간의 영혼 속에서 그노시스를 촉진시키기 위해 빛의 사자들이 궁극적 통일체로부터 보내지고 있다.

㉚인간의 역사적·지리적 환경에서 볼 때 이 사자들 가운데 가장 위대한 분은 예수 그리스도로 하강한, 하나님의 로고스(말씀)였다.

㉛예수는 이중의 사역을 담당했다. 교사로서 그노시스를 얻는 방법을 가르쳐주었고, 사제로서 신비 의식을 전해주었다.

㉜예수가 전해 준 신비 의식(성례전으로 알려진)은 그노시스로 가는 강력한 수단이다. 그는 자신의 제자들과 계승자들에게 그것을 위임했다.

㉝신비 의식의 영적 수행과 그노시스를 향한 단호하고 비타협적인 노력을 통해 인간은 물질이나 그 밖의 모든 구속으로부터 점점 더 자유로워질 수 있다. 해방으로 나아가는 이 과정의 최종 목표는 구원의 지식을 성취하는 것이고, 그 지식을 통해 물질적인 상태로부터 자유로워져 궁극의 통일체로 되돌아가는 것이다.

휠러는 여기에 제시된 열네 가지 특징은 모두 영지주의 전통의 일부이며 시대를 달리하며 영지주의자들이 믿었던 것들이라고 하고 있다. 이 중 앞의 ㉮~㉑ 열 가지 특징은, 심지어 비그리스도교적 영지주의자들한테까지도, 온전하게 믿어졌던 것들이라고 한다. 만일 이 열 가지 가운데 하나라도 믿지 않는 사람이 있다면 그 사람은 영지주의자가 되기에 부적합한 사람이라는 것이다. 자신의 정체성을 영지주의자라고 밝히고 싶은 사람이라면 이러한 교의(教義) 대부분에 동의해야 할 것이다. 하지만 그것들에 대한 해석을 문자적으로 하느냐, 심리학적으로 하느냐, 철학적으로 하느냐, 혹은 다른 어떤 식으로 하느냐 하는 문제는 순전히 개개인에

항목 "영지주의", 「나무위키」, https://namu.wiki/w/영지주의

게 달려있다고 하고 있다.[102]

나. 영지주의 특징

영지주의(Gnosticism)란 말은 '지식'을 의미하는 헬라어 '그노시스'(gnosis)에서 유래했다. 그노시스는 일반적인 지식을 의미하기도 하지만 특히 신비적 합일을 통한 '앎'을 의미한다.[103] 이러한 영지주의는 다양한 모습으로 존재했지만, 그들 사이에 공통되는 특성을 찾을 수 없는 것은 아니다. 왜냐하면, 영지란 어떤 인식을 공통분모로 하는 사상의 보편적인 경향을 말하기 때문이다.[104]

크리스토프 마크시스(Chfstoph Markschies)는 '영지'(gnosis)에 대한 유형론적인 모델을 통해서 영지주의의 특징을 다른 세계의 지고의 신에 대한 완전한 경험을 포함하며, 멀리 있는 지고의 신보다는 인간과 가까운 신적인 존재에 대한 소개가 있다. 세계와 물질이 악한 창조의 결과이고, 이것으로 인해서 영지주의자들이 이 세계에서 소외를 경험한다. 특별히 악한 창조신 또는 플라톤 전통의 물질을 창조한 '장인' 신인 데미우르고스(demiurgos)에 대한 소개가 있다. 신적인 요소가 악한 세상으로 떨어져서 수렁에 빠진 영적인 불꽃을 가진 선택 받은 인간을 자유롭게 한다는 '신화적인 드라마'에 대한 설명이 있다. 이러한 상태에 대한 지식(gnosis)은 보다 높은 영역의 다른 세계에서 왔다가 다시 올라가는 구원자를 통해서 얻어진다. 인간의 구원은 인간 안에 있는 '그 하나님(또는 영적 불꽃)'에 대한 지식을 통해서 이뤄진다. 다양한 유형 안에서(하나님에 대한 개념, 성품과 태도의 상충점, 인간

---

102) Stephan A. Hoeller, 「Gnosticism: New Light on Ancient of Inner Knowing」, op. cit., pp. 240-241.
103) 목창균, 「이단논쟁」, op. cit., p. 72.
104) 김성민, "영지주의와 C.G. 융과 분석심리학", op. cit., p. 252.

론) 이원론을 향한 경향이 있다고 나열하고 있다.[105]

영지주의 문서들은 그리스도교의 경전에 속하지 못한 초대 그리스도교 문헌들이다. 그러나 소위 '영지주의 문헌'들은 다음과 같은 특징들이 있다고 레이튼은 주장한다(Layton 1987:xxii).[106]

첫째, 현재 어떤 형태의 그리스도교에서도 이 문헌들을 '정경'으로 여기지 않는다. 심지어, 이 문헌들에 대한 반감은 이들이 쓰이기 시작한 단계부터 시작되었다. 둘째 기원후 2~3세기에 쓰인 영지주의 문헌들은 당시 그리스도교의 권위 있는 '경전'의 일부가 되기 위하여 당시 통용되는 '전통적인' 문학 형태를 취하였다. 셋째, 이 영지주의의 가장 두드러진 특징은 '경전'에 대한 교리와 해석이다. 특히 이 문헌은 이스라엘의 신, 예수의 수난과 부활, 그리고 일반 구원론에 대한 해석을 정면으로 반대한다. 특히 영지주의 신화는 구약성경 창세기와는 다른 우주, 신, 그리고 인간의 기원을 다루고 있다.

이제 이러한 영지주의의 특징에 대하여 구체적으로 더 살펴보면 다음과 같다.

①영지주의에 핵심은 영지이다.

영지주의 또는 영지파란 명칭이 시사하듯, 영지를 중요시한 것이 영지주의의 가장 큰 특징이다. 영지는 지성적이며 과학적인 지식이 아니고 직접적이고 직관적인 지식, 신적인 것에 참여함으로 얻는 영적인 지식을 말한다. 합일(合一)의 지식이며 구원의 직접적 경험이다. 그것은 인간이 자신의 진정한 본성과 기원을 의식하는 방법이며 자신의 현재 상태로부터 해방과 구원을 성취하는 자기 인식의 행위다.[107]

---

105) 조재형, 「초기 그리스도교와 영지주의」, (서울: 도서출판 동연, 2020), pp. 69-70.
106) 배철현, "「도마복음서」에 나타난 영지주의", 「인문논총」, (서울: 서울대학교 인문학연구원, 2005), p. 139.
107) 목창균, 「이단논쟁」, op. cit., pp. 72-73.

이들 영지주의자들은 그들을 해방시키고, 구속시키는 지식을 얻으려고 했다. 그 지식은 철학적이거나 지적인 지식이 아니라 몸으로 얻는 것이며, 인간의 지식이 아니라 신적 지식이고 구원을 위한 것이다. 이런 지식 또는 이해의 내용은 그것이 사람, 세상, 하나님의 바탕에 대한 것이고, 사람이 추구해서 얻을 수 있는 것이 아니라 하늘에서 내려온 중재자에 의해서 얻을 수 있는 것이라는 점에서 주로 종교적인 것이었다. 그들은 사람이 이 세상에 내려와 육체와 운명에 갇혀 있지만, 사람에게는 신적 세계에 속한 신적 불꽃(pneuma)이 있으며, 그것을 되찾을 때 구원받을 수 있다고 생각하여 인간의 신적 본성과 기원과 운명에 관해서 알려고 하였다. 이 지식은 비밀리에 알려질 수밖에 없어서 영지주의는 개인주의적인 색채를 띤다.[108]

②신비적 지식을 통해 구원을 성취하려 한 종교운동이다.

학자들은 일반적으로 영지주의를 종교운동으로 이해하고 있다. 불트만에 따르면 영지주의는 "최초의 그리스도교 운동으로 출현하여 학자들의 관심을 끌었으며, 오랫동안 순수한 그리스도교 운동, 그리스도교 신앙이 사변적인 신학으로 곡해된 것으로 간주되었다."고 하고 있다. 켈리(J. N. D. Kelly) 역시 영지주의를 하나의 운동, "그리스도교보다도 더 오래된 경향"으로 간주했다. 따라서 영지주의는 사변적인 운동이었다. 영지주의자들은 헬라철학의 영향 아래 신과 세계 및 인간의 기원과 같은 사변적인 문제에 많은 관심을 기울였다. 또한, 영지주의는 대중운동이었다. 그것은 상징적인 의식, 신비적인 예식, 마술적인 형식의 가르침 등을 도입하여 사변적인 우주론을 대중화했다. 영지주의는 혼합주의 운동이었다. 그것은 당시 모든 종교전통의 혼합물이었으며 그 안에 우주론적 신화, 헬라와 동양의 이교적 철학사상, 그리스도교의 진리가 융합되었다.[109]

---

108) 김성민, "영지주의와 C.G. 융과 분석심리학", op. cit., p. 252.

③영지주의는 사색운동이다.

영지주의는 사색운동(思索運動)이 특색이다. 그노스티코이(Gnostikoi)라는 명사는 보통 신자가 가질 수 있는 것보다 더 신적인 지식을 주장한다는 것을 가리킨다. 이들은 악(evil)의 기원에 관해 그리스도교적인 것이 아니고 이방 종교 사상에 대한 것이다. 그들은 환상적(幻想的)인 우주창조론을 발전시켜서 여기에 동방사상을 복음 진리와 혼합하여 지식인(知識人)들에게 복음을 전하려 했다.[110]

④영지주의는 통속적 운동이다.

영지주의는 대중을 중심으로 한 통속적 운동(通俗的運動)이다. 통속적 운동은 대중을 이끌기 위해 사색적인 것보다 특별한 교제, 즉 마술적인 행사나 혹은 상징적인 의식(儀式)을 통해 주술적인 신조를 가르쳤다. 이러한 이상한 신조(信條)들과 의식들이 사람들을 매료시키는 데 중요한 역할을 담당했다. 영지주의자들은 이것을 내세에 받을 축복(祝福)의 수단이라 가르치며 이것이 가장 그리스도교적이라고 주장했다.[111]

⑤영지주의의 또 다른 특성은 구속론(救贖論)에 있다.

영지주의의 이론체계와 실천체계는 모두 구속에 초점이 맞춰져 있다. 그러면 영지주의에서 말하는 구속이란 무엇인가? 그것은 사람들이 그 자신과 최고 신의 본질에 대해서 '깨달아' 현재 살고 있는 어둠으로부터 해방되는 것을 의미한다. 왜냐하면, 사람은 그에게 본래 하나님과 같은 속성이 있다는 사실을 알지 못하고 육체와 이 세상이라는 감옥에 갇혀서 고통을 받기 때문이다. 그래서 영지주의는 타인을 통한 구속이 아니라 자기-구속의 종교가 되고, 그리스도교와 근본적으로 달라진다. 그리스도교에서의 구원은 그리스도의 구속 사역에 대한 믿음에서 나오기 때문이

---

109) 목창균, 「이단논쟁」, op. cit., p. 73.
110) 박상경, 「기독교교리사」, (서울: 리폼드북스, 2023), p. 108.
111) Ibid., p. 108.

다. 그래서 영지주의에서는 영지에 반대되는 무지와 망각이 죄고, 무지와 망각의 상태를 잠자거나 술 취한 상태라는 은유로 나타낸다. 즉 "무지로 부터 결함과 열정이 유래되듯이, 지식으로부터 무지에서 비롯된 모든 것 들이 해결된다. 그러므로 영지를 얻으면 속사람(inner man)의 구속이 이 루어진다."고 하고 있다.[112]

이것은 영지주의의 이원론적 태도와 밀접한 관계에 있다. 영지주의자 들은 이 세상과 육신을 악으로 보고 이 세상에서의 고통과 무지에서 벗 어나는 길을 추구하는데 모든 사상체계와 제의가 집중되어 있는 것이다. 영지라는 말에는 구원론적인 의미가 이미 내포되어 있어서 영지는 사람 들이 그들의 진정한 본성과 하나님에 대한 인식을 얻어 이 세상으로부터 벗어나는 지식을 의미한다. 여기서 그리스도 교인과의 차이는 그리스도 교인들이 죄로부터의 해방을 추구하는 데 반해서, 영지가는 이 세상과 육체로부터 해방되기를 바란다는 점에 있다. 영지가는 그의 내면에 그의 육체와 전혀 다른 신적인 부분이 갇혀 있어서, 그것을 해방시키려고 했 던 것이다. 그러나 영지가들은 구속자를 필요로 하였고, 궁극적인 구속은 그들이 죽은 다음 플레로마(Pleroma)[113]에서 온전히 실현될 것이라고 생 각하였다.[114]

---

112) 김성민, "영지주의와 C.G. 융과 분석심리학", op. cit., pp. 259-260.
113) 플레로마(고대 그리스어: πλήρωμα pléróma)는 "채우다"(to fill up) 또는 "완전하게 하다"(to complete)를 뜻하는 플레로오(πλήρης pléroó)에서 유래 한 낱말로, "충만·완전·채우는 것·완전하게 하는 것, 채워진 것·완전하 게 된 것, 충만한 상태·완전한 상태"를 뜻한다. 플레로마는 이러한 일반적 인 의미로도 사용되며 또한 이러한 일반적인 의미가 확대되어 신의 권능의 총체를 일컫는 의미로도 사용된다. 나아가 플레로마는 그리스도교와 나스티 시즘 그리고 종교적 신비주의에서 보다 깊은 신학적·영지주의적·신비적 의미를 지닌다. 그리스도교 신학에서 플레로마는 신의 은총으로 충만한 상 태, 즉, 구원받은 상태를 의미한다.
   항목 "플레로마", 「위키백과」, https://ko.wikipedia.org/wiki/플레로마
114) 김성민, "영지주의와 C.G. 융과 분석심리학", op. cit., p. 253.

⑥영지주의에는 종교혼합주의적인 특성이 있다.

혼합주의로 발전하였다. 이들은 종교사상(宗敎思想)이 될 만한 모든 것을 받아드렸다. 특별히 신비적 교제의 욕망과 사후세계에서 영혼(靈魂)을 위한 안전한 길을 찾는 소망 등을 만족시키는 데 있다. 이들은 그리스도교회를 인간의 요구에 적응시키며, 세상 지혜(智慧)와 조화(調和)시켜서 그리스도교를 해석함으로 혼합적 종교를 만들어 갔다.[115]

영지주의는 유대 지방의 문화와 종교를 바탕으로 해서 헬라, 이란, 그리스도교 사회의 문화와 종교가 혼합되어 새로운 모습으로 나타났다. 그래서 루돌프는 영지주의 신화는 본래적인 신화라는 느낌보다 인위적인 것이라는 인상을 준다고 평하였다. 그것은 교의적인 측면뿐만아니라 제의적인 측면에서도 마찬가지이다. 영지주의에는 여러 가지 이교적인 제의가 혼합되어 있어서 어떤 경우 마술적인 느낌을 주기도 한다.[116] 이러한 영지주의는 그리스도교와 이교(異敎) 및 기타 모든 좋다고 여기는 것들을 혼합(混合)했다.[117]

⑦영지주의는 다양성이다.

영지주의는 분파가 다양하고 그들 상호 간의 연관성이 분명하지 않을 뿐만 아니라 동일한 관점이나 신앙 체계를 유지한 것도 아니었다. 영지주의가 그리스도교 안에만 있었던 것도 아니고, 그리스도교인, 유대교인 그리고 이교도들이 각각 영지주의의 다양한 그룹과 분파를 형성하고 있었다.[118]

⑧영지주의는 이원론적인 구조를 가지고 있다.

영지주의는 이 세상과 창조주(創造主)를 부정적으로 보는 반-우주적

---

115) 박상경, 「기독교교리사」, op. cit., p. 107.
116) 김성민, "영지주의와 C.G. 융과 분석심리학", op. cit., p. 252.
117) 박상경, 「기독교교리사」, op. cit., p. 108.
118) 목창균, 「이단논쟁」, op. cit., pp. 73-74.

성격을 띠기 때문에 이 세상과 육체와 물질을 악으로 보고 그 반대편에 있는 것들을 선으로 보는 이원론적 특성을 가지고 있다. 그리하여 그들은 모든 것을 빛/어둠, 선/악, 이 세상/플레로마(Pleroma, 充滿), 물질/영, 추락/복귀 등으로 나누고, 그것들이 더 높은 차원에서 회복될 것을 바란다. 그러므로 영지주의는 엄밀한 의미에서 일원론적 배경 위에 선 이원론이라고 할 수 있다. 한편 삶에 대한 그들의 비관적인 태도는 이 이원론적 태도에 기초를 두고 있다. 그들은 결혼과 출산을 비롯한 이 세상에서의 그 어떤 성취에도 가치를 두지 않고, 모든 관심을 이 세상으로부터 떠나서 영원한 플레로마(Pleroma)와 하나가 되는 것에 두고 있다.[119]

⑨영지주의는 반(反) 권위적, 반(反) 성직 계급적이다.

영지주의자들은 권위주의와 성직 계급제도를 거부했다. 뿐만아니라 남성과 여성을 동등시하고 여성에게도 사제직의 문호를 개방하여 참여와 활동의 기회를 제공했다. 따라서 영지주의는 사회적 약자와 소수자, 불만 계층에도 많은 매력과 호소력이 있었다.[120]

⑩영지주의는 엘리트주의를 채택하고 있다.

영지주의 운동은 모든 세대의 수많은 정신 속에 영향을 끼친 두 가지 현저한 특색이 있다고 헤롤드 브라운(Harold O. J. Brown)은 밝히고 있다. 예를 들면, 이해할 수 없는 신비로움을 설명하는 비밀 지식(lore)을 나타내는 것이고, 그 비밀들을 엘리트만이 이해할 수 있다고 주장하는데 엘리트는 그것들에 대한 깊은 흥미를 가진다. 그 결과, 영지주의 사상들은 가끔 현대에서도 그리스도교 토양 속에 다시 재현될 것이다. 에디(Mary Baker Eddy, 1821~1910)의 '크리스찬 사이언스'(Christian Science)는 현대판 영지주의이다. 정치 철학자인 보에젤린(Enc Voegelin)

---

119) 김성민, "영지주의와 C.G. 융과 분석심리학", op. cit., pp. 252-253.
120) 목창균, 「이단논쟁」, (서울: 두란노서원, 2016), p. 74.

조차도 맑시즘(Marxism)을 영지주의 운동의 하나로 부른다.[121]

나그함마디 문서 중 일부에서는 비난의 대상이 되는 영지주의자들의 '엘리트주의'를 명백히 암시하고 있다. 「베드로묵시」(Apocalypse of Peter)라는 제목의 문서는 예수가 십자가 처형을 받을 때 웃으며 기뻐했다(「요한행전」의 이야기에서처럼)는 흥미로운 본문을 담고 있다. 베드로는 군중이 예수의 십자가 처형의 참된 본질을 알지 못하는 데 낙담하여 예수에게 말한다. "주님, 아무도 당신을 쳐다보지 않습니다." 이에 예수가 대답한다. "내가 전에 너에게 '눈먼 자들을 그냥 내버려 두어라' 하지 않았느냐?" 대부분의 군중은 항상 눈이 멀어 있다는 것이다. 눈먼 자들에게 그들이 애당초 볼 수 없는 것을 설명하려고 시도하는 것은 시간과 노력의 낭비이다. 드러난 일과 가르침, 그리고 삶의 숨겨진 의미는 오직 소수에게만 알려진다.[122]

이렇게 영지주의자들은 자신들을 평범한 그리스도교인들과 구별시켰고, 그리스도교의 본질은 고등 지식에 있다고 보았다. 자신들이야말로 신비하고 비밀스런 철학적인 종교를 소유하고 있으며, 그것이 영적으로 만들어준다고 생각했다. 따라서 영혼과 육신을 가진 평범한 사람들을 경멸했다.[123]

실상 이들 영지주의자들은 스스로를 선택받은 사람으로 생각하였다. 그것은 영지의 특성상 자연스러운 일이다. 왜냐하면, 영지란 하나님이나 그리스도로부터 비밀리에 전해진 지식으로서 모든 사람들에게 알려질 수 없기 때문이다. 이러한 엘리트주의는 영지가들이 사람들을 세 가지 종류로 나누어 생각한 것, 예배공동체를 은사 중심적으로 생각한 것, 비밀주

---

121) Harold O. J. Brown, 「Heresies」, 라은성 역, 「교회사 안에 나타난 이단 &정통」, (서울: 도서출판 그리심, 2001), p. 87.

122) Stephan A. Hoeller, 「Gnosticism: New Light on Ancient of Inner Knowing」, op. cit., p. 254.

123) 주희연, "초대 교회에 출현한 이단", op. cit., p. 131.

의를 채택한 것, 끊임없는 교육과 훈련을 실시한 것에서도 잘 나타난다. 그들은 예배를 드릴 때도 인도자를 특별히 정하지 않았고, 그때 그때 영감이 떠오르는 사람이 인도하게 했으며, 사제 제도가 없었던 학파도 많았다.[124]

⑪영지주의 윤리관에는 피안적(彼岸的)인 특성이 있다.

그들은 창조를 부정하고 영지를 추구하여 전통적인 율법과 도덕을 부정했던 것이다. 그들의 이런 태도는 모든 기준을 영적인 것에 두어서 이 세상을 벗어나 자유로운 삶을 살려는 성향에서 나온 것이다. 그래서 어떤 이들은 이교도의 잔치에도 참석하고, 우상 앞에 놓였던 음식을 먹는 등 무정부주의적인(anarchistic) 태도를 보이기도 하였다. 그들의 이런 태도는 어떤 이들에게서 금욕주의로 나타났지만, 다른 이들에게는 자유주의로 나가서 알렉산드리아의 클레멘트는 카포크라티안들이 성적으로 문란한 생활을 했다고 비판하였다. 그러나 대부분의 영지가들은 금욕적인 생활을 하였고, 그들의 자유주의적인 태도는 그들이 세상의 율법보다 더 높은 단계에 있는 영적 율법을 따라서 살려고 했기 때문이다.[125]

이에 헤롤드 브라운(Harold O. J. Brown)은 영지주의 금욕에 대하여 다음과 같이 잘 지적하고 있다.

"수많은 영지주의 학파들은 금욕적 자기 부인과 같은 개인 행위에 대한 고차원절 수준을 강조하였지만 그것을 넘어선 이성은 하나님을 복종하기를 거절하였고 육체적 욕구를 자제하므로 영적 요구에서 영혼을 자유하려는 욕망만 가질 뿐이었다."[126]

---

124) 김성민, "영지주의와 C.G. 융과 분석심리학", op. cit., pp. 253-254.
125) Ibid., p. 254.
126) Harold O. J. Brown, 「Heresies」, 라은성 역, 「교회사 안에 나타난 이단 &정통」, (서울: 도서출판 그리심, 2001), p. 93.

⑫**영지주의에는 스스로 설 수 없는 기생적(寄生的) 특성이 있다.**

영지주의는 본래 유대교에 대한 재해석으로부터 시작하였고, 나중에 그리스도교의 영향을 받아서 발전하여 그들만의 것이라고 하는 독창적인 것이 없는 것이다. 그래서 영지주의는 언제나 독자적으로 존재하기보다 기존의 사상에 새로운 사변을 덧붙이는 방식으로 존재하여왔다. 그래서 대부분의 영지주의는 독자적인 종교로 발전하지 못했고 종교혼합주의라는 한계를 벗어나지 못했다.[127]

⑬**영지주의는 환상적인 경험과 합일적인 경험을 하는 특징이 있다.**

이에 휠러는 다음과 같이 밝히고 있다.

"궁극의 본질에서 인간 영혼의 정수(精髓)인 불꽃(spark) 혹은 영(spirit)이 나오고, 이것들은 다시 그 궁극의 본질로 돌아가려고 애쓴다. 각각의 영적 존재(spirit entity)는 신적 의식의 순수한 불꽃 혹은 원자로서 하나님과 동일한 본질로 구성되어 있다. 하지만 이런 불꽃들은 존재론적으로는 신성한 존재(the Divine)와 하나로 연결되어 있지만 실존론적으로는 그와 분리되어 있다. … 이 분리는 분리되기 전의 상태로 되돌려져야 한다. 지상에서 몸을 입고 살아가며 경험할 수 있는 것보다 더 위대하고 의미 있고 영속적인 어떤 것을 향한, 고통스럽고 때론 불분명하기까지 한 갈망이 이 깊은 분리를 넘어 다시 하나인 상태로 되돌아가는 첫걸음이다. 결과적으로 초월 의식을 낳는 해방의 지식이 분리의 유력한 목적이다."[128]

"영지주의의 중심에는 환상과 합일을 바탕으로 한 독특한 영적 경험이 있는데, 그것은 신학이나 철학의 언어로 자신을 표현하기보다

---

127) 김성민, "영지주의와 C.G. 융과 분석심리학", op. cit., p. 254.
128) Stephan A. Hoeller, 「Gnosticism: New Light on Ancient of Inner Knowing」, op. cit., pp. 30-31.

는 신화를 통해 표현하며 그 특성도 신화와 꽤 유사하다. 여기서 신화란 진실되지 않은 이야기라는 뜻이 아니라, 신학적 도그마나 철학적 이론과는 다른 종류의 진실을 체현한 이야기라는 뜻이다."[129]

그런데 영지주의자는 자기를 해방시키는 초월적 의식의 잠재력에 진정한 가치를 둔다. 이에 플라톤의 유명한 동굴 비유에서 동굴에 갇혀 바깥을 볼 수 없던 죄수들은 어리석게도 동굴 벽에 비친 그림자가 실재라고 믿는다. 하지만 참된 실재는 그림자를 생기게 한 근원인 빛이다. 이에 영지주의자들은 인간이 벽에 비친 그림자에서 영원히 돌아서서 실재와 직접 교제할 수 있는 잠재력을 지니고 있다고 주장한다. 이것은 다음과 같은 중요한 사실의 근거가 된다. 영지주의자는 인간 마음의 주요 부분을 포함해 창조된 세계를 악한 것으로 여긴다. 그 주된 이유는 창조된 세계가 우리의 의식을 신성한 존재에 관한 지식에서 딴 데로 돌려버리기 때문이다. 우리의 육체적 상태가 불가피하게 우리를 외적인 것(심리학적으로는 '외향성')으로 이끌어간다면, 사람들 마음의 소란스러움은 그 소란스러움 자체에만 주의를 기울인다. 이런 이중의 방해로 인해 내적 자기(inner self)는 잊혀지고 만다. 그러나 내적 자기('영 spirit', 헬라어로 프뉴마 pneuma)만이 궁극의 신성과 직접 연결되어 있기 때문에, 인간 경험의 장(場)에서 초월이 이루어지는 지점은 바로 이 내적 자기이다. 초월의 경험을 통해서, 영지주의자가 진정한 '원죄'라고 여기는, 곧 신성한 존재로부터의 인간의 소외와 분리가 원래대로 회복될 수 있다고 하고 있다.[130]

영지주의 전통은 그노시스 경험에 근거하며, 삶과 실재에 대한 일정한 태도와 그노시스를 경험하여 깨달은 우주와 인간의 기원 및 본질에 관한

---

129) Ibid., p. 32.
130) Ibid., pp. 34-35.

모종의 신화와 가르침을 특징으로 삼는다.[131] 이에 댄 머커(Dan Merkur)
는 「영지주의: 신비적 환상과 합일의 비교 전통」(Gnosis An Esoteric
Tradition of Mystical Vision and Unions)이라는 책에서 서로 밀접하게
연결된 두 종류의 경험이 그노시스의 경험적 근원을 이룬다고 말한다.
그중 하나는, 비록 개인의 심적 경험 속에서 벌어지고 그래서 사람마다
조금씩 다르긴 하지만, 궁극의 실재를 드러내는 독특한 형식의 환상 경
험이다. 다른 하나는 신비스런 합일(union)의 경험이다.[132]

그러면 영지주의와 그노시스 경험은 어떤 관계가 있는가? 인간의 의
식은 개념적 진공 속에서 작용하지 않는다. 마음의 환상적이고 합일적인
경험은 그 경험의 내용과 의미에 적합한 개념의 틀로 옮겨져야만 한다.
환상과 황홀경으로부터 종교 교리와 철학 체계, 그리고 신학적·신지학
적인 개념이 생겨난다. 이는 원시 시대 샤먼들 이래 줄 곧 그래 왔던 것
으로, 초기 그리스도교 시대 영지주의자들의 경우도 마찬가지였다. 계시
된 경험들을 최초로 성문화한 뒤로 각자의 종교 체계에 어떤 일이 벌어
졌는가 하는 데서 주류적 종교 신앙(그것이 어떤 종교 신앙이건)과 영지
주의가 갈린다. 전통적인 종교가 경전에 기록된, 자신들의 바탕 경험에
대한 이야기에 만족해 있는 반면, 영지주의자들은 처음 경험한 그노시스
를 더욱 확장하고 확대시키려고 계속 노력한다. 영지주의자들은 기본적
으로 타인이 경험한 그노시스를 믿는 자들이 아니라 자신만의 고유한 경
험을 통해 창시자와 스승의 통찰을 더욱 확대해 가려는 자들이다. 결정
적으로, 그 과정에서 새로운 경험들이 의미 있게 자리 매김될 수 있는
개념적 틀이 요구되었다. 그리하여 영지주의적인 경험들이 언제든 자신
의 자리를 찾을 수 있는 개념적 틀 혹은 세계관이 영지주의로 알려지게

131) Ibid., p. 21.
132) Ibid., p. 25.

되었다.[133]

그런데 신비 경험을 연구하는 사람들은 '환상적인(visionary) 신비 상태'와 '합일적인(unitive) 신비 상태'를 구별한다. 전자가 서술적인 것이라면, 후자는 신적인 합일을 가리킨다. 고대 영지주의자들은 두 경험 모두에 참여했던 것 같다. 영지주의적인 환상에는 흔히 천상으로의 상승이 포함되지만, 무아 상태에서의 죽음과 같은 다른 종류의 환상도 엄연히 포함된다. 창조된 세계를 버리고 영원한 세계들로 상승해 감으로써 그 영역들에 거하는 존재들과 대화를 나누게 되는 것이다. 영지주의자들은 이런 환상이 적어도 부분적으로는 마음 안에서 벌어지는 것임을 분명히 알고 있었고, 그래서 그것들에 특별한 위상을 부여했다. 그들은 이런 환상을 개인 안에 있는 '신적 불꽃'(pneuma. 靈)이 더 높은 세계의 실재와 하나가 되는 경험으로 묘사했다. 다른 신비주의자들과 마찬가지로, 영지주의 현자들도 합일의 경험을 신성한 존재(소피아, 그리스도)나 궁극의 하나님의 영적 본질과 연결되는 것(신비한 결합. unio mysoca)으로 이해했다. 이처럼 환상적인 경험과 합일적인 경험이 동시에 존재하는 것이 그노시스의 특징이라 할 수 있다.[134]

⑭영지주의는 윤회성을 믿었다.

영지주의와 그리스도교의 큰 차이점은 많은 영지주의자들이 불교처럼 '윤회설'을 믿었다는 것이다. 정통파 그래스도교의 교부로 알렉산드리아파를 대표하는 오리겐에 따르면 유력한 영지주의 분파 중의 하나였던 바실리데스파의 창시자 바실리데스는 사람이 구원을 성취하지 못하고 죽었을 때 받는 유일한 벌은 이 세상에 다시 태어나는 것이라고 가르쳤다. 또한 오리겐은 바실리데스가 가르친 윤회의 교의(Doctrine)로 인해 지옥

---

133) Ibid., p. 28.
134) Ibid., pp. 25-26.

의 존재를 부인함으로 결과적으로 사람들로 하여금 선한 행위를 하게 만드는 '유익한 두려움'이 사라져버리게 되었다고 비판했다.[135]

5. 나그 함마디 문서

영지주의 문헌들은 당시 다른 소위 '그리스도교 문헌들'과는 다른 분류의 글들이었다. 이것들은 많은 초기 그리스도인들과 유대인들이 공유해서 현대 유대교와 그리스도교의 근간이 된 중요한 신념들, 특히 창조주의 전지전능함을 믿지 않는다. 영지주의자들은 사탄이 세상을 창조했다고 주장하기도 한다.[136]

영지주의 문헌들은 그리스도교의 경전에 속하지 못한 초대 그리스도교 문헌들이다. 그러나 소위 '영지주의 문헌'들은 다음과 같은 특징들이 있다고 레이튼은 주장한다(Layton). 첫째, 현재 어떤 형태의 그리스도교도 이 문헌들을 '정경'으로 여기지 않는다. 심지어, 이 문헌들에 대한 반감은 이들이 쓰이기 시작한 단계부터 시작되었다. 둘째 기원후 2~3세기에 쓰인 영지주의 문헌들은 당시 그리스도교의 권위 있는 '경전'의 일부가 되기 위하여 당시 통용되는 '전통적인' 문학 형태를 취하였다. 셋째, 이 영지주의의 두드러진 특징은 '경전'에 대한 교리와 해석이다. 특히 이 문헌은 이스라엘의 신, 예수의 수난과 부활, 그리고 일반 구원론에 대한 해석을 정면으로 반대한다. 특히 영지주의 신화는 구약성경 「창세기」

---

135) 박홍배, "기독교 교회사 | 초대교회의 이단들, 영지주의 ①", 「크리스찬타임스」, 2021. 9. 18.
136) 배철현, "「도마복음서」에 나타난 영지주의", op. cit., p. 138.

와는 다른 우주, 신, 그리고 인간의 기원을 다루고 있다.[137]

영지주의 문헌들의 대표적인 것이 1945년에 발견된 '나그 함마디 문서'(Nag Hammadi Library)이다. 그런데 우리에게 많이 알려진 「도마복음」과 함께 나그 함마디 문서의 본문들은 영적이며 단일자인 모나드(Monad)에 대한 개념이 나타나며, 영혼이 하나님으로부터 왔다가 다시 돌아간다는 사상이 일관되게 나온다. 그러므로 나그 함마디 문서 대부분의 저작은 고대 영지사상의 영향을 받은 영지주의 문서들이다.[138]

가. 나그 함마디 문서의 발견

영지주의 중요한 문헌 가운데 나그 함마디 문서들은 1945년 가을 상부 이집트에 있는 룩소에서 북서쪽으로 30km 떨어진 헬라·로마 시대에 체로보스키온(Cheroboskion, 현재 지명은 나그 함마디)로 불린 장소에서 처음 발견되었다. 이곳에 거주하는 농부가 13개 가죽끈으로 묶인 파피루스 코덱스를 봉인된 항아리 안에서 발견하였다.[139]

1945년 12월의 어느 날, 무하마드 알리는 자신의 농사에 지을 자연 비료를 찾다가 굴속에서 항아리들을 발견했다. 그는 금과 같은 보물이 들어있기를 바랐다. 그러나 그 안에는 실망스럽게도 먼지를 뒤집어쓴 파피루스 다발들만 있었다. 그는 그것을 집으로 가져다가 그의 어머니에게 주었다. 부엌 근처에 그것을 쌓아 놓은 그의 어머니는 그중에서 최소한 한 개 이상의 파피루스 책(코텍스, codex)을 빵을 굽는 불쏘시개로 사용했다고 한다. 그즈음에 무하마드는 자신의 아버지를 살해한 사람을 찾아

137) Ibid., p. 139.
138) 조재형, 「초기 그리스도교와 영지주의」, op. cit., p. 74.
139) 배철현, "「도마복음서」에 나타난 영지주의", op. cit., p. 131.

다니고 있었다. 마침내 그는 살해자를 찾아서 죽였지만, 그것 때문에 경찰에 쫓기는 신세가 되었다. 경찰들이 그의 집을 자주 수색하러 왔기 때문에 그는 그 책 중의 일부를 콥트 교회 사제에게 맡긴 것이 계기가 되어서 이 양피지들은 세상에 그 모습을 드러냈다. 이것이 바로 13개의 코덱스로 구성된 '나그 함마디 문서'이다.[140]

발견된 이 코덱스에는 52개의 영지주의 교리 문헌과 코르푸스 헤르메티쿰(Corpus Hermeticum)에 속한 세 작품, 그리고 플라톤의 「국가」의 일부분 번역이 포함되어 있었다. 이 코덱스들은 근처 성 파코니무스 수도원의 수사들이 당시 초대교회에 의해 이단으로 정죄되고 금서목록이었을 것이다. 아싸나스우스(298~373)의 금서 칙령과(Brakke 1995:33) 쎄오도시우스 I(Theodosius I, 347~395)[141]의 390년 칙령으로 이런 책들은 누군가에 의해 숨겨졌을 것이다.[142] 즉, 이들 문서는 영지주의적 금서를 소유하는 것이 이단으로 공격받던 상황에서 파코미우스 수도원 가까이 있는 수도사에 의해 숨겨진 문서들로 여겨진다.[143]

그런데 발견된 나그 함마디 문서는 2년 후인 1947년에 발견된 사해문서와 함께 20세기 고고학 최고의 발견이었다. 그동안 2~4세기의 영지주의 연구에 대한 자료들은 고대 교부들의 글과 몇몇 단편적인 자료들에 의존하고 있었다. 이에 나그함마디 문서는 영지주의와 초기 그리스도교의 기원과 성장에 대한 직접적인 이야기를 들려주었다.[144]

---

140) 조재형, 「초기 그리스도교와 영지주의」, op. cit., p. 28.
141) 쎄오도시우스 1세는 달리 쎄오도시우스 대제(Theodosius the Great)로 불리기도 한다. 쎄오도시우스 황제는 347년에 스페인에서 태어났으며 375~395년까지 로마제국의 황제였다. 로마제국 전체 즉, 동방과 서방을 함께 통치한 마지막 황제라고 할 수 있다.
   항목 "쎄오도시우스 1세 (Theodosius I)", https://blog.naver.com/aromaticos58/22291903357
142) 배철현, "「도마복음서」에 나타난 영지주의", op. cit., pp. 131-132.
143) 조덕영, "초대교회는 영지주의를 어떻게 보았는가?", op. cit.
144) 조재형, 「초기 그리스도교와 영지주의」, op. cit., p. 28.

이에 휠러는 나그함마디 문서에 대하여 "나그함마디 문서는 영지주의 지혜의 어마어마한 보고(寶庫)이다. 그것은 지금껏 발견된 영지주의 사본 중 가장 방대한 사본집일 뿐만 아니라, 이 문서의 발견을 통해 우리에게 필요한 영지주의 지혜의 양이 아주 풍부해지게 되었다."라고 하고 있다.[145]

여하튼 2~4세기에 영지주의자들이 기록한 문서들은 나그 함마디 문서라는 형태로 신약성경보다 양적으로 더 많이 남아 있다. 이 문서들은 원래 헬라어로 기록되었다가 2~4세기에 이집트 그리스도인들이 사용했던 콥트어(Coptic)로 번역되었다. 아쉽게도 헬라어 원본은 발견되지 않았지만, 이것들이 콥트어로 번역되기 2세기 이전에 이미 헬라어로 기록되었을 것이고, 그것들에 대한 구전은 2세기보다 훨씬 이전일 것이다.[146]

그러나 이러한 나그 함마디에서 발견된 문헌은 적지 않은 부분이 명백히 그리스도교적이다. 그러나 일부 내용은 그리스도교의 영향을 거의 혹은 전혀 받지 않았으며, 극히 일부는 이교에서 유래한 내용도 있다. 사실 명백히 이단적이며 이교적인 것은 위험하지 않다. 하지만 영지주의는 오랫동안 역사 속에 은밀히 존재해 왔다. 그렇기에 더 치명적일 수 있다.[147]

이에 나그함마디 문서에 발견으로 인해 영지주의에 대해 재평가를 하려는 경향이 나타나고 있다.

"영지주의에 대한 기독교 시대의 판단을 재평가하는 것이 바람직하다"라고 이 시대의 지혜로운 사람들을 설득하기에 충분한 영지주의 자료가 2천 년 만에 처음으로 갖추어진 것이다.[148]

---

145) Stephan A. Hoeller, 「Gnosticism: New Light on Ancient of Inner Knowing」, op. cit., p. 256.
146) 조재형, 「초기 그리스도교와 영지주의」, op. cit., p. 42.
147) 정대운, "인간을 '작은 예수'로 만드는 초기 이단 영지주의", 「바른믿음」, 2017. 3. 7.

실상 근래 영지주의 연구의 새로운 부흥을 일으키는 데 큰 역할을 하고 있는 것이 나그 함마디 문서 때문으로 볼 수 있다. 그런데 이러한 나그 함마디 문서 자체가 헬라문화가 창궐한 이집트의 알렉산드리아에서 콥트어로 번역되었다는 사실은 영지주의가 헬라·로마배경에서 탄생하였음을 알려준다. 왜냐하면, 나그 함마디 문서 내의 유대교적 자료조차도 유대교에서 기원한다는 증거가 많지 않기 때문이다. 기본적으로 그 문서들이 헬라어로 기록되었다가 콥트어로 번역되어서 헬라화된 유대교의 특성을 보여준다고 조재형은 보고 있다.[149]

나. 나그 함마디 문서의 목록

'나그 함마디 문서(Nag Hammadi Library)'는 이름 그대로 하나의 문고(library)이다. 정전(正典)의 모음이 아니라, 영지주의와 관련된 다양한 읽을거리를 포함하고 있는 문고라는 말이다.[150] 이러한 나그 함마디 문서의 목록들은 다음과 같다.[151]

제1권: 「사도 바울의 기도」, 「야고보의 비밀서」, 「진리의 복음」, 「부활에 관한 논고」, 「세 편의 논고」

제2권: 요한 비밀서(긴 본문본)」, 「도마복음」, 「빌립복음」, 「아르콘들의 실치」, 「세상의 기원」, 「영혼에 관한 주석」, 「용사 도마의 책」

---

148) Stephan A. Hoeller, 「Gnosticism: New Light on Ancient of Inner Knowing」, op. cit., p. 256.
149) 조재형, 「초기 그리스도교와 영지주의」, op. cit., p. 32.
150) Stephan A. Hoeller, 「Gnosticism: New Light on Ancient of Inner Knowing」, op. cit., pp. 251-252.
151) 조재형, op. cit., pp. 27-28.

제3권: 「요한 비밀서(짧은 본문본)」, 「이집트인들의 복음」, 「복된 자유그노스토스」, 「예수 그리스도의 소피아」, 구세주와의 대화」

제4권: 「요한 비밀서(긴 본문본)」, 「이집트인들의 복음」(3권의 것과 같음)

제5권: 「진복자 유그노스토스(3권과 같은 논고)」, 「바울 묵시록」, 「야고보의 첫째 묵시록」, 「야고보의 둘째 묵시록」, 「아담 묵시록」

제6권: 「베드로와 열두 사도의 행전」, 「천둥-완전한 지성」, 「권위 있는 가르침」, 「우리의 위대한 권능의 사색」, 「플라톤 공화국」, 「제8위와 9위에 관한 강화」, 감사기도」, 「아스클레피운스」

제7권: 「셈의 풀이」, 「위대한 셋의 둘째 논고」, 「베드로묵시록」, 「실바노스의 가르침」, 「셋의 삼석비」

제8권: 「조스트리아누스」, 「빌립에게 보내는 베드로의 편지」

제9권: 「멜기세덱」, 「노레아의 사색」, 「진리의 증언」

제10권: 「마르사네스」

제11권: 「지식의 해석」, 「발렌터누스파의 설명」, 「도유-세례-성찬에 관한 단편들」, 「외방인」, 「지극히 높은 사색을 하는 여성 실체」

제12권: 「섹스투스의 금언들」, 「진리의 복음」(1권에 나오는 것과 같음), 「단편들」

제13권: 「프로텐노이아」, 「세상의 기원」

그런데 나그 함마디 코덱스 1권에 처음 나오는 문서는 「사도 바울의 기도」이고, 코덱스 13권에 실린 문서는 「프로텐노이아」와 「세상의 기원」이다. 「세상의 기원」은 코덱스 2권에도 나오기 때문에 사실상 13권 마지막 문서는 「프로텐노이아」이다. 나그 함마디 코덱스는 총 13권에 52개의 문서(중복되는 것을 제외하면 46개)를 포함하고 있다. 중복으로 나오는 것은 「진리의 복음」, 「요한 비밀서」, 「세상의 기

원」, 「이집트인들의 복음」, 「복된 자 유그노스토스 」이다. 「요한
비밀서」는 긴 본문 2개와 짧은 본문 1개가 있어서 3개의 복본이 존재한
다. 이들 중복 본은 서로가 내용상으로 완벽하게 일치하지 않는다.[152]

이러한 나그 함마디 문서에 대하여 다음과 같은 영지주의파에 속한
것으로 조재형은 분류하고 있다.[153]

발렌티누스파 영지주의에 속한 문서들로는 「진리의 복음」, 「사도
바울의 기도」, 「부활에 관한 논고」, 「세 편의 논고」, 「빌립복음」,
「지식의 해석」, 「발렌티누스파의 설명」, 「야고보의 첫째 묵시록」,
「야고보의 둘째 묵시록」, 「빌립에게 보내는 베드로의 편지」, 「진리
의 증언」, 「야고보의 비밀서」 등이 여기에 속한다.[154]

자신들을 셋의 영적인 자손으로 생각하는 셋파의 신학을 담고 있는
영지주의에 속한 문서들로는 「요한 비밀서」, 「아르콘들의 실체」,
「프로델노이아의 세 형체」, 「이집트인들의 복음」, 「아담 묵시록」,
「셋의 삼석비, 「스트리아누스」, 「노레아의 사색」, 「마르사네스」,
「델기세덱」, 「위대한 셋의 둘째 논고」, 「셈의 풀이」, 「외방인」이
다. 이것들 외에 브루스 코덱스에 있는 "제목이 없는 문서"와 코덱스 차
코스(Codex Tchacos)에 포함되어 있는 「유다복음서」[155]와 「외방인의

---

152) 조재형, "나그함마디 문서-그리스도교 신학과 신앙생활을 위한 함의",
https://cafe.daum.net/kcmc91/MbG7/182
153) 조재형, 「초기 그리스도교와 영지주의」, op. cit., p. 67.
154) Ibid., p. 67.
155) 유다 복음서(Gospel of Judas)는 가장 최근에 발견된 영지주의 문헌이다.
내셔널 지오그래픽(National Geographic)에서 유다 복음서를 영문으로 번역
하여 공개했다. 유다 복음서는 가롯 유다를 예수의 제자들 중 가장 뛰어났
던 제자였으며 그가 예수를 대제사장들에게 팔아넘기는 배신행위를 한 것은
예수의 요구에 의한 것이었다고 묘사하고 있다. 유다 복음서에는 바르벨로
(Barbelo, 신의 최초의 발출물, 다른 이름은 '어머니·아버지', '최초의 인간',
'3중의 양성일체(兩性一體)의 이름', '영원한 아이온' 등)에 대한 언급이 있다.
그리고 '요한의 비밀 가르침'이나 이런 종류의 다른 문헌들과 비슷한 내용이
포함되어 있어 바르벨로파(Barbeloites)와 셋파(Sethians) 영지주의와 관련된

책」도 셋파에 속하는 문서들이다. 이들 셋파 영지주의 문서 중에서 가장 중요한 것은 「요한 비밀서」이다. 사실 이것은 셋파 영지주의 문서에서뿐만 아니라 다른 영지주의 문서들 중에서도 영지주의 신화에 대해서 가장 체계적이고 자세한 정보를 준다.[156]

헤르메스 영지주의에 속하는 문서들로는 「제8위와 9위에 관한 강화」, 「감사기도」, 「아스클레피우스」 등이다. 네 번째 범주는 도마 영지주의에 속하는 「도마복음서」와 「용사 도마의 책」이다.[157]

신약성경에 네 개의 복음서가 있다면, 나그 함마디 문서에는 「진리의 복음」, 「도마복음」, 「빌립복음」, 「이집트인들의 복음」이 있다. 기원후 19세기에 베를린 사본에서 발견된 마리아 복음은 영문판 「나그 함마디 문서」에 실리기까지 했다. 이 영지주의 복음서들은 공통적으로 예수와 제자들 사이의 대화가 대부분을 차지한다. 신약성경 복음서에서 중요하게 다루는 예수의 죽음과 부활을 포함한 내용은 없다. 대신 이들 영지주의 복음서들은 그리스도 안에서 발견되는 참된 지식과 구원을 허락하는 예수의 말씀들, 담화, 계시, 묵상 등을 담고 있기 때문에 넓은 의미에서 '복음'이라고 하고 있는 듯하다.[158]

다. 나그 함마디 문서가 정경에서 배제된 이유

1945년 12월에 상부 이집트에서 발견된 나그 함마디 문서는 2~4세기의 그리스도교 교부들과 이단 연구가들의 저술 속에서 아주 단편적으로

것으로 본다.
박홍배, "기독교 교회사 | 초대교회의 이단들, 영지주의 ⑥", 「크리스찬타임스」, 2021. 10. 25.
156) Ibid., p. 91.
157) Ibid., p. 67.
158) Ibid., p. 75.

언급되던 자료들이었다. 그러한 자료가 거의 1600년 만에 땅속에서 나타났을 때, 학자들은 왜 이것들이 땅속에 파묻혔고 신약성경처럼 정경으로 받아들여지지 않았는가를 궁금해했다.[159] 그러면 그 이유가 무엇이었을까?

(1) 정경 형성의 필요성과 정경의 기준

누가복음서의 저자는 누가복음서를 기록할 수 있었던 것에 대하여 "¹우리 중에 이루어진 사실에 대하여 ²처음부터 목격자와 말씀의 일꾼 된 자들이 전하여 준 그대로 내력을 저술하려고 붓을 든 사람이 많은지라 ³그 모든 일을 근원부터 자세히 미루어 살핀 나도…"(눅1:1~3)라고 하였다. 또한 요한복음서 저자도 "예수께서 제자들 앞에서 이 책에 기록되지 아니한 다른 표적도 많이 행하셨으나"(요20:30)라는 같은 언급에서 예수의 모든 행적과 말씀을 다 쓰지 않고 선택적으로 기록하였음을 보여준다. 이는 예수님이 말씀하고 행한 것을 알고 있지만 이를 전부 기록할 필요가 없다는 견해는 당시 다른 저자들도 공유했을 것이다. 그리고 초기 그리스도교의 처음 1~2세기는 바로 이런 상황에서 그리스도교 책들이 기록되었기에 교리적 엄격함과 단일한 사상 대신 다양성과 개방성을 가지고 있었다. 하지만 2세기 중반 시노페(Sinop)의 마르키온이 바울 서신 열 편과 누가복음을 편집한 것만 성경으로 정하면서 이런 경향은 변하기 시작했다.[160]

마르키온은 구약의 하나님과 신약의 하나님이 전혀 다르다고 생각하여, 구약의 하나님은 질투하고 분노하는 신이고, 신약의 하나님이야말로

---

159) 조재형, "나그함마디 문서-그리스도교 신학과 신앙생활을 위한 함의", op. cit.
160) Ibid.

참된 사랑의 하나님이라고 생각하였다. 그는 예수의 제자 중에서 바울만이 이 사랑의 하나님을 올바로 이해했다고 생각하여 히브리서와 목회 서신을 제외한 바울 서신을 받아들였지만, 그 안에 있는 유대교와 구약의 하나님에 관한 부분은 모두 삭제했다.[161]

이에 교회는 마르키온과 같은 여러 이단에 대처하는 표준으로 성경, 신경, 감독의 권위를 확립시키는 결과는 가져오게 되었다. 또한, 호교론자들의 그리스도교 진리를 파악, 해명하려던 시도에서 신학의 여러 문제를 취급하여 체계 신학의 기초를 닦는 결과를 가져왔다.[162] 즉, 초대교회는 신앙의 준칙, 정경의 확립, 감독직의 사도적 계승 등을 확립함으로 교회를 지켜나가고자 하였다.[163]

특히 이단들로 인해 교회로 하여금 정경의 집성을 촉진하게 되었다. 이단들의 잘못된 정경관에 대처하기 위해 교회는 받아들여야 할 책과 버려야 할 책을 말하지 않으면 안 되었다. 영지주의자들은 예수와 사도들의 비밀스러운 가르침이 수록되었다고 주장하는 책들을 저술하기도 했고, 마르키온은 자의적으로 정경의 범위를 제시하고 잘못된 정경관을 제시하였다. 또 몬타누스 이단은 사적(私的) 계시를 하나님의 계시인 양 절대시하기도 했기 때문이다. 그래서 교회는 무엇이 참된 하나님의 영감된 계시의 말씀인가를 분명하게 제시하지 않으면 안 되었다.[164]

또한, 기록된 하나님 말씀의 의미를 전달하면서 자연스럽게 요구되는 해석의 문제였다. 교회는 하나님 말씀의 의도가 무엇인지 해석을 하였고, 상황은 교회의 해석과 다른 해석들이 나타나게 되었다. 따라서 교회가 하여야 하는 두 가지 일은 많은 성경 해석 중에 어느 것이 사도들을 통

---

161) Ibid.
162) 이영헌, 「교회의 발자취」, (서울: 대한예수교장로회총회교육부, 1978), p. 31.
163) 이성호, "이단의 뿌리와 교회의 응전", https://cafe.daum.net/kcmc91/MbG7/175
164) 이상규, "초대교회의 이단(異端)과 이설(異說) (10)", 「현대종교」, 2023. 1. 27.

하여 전하여준 하나님의 의도에 맞는 참된 해석인가를 판정하는 일과 참된 해석과 오류해석을 분별할 수 있는 표준을 제시하는 일이었다.[165]

실상 당시에 이단과 성경과 관련하여 초기교회가 맞닥뜨린 세 가지 상황이 있다. 즉, 첫째는 정경화의 문제였다. 둘째는, 성경 해석들에 대해 어느 해석이 옳은지 판단하는 일이었다. 셋째는, 오류해석을 분별할 수 있는 표준을 제시해 주는 일로서, 이 일이 신학과 신조와 신앙고백서와 관련되어 있다.[166]

그런데 처음에 초대교회는 66권으로 된 한 권의 성경을 소유한 것이 아니었다. 교회마다 부분적으로 다른 책들을 소유하고 있었다. 당연히 어떤 교회는 마태복음만을, 어떤 교회는 마가복음만을 소유하였을 것이다. 시간이 지나면서 교회들은 복음서들을 공유하게 되었다. 이 과정에서 정경이 아닌 것들도 들어오게 되었다. 이러한 이유들로 정경을 확정할 필요성을 느끼게 했다.[167]

그 이후 논란이 있었지만, 오늘 우리가 사용하고 있는 동일한 정경 목록이 처음 제시된 것은 367년 알렉산드리아 감독 아다나시우스(Athanasius)가 쓴 부활절 편지에서였다. 그리고 북아프리카의 히포(393), 칼타고회의(397)에서도 같은 목록이 제시되어 이 책들을 정경으로 받아들이게 된 것이다. 이렇게 이단의 출현이 정경 목록을 확증하고 집성하도록 자극을 준 것이다.[168]

이에 초기교회와 교부들은 영지주의 이단들에 맞서 이를 대처하기 위한 두 원리를 가지고 있었다. 하나는, 성경은 하나의 전체로서 그 자체에 증언의 빛 가운데서 해석되어야 한다는 것이었다. 다른 하나는, 올바른

---

165) 유영권, "이단 규정의 표준 제시와 한국 이단 규정 평가", (미간행박사학위 논문, 합동신학대학원대학교, 2022), p. 46.
166) Ibid., p. 46.
167) 이성호, "이단의 뿌리와 교회의 응전", op. cit.
168) Ibid.

성경해석은 믿음의 공동체에 의해서 받아들여진 전통과 그리스도교 신앙에 의존한다는 것이었다. 그리하여 그들은 먼저 '정경화' 작업을 시도하여 외경과 위경을 제거한 다음, 이 성경에 근거하여 '신앙의 규범'과 '사도신조'를 만들고 '삼위일체론'을 정립하여 영지주의 이단에 대항하였다.[169]

그렇다면 이제 정경을 구별할 수 있는 기준은 무엇인가? 즉, 어떤 책을 정경에 포함시키거나 배제할 것인가를 결정하려고 할 때에 다음과 같은 기준을 적용하였다고 J. L. 니이브(J. L. Neve)는 밝히고 있다.[170]

①역사적 기준

그 당시에는 그리스도로부터 복음 전도의 사명을 위임받은 것은 사도들이었다는 사실과 사도들 가운데서 역사한 영은 구약성경의 저자들에게서 역사한 그것과 동일한 영이었다는 사실에 대하여 깊은 인식을 하고 있었다. 그리하여 정경 속에 들게 된 문서들은 그 저자가 사도들이었는가, 그렇지 않으면 그 문서를 사도들의 저작과 동등하게 인정할 수 있을 만큼 그 저자가 사도들과 친숙한 관련을 가진 사람이었는가 하는 기준에 비추어서 결정되었다.

②내적 기준

이것은 어떤 책의 '내적 소구력(訴求力)이 사도들의 문서와 동등한 가치의 성격, 영성, 품위 등을 지니고 있는가'의 여부에 따라서 그 정경성을 결정하는 것이었다.

(2) 정통교회에 시각에서 본 나그 함마디 문서

169) 봉서방, "초기교회 이단-영지주의 신관", https://cafe.daum.net/cgsbong/208g/3453
170) J. L. Neve, 「A History of Christian Thought」, 서남동 역, 「基督教教理史」, (서울: 대한기독교서회, 1965), pp. 111-112.

조재형은 정통교회인 주류 그리스도교에서 다음과 같은 시각을 가지고 있었기에 나그 함마디 문서가 정경에 들어갈 수 없었던 것으로 지적하고 있다.

일반적으로 주류 그리스도교에서는 나그 함마디 문헌은 정경 후보로 거의 논의되지 않았다. 2세기 중반 마르키온의 영지주의에 반대하면서, 주류 그리스도교 교부들은 철저하게 마르키온을 비롯한 영지주의자들의 문헌을 배격하였다. 즉, 마르키온에 의해서 촉발된 주류 그리스도교의 정경화 과정은 철저하게 영지주의자들의 문헌을 배격하는 방향으로 2세기 중반부터 굳어졌다. 나그함마디 문헌은 아예 신약 정경에서 고려의 대상이 되지 못했다.[171]

무엇보다 주류 그리스도교는 히브리 세계관을 가지고 있었고, 영지주의 그리스도교는 헬라세계관을 가지고 있었다. 즉, 이 둘은 헤브라이즘과 헬레니즘이라는 전혀 다른 사상을 가지고 있었다. 전자는 히브리 세계관 속에서 유대교와 구약성경에 호의적인 태도를 보이고, 물질과 영혼을 좋고 나쁨으로 뚜렷하게 구분하지 않았다. 하나님은 물질적인 이 세상을 창조하셨을 뿐만 아니라 인격적인 신이어서 인간처럼 화도 내고 후회도 하고 연민도 가져서 인간과 직접적으로 교류하고 자신을 드러낸다. 이 하나님이 창조한 인간은 영혼과 육체가 통합되었기에 주류 그리스도교는 죽음 이후 육체의 부활을 믿었으며, 예수 그리스도는 하나님의 아들이지만 인간의 몸으로 이 땅에 온 하나님이라고 믿었다. 반면에 후자는 헬라세계관(특히 플라톤 사상)에 의지하여 유대교와 구약성경을 깎아내려 구약성경의 신을 물질적인 신으로 여겼고, 이 우주를 다스리는 최상의 신은 물질과는 전혀 상관이 없는 비인격적인 모나드(Monad)와 같은 하나님이라고 이해했다. 하나님은 물질세계를 창조하지 않았고, 대신에 '데미

---

171) 조재형, "나그함마디 문서-그리스도교 신학과 신앙생활을 위한 함의", op. cit.

우르고스' 등과 같은 물질적인 신이 세계를 창조하였다. 인간의 본성은 모나드(Monad)로부터 방출된 영혼이고 인간의 육체는 마치 감옥처럼 영혼을 가두고 있다고 생각하였다. 예수가 마리아를 통해 이 땅에 태어난 것을 믿는 주류 그리스도교와는 달리 영지주의자들은 예수의 신성을 극단적으로 강조하여 예수의 성육신 대신 가현설을 더 지지하였다.[172]

나그 함마디 문헌은 대체로 영지주의 그리스도교의 세계관을 반영하였다. 따라서 주류 그리스도교는 이것을 정경으로 받아들이기 어려웠다. 더욱이 로마제국이 그리스도교를 제국의 통치 수단으로 이용하기 위해 다양성을 특징으로 하는 헬라·로마 종교 대신, 그리스도교를 국교로 삼아 단일한 신조와 교리로 제국의 통일을 도모하면서 나그 함마디 문헌은 빠르게 이단 문서로 분류되었다.[173]

라. 도마 영지주의

도마 영지주의는 「도마복음」(the Gospel of Thomas), 「도마행전」 (The Acts of Thomas), 「용사 도마의 책」 (the Book of Thomas the Contender)에 나타난다. 이들은 공통적으로 도마의 이름을 제목에 가지고 있다.[174] 이 중에 「도마복음」 과 「용사 도마의 책」 은 나그 함마디 문서에 들어가 있으나, 「도마행전」 은 들어있지 않다.[175]

그러나 이러한 도마와 관련된 세 권의 책들은 신학적 강조점에 있어 일관성을 가진다. 여기에는 '금욕주의'와 '깨달음'에 대한 강조 등이 속한다. 이에 대하여 조재형은 "이것들을 같은 영지주의 문서로 묶을 것인가에 대해

---

172) Ibid.
173) Ibid.
174) 조재형, 「초기 그리스도교와 영지주의」, op. cit., pp. 126-127.
175) Ibid., p. 128.

서는 논란이 있다. 또한, 영지주의 문서로 분류하지 않더라도 일종의 도마 종파(학파)로 보는 것에 대해서도 이견은 있다. 결국에는 영지주의를 어떻게 정의하느냐에 따라서 이들은 영지주의 문서가 될 수도 있고, 같은 종파로 분류될 수 있다."라는 견해를 밝히고 있다.[176]

「도마복음」, 「도마행전」, 「용사 도마의 책」에 나타나고 있는 도마 영지주의에 대하여 조재형은 다음과 같이 열거하고 있다. 즉, ①'너 자신을 알리'에 대한 강조, ②영혼의 여행, ③금욕주의(asceticism)-결혼 거부, 성 거부, 가난한 삶 추구, ④독수자(Monakotis → monk)에 대한 강조, ⑤현재적 종말론(먼 미래를 포함한), ⑥육체적 부활 거부, ⑦우주는 악하지 않고 창조는 선함, ⑧하나님은 하나이고, '모나드'(Monad)라는 사상이다.[177]

(1) 「도마복음」(the Gospel of Thomas)

① 「도마복음」의 유래와 형성과정

「도마복음」에서 도마는 예수의 가르침을 전달받는 빼어난 제자로 등장한다.[178] 그러나 「도마복음」의 저자는 엄격한 의미에서는 저자가 아니다. 그는 문전 형태로 쓰인 여러 종류의 어록을 자기 나름의 주제별로 배열한 수집가이며 편집자이다. 이 어록들 각각은 그 자체로 완전한 의미가 있기 때문에, 편집자가 어떤 신학적인 의도를 가지고 배열하기보다는 무작위로 자신이 가지고 있었던 자료를 배열하였을 것으로 배철현은 보고 있다.[179]

---

176) Ibid., p. 127.
177) Ibid., pp. 139-140.
178) Ibid., p. 130.
179) 배철현, "「도마복음서」에 나타난 영지주의", 「인문논총」, (서울: 서울대학교 인문학연구원, 2005), p. 141.

그런데 수십 년 동안 전승 모델(the Traditional Model)은 도마복음이 어떻게 편집되었는지, 그리고 어떻게 여러 종류의 말씀이 하나의 책에 모아졌는지에 대해 설명하기 위하여 두 가지 기본 형태로 발전되었는지에 대한 추론적인 전승 모델을 에이프릴 드코닉(April D. DeConick)은 다음과 같이 제시하고 있다.

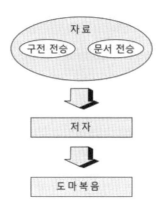

▲ 전승 모델 1

한 가지 해결책의 추론은 저자가 자신의 복음서를 작성할 때 주로 다른 복음서를 자료로 사용했음을 제안한다. 예를 들어 퀴스펠(Gilles Quispel)은 도마복음에 대한 세 가지 외경적(noncanonical) 문서 자료, 즉, 유대-그리스도교적 복음서(a Jewish-Christian gospel) (아마도 나사렛파 복음서[the Gospel of the Nazorees]), 금욕적 복음서(an encratic gospel) (아마도 이집트인의 복음서[the Gospel of the Egyptians]), 그리고 헤르메스주의적 금언집(Hermetic gnomology)을 상정했다. 에데사 (Edessa) 출신으로 금욕적 사상을 가졌던 도마복음의 저자는 이 자료에 자신의 보충 설명을 덧붙여 현재 모음집으로 편집하였다.[180]

---

180) April D. DeConick, "The original Gospel of Thomas", 유병우 역, "원(原)

다른 학자들은 퀴스펠의 이론적 모델에 반응하여 하나 혹은 그 이상의 정경복음서에 도마복음이 의존한다고 주장하였다. 모든 추가, 삭제, 위치 변경(transpositions) 또는 합성(conflation)은 저자가 자료를 자유롭게 이용했기 때문이다. 이는 2세기 영지주의자(Gnostics), 심지어 그랜트(Robert Grant)와 프레드만(David Noel Freedman)이 인정하였듯이 초기 교부들의 전형적인 자유였다. 헨첸(Ernst Haenchen)은 이러한 환상을 수정하며, 도마복음의 저자는 자신이 원하는 대로 정경 본문을 사용하여 글을 쓰기 위해 앉아서 자신의 복음서에 포함시킬 말씀을 무작위로 선택하는 사람이라고 했다. 헨첸은 저자가 고유한 영지주의적 주석 전승을 사용하였고, 그의 복음서를 구성하기 위해 언어적 연상체계(a scheme of verbal association)를 사용하였다고 믿었다.[181]

두 번째 해결책의 추론은 (도마)복음서의 저자가 전체 (정경)복음서가 아닌 하나 또는 그 이상의 예수에 말씀 모음을 그의 자료로 사용했으며, 구전 전승이 가용한 자료(the source pool) 중 일부일 가능성이 있다고 제안한다. 이 입장의 주요 지지자 중 하나인 퀘스터(Helmut Koester)에 의하면 저자는 "수집된 말씀의 여러 작은 단위(일부는 문서형태로)를 사용하여 무작위로 구성한 수집가이자 편집자"였다. 그는 "일반적인 기본 계획에 따라 의도적으로 책을 쓴" 작가가 아니었다. 그 모음집의 요점은 오히려 해석학적이었으며, 독자가 개별적으로 해석할 수 있는 말씀을 제공하는 것이었다. 퀘스터는 저자가 그의 복음서에서 "미래에 다가오는 것이라기보다 신자를 위한 왕국의 현재성"을 강조하면서, 예수의 아주 오래된 말씀 모음을 사용했다고 생각한다. 그는 이러한 발전이 "초기 그리스도교인의 묵시적 기대에 대한 후기의 영지주의적 영성화"(gnostic

---

도마복음", 「神學思想 194집」, (서울: 한신대학교 신학사상연구소, 2021), pp. 506-507.
181) Ibid., pp. 507-508.

spiritualization)라기보다는 "가장 원형적인 예수의 선포를 해석하고 정교화"한 것일 가능성이 더 높다고 생각하였다.[182]

그러나 일부 학자들은 이전 전승 모델의 수정, 즉, 편집자를 포함한 '전승 모델 2'를 제안하면서 나중에 복음서가 편집되었을 가능성을 열어 두었다. 이 입장을 지지한 대부분의 사람들에게 있어서 편집은 매우 최소화되고 늦은 것으로 이해된다.[183]

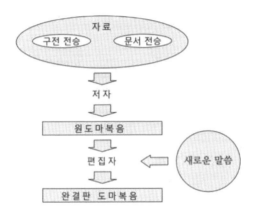

▲ 전승 모델 2

이 '전승 모델 2'의 발전에서 중요한 단계는 크로산(J. D. Crossan)에 의해 1991년에 이루어졌다. 그는 도마복음에 두 개의 실질적인 자료의 '층위'가 존재한다고 제안했다. 그는 첫 번째 층위는 기원 50년대에 의해 아마도 예루살렘에서 구성되었고, 두 번째 층위가 에데사에서 "아마도 60~70년대에" 추가되었다고 생각한다. 크로산은 초기 층위는 "다른 곳에서 독립적인 증언이 있는 말씀"에서 분간할 수 있는 반면, 후기 층위는 "이 모음집의 유일한 말씀"으로 구성되어 있다고 말한다. 이 계층화는 독립적인 자료에서 여러 번 증언된 말씀이 유일하게 증언된 말씀보다

---

182) Ibid., pp. 509-510.
183) Ibid., p. 510.

초기에 속한다는 가정에 기반을 두고 있는 것 같다.[184]

그런데 '전승 모델 3'은 아르날(William Arnal)이 상당히 통찰력 있는 논문에서 발전시켰다.

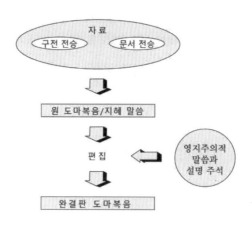

▲ 전승 모델 3

이러한 「도마복음」이 유래한 곳에 대하여 현대의 학자들은 대체적으로 에데사(Edessa)나 동부 시리아를 유력한 장소로 보고 있다. 그리고 그것의 최종형태는 기원후 2세기 중반에 형성되었지만, 일부 「도마복음」의 핵심 말씀들은 1세기 중반에 역사적 예수에 근거해서 만들어졌을 것으로 추정한다. 이후 2세기 중반이 되어서야 다른 복음서 전승들과 신비주의, 금욕주의, 헤르메스주의 그리고 영지주의 등이 추가되어 현재의 「도마복음」의 모습이 되었을 것으로 보고 있다.[185]

② 「도마복음」에 대한 학자들의 견해

「도마복음」에 대한 학자들의 견해에 대하여 조재형은 다음과 같이 분류하고 있다.[186]

---

184) Ibid., p. 512.
185) 조재형, 「초기 그리스도교와 영지주의」, op. cit., p. 129.
186) Ibid., pp. 128-129.

첫째, 「도마복음」은 영지주의 문서이다. 이 입장을 지지하는 학자들은 쾨스터(H. Koester), 일라인 페이겔스(Elaine Pagels), 하워드 잭슨(Howard M. Jackosn), 제임스 던(Dames D. G. Dunn) 등이 있다.

둘째, 「도마복음」은 영지주의 문서가 아니다. '에온', '플레로마', '데미우르고스', '소피아신화'들과 「요한 비밀서」와 다른 영지주의 문서들에 나타나는 "창조신화"도 없기 때문에 「도마복음」을 영지주의 작품이라고 단정하기 어렵다는 견해가 있다.

셋째, 「도마복음」은 큐(Q) 복음처럼 역사적 예수의 정보를 담고 있다. 그래서 초기 자료의 기록 연대는 복음서보다 빠르다.

넷째, 「도마복음」은 역사적 예수의 정보를 가지고 있으나 정경복음서에 의존하기 때문에 기록 연대는 늦다. 그러나 「도마복음」의 반 정도는 복음서들의 내용과 평행하지만, 나머지 반은 전혀 나오지 않는다. 무엇보다 평행하는 본문에 나오는 예수 말씀의 순서가 서로 일치하지 않는다.

③ 「**도마복음**」에 중요 내용과 특징

「도마복음」의 콥트어 번역은 1948년 이집트에서 발견된 소위 나그함마디 코덱스 중 하나로 밝혀져 있다.[187] 그런데 「도마복음」에서 '복음서'라는 용어는 이 복음서를 베낀 필사자가 후에 첨가한 것이다.[188] 그런데 나그함마디 문서에서 '복음서(Gospel)'라는 제목을 단 문서는 오직 네 개(「도마복음」, 「빌립복음」. 「진리복음」, 「이집트인 복음」)뿐이다. 이 중 가장 접하기 쉽고 대중적인 것은 「도마복음」이다.[189]

「도마복음」의 서언 부분에 이 책은 '비밀 어록의 책'이라고 증언한

---

187) 배철현, "「도마복음서」에 나타난 영지주의", op. cit., p. 132.
188) Ibid., p. 140.
189) Stephan A. Hoeller, 「Gnosticism: New Light on Ancient of Inner Knowing」, op. cit., p. 252.

다. 이 어록의 특징은 모든 어록이 "예수가 말했다"로 시작함으로 어록의 권위를 강조한다.[190] 즉, 「도마복음」은 114개의 예수의 비밀스러운 가르침을 모아 놓은 말씀 모음집으로 이것의 완벽한 형태는 콥트어로 존재한다.[191]

> "예수가 말했다: 사람들은 아마도 내가 세상에 평화를 주려고 온 것으로 생각한다. 그들은 내가 세상에 불화, 즉 불, 칼, 그리고 전쟁을 야기시키려고 온 것으로 생각하지 않는다. 왜냐 하면, 한 집안에 다섯 명이 있을 것이다: 세 명이 두 명을 대항하고, 두 명이 세 명을 대항 한다. 아버지가 아들을 대항하고, 아들이 아버지를 대항한다. 이것들은 하나로 여겨질 수 있다"(말씀 16).[192]

「도마복음」에서는 간간히 제자들이 예수에게 질문하는 상황이 등장하지만, 그 어록들은 서술구조 안으로 편입되지 않는다. 여기에는 예수의 삶, 즉, 그의 탄생, 생애, 죽음, 그리고 부활에 관한 이야기는 없다. 그러나 예수는 "살아계신 분"으로만 묘사되고 있다.[193] 그런데 공관복음서에 나오는 예수의 말씀들과 비교해 볼 때 영지주의 복음서들에 나오는 예수의 말씀들은 상대적으로 짧고 간결하다. 이러한 경향은 「도마복음」에서 잘 나타나고 있다.[194]

「도마복음」은 나그 함마디 문서 중에서 특별한 위치를 차지하고 있다. 제5의 복음서라는 별칭이 알려주듯이 정경복음서들과는 다른 '깨달

---

190) 배철현, "「도마복음서」에 나타난 영지주의", op. cit., p. 140.
191) 조재형, 「초기 그리스도교와 영지주의」, op. cit., p. 128.
192) 배철현, "「도마복음서」에 나타난 영지주의", op. cit., pp. 141-142에서 재인용.
193) 많은 학자들은 「마태복음」과 「누가복음」이 "공관복음서 자료"라는 가상의 예수의 어록집을 참고로 저술했을 것이라고 주장한다.
    배철현, "「도마복음서」에 나타난 영지주의", op. cit., p. 140.
194) 조재형, 「초기 그리스도교와 영지주의」, op. cit., pp. 75-76.

음'을 강조하는 예수의 모습을 보여주고 있다.[195]

「도마복음」은 정경복음서와 병행하는 구절들이 많이 발견되고 '에온', '플레로마', '데미우르고스', '소피아 신화'들이 없다. 또한 「요한 비밀서」와 다른 영지주의 문서들에 나타나는 '창조신화'도 없기 때문에 「도마복음」을 영지주의 작품이라고 단정하기 어렵다는 견해가 있었다. 그러나 「도마복음」에는 영혼에 대해서 강조하는 중기 플라톤사상이 지배적이다. 최상에 신인 모나드(Monad)에 대한 암시가 나타나고 명시적으로 선택받은 영혼은 하늘로부터 왔다가 다시 하늘로 돌아간다는 영혼의 여행이 나타난다.[196]

휠러는 「도마복음」에 대하여 다음과 같이 제시하고 있다.

"성서의 4복음서와 달리 「도마복음」은 예수의 생애를 묘사하지 않는다. 오히려 예수의 말씀을 모아놓고 있다. 말씀의 일부는 4복음서의 내용과 거의 일치하지만, 다른 많은 부분은 분명하게 영지주의적 특징을 띤다."

그런데 나그 함마디 문서에서 콥트어 「도마복음」은 114개의 예수의 말씀들을 모아놓았는데 반 정도는 공관복음과 병행하는 내용이다. 예를 들면 「도마복음」 말씀 14는 "너희 입으로 들어가는 것은 너희를 더럽히지 않을 것이다. 오히려 너희 입에서 나오는 것이 너희를 더럽힐 것이다"라고 하고 있다. 이는 마가복음 7장 15~16절과 마태복음 15장 11절과 기본골격과 내용이 같다. 그리고 「도마복음」 말씀 20에 나오는 하늘나라에 대한 비유는 공관복음서에도 비슷하게 나온다(막4:30~32; 마 13:31~32; 눅 13:18~19).[197]

---

195) Ibid., p. 128.
196) Ibid., p. 73.

송혜경은 「도마복음」에 나오는 예수의 말씀 중에서 정경복음서들과 아주 비슷한 경우가 21개이며, 비슷하지만 「도마복음」에만 나오는 "특유의 연어·맥락·색채로 각색된 경우"가 16개이며, "일부는 공관 복음서와 병행하고 나머지는 도마복음 특유의 표현으로 쓰여 공관복음서와는 전혀 다른 뜻으로 이해되는 경우"가 41개가 되며, "둘 이상의 공관 복음서 구절들을 융합·종합하여 한 로기온으로 묶은 듯한 경우"가 18개가 된다고 하고 있다.[198]

「도마복음」 전체에서 예수가 전달한 비밀 가르침이 가장 중요하다. 그 가르침의 핵심에는 자기 자신을 아는 것이다. 즉, 「도마복음」에서 예수는 "너희가 너희 자신을 알게 될 때 너희는 알려질 것이다. 그리고 너희가 살아 계신 아버지의 자녀라는 것을 깨닫게 될 것이다." 여기에서 자신을 아는 것은 자신의 신적인 기원을 아는 것이고 동시에 하나님을 아는 것이다.[199]

일반적으로 「도마복음」의 핵심 전승은 공관복음서와 병행하는 것들이 많이 나오고, 이것들은 종말론적 색채가 강하다. 마가복음의 예수는 "때가 갖고 하나님의 나라가 가까이 왔으니 회개하고 복음을 믿으라"는 선포를 통해서 임박한 하나님의 통치를 말한다(막1:15). 또한, 예수는 죽기 전에 하나님의 나라가 임하는 것을 자기와 함께 서 있는 사람 중에서 볼 것이라고 선언하며(막9:1), 최후의 만찬에서는 하나님의 나라가 임할 때 포도주를 마시겠다고 말함으로써 임박한 종말을 이야기한다. 이와 비슷하게 「도마복음」 말씀 16, 68, 82는 임박한 종말을 이야기한다. 이와는 반대로 요한복음의 예수가 현재적 부활과 종말을 이야기하듯이(요11:25~26), 「도마복음」 말씀 51은 현재적 종말을 말한다. 이러한 차이

---

197) Ibid., p. 76.
198) Ibid., p. 76.
199) Ibid., pp. 130-131.

에 대해서 「도마복음」 안에 나타나는 현재적 하나님의 나라는 도마공동체의 발달 과정 중 나중에 첨가된 것으로 생각하는 학자들도 있다고 조재형은 밝히고 있다.[200]

이렇게 「도마복음」에는 현재적 종말론이 우선한다. 실상 「도마복음」도 미래의 종말론과 세상을 파국으로 이끄는 임박한 종말에 대해서도 언급한다(말씀 11, 82, 111). 그러나 이러한 임박한 종말론은 「도마복음」에서 부차적인 것 같다. 왜냐하면 「도마복음」 말씀 51은 예수와 제자들과의 대화를 통해서 현재적 종말론을 다음과 같이 강조하기 때문이다.[201]

> [1]제자들이 그분께 말하였다. "죽은 이들의 안식은 언제 이루어집니까? 언제 새로운 세상이 옵니까?" [2]그분께서 그들에게 말씀하셨다. "너희가 기다리는 것은 이미 왔다. 그런데도 너희는 그것을 깨닫지 못한다."(말씀 51)[202]
>
> 그의 제자들이 그에게 말했다: "왕국은 언제 옵니까?" 예수가 대답하였다: "그것은 기다려서 오는 것이 아니다. 그것은 '여기 있다', '저기 있다'로 말할 것이 아니다. 차라리, 아버지의 왕국 땅에 (이미) 퍼져있고 사람들은 보질 못한다."(말씀 113)[203]

그러나 이러한 도래 사건은 복음서에서도 찾을 수 있다.

> "[20]바리새인들이 하나님의 나라가 어느 때에 임하나이까 묻거늘 예수께서 대답하여 이르시되 하나님의 나라는 볼 수 있게 임하는 것

---

200) Ibid., p. 76.
201) Ibid., p. 132.
202) Ibid., p. 132에서 재인용.
203) 배철현, "「도마복음서」에 나타난 영지주의", op. cit., p. 143에서 재인용.

이 아니요 ²¹또 여기 있다 저기 있다고도 못하리니 하나님의 나라는 너희 안에 있느니라"(눅17:20~21)

「도마복음」에서 왕국의 도래는 예수의 제자들이 자신들에 대한 새로운 지혜를 얻으면 온다고 하고 있다.204)

　예수가 말했다: "만일 너희를 인도한 사람들이 너희에게 '보라! 왕국이 하늘에 있다'라고 말하면, 하늘의 새들이 너희들 보다 앞설 것이다. 만일 그들이 '그것은 바다에 있다'라고 말하면, 물고기가 너희들을 앞설 것이다. 왕국은 너희 안에 있고 너희 밖에 있다. 네가 네자신을 알게 될 때, 너희들도 알려질 것이며, 너희들은 살아계신 아버지의 자녀들이 바로 너희들이라는 사실을 알게 될 것이다. 그러나만일 너희들이 네 자신들을 알지 못한다면, 너희들은 빈곤에 살 것이며, 그 빈곤이 바로 너희이다."(말씀 3)²⁰⁵⁾

이와 같은 「도마복음」에서의 어록은 영지주의 주제와 비밀스러운 지혜의 급진적인 이해를 보여주고 있다.²⁰⁶⁾ 그리고 종말이 이미 왔기 때문에 「도마복음」은 수도 생활을 하는 수도자(모나코스)들의 실천윤리를 통해서 하나님의 나라를 발견하게 된다. 왜냐하면, 그들은 거기서 와서 다시 거기로 돌아갈 것이기 때문이다(말씀 49). 그래서 「도마복음」의 하나님의 나라는 "이미 여기에" 있다. 그러므로 자기 자신과 하나님을 아는 사람에게 그것은 이미 실현되었기 때문에 눈과 마음을 열고 그것을 알아보기만 하면 된다.²⁰⁷⁾

---

204) Ibid., p. 143.
205) Ibid., p. 143에서 재인용.
206) Ibid., p. 143.
207) 조재형, 「초기 그리스도교와 영지주의」, op. cit., p. 133.

(2) 「용사 도마의 책」(the Book of Thomas the Contender)

시대적 배경과 기원에 있어서 「도마복음」이 기원후 1세기, 「도마행전」이 3세기라면, 「용사 도마의 책」은 2세기 후반으로 추정된다.[208] 이러한 「용사 도마의 책」은 부활한 예수가 쌍둥이 형제 유다 도마와 나눈 대화를 마타이아스가 기록한 것이라고 전한다. 이 책에서 용사 도마는 구세주의 진정한 동역자로서 일반적인 '애제자'의 모습으로 등장한다.[209]

한글로 '용사'로 번역된 헬라어 '아틀레테스'(athletes)는 "불같은 몸의 욕망과 싸우는 사람"이라는 뜻을 가지고 있다.[210] 그런데 욕망을 타오르는 불로써 비유하기 때문에 육체에 대한 경멸과 가족, 성관계에 대한 부정적인 인식을 「도마복음」보다 더 강하게 드러낸다고 조재형은 지적하고 있다.[211]

「도마복음」과 「도마행전」처럼 「용사 도마의 책」도 영지주의 문서에 속하면서 동시에 금욕주의를 지향한다. 금욕주의에 대한 강조에 있어서 「도마복음」과 「도마행전」 사이에 「용사 도마의 책」이 그 가운데에 자리 잡고 있다.[212]

기본적으로 영지주의는 세상에 대한 방종과 금욕주의를 모두 지향할 수 있었다. 그렇지만 기원후 2~4세기 대부분의 그리스도교 공동체의 분위기가 금욕주의를 강조했던 것처럼, 많은 영지주의 종파에서는 금욕주의를 더 선호했다. 「용사 도마의 책」에서 영지주의자들은 특별히 자신

---

208) Ibid., p. 133.
209) Ibid., p. 133.
210) Ibid., p. 133.
211) Ibid., pp. 133-134.
212) Ibid., p. 134.

들의 영적인 수련을 육신의 욕망을 잠재우는 금욕적 훈련을 통해서 달성하고자 독신과 성적 금욕을 실천하였고, 육체의 다른 욕망을 제어하기 위해서 채식을 장려했다. 또한, 술이 사람을 방탕하게 만든다고 생각하여 성만찬 때 포도주 대신 물을 사용하기도 했다.[213)

「도마복음」의 주제인 자신을 알고 자신이 어디에서 왔는지를 깨닫는 것은 무엇보다 중요하다고 언급한다. 즉, 「용사 도마의 책」에서 예수는 도마에게 다음과 같이 자신을 잘 알아야 한다고 말한다.[214)

> "사람들이 네가 내 쌍둥이 형제이자 진정한 친구라고들 하니, 너는 너 자신을 살피고 네가 누구인지 그리고 네가 어떤 모습으로 존재하는지, 혹은 어떤 식으로 존재할지 깨달아라. … 자신을 알지 못한 사람은 아무것도 알지 못한 셈이다. 그러나 자기 자신을 안 사람은 이미 모든 것에 관한 심오한 지식을 획득하였다"(138)[215)

예수와 도마의 대화는 '영혼의 여행'과 '윤회 사상'이 깊이 자리 잡고 있다. 비록 모나드(Monad), 또는 최상 신에 대한 묘사는 암시적으로 나타나지만, 영혼이 사멸하는 육체의 감옥을 벗어나서 하늘나라로 돌아간다는 묘사를 통해서 모나드(Monad)에 대한 사상을 드러낸다.[216)

(3) 「도마행전」(The Acts of Thomas)

「도마행전」은 「도마복음」에 나오는 예수의 말씀들에 근거하여 확

---

213) Ibid., p. 133.
214) Ibid., pp. 134-135.
215) Ibid., p. 134에서 재인용.
216) Ibid., p. 135.

장된 내용을 담고 있다. 13개의 에피소드로 구성된 「도마행전」은 도마의 선교지가 인도로 제비 뽑히는 장면에서 시작해서 도마의 순교로 끝난다. 이러한 「도마행전」은 시리아의 에데사에서 기원후 3세기에 시리아어로 기록되었다가 곧바로 헬라어로 번역된 그리스도교 전기소설이다. 이 소설은 디디무스 유다 도마의 전설적인 인도에서의 모험과 선교를 다루고 있다.[217]

「도마행전」은 세 권의 도마 관련 책 중에서 가장 강한 '금욕주의'를 표방한다. 결혼한 사람들조차도 영혼의 정결을 유지하기 위해서는 성적인 관계를 금지해야 한다고 「도마행전」 전체에서 강조된다. 유다 도마의 이러한 가르침은 「도마행전」에서 줄곧 긴장과 갈등을 만들어 내는 핵심 동인(動因)으로 작용한다. 결국에는 유다 도마는 자신의 금욕주의적 가르침 때문에 순교하게 된다.[218]

「도마행전」에 나오는 예수는 유다 도마를 형제로 지칭하고 성적인 결합뿐만 아니라 자식을 낳는 것조차 매우 나쁘다고 말한다. 많은 자식을 가지게 되면 그 자식들 때문에 탐욕과 이기심이 생겨서 많은 고통을 받게 되리라는 것이다. 따라서 이 말을 들은 젊은 부부는 신혼 첫날밤임에도 불구하고 더러운 욕망이 불러일으키는 성적인 관계를 하지 않고 고귀하게 밤을 지새운다.[219]

도마가 도착했던 안드라폴리스의 임금 미스다이오스의 가장 가까운 친척인 카리시우스의 부인 믹도니아는 사도 도마의 가르침에 매료되어 남편과의 잠자리를 거부한다. 믹도니아는 자신을 예수 그리스도의 거룩한 성전이 되기 위해서 금식도 하고, 성적인 관계도 멀리한다. 왜냐하면, 유다 도마가 그녀에게 다음과 같이 가르쳤기 때문이다.[220]

217) Ibid., p. 135.
218) Ibid., p. 135.
219) Ibid., p. 136.

"당신 몸의 아름다움도, 당신의 옷도, 당신의 지위를 둘러싼 명성
도, 이 세상에 대한 권한도 마찬가지입니다. 남편과의 불결한 결합이
참된 결합에서 멀어진 당신에게 득이 되지도 않을 것입니다. 치장한
외양은 소멸하고 육체는 늙고 변합니다. … 출산을 가져오는 결합도
단죄(의 대상)인 듯 사라집니다. 예수님 홀로 영원히 머무시며, 그분
께 희망을 두는 이들도 그렇습니다"(말씀 88)[221]

「도마행전」에서 도마의 가르침에 매료되어 남편과의 잠자리를 거부
하였던 카리시우스의 부인 믹도니아로 인해 남편인 카리시우스는 유다
도마를 마술사 사기꾼이라고 비난하고 미스다이오스 임금에게 고발한다.
임금은 유다 도마를 잡아서 감옥에 집어넣는다. 이 감옥에서 도마는 '진
주의 노래'를 부른다. 이 '진주의 노래'는 영혼의 여행을 아주 아름답게
기록하고 있다. 즉, 인간의 영혼은 잠에서 깨어나서 다시 하늘로 돌아가
야 한다고 강조한다. 여기에서 '진주의 노래'는 인간 영혼의 성숙 과정을
위한 비유로도 사용되고 있다. 왕자가 돌아갈 집은 하늘이고, 그의 옷은
신적인 모습이고, 그의 사명은 사탄(뱀)으로부터 힘과 진주(그의 진짜 자
아)를 얻어오는 것이다.[222]

도마가 부른 '진주의 노래'는 「도마행전」의 또 다른 중요한 주제로
서 「도마행전」에서도 강조되었던 '자신을 아는 것'을 역설하고 있다.
즉, "일어나 잠에서 깨어나라! 그리고 편지의 말들에 귀를 기울여라. 또
한 네가 임금들의 아들이라는 것을 기억하여라"(말씀 110.43~44).[223]
대부분 사람이 자신이 고귀한 왕의 아들이라는 것과 자신이 여행을

---

220) Ibid., p. 136.
221) Ibid., pp. 136-137에서 재인용.
222) Ibid., p. 137.
223) Ibid., p. 137.

떠난 목적을 잃어버리고 살아가고 있다는 점을 가르쳐준다. 이 주제는 도마의 가르침을 받은 갓 결혼한 새신랑의 기도를 통해서도 다음과 같이 나온다. 즉, 그는 "저에게 저 자신을 찾는 법을 가르쳐 주시고, 또 제가 누구였는지 그리고 제가 지금 누구이며 어떤 존재인지 알도록 가르쳐 주셨습니다"라고 기도한다(말씀 15). 이 신랑은 자신이 썩어질 육체로 살아가는 존재가 아니고 바로 하나님의 영적인 존재로 살아가야 함을 고백한다. 바로 영지주의자들의 추구했던 모든 중요한 질문들이 이 기도문 안에 다 담겨 있다.[224]

「도마행전」에서 하나님은 "모든 것 안에 계신 분이시며 모든 것을 관통하시고, 당신의 모든 작품 속에 계시며 모든 업적을 통해 드러나시는 분"이다. 예수는 구원자이며 살아계신 하나님의 아들이다(말씀 10). 하나님은 모든 것의 주인인 한 분이신 하나님(ἕνα Θεόν τὸν πάντων)으로 모나드(Monad)로서의 하나님으로 나타난다(말씀 104.20). 도마는 순교할 때 자신이 예수에게 올라간다고 말함으로써 예수가 하나님의 아들로서 비록 이 땅에 왔지만 모나드(Monad)로부터 방출되어 하나님 다음의 플레로마(Pleroma)에 있음을 암시한다(말씀 159). 예수는 하나님의 속성을 공유하기 때문에 질투하지 않고 좋은 것들을 풍성하게 베푸는 분이다(말씀 159.15~17).[225]

---

224) Ibid., pp. 137-138.
225) 조재형, 「초기 그리스도교와 영지주의」, op. cit., p. 139.

1. 영지주의 배경

　유대주의에 영향으로 출현한 에비온(Ebionite), 엘케사이(Elkesaites), 케린투스(Cerinthus)와 같은 이단들이 있었던 반면 초대교회의 사회적 환경인 헬라·로마문화의 영향으로 탄생한 이단들의 출현이다. 헬라·로마 사회의 영향으로 인해 출현한 이단들은 교회에 더욱 큰 위험요소가 되었다.[1]

　헬라·로마세계는 초대교가 탄생한 시대적 배경이 되었고, 또한 헬라·로마 문화는 그리스도교인들의 이동을 확장시켜 주었다. 그리고 팔레스타인과 흩어진 디아스포라 유대인들에게 다양한 사상과 문화를 접하게 해주었다. 그 시대에 가장 유행했던 것은 '혼합주의'였다. 그 당시 혼합주의는 오늘날 역사가들이 '신비종교들'이라고 부르는 것에서 보여질 수 있다. 이들 종교들은 대개 세상의 기원, 생명의 유지, 그리고 신들의

---

　1) 주희연, "초대 교회에 출현한 이단", 「신학과 선교」, (서울: 서울신학대학교 기독교신학연구소, 2019), p. 129.

삶에 관련한 신화에 기반을 두고 있었다.[2]

이 시기의 그리스도교인들을 위험에 몰아넣은 것은 로마의 황제숭배에 대한 공식화였다. 이것이 곧 박해의 원인이 되었는데, 배타적 신앙을 소유한 그리스도교도들은 배신적이고 선동적인 자들로 비난받았다. 그리스도교인들은 이런 헬라문화 안에서 자신들의 신앙을 전달하기 위해 당시의 두 가지 철학인 플라톤주의와 스토아철학을 받아들여 사용하게 되었다. 이러한 2세기 헬라 · 로마 사회의 영향으로 특별히 초대 그리스도교 공동체 안에서 정통과는 다른 방향으로 이탈되어 나가게 된 공동체들이 등장하게 되었다고 보인다. 그중에 대표적인 것이 영지주의이다.[3]

영지주의 배경은 헬라 · 로마세계(Greaco-Roman world)의 동부 지중해 지방에서 유포되었던 우주관과 철학관이었다. 이 새로운 우주관은 새로운 학문으로 받아들여졌고 이것은 새로운 신학 체계를 낳게 되었다. 이 새로운 우주관에 의하면 지구는 여러 개의 구로 둘러싸여 있는 천체로, 구 안에 또 다른 혹성계들이 움직이고 있고, 그 혹성계와 구들을 통치하는 영적인 존재가 있어 지존한 하나님과 인간 사이의 중재자 역할을 한다는 것이었다. 이 학문을 '그노시스'(gnosis)라고 불렀는데 '그노시스'는 '지식'을 의미한다. 이런 헬라문화의 지식세계와 접촉하게 된 그리스도교인들 역시 그 영향을 받게 되어 그리스도교를 이런 그노시스의 체계 안에서 설명하려는 운동이 일어나게 되었다. 영지주의는 이런 그리스도교의 새로운 내용들이었다. 영지주의자들은 정통 그리스도교 신앙은 이런 지식을 소유한 지적 엘리트들(영지주의자들)에게 보다 더 진리에 가깝게 접근할 수 있다고 주장하였다. 즉, 그리스도교를 그노시스로서 강조하며, 지식에 도달하는 한 가지 길(수단)로 보았으며 구원은 이 '지식'에

---

2) Ibid., pp. 129-130.
3) Ibid., p. 130.

포함되어 있다고 주장하였다.[4]

그런데 영지주의라는 일반적인 호칭은 2세기에 성행했던 각종 종교적 이론을 총망라해 버린 이단을 말한다.[5] 이러한 영지주의는 그리스도교 이전에 발생했으나 그리스도교에 접근하여 교회 안에 들어와서 어지럽게 한 이단이다. 예루살렘 첫 총회에서 율법과 복음주의의 충돌이 있었던 후 교회가 당면한 최대의 이단이었다.[6]

2세기 중엽은 영지주의의 시대이다. 135년 예루살렘의 2차 함락과 193 년 세베르 왕조의 즉위로 구별되는 두 세대 동안에 교회는 점진적은 헬라화의 과정을 겪게 되었다. 이 과정에서 나타났던 중요한 이단 가운데 하나가 영지주의 운동이다.[7]

130년에서 180년 사이에 주로 알렉산드리아에서 활동하고 있던 교사들이 그리스도교의 지적 생활을 지배하면서 그들의 영향력은 이탈리아, 로마, 소아시아, 심지어 론 벨리(Rhone Valley)에 있는 그리스도교인들에게까지 확장되었다. 실재에 대한 이원론적 해석과 금욕주의적 윤리, 그리스도에 대한 색다른 이해, 죽음의 망각으로부터 구원해 주는 능력으로서 지식의 강조 등을 그 특징으로 하는 영지주의는 초대교회에 지대한 영향을 미쳤다.[8]

영지주의 지도자로서 주후 150년 이전에 활약한 안디옥의 사톤니루스 (Satornilus of Antioch 95년 이전), 130년경 알렉산드리아에서 가르친 바실리데스(Basilides of Alexandria), 135년과 165년 사이에 로마에서 활약한 발렌티누스(Valentinus of Rome) 등이 그 대표적인 자들로서 이 우주

---

4) F. F. 브루스, 「초대교회의 역사」, 서영일 역, (서울: 기독교문서선교회, 2011), pp. 320-322.
5) 박용규, 「초대교회사 교회사총서1」, (서울: 총신대학 출판부, 1994), p. 177.
6) 이영헌, 「교회의 발자취」, (서울: 대한예수교장로회총회교육부, 1978), p. 32.
7) 박용규, 「초대교회사 교회사총서1」, op. cit., p. 177.
8) Ibid., p. 177.

는 신적 세계의 최하의 에몬(aeon)인 창조의 신(Demiurge)이 신약성경의 최고의 선한 하나님을 대항할 목적으로 지었다.[9]

영지주의는 여러 면에서 형식상 신약성경의 가르침과 유사하였다. 이에 퍼킨스는 신약성서의 네 가지 요소, 즉, ①천상의 구속자로서의 예수, ②육과 창조신이 만들어 놓은 율법의 덫에 걸려 있는 인간에 관한 바울 전승, ③영생을 소유하거나 혹은 천상의 영역으로 올라간 믿는 자에 관한 실현된 종말론적 징표들, ④빛과 어둠, 선택된 자와 불신자, 하늘에 속한 자와 이 세상에 속한 자로 구분되는 요한문서의 이원론이 영지주의의 초기 형태와 직접적인 관련성이 있다고 보았다.[10]

이런 관련성으로 인해 영지주의는 기독교가 서양 민중 속에 뿌리를 내릴 수 있었던 유리한 통로가 되었다. 영지주의에 대한 전 이해가 있었기 때문에 기독교의 복음을 수용하는 일이 훨씬 용이하였기 때문이다. 그러나 다른 한편으로 영지주의는 기독교와의 형태적 유사성 때문에 기독교 신앙의 본질을 근본적으로 왜곡시킬 수 있는 위험한 요소를 함축하고 있었다. 그러나 다른 한편으로 영지주의는 기독교와의 형태적 유사성 때문에 기독교 신앙의 본질을 근본적으로 왜곡시킬 수 있는 위험한 요소를 함축하고 있었다.[11]

실상 영지주의는 그리스도교의 가르침과 유사한 점도 있는 듯하면서, 근본적으로 전혀 다른 가르침을 담고 있다. 비록 사도 요한 당시 이와 같은 영지주의의 신화 체계가 완성되지는 않았다고 하더라도 요한일서에서 경계하고 있는 것으로 보아(4:1~3, 3:4~9) 당시 소아시아 지방에 상당한 정도로 파급되었음을 알 수 있다.[12]

---

9) 이영헌, 「교회의 발자취」, (서울: 대한예수교장로회총회교육부, 1978), p. 32.
   Williston Walker, 「A History of the Christian Church」, 강근환 외 3인
   공역, 「世界基督教會史」, (서울: 대한기독교서회, 1978), p. 51.
10) 허호익, "영지주의의 기독교 왜곡과 사도신경의 형성", op. cit., p. 192.
11) Ibid., pp. 192-193.

영지주의의 원형은 그리스도교 이전부터 있었지만 영지주의의 형태를 갖춘 하나의 사상 체계는 그리스도교 이후에 형성된 신학의 조류하고 보는 것이 타당할 것이다. 이레니우스, 터툴리안, 히폴리투스 같은 교부들은 영지주의가 플라톤주의나 아리스토텔레스주의 등의 헬라철학과 상당히 관련이 깊다고 보았다.[13]

실상 영지주의는 유대 종교적 전통에서 배양될 수 없었고 단지 작은 셈족 사람들의 역사에 특별하고 자세한 사건과 깊게 연관을 가졌다. 하지만, 그리스도교는 사상들과 전문용어들에 대한 많은 근원을 소유하고 있었다. 중개자, 로고스, 성령의 충만, 또는 성육신, 중생, 그리고 구원에 대한 개념들은 예수님과 초기 그리스도교인들의 삶 속에서 있는 실재 역사적 사건으로부터 분리될 수도 있었고 철학적 종교적 그리스도교 사상들을 우주적으로 유용한 것으로 해석될 수 있었다. 이는 영지주의 운동이 그리스도교에 최대의 충격을 가할 때 - 그리스도교 시대의 2세기 중 1세기 반 동안 - 신약성경의 문서들이 인정된 정경으로 수집되지 않았고 모든 곳으로 유통되지도 않았다는 사실에서 그러한 것을 쉽게 알 수 있다.[14]

정상적인 철학이 학교들과 철학자들의 지식보다 더 우수한 지식을 줄 수 없었던 그 어떤 것을 영지주의는 필요로 했다. 이런 종교적 차원에서 요구된 것은 계시였으며 영지주의는 그것을 얻기 위해 그리스도교를 통해 유대교로부터 빌려왔던 것이다. 영지주의는 자체를 초자연적으로 계시되고 신적으로 보장된 지혜로서 묘사했다. 예수 그리스도를 모르고 그에 대해 들었던 사람들에게 주어진 그분의 충격은 절대적, 궁극적 진리

---

12) 박상경, 「기독교교리사」, (서울: 리폼드북스, 2023), p. 110.
13) 박용규, 「초대교회사 교회사총서1」, op. cit., p. 181.
14) Harold O. J. Brown, 「Heresies」, 라은성 역, 「교회사 안에 나타난 이단&정통」, (서울: 도서출판 그리심, 2001), pp. 90-91.

가 알려질 수 있었고 개인적 인간을 통해 계시되었다는 확신이 확산되었다.[15]

신약성경이 1세기 헬라적 종교와 철학적 사상과 흡사한 요소들이었던 개념들을 빌려와 사용하고 있었다고 보고 있다. 절대자와 다양한 세계 간의 중개자로서의 로고스 개념과 빛으로 하나님의 개념을 삼으려는 것은 비근한 두 가지 실례이다. 그렇기 때문에 19세기에 요한복음과 같은 신약성경조차도 헬라적 사상을 많이 도입했으며 그 사상들을 예수님의 단순한 셈족 메시지로 접목시켰던 것으로 보인다.[16]

이런 경우에서 밝혀지는 것이 있다면 영지주의 운동이 그리스도교를 직면할 때 여러 교사들이 기본적 신약성경의 많은 사상들을 그들의 영지주의 정신에 맞추어 적용시켰다. 그리고 난 후, 그리스도교인들에게나 비그리스도교인들 사이에 결과론적인 합을 전파하려고 노력했다는 것이다. 본래적으로 그리스도교가 단순한 복음이 제시하는 것보다 우주와 존재에 대한 신비로운 면을 잘 설명하는 데 관심을 가졌다는 점과 그리스도교 사상가들이 포괄적 신학적 방법으로 아직 많은 작품들을 만들지 못했기 때문에 영지주의는 그리스도교에 실제적 위협을 가했다. 정통 저술가들은 거짓 교리들과 대면해야만 했었고 영지주의가 다루었던 우주적 신비로운 것들 - 우주의 기원, 악의 기원과 본질, 그리고 개인 구원의 의미 - 에 대한 다른 설명들을 해야만 했다.[17]

이러한 영지주의는 성경적 사상들이 아닌 고대 근동 사상들을 기반한 복잡한 우주론이다. 그리고 사색적 사상의 헬라적 형태이다. 사색적 요소, 종교적 - 신비적 요소, 그리고 실천적 금욕적 요소를 가지고 있다.[18]

---

15) Ibid., p. 91.
16) Ibid., p. 92.
17) Ibid., p. 92.
18) Ibid., pp. 92-93.

2. 영지주의 계열

영지주의에는 여러 가지 학파가 있었다고 한다. 그 가운데는 교회 조직을 갖춘 집단도 있었지만 그렇지 않은 집단도 있었다. 또한, 영지주의자들은 그리스도교 이전의 유대적 영지주의자, 그리스도교적인 영지주의자, 그리스도교와 전혀 무관한 비그리스도교적인 영지주의자들이 혼재하였다. 영지주의가 이렇게 다양하게 존재한 것은 영지가 인간의 보편적인 성향에서 나왔다. 그래서 어떤 특별한 영지가가 어떤 사상을 주장했다가 그가 죽으면 그의 제자들이 그 사상을 이어받아서 거기에 그들이 본 환상을 신화적으로 덧붙여서 시간이 지나갈수록 더 사변적으로 되었기 때문이다. 그래서 에피파네스는 4세기경 영지주의 학파는 80여 개가 있었다고 주장하였다.[19]

이러한 영지주의는 영지사상을 발전시켜 2~4세기에 그리스도교 안에서 가장 왕성하게 꽃을 피웠던 사상이다. 그런데 영지주의를 정의하기 어려운 이유 중에 하나가 바로 2~4세기에 아주 다양한 그리스도교 영지주의 종파가 존재했기 때문이다.[20]

그리스도교 내에서 영지주의 창시자로 알려진 시몬 마구스, 바실리데스, 발렌티누스, 점성가 마르쿠스 등은 많은 추종자를 거닐었다. 또한 자신들의 학교도 세웠기 때문에 그들의 종파는 역사성을 가지고 있다. 이

---

19) 김성민, "영지주의와 C.G. 융과 분석심리학", 「心性硏究 24」, (서울: 한국분석심리학회, 2009), p. 251.
20) 조재형, 「초기 그리스도교와 영지주의」, (서울: 도서출판 동연, 2020), p. 90.

단에 반대하는 교부들(이레니우스, 테르툴리아누스 등)은 영지주의 창시
자나 유명한 교사들의 이름을 따라서 종파 명을 짓기도 하고 영지주의자
들이 믿는 사상이나 실체에서 이름을 정하는 경우도 있었다. 예를 들면
카인의 행적을 중요하게 여기는 카인파, 뱀을 숭배하는 오피스파, 자신들
을 셋의 영적인 자손으로 생각하는 셋파, 바르벨로를 믿은 바르벨로파
등이다. 그러나 이들의 종파 명은 교부들이 만들어 낼 결과이지, 실제적
으로 존재했다고 보기는 어렵다. 그렇지만 종파 명과는 상관없이 역사적
으로 각 종파의 특성을 가진 영지주의 사상가들이나 영지주의자들이 존
재했다는 사실은 부인할 수 없다.[21]

이제 다양한 영지주의 계열 가운데 중요한 영지주의를 살펴보고자 한
다.

가. 알렉산드리아의 영지주의

(1) 카르포크라테스(Carpocrates)

바실리데스와 동시대 인물인 카르포크라테스(Carpocrates)는 영지주의
에 속하는 자로서 시몬 마구스의 후계자들인 바실리데스와 사투리누스와
같은 자이며 영지주의자들의 아버지라 불리기도 한다. 카르포크라테스는
세상과 세상에 있는 모든 것은 태어나지 않은 아버지보다 못한 천사들에
의해 만들어졌고, 예수님은 요셉의 아들로서 다른 사람들과 동일하다고
한다. 그러나 강하고 순수한 영을 가지고 있었기에 다른 사람들보다 우
수하게 보인다고 하고 있다. 또 알렉산드리아의 클레멘트는 그가 모든
사람들과 동등하다고 주장했다고 한다. 빈부나 귀천, 어리석은 자나 총명

---

21) Ibid., p. 90.

한 자, 남자나 여자, 주인이나 종, 그리고 백성들이나 통치자 간에 아무런 구별이 없다고 했다.[22]

카르포크라테스는 자유 방임하는 운명주의를 지향한다. 율법의 신비들을 이해한다고 하면서 율법을 업신여기고 있는 어떤 자들은 기원전 40년에 이르러 자유사상(libertinism)이 알렉산드리아 유대주의 내에서 지성적으로 존경받기 시작하다가 1세기 후 그 사상은 카르포크라테스 운동을 통해 알렉산드리아에서 영지주의의 원리들 중 하나가 되었다고 한다.[23]

이러한 카르포크라테스는 주후 130년경에 알렉산드리아에서 살면서 신플라톤적 흐름에다 그리스도교의 구원론을 접합시켜서 상당한 호응을 얻은 것으로 보인다. 그에 의하면, 이 세상은 하나님 아버지보다도 저급한 신들에 의해서 창조되었으며, 출생 이전부터 존재한 인간의 혼은 선재적 상태로 복귀함으로써 구원을 얻는다고 하였다. 이와 같은 복귀가 이루어지지 않을 때 영혼은 수 없는 재생의 저주를 받는다. 예수는 인간으로서 마리아의 아들이었으나 완전한 인간이었으므로 자신의 전생을 기억하였으며 잊어버렸던 영원한 실재를 찾아서 선포하였다. 그는 구원받은 자들의 자유를 언급하면서 쾌락주의에 빠져서 윤리적인 면을 흐리게 하는 장본인이었다.[24]

(2) 바실리데스(Basilides)

알렉산드리아에서 활동한 대표적인 영지주의자는 바실리데스(Basilides)이다. 120년~130년 로마에서 활동하였다. 바실리데스는 시몬의 사상을 그대로 전수하기 보다는 일대 수정을 가하여 새로운 영지주의

---

22) 라은성, "영지주의자들(3)-바실리데스와 카르포크라테스", https://cafe.daum.net/kcmc91/MbG7/92
23) Ibid.
24) 동녘, "초대교회사 1", https://cafe.daum.net/kcmc91/MbG7/20

체계를 만들었다. 이것은 왜 그의 사상이 많은 사람들에게 설득력이 있었는가를 설명해 준다.[25]

사투르니루스를 이어 영지주의의 최초의 조직적 신학자인 바실리데스(Basilides)는 헬라어를 말하는 최초의 그리스도교 조직신학자인 이레니우스보다 반세기나 먼저 있었고 라틴어를 말하는 최초의 그리스도교 조직신학자인 터툴리안보다 거의 한 세기나 먼저 있었다.[26] 이러한 바실리데스에 대하여 영지주의의 창시자이며 최초의 영지주의 조직신학자로 알려져 있으나 그의 생애에 대해서는 전혀 알 수 없다.[27]

다작가(多作家)인 바실리데스는 신약 복음서의 가르침에 대한 주석서를 스물네 권이나 쓴 것으로 알려져 있다. 그는 또 사도들이 자신에게 전해 준 메시지에 근거해 직접 복음서도 한 권 저술했다고 한다. 그의 가르침은 히폴리투스와 알렉산드리아의 클레멘트, 그리고 이레니우스에 의해 요약되거나 인용된 형태로 남아 있다. 특히 이레니우스는 바실리데스와 동시대인으로서 그에게 적대적 태도를 취한 것으로 보이는 아그리파 카스토르(Agrippa Castor)의 단편적인 기록들에서 바실리데스의 가르침을 인용하고 있다.[28]

바실리데스의 저서들이 현존하지 않지만, 복음서에 관해 24권을 썼다고 한다. 하지만 남아 있는 사료를 통해서만 그의 사상을 우리는 알 수 있을 뿐이다. 그의 사상의 핵심은 모든 것이 순수한 무의 상태 또는 '무존재'(nonentity)라는 것이다. 바실리데스는 태어나지 않은 아버지로부터 '이성'(nous)이 처음 나오고, '이성'으로부터 '로고스'가, 로고스로부터 '신

25) Ibid.
26) Harold O. J. Brown, 「Heresies」, 라은성 역, 「교회사 안에 나타난 이단&정통」, (서울: 도서출판 그리심, 2001), p. 104.
27) 라은성, "영지주의자들(3)-바실리데스와 카르포크라테스", op. cit.
28) Stephan A. Hoeller, 「Gnosticism: New Light on Ancient of Inner Knowing」, 이재길 역, 「이것이 영지주의다」, (서울: 산티, 2022), p. 161.

중'(phronesis)이, '신중'으로부터 '지혜'(sophia)와 '힘'(dynamis)이, '지혜'
와 '힘'으로부터 능력들, 본질들, 그리고 천사들이 나왔다고 한다.[29]

이런 천사적 존재들로 인해 가장 높은 하늘, 즉, 첫 번째 하늘이 만들
어졌고, 이들의 발산으로 인해 형성된 다른 능력들은 첫 번째 하늘과 유
사한 또 다른 하늘을 창조했다. 첫 번째와 거의 유사한 모양이다. 또다시
세 번째 하늘, 네 번째 하늘, 등등으로 만들어져서 마침내 365개의 하늘
까지 만들어졌다고 한다. 제일 마지막 하늘을 붙잡고 있는 천사들은 세
상에 있는 모든 것을 만들었다고 한다. 그리고 모든 것의 주인은 유대인
의 하나님이라고 한다. 이제 천사들 중 가장 높은 아버지는 유대인들이
자신의 뜻에 순종하기를 원했으나 모든 군주들이 그에게 항거하고 반대
했다. 그래서 태어나지 않는 아버지는 이러한 불운을 보시고 처음 태어
난 이성, 즉, 그리스도를 세상으로 보내어 세상을 지었던 천사적 존재들
의 능력을 받아 자신을 믿게 하셨고 사람들에게 그리스도는 사람으로 보
이고, 이적을 행했지만 고통을 당한 것이 아니고 구레네 시몬이 대신 십
자가에 못 박혔으며 예수님은 단순히 하늘로 되돌아갔다고 한다. 그런데
시몬은 예수님의 형상을 가진 자이다. 그리스도의 '영지'를 통해 사람들
의 영들은 구원을 받지만, 육체는 멸망을 당한다고 하였다.[30]

바실리데스는 예수를 궁극적 실재에서 온 가장 위대한 계시의 지상적
현시(顯示)로 여겼다. 인간은 가장 깊은 내면의 본성 속에 신의 불꽃(삼
위 중세 번째인 아들됨. the third Sonship)을 지니고 있기에 예수의 구
원 행위와 메시지에 응답할 수 있다. 구원이란 사멸할 수밖에 없는 심리
(psyche)와 물질적 창조물로부터 불멸의 영을 분리시키는 것이다. 구원
의 완성은 아들로서의 온전한 본성(인간 속에 깃든 방출된 불꽃들)이 상

---

29) 라은성, "영지주의자들(3)-바실리데스와 카르포크라테스", op. cit.
30) Ibid.

승하여 큰 경계(Great Limit)를 넘어가는 순간 이루어질 것이다. 하지만 이것이 만물이 근원으로 돌아감을 의미하지는 않는다 – 최소한 아직은 아니다. 인간 속에 내재하는 빛의 불꽃이 상승한 후에도 물질 우주는 존속하기 때문이다.[31]

우주의 기원에 대한 바실리데스의 논의에 따르면, 궁극적 실재는 "자기 속에 잠재적으로 만물을 포함하고 있는 씨앗"을 품고 있었고, 이 씨앗으로부터 세 가지 방출물, 곧 성스러운 삼위가 신비롭게 나타났다. 그 뒤 "우리가 지각할 수 있는 우주의 우두머리"라 불리는 위대한 통치자(데미우르고스)가 나왔다. 데미우르고스는 하늘 아주 높은 곳까지 올라가 보고는 자신 위에는 아무도 없다고 생각했다. 여기서 데미우르고스는 더 높은 존재들이 있음을 망각하고 유한한 상태에 머물러 있는 것으로 보인다. 이 우주 기원론에서 데미우르고스는 직접 물질세계의 창조에 참여하지 않고 단지 물질세계의 천상적(etheric) 원형을 창조할 뿐이다. 그곳에는 물질적 창조 작업을 완수할 훨씬 더 열등한 존재들이 있다. 창조의 작용과 추진력이 몇몇 계층 구조를 따라 아래로 내려온 것처럼, 구원의 추진력 또한 인간에게 도달하기까지 동일한 계층 구조의 질서를 따라 내려온다고 보았다.[32]

바실리데스는 하나님의 초월 사상에 대한 오랜 질문에 답하려고 시도했다. 만일 하나님께서 참으로 초월하시고 모든 물질적 실체보다 높이 있으시다면, 어떻게 물질적 세계가 존재할 수 있었을까? 절대적으로 순수하고 양적인 성부가 타락할 수 있는 물질적 실체와 무슨 관계가 있을까?[33]

---

31) Stephan A. Hoeller, 「Gnosticism: New Light on Ancient of Inner Knowing」, op. cit., pp. 163-164.
32) Ibid., p. 162.
33) Harold O. J. Brown, 「Heresies」, op. cit., p. 104.

그런데 성부 자신은 그것과 아무런 관련이 없다고 바시리데스는 가르친다. 성부는 오로지 영적 활동만 하신다. 그것으로 인하여 누스('마음')가 성부로부터 계속하여 나온다. 이런 과정을 발산이라 부르는데 육체적 생산과 아무런 공통점이 없다. 누스로부터 로고스('말씀')가 나온다. 그래서 영지주의는 근본적 성경 개념을 취하지만 요한일서에 있는 절대적 반열로부터 이온들의 하강 연속에 있는 한 연결에까지 이르는 동안 성장이 줄어든다. 지극히 높은 이온들로부터 프로네사시스(Pynamis, '사려 분별'), 소피아(Sophia, '지혜'), 그리고 다이나미스(Dynamis, '능력')로 나아간다. 그런데 지혜와 능력은 창피스러운 욕정으로 서로에게 매력을 준다. 그들의 욕망으로부터 처음 이온들과 비교되는 천사적 존재들로 나아간다. 이러한 천사들은 처음 하늘을 창조한다. 다른 천사들은 그들로부터 일어나서 두 번째 하늘을 창조한다. 그렇게 하여 365개의 하늘들이 창조된다. 가장 낮은 하늘을 만든 천사들의 지도자는 유대인들의 하나님이다. 틀림없이 유대인들과 그들의 하나님은 영지주의파들에게 매우 인상적이었기에 그들은 간과될 수 없었고 중요한 장소를 부여받는다. 우리들의 세계를 다스리는 하늘은 365개의 하늘 중 가장 낮은 것이지만, 우리가 반드시 직면해야 하는 하늘이기에 결과적으로, 그것을 다스리는 하나님은 우리의 삶에 가장 힘 있는 분이시다.[34]

바실리데스는 가장 높으신 하나님, 즉, 태어나지 않은 아버지는 신비한 존재인 '아브라삭스'(Abrasax)를 가졌다고 하고 있다. 아브라삭스는 365개의 하늘을 낳았는데 1년 365일의 수와 같은 것이다. 또 십자가에 못 박힌 자를 고백하고 순교하는 것은 소용없는 일이라고 한다. 왜냐하면, 구레네 시몬이 대신하여 죽은 것이기 때문에 그를 위한 것이지 그리스도를 위한 것이 아니기 때문이다. 이렇게 바실리데스는 이렇게 가현설

---

34) Ibid., pp. 104-105.

을 주장하였다.[35]

◀ 아브라삭스(Abraxas)

나. 시리안 계열 영지주의

120년경에 활동했던 안디옥 출신의 시리아 사투르니누스(Saturnius)가 시리안 형태를 대표하는 영지주의자이다.[36]

사투르니루스(Satumilus)는 그리스도의 사상 – 인간 예수님의 역사가 아닌 – 을 우주에 대한 영지주의적 파나로마 속에 적용시켰다. 요한복음 1장 18절에서 사투르니루스는 성부는 볼 수 없으며(그러므로 알려질 수 없으며), 그는 천사들과 천사장들, 주권들과 능력들의 세계를 창조했고(참조. 엡1:21, 6:12), 그중에 일곱은 세상과 사람을 만들었다. 사람은 기원적으로 최상의 능력이 '생명의 광채' 속으로 숨을 쉴 때까지 유아 단계에 머물러 있었다. 그 후 인류는 두 인종으로 나누어졌는데 선하고 영적인 인종과 악하고 지상적인 인종(참조, 이 세상의 빛과 어두움의 자녀들이란 언급은 엡5:8에서도 등장한다.)이다.[37]

---

35) 라은성, "영지주의자들(3)-바실리데스와 카르포크라테스", op. cit.
36) 박용규, 「초대교회사 교회사총서1」, op. cit., p. 187.
37) Harold O. J. Brown, 「Heresies」, op. cit., p. 103.

메난더(Menander)의 제자였던 사투르니누스는 이 세상을 일곱 천사가 만들었는데 그 가운데 하나가 "유대의 하나님이다."라고 주장했다. 천사들이 실패로 끝낸 인간들을 하나님이 자비로서 영원한 본질을 부어 주셨으나 인간들이 물질의 노예 상태에서 벗어나지 못하자 그리스도를 보내서 구원해 주셨다. 그러므로 그리스도를 통해 구원을 얻으면 성욕을 절제함으로써 완전한 상태에 이른다고 하였다.[38] 즉, 성부는 자신의 독생자, 육적이지 않는 그리스도를 보내셔서 악한 인종을 멸하시고 생명의 광채를 받은 자들을 구원하도록 하셨다. 그는 오직 외형적으로만 인간이었다. 구원은 이러한 영지주의적 그리스도를 믿는 믿음 그리고 결혼과 출산을 절제하는 것과 같은 금욕적 삶 즉, 공상적인 삶으로 말미암는다. 그리스도를 믿는 믿음은 성부, 영적인 존재, 그리고 세상 간에 복잡한 모든 관계의 지식(영지)이다.[39]

이레니우스는 다음과 같이 전한다. 즉, 메난더(Menander)와 같이 사투르니누스(Saturninus)는 천사들과 천사장들과 덕을 만든 알려지지 않은 하나의 아버지가 존재하며 세계와 모든 만물들이 어떤 천사 즉, 7명의 천사들에 의하여 지음을 받았다고 가르쳤다. 사투르니누스가 선포한 구주는 모양과 육체가 없으며 단지 인간처럼 보일 뿐이다. 그는 유대인의 하나님이 그 천사 중의 하나일 뿐이라고 확신하였다. 모든 프린스(prince)들이 그의 아버지를 파괴하기를 원했기 때문에 그리스도가 유대인의 하나님을 파멸시키고 그를 믿는 자들을 구원하기 위하여 오셨다. 그는 두 종류의 인간들, 즉, 선인과 악인이 천사들에 의하여 지음을 받았다고 말한 최초의 인물이다. 마귀들이 악을 행하기 때문에 구주가 악인들과 마귀들을 파멸하고 선인들을 구하기 위해 오셨다. 그리고 그들은

---

38) 동녘, "초대교회사 1", https://cafe.daum.net/kcmc91/MbG7/20
39) Harold O. J. Brown, 「Heresies」, op. cit., pp. 103-104.

결혼하고 자식을 낳는 것이며 마귀에게서 비롯된 것이라고 말한다.[40]

사투르니누스가 발전시킨 실체의 비전에서 다음과 같이 3가지가 두드러진다.[41]

㉮성부와 세상 간에 다소간 타락하기 쉬운 중개자의 하강하는 사슬의 개념. 이러한 것을 '시대'라 번역되는 헬라어의 어원을 가진 '이온들'(aeons)은 신과 같은 영적 실재라는 특별한 의미를 가진다. 유대인들의 하나님과 천사들은 타락하고 기본적 이온들이고 그 가운데서 선한 이온이 그리스도다.

㉯영적 세계와 물질적 세계 간의 이원론이 이런 사슬에 포개진다. 영적인 실재인 이온들은 선하거나 악할 수 있지만, 물질세계는 악한 이온들의 산출이고 그 자체는 악하다.

㉰특별히 구원에 대한 이러한 영지주의적 개념은 육체적 감옥으로부터 구현된 인간 영혼들의 자유와 성부에로의 귀환을 의미한다. 하지만 신약성경과 너무나 다른 이 개념은 육체의 부활만 아니라 영혼의 생존을 필요하게 된다.

이러한 사투르니누스는 자신을 교사라고 하였지만, 그리스도라고는 부르지 않았다. 사투르니누스는 영지주의의 금욕적 흐름을 대표한다. 이원론적 세계관은 먹는 것과 마시는 것과 같은 가장 필요한 모든 육체적 자기 만족을 정죄하고, 모든 육체적 만족을 가능한 한 최소화시킨다. 육체가 악하고 영혼의 참 진리와 아무런 연관이 없기 때문에 비물질적 영혼에 아무런 영향을 주지 않는 육체의 모든 욕망을 굴복할 수 있다. 오랫동안 대부분의 이원론자들은 금욕적이었지만, 자유의지론적(libertarian) 흐름도 역시 계속적으로 금욕주의자 가운데 재발하고 있다.[42]

40) 박용규, 「초대교회사 교회사총서1」, op. cit., p. 187.
41) Harold O. J. Brown, 「Heresies」, op. cit., p. 104.
42) Ibid., p. 104.

시리안 형태의 영지주의는 다음 세 가지의 두드러진 특징을 갖고 있다. 첫째 자유 방임주의 삶을 대표하며, 둘째 구세주와 유대인의 하나님을 예리하게 구분해 구주는 성육신하지 않았으며, 육체와 형태를 갖고 있지 않으며, 셋째 유대인의 하나님이 천사 중의 하나라는 것이다.[43]

다. 유대주의 계열 영지주의

셋파와 함께 1세기 후반에 활동했던 유대주의계 형태의 영지주의 가운데 대표적인 분파로는 에비온파(Ebionites)와 케린투스파(Cerinthus)가 있으며,[44] 영지주의 계열 가운데 2~3세기에 존속한 셋파(Sethians, Sethianism)가 있다.[45]

(1) 에비온(Ebionite)파

유대주의 영지주의 형태 가운데 에비온파는 초대교회의 주요 이단 가운데 하나이다.[46]

①에비온파의 배경

에비온파 운동은 70년 예루살렘 성전이 파괴된 뒤 발생했고, 얼마간 유대계 그리스도교와 관련을 가졌다.[47] 이러한 에비온파(Ebionites)의[48]

---

43) 동녘, "초대교회사 1", https://cafe.daum.net/kcmc91/MbG7/20
44) Ibid.
45) 항목 "셋(창세기)", 「나무위키」, https://namu.wiki/w/셋(창세기)
46) 동녘, "초대교회사 1", op. cit.,
47) 박상경, 「기독교교리사」, (서울: 리폼드북스, 2023), p. 113.
48) 에비온파(The Ebionites)는 처음에는 모든 그리스도인을 가리키는 말이었으나 나중에 유대인 그리스도인만 가리키고, 그 후에 다시 유대교의 이단자들을 가리키는 말이 되었다(빌 3:2, 19).
   박상경, 「기독교교리사」, (서울: 리폼드북스, 2023), p. 55.

창시자는 히브리어로 '가난'이라는 의미를 지니고 있는 '에비온'(Ebion)이라는 사람으로 알려져 있다. 에비온은 주후 70년에 예루살렘이 멸망할 때 펠라(Pella)지방으로 피신하면서 2세기 초에 많은 유대인들을 에비온파로 끌어갔다.[49]

에비온파(Ebionites)는 1세기 말 팔레스틴에서 유대교적 그리스도교인을 중심으로 시작되어 소아시아 지방까지 확산되었다.[50] 이러한 에비온(Ebionite)파는 예루살렘 멸망 후 펠라로 도주한 그리스도교인들에게 자신들의 교리를 전파하였다고 전해진다.[51] 에비온파는 주로 요단강 동쪽 지방에 많이 퍼져 있었고 팔레스타인과 키프로스(구브로섬), 소아시아, 심지어 로마에도 존재했다. 4세기경까지 존속하다가 사라졌다.[52]

에비온파(The Ebionites)는[53] 히브리어로 '가난한 사람들'이라는 뜻의 evyonium에서 유래하며 초대 그리스도교의 금욕적인 종파이다. 그리스도교에 속하면서도 유대교(Judaism)의 강조점을 보존하고 과장했다.[54]

그들은 그리스도가 가난한 분이었고, 사도들도 가난한 사람들이다. 그러므로 자기들도 그리스도와 사도들을 추종하여 가난한 사람들이 되었다고 했다. 산상수훈의 팔복 가운데 "심령이 가난한 자"란 바로 자기들을 가리키는 것으로 간주했다.[55] 대다수가 가난한 사람들이었으며, 자신들이

---

49) 피영민, "교회 역사에 나타난 이단 사상", 「교회와 신앙」 1994년 1월호, p. 125.
50) 박상경, 「기독교교리사」, op. cit., p. 112.
51) Philip Schaff, 「History of the Christian Church: Anti-Nicene Christianity」, Vol. II (Grand Rapids: WM.B. EERDMANS PUBLISHING COMPANY, 1956), p. 432.
52) 피영민, "교회 역사에 나타난 이단 사상", op. cit., pp. 125-126.
Philip Schaff, 「History of the Christian Church: Anti-Nicene Christianity」, op. cit., p. 432.
53) 에비온파에 대한 분명(分明)한 언급은 이레니우스의 저술들(185경)에서 처음 발견되며, 그들 4세기까지 존속한 것으로 알려져 있다. 그들은 팔레스타인을 떠나서 요르단 건너편과 시리아에 정착했으며, 뒤에 소아시아, 이집트, 로마에도 있었던 것으로 보인다.
54) 박상경, 「기독교교리사」, op. cit., p. 102.

야말로 가난한 예수의 제자들의 참된 추종자들로서 심령이 가난한 자에게 약속된 복이 자신들에게만 있다고 주장했다.[56]

이러한 에비온파는 두 파로 나뉘었는데 바리새파의 율법주의를 구현한 다수의 일반적 에비온파와 에세네파에서 출발하여 자신들의 유대주의에 사변적이고 신지학적 색채를 입혀 영지주의의 초석을 놓았던 두 번째 에비온파이다.[57]

②에비온파의 주요 사상

이들 에비온파는 우선 그리스도에 대한 견해가 이단적이다. 이들이 갖고 있는 가장 두드러진 특징은 '양자설'이다.[58] 예수는 다윗의 자손이요 약속된 메시아이기는 해도 단순한 인간에 지나지 않는다고 보았다. 예수의 동정녀 탄생도 부인하여, 예수는 인간 요셉과 마리아가 자연적 출산 과정을 거쳐 탄생했으며, 요단강에 세례를 받을 때에 성령이 임했다고 보았다.[59] 이들은 예수를 혼(魂)과 몸(肉)을 가진 단순한 인간으로 보았다. 그들은 창조주 하나님은 인정하지만, 예수는 단순히 인간의 생식 작용에 의해 출생한 사람으로서 보통사람들보다 더 지혜로울 뿐이라고 했다.[60]

에비온파(The Ebionites)는 예수 그리스도의 신성(神性)을 부인하는 유대교의 한 파이다. 예수 그리스도는 하나의 사람에 지나지 않으나, 신법(神法)을 충실히 지킨 의인(義人)으로서 세례를 받을 때에 비로소 메시아가 되었다고 주장하였다.[61] 즉, 극단적인 에비온(Ebion)파는 그리스도의

55) 피영민, "교회 역사에 나타난 이단 사상", op. cit., p. 125.
56) Philip Schaff, 「History of the Christian Church: Anti-Nicene Christianity」, op. cit., p. 432.
57) Ibid., p. 433.
58) 동녘, "초대교회사 1", op. cit.,
59) 피영민, "교회 역사에 나타난 이단 사상", op. cit., p. 126.
60) 박상경, 「기독교교리사」, (서울: 리폼드북스, 2023), p. 127.
61) 항목 "에비온-파",

신성과 동정녀 탄생을 부정하고 있다. 예수 그는 단순히 사람이나 요단 강에서 세례받으실 때 성령이 그에게 임하여 하나님의 아들이 되었다. 예수는 예언자와 교사로서 구약성경의 율법을 더 엄격화했으며 확대하였으며 이적을 행하신 자라 한다.[62]

예수는 율법을 지키는 점에는 다른 사람들과 다르며 율법적으로 경건했기 때문에 메시아(Messiah)로 택함을 받았다.[63] 그리스도의 메시아적 사명은 예언자나 가르치는 자의 사명과 같은 것으로 간주되었다. 그리고 그러한 사명에 의해서 예수는 기적을 행하였고, 보다 더 엄격한 교훈으로 율법을 더 부연하였다고 생각되었다.[64]

할례를 주장하고, 구약의 유일신 사상(思想)을 믿고, 그리스도의 신성(divine nature)과 동정녀 탄생을 믿지 않았던 에비온파다.[65] 그러나 기묘하게도 여성(女性)으로 생각되었던 성령이 예수께서 세례를 받을 때에 처음으로 그에게 임하였다고 주장하면서,[66] 세례를 받을 때 선지자와 교사의 일을 완전히 할 수 있게 되었다고 하고 있다.[67]

할례를 포함한 구약의 의식법을 준수하는 것이 구원에 필수적인 요소라고 주장함으로써 그리스도론에서도 이단성을 보였다. 이들은 신약성경 가운데서 유대적 요소가 강한 마태복음만을 변형해서 사용했고 바울 서신은 모두 거부했다.[68] 신약성경(New Testament) 중 마태복음만을 인정해 변형해서 사용했으며,[69] 현존하지 않는 히브리 복음서를 사용하였다.[70]

https://dic.daum.net/word/view.do?wordid=kkw000692569&supid=kku010623381
62) 이영헌, 「교회의 발자취」, (서울: 대한예수교장로회총회교육부, 1978), p. 31.
63) 박상경, 「기독교교리사」, op. cit., p. 103.
64) J. L. Neve, 「A History of Christian Thought」, 서남동 역, 「基督敎敎理史」, (서울: 대한기독교서회, 1965), p. 96.
65) 박상경, 「기독교교리사」, op. cit., p. 103.
66) J. L. Neve, 「A History of Christian Thought」, op. cit., p. 96.
67) 박상경, 「기독교교리사」, op. cit., p. 103.
68) 피영민, "교회 역사에 나타난 이단 사상", op. cit., p. 126.
69) 마침내 이들은 마태복음조차도 만족스럽지 못하다고 생각해 '에비온파 복음

에비온파는 대체로 그리스도교를 유대교의 수준으로 끌어내린 것으로 볼 수 있다.[71] 즉, 그리스도교를 유대교로 전락시켜 모세 율법의 원리를 강조하였고, 사도 바울에 반감을 품었던[72] 에비온파는 참 바리새파로[73] 바울을 사도임을 부인했으며, 배교자요, 이단자라고 간주하면서 심한 적대감을 보였다.[74] 이들이 바울을 배척한 것은 예루살렘 그리스도교 교회의 예를 따르지 않았기 때문이다.[75]

이들은 율법의 규정을 철저히 지켰으며, 채식을 원칙으로 하고 거룩한 가난을 고수하며 의식적인 목욕을 규칙적으로 행했다. 일상생활에서 혼합주의(syncretism)와 금욕주의(asceticism)적 경향을 지녔다.[76]

이들 에비온 주의자들에 의하면 이 세상에는 선의 원리와 악의 원리가 있다. 후자는 현 세상을 다스리지만, 전자는 장차 올 세상을 통치한다. 한편 선의 원리는 선지자들을 통해서 여러 차례 성육신이다. 그러나 아담 이후 계속해서 선의 선지자가 성육신할 때마다 악의 원리도 또한 상대역으로 따라 다녔다. 가인, 이스라엘, 세례 요한 등은 악의 원리의 현현으로 또한 여성 원리라고 부른다. 이러한 사상체계에서 볼 때 예수는 남성 원리의 선지자이며 무엇보다도 뛰어난 선의 원리이다. 이것을 떠나서 보면 예수는 하나님께서 자신의 뜻을 알리시기 위해서 선택한 인

서'와 '나자렛 복음서'를 포함해 그들 나름의 문서를 만들었다.
박상경, 「기독교교리사」, (서울: 리폼드북스, 2023), p. 56, 113.
70) Philip Schaff, 「History of the Christian Church: Anti-Nicene Christianity」, op. cit., p. 432.
71) 피영민, "교회 역사에 나타난 이단 사상", op. cit., p. 126.
72) Philip Schaff, 「History of the Christian Church: Anti-Nicene Christianity」, op. cit., p. 432.
73) Williston Walker, 「A HISTORY OF THE CHRISTIAN CHURCH」, 류형기 역, 「기독교회사」, (서울: 한국기독교문화원, 1979), p. 32.
74) 피영민, "교회 역사에 나타난 이단 사상", op. cit., p. 126.
75) 박상경, 「기독교교리사」, op. cit., p. 113.
76) Ibid., p. 128.

간에 불과하다. 이러한 사상의 유대교적 그리스도교인 에비온파는 에세네파(Essenes) 유대교의 한 변형이라고 보며 다만 예수를 그 신학적 체계 내에 인정하는 것만이 다를 뿐이었다.[77]

종말론에서는 오늘날의 시한부 재림론자들과 흡사하게 그리스도의 임박한 재림을 강조했고, 재림 후에는 예루살렘을 중심으로 한 지상 천년왕국이 있을 것이라고 하면서 곧 닥쳐올 천년왕국을 고대했다.[78]

갈라디아서 2장 4절에서는 "가만히 들어온 거짓 형제"라는 표현으로 이들에 대한 암시를 나타내고 있다.[79]

(2) 케린투스(Cerinthus)파

①케린투스파의 배경

유대주의계 영지주의 이단 가운데 더 위험했던 것은 케린투스(Cerintus)였다. 에비온파와 비교한다면 케린투스는 좀더 원색적인 이단 지도자였다.[80] 바로 케린투스(Cerinthus, 50~100 AD, Egyptian theologian)는 영지주의(Gnosticism)로 이름이 드러난 대표적 인물이다. 그는 이집트 출생 유대인으로 알렉산드리아 필로학파 교육을 받았다.[81] 어떤 사람들은 케린투스를 초기 그리스도교인이라 분류하기도 한다. 그러나 초기 그리스도교 교부의 관점에서는 케린투스는 저명한 '이단 창시자'였다. 초기 그리스도교 정통파들과는 달리 케린투스파는 유대교 율법

---

77) 봉서방, "중세의 이단들", https://cafe.daum.net/cgsbong/208g/2845
78) 피영민, "교회 역사에 나타난 이단 사상", op. cit., p. 126.
   박상경, 「기독교교리사」, op. cit., p. 113.
79) 주승민 외 5인, 『기독교 사상사 1』 (서울: 대한기독교서회, 2004), pp. 101-102.
80) 동녘, "초대교회사 1", https://cafe.daum.net/kcmc91/MbG7/20
81) 고경태, "케린투스(Cerinthus, 50-100 AD, Egyptian theologian)", https://cafe.daum.net/kcmc91/MbG7/259

을 따랐으며, 「히브리 복음서」를 사용하였다. 지고한 신이 물질 세상을 창조했다는 것을 부정하였으며, 예수의 신격을 부정하였다.[82] 즉, 이들은 지고의 신과 창조자를 구분하고 예수는 인간으로서 세례를 받을 때 그리스도의 영이 보통 사람인 그에게 임하였다가 십자가상에서 죽을 때 그에게서 떠나갔다고 주장하였던 이단이다.[83] 이러한 케린투스는 싸토르닐로스(Satornilos)와 더불어 '가현설'(Docetism)을 최초로 주장한 자이다. 그는 유대교와 영지주의 사이에 위치해 있었다.[84]

초기 그리스도교 전통에 따르면 케린투스(Cerintus)는 복음서 저자 요한(John the Evangelist)과 동시대인이자 복음서 저자 요한의 반대자였다.[85] 바로 케린투스를 가장 혐오했던 사도 요한에 대하여 폴리갑(Polycarp)이 전한 일화에 따르면, 어느 날 사도 요한이 에베소의 공중목욕탕에 갔는데 케린투스가 목욕을 하고 있었다. 그를 본 요한은 목욕도 하지 않고 "진리의 원수, 케린투스가 안에 있기 때문에 목욕탕이 무너질 염려가 있으니 도망치자"고 외치며 나왔다는 것이다. 학자들은 사도 요한이 에베소에서 케린투스에 반대하는 글을 썼으며, 요한일서가 그것이라고 한다.[86]

케린투스(Cerintus)는 최초로 그리스도교 복음을 재해석하여 이단 체계를 만든 영지주의자였다고 한다.[87] 그는 영지주의의 기본적 틀인 이원론을 모방하여 하나님을 최고의 신과 제2의 신으로 구분 지었다. 그에 의하면, 창조주는 제2의 하나님이며, 최고의 하나님은 우리가 알 수 없는

---

82) 항목 "케린투스", 「위키백과」, https://ko.wikipedia.org/wiki/케린투스
83) F. F. 브루스, 「초대교회의 역사」, 서영일 역, (서울: 기독교문서선교회, 2011), pp. 318-319.
84) 근광현, 「기독교 이단 길라잡이」, (서울: 도서출판 누가, 2003), p. 159.
85) 항목 "케린투스", 「위키백과」, https://ko.wikipedia.org/wiki/케린투스
86) 목창균, 「이단논쟁」, (서울: 두란노서원, 2016), p. 75.
87) 봉서방, "초기교회 이단-영지주의 신관", https://cafe.daum.net/cgsbong/208g/3453

분이라고 한다.[88] 케린투스의 이와 같은 하나님 이해는 알렉산드리아 필로(Philo)에게서 배운 것이다. 이런 점 때문에 여러 학자들은 그를 유대교와 영지주의 사이에 위치한 자로 간주하였다. 학자들의 이러한 평가는 그가 수정된 마태복음을 제외한 다른 복음서를 거부하고 모세의 율법과 천년왕국을 가르쳤던 점에서도 잘 증명될 수 있을 것이다.[89]

이러한 케린투스는 사도 요한과 비슷한 시기의 인물로 에베소에서 사도 요한의 가르침을 배격하고 교회를 혼란케 했다고 한다(참고. 요일4:2). 그리고 요한일서에서 배격하는 영지주의의 교사를 케린투스로 추측한다.[90]

②케린투스파의 주요 사상

케린투스(Cerintus)는 마태복음의 한 버전을 주된 경전으로 사용하였다. 이러한 케린투스는 재림(再臨)의 때와 죽은 자들이 모두 부활하는 때 사이의 기간 동안에 예수가 육체의 오관의 쾌락이 존재하는 천년왕국(千年王國)을 세울 것이라고 가르쳤다. 케린투스의 이 견해는 니케아 공의회(AD 325)에서 이단으로 선언되었다.[91]

케린투스는 인간 예수와 육체가 없는 신적 그리스도 사이를 엄격히 구분하였다. 또한, 그는 창조된 물질세계로부터 초월해 있는 최고의 알 수 없는 하나님과 구약 율법을 준 하나님 사이도 분리하였다. 이레니우스에 의하면, 케린투스는 예수가 동정녀에게서가 아니라 요셉과 마리아에게서 태어났다고 주장하였다. 단순히 예수는 다른 사람들보다 더 많은 정의와 지혜가 있는 사람이었을 따름이다. 특별히 예수가 세례(βάπτισμα)

88) Magaret Barker, 「The Great Angel: A Study of Israel's Second God」, (Louisville: John Knox Press, 1992), p. 170.
89) Philip Schaff, 「History of the Christian Church, vol. 2」, (Grand Rapids: Wm. B. Eerdmans, 1992), p. 465.
90) 고경태, "케린투스(Cerinthus, 50-100 AD, Egyptian theologian)", op. cit.
91) 항목 "케린투스", 「위키백과」, https://ko.wikipedia.org/wiki/케린투스

를 받을 때에 비둘기 형태의 그리스도가 그 위에 임하였다. 그리하여 예수는 이때부터 그리스도와 더불어 기적을 행하였고, 후에 예수가 십자가 처형을 당할 위기에 처하게 되었을 때, 그리스도는 떠나고 오직 인간 예수만 남아 고통을 받은 것이다. 케린투스에 의하면, 영적인 그리스도는 전혀 고통을 받을 수 있는 존재가 아니기 때문이다.[92]

이와같이 예수와 그리스도 사이를 철저하게 분리하는 케린투스의 그리스도론을 가리켜 '양자론'(Adoptionism)이라 한다. 케린투스는 예수를 덕망 높은 단순한 인간으로 간주하고, 그리스도를 최고의 영적 존재로부터 유출된 비물질적 존재로 간주하였다. 이로써 그는 예수의 신성을 부인하였다. 그의 이 같은 그리스도론은 한때 이 무리에 속해 있었던 곳인 예수의 신성을 거부했던 에비온파의 영향 때문이었다.[93]

이러한 케린투스는 "인간은 누구나 성령이 충분하면 카리스마(신비체험)가 행해지고 예수와 같이 기적을 행할 수 있다."하고, "예수도 죽을 때 성령이 떠나므로 보통사람으로서, 고민하며 죽게 되었다."고 주장했다고 한다.[94]

케린투스의 이단성은 하나님의 주권에 대한 신앙의 복종이 없고, 예수의 신성을 부인하고, 십자가의 속죄성을 부정하고, 예수의 선재성을 부인하고, 그리스도의 부활을 부정하고, 죄에 대한 회개를 부정하고, 예수의 재림을 부인한 것이다.[95]

그런데 현대까지 그의 영향력이 안식교라고 하는 공동체에 남아 있는 파는 케린투스파라고 할 수 있다. 2세기 초반 케린투스가 이끌었던 학파로 이들은 토요일을 안식일로 고집했다. 그리스도의 육체적 부활을 부정

---

92) 근광현, 「기독교 이단 길라잡이」, op. cit., pp. 159-160.
93) Ibid., p. 160.
94) 고경태, "케린투스(Cerinthus, 50-100 AD, Egyptian theologian)", op. cit.
95) Ibid.

하고 할례 예식을 꾸준히 준수했으며, 천사에 의한 세상 창조와 그리스
도 왕국이 세상에 세워지는 것을 앙망했다. 천년왕국이 오면 거기에 참
여하는 사람들은 감각적·물리적·육적 쾌락을 누리게 될 것이라고 주장
하였다. 영지주의 영향을 받았으며 에베소에서 활약하였다.[96]

(3) 셋(Sethians, Sethianism)파

자신들을 셋의 영적인 자손으로 생각하는 셋파 영지주의는 발렌티누
스 영지주의 종파 다음으로 규모가 크다. 이들이 남긴 문서들이 상대적
으로 많고 중요하기 때문에 이것은 고전적인 영지주의로 불린다. 그런데
나그 함마디 문서들 중에는 13개의 문서가 셋파의 신학을 담고 있다.[97]

「요한 비밀서」는 셋파 영지주의 신학을 대표한다. 동시에 전형적인
영지주의 신화와 구조를 잘 보여주는 문서이다. 이 문서의 주요 화자인
요한은 "구원자는 어떻게 지명되었을까? 그리고 그분의 아버지께서는 무
엇 때문에 그분을 세상으로 보내셨을까? 그분을 보내신 그분의 아버지는
누구실까? (우리가 가게 될)에온은 어떤 곳인가?"라는 근본적인 질문을
던진다(1,21~26).[98]

셋파 영지주의에서 특별한 위치를 차지한다. 셋은 구원자의 역할을 하
고, 때로는 예수로 성육신하여 그리스도 안에서 다시 나타났다고 여겨진
다.[99]

①셋파 영지주의의 배경과 기원

셋파 영지주의의 기원은 기원전 160년경이다. 셋파 영지주의의 영향은

---

96) 주승민 외 5인, 「기독교 사상사 1」, op. cit., pp. 102-103.
97) 조재형, 「초기 그리스도교와 영지주의」, op. cit., pp. 90-91.
98) 조재형, "나그함마디 문서-그리스도교 신학과 신앙생활을 위한 함의",
    https://cafe.daum.net/kcmc91/MbG7/182
99) Ibid.

지중해 지역 전역에 걸쳐있었다. 나중에 도마 영지주의, 바실리데스의 영지주의, 발렌티누스 영지주의에도 영향을 미쳤다. 이러한 셋파 영지주의는 유대교와 깊은 연관을 가지고 있었지만, 그 사상적 기원은 플라톤주의에 두고 있었다. 왜냐하면, 영지주의의 배경은 헬라의 철학자들에게 크게 의지하고, 그중에서 플라톤의 영향력이 가장 크게 나타나기 때문이다.[100]

그런데 이미 기원전 3세기에 팔레스타인을 제외한 지역에서 유대인들은 히브리어로 모세오경을 읽을 수 없을 정도로 헬라화되었다. 그들은 구약성경의 내용을 헬라화된 유대인의 시각에서 이해했다. 이에 2~4세기에 집중적으로 기록된 영지주의 문서들이 그 철학적 배경을 그리스도교 이전에 두고 있기 때문에 셋파 영지주의 문서들도 그 기록 시기와는 달리 그 기원은 기원전 2세기경(160년경)에 두고 있다. 그러나 원래 그리스어로 기록되었던 원본은 모두 사라지고, 남아 있는 콥트어 문서들은 2세기 중반부터 4세기에 걸쳐서 작성되었다. 여기에서 아담의 아들인 셋은 영지주의 구원자로서 매우 중요한 역할을 감당한다.[101]

창세기 5장은 하나님께서 인간을 창조하신 계보에서 가인과 아벨을 건너뛰고 아담에서 셋으로 연결시키고 있으며, 셋의 자손 에노스 때에 이르러 하나님의 이름을 불렀다고 전한다. 이러한 기술은 셋파 영지주의자들로 하여금 셋의 특별한 위치를 부여하게 만들었다. 왜냐하면 헬라화된 유대인들이 창세기에 대한 새로운 해석을 시작하게 되었고, 나중에 그리스도교적 해석이 삽입되었기 때문이다.[102]

②셋파 영지주의에서의 중요 내용

셋파 영지주의자들은 자신들을 셋의 영적인 자손으로 본다. 이에 셋파

100) 조재형, 「초기 그리스도교와 영지주의」, op. cit., pp. 91-92.
101) Ibid., p. 92.
102) Ibid., p. 93.

영지주의 문서 중의 하나인 「위대한 셋의 둘째 논고」는 셋이 예수에게 성육신하였다고 기록하고 있다. 즉, 하늘에서 내려온 위대한 셋은 그리스도 안에서 나타나 그리스도를 통해서 두 번째 말씀을 전한다. 「이집트인들의 복음」에서 셋은 예수를 통해서 다시 태어나서 구원의 중재자 역할을 하기도 하고, 「아담 묵시록」에서는 지식을 가지고 있는 특별한 영적인 민족의 조상 역할을 한다.[103]

발렌티누스파는 영에 속한 사람(셋파 영지주의자), 혼에 속한 사람(구원의 가능성이 열린 자), 육에 속한 사람(구원받지 못하는 자)으로 나누었다. 그러나 셋파 영지주의에서는 이 세상과 인간의 본성을 비관적으로 생각하여 인간을 영에 속하여 구원받는 사람과 육에 속하여 구원받지 못하는 사람으로 구분하고 있다.[104]

셋파 영지주의에서는 보이지 않고 알려지지 않는 모나드(Monad)에 대해 "홀로 다스리시며 그분 위에 아무것도 존재하지 않는다. 그분은 하나님, 모든 것의 아버지이시며, 모든 것 위에 계신 눈에 보이지 않는 분이시다. … 그분은 불별하시며 … 그분은 완전 자체이시다. … 그분은 자신의 빛 속에서 오직 자기 자신만을 바라보신다"(2,26~4,1)고 하고 있다.[105]

이러한 모나드(Monad)는 모든 것의 근원이 된다. 이 모나드는 에온(aeon), 생명, 행복, 지식, 선, 자비와 구원, 은총을 부여하는 분이다(4,4~8). 이 모나드에 대한 개념은 플라톤이 이미 「파르메니데스」에서 설명하였다(140.a~b). 그런데 이러한 모나드로부터 신적 어머니인 '바르벨로'가 유출한다. 그녀는 만물에 앞서 생겨났으며, 모나드의 생각으로 말미암아 "출현한 첫째 힘"이며, 모나드의 "첫 번째 생각"이며 "만물의 태(자

---

103) Ibid., p. 93.
104) 조재형, "나그함마디 문서-그리스도교 신학과 신앙생활을 위한 함의", op. cit.
105) 조재형, 「초기 그리스도교와 영지주의」, op. cit., p. 94에서 재인용.

궁)"이다 (4,29~5,5). 그리고 바르벨로를 통하여 생각, 예지, 불멸성, 영원한 생명, 진리라는 "남녀 양성의 오에온조, 곧 열 에온"이 유출된다(5,10~8). 여기에서 모나드와 바르벨로와 열 에온은 천상의 플레로마(충만)를 형성한다. 그리고 모나드는 바르벨로를 바라보는 것을 통해서 바르벨로로 하여금 독생자 그리스도를 잉태하게 만든다. 따라서 모나드의 '응시'는 모나드로부터 바르벨로나 그리스도의 유출을 설명하는 중요한 단어이다.[106]

독생자 그리스도는 "바르벨로의 첫 번째 힘에서 처음으로 출현한 자"이다(6,18). 그리스도는 모나드에게 그의 동료 에온들을 달라고 요청하자, 모나드는 다시 응시하여 그들을 창조한다. 모나드는 바르델로와 함께 자신의 아들인 신적인 '스스로 생겨난 이', 즉, 그리스도를 완성한다(7,18~22). 그리고 이 그리스도로부터 네 빛이 유출한다. 그 빛들의 이름은 아르모젤(Harmozel), 오리아엘(Oroaiel), 다우에이타이(Daveithe), 엘레레트(Eleleth)이다(8,4~26). 모나드는 자신과 오토게네스(그리스도)의 의지를 통해 완전한 인간을 만들고 이를 '아다마(스)'라고 부르고, 첫째 빛인 아르모젤의 곁에 세운다. 모나드는 이 첫 인간에게 "대적 불가의 지력을" 준다(8,28~9,4). 그러자 아다마(스)는 모나드(Monad)를 찬양하면서 자기 아들 셋을 둘째 빛 오리아엘(둘째 에온) 앞에 세우고, 셋의 후손을 셋째 빛인 다우에이타이 앞에 세우고, 넷째 빛 엘레레트 곁에는 플레로마(Pleroma)를 알지 못하는 영혼들을 세운다(9,5~22).[107]

이제 그리스도로부터 유출한 세 개의 빛들(에온들) 앞과 옆에 셋의 아버지인 아다마(스)와 셋과 셋의 후손들이 포진하고 있기 때문에 셋과 셋의 후손들이 구원사에 있어서 중요한 위치를 차지한다.[108]

---

106) Ibid., p. 94.
107) Ibid., pp. 94-95.
108) Ibid., p. 95.

플라톤은 모나드(Monad)의 개념을 통해서 영적인 플레로마(Pleroma)의 세계에서부터 영적인 인간의 창조까지 설명하고, 물질적인 세계의 창조에 대해서는 '데미우르고스'라는 물질의 신이 만드는 것으로 설명한다. 그러나 데미우르고스는 모나드가 가진 모상을 따라서 세상을 창조하지만, 그 모상을 잘못 해석해서 불완전한 세계를 만든다(Timaeus 28.a). 이러한 플라톤의 물질세계 창조를 다시 해석한 「요한 비밀서」는 물질세계의 탄생을 에온 중에 가장 밑에 있던 소피아의 욕망 때문에 시작되었다고 기술한다. 소피아는 모나드의 의지와 상관없이 또 자신의 배우자와 상의도 하지 않고 '얄다바오트'(Yaldabaoth)를 유출한다(9,25~10,12). 비록 얄다

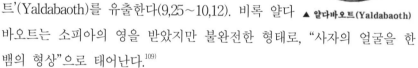

▲ **얄다바오트(Yaldabaoth)**

바오트는 소피아의 영을 받았지만 불완전한 형태로, "사자의 얼굴을 한 뱀의 형상"으로 태어난다.[109]

소피아에 욕망의 결과로 태어난 얄다바오트는 그 안에 모나드로부터 내려온 영을 일정 부분 가지고 있었기 때문에 강력한 힘을 가지고 있다. 그는 자기를 시중들 에온들과 권세들을 만든다. 그리고 그는 일곱 하늘 위에 일곱 임금을 만들어 세워 두고, 또 다섯 임금을 깊은 심연 위에 둔다. 이들에게는 소피아까지 내려왔던 모나드의 힘은 전해지지 않는다 (10,19~11,18). 이러한 얄다바오트는 다른 이름도 가지고 있으니, '사클라스'(아람어로 '바보') 또는 '사마엘'(히브리어로 '눈먼 신')이다. 그는 "나는

---

109) Ibid., p. 95.
　　얄다바오트(콥트어: ⲒⲀⲗⲦⲀⲂⲀⲱⲐ, 라틴어: Ialdabaoth, 고대 그리스어: Ιαλδ αβαωθ)는 영지주의에서 말하는 데미우르고스(인간의 영혼을 불완전한 육체와 물질적 우주에 가두어놓은 사악한 창세신)의 일종이다. 영지주의에서는 불완전한 가짜신 데미우르고스와 동일시 되기도 하며, 종종 사자 머리를 가진 뱀의 형상으로 나타난다.
　　항목 "얄다바오트", 「위키백과」, https://ko.wikipedia.org/wiki/얄다바오트

하나님이라 나 외에 다른 이가 없느니라"고 오만하게 미친 듯이 자기 외에 다른 신은 없다고 선언한다. 「요한 비밀서」는 얄다바오트를 이스라엘의 하나님과 동일시한다(사46:9 참조). 그리고 얄다바오트는 일곱 신들을 비롯하여 삼백예순 다섯 천사를 만든다(11,20~26). 그는 우주를 창조한 후에 자기를 둘러찬 피조물들과 천사들을 보고서 교만해져서 "나는 질투하는 신이다. 그리고 나 이외에 다른 신은 없다"고 선포한다(12,25~13,22).[110]

모나드(Monad)는 얄다바오트(Yaldabaoth)로 하여금 모나드의 모상을 따라 사람을 만들게 한다. 그래서 얄다바오트의 권세들과 천사들은 자신들이 가진 능력을 이용해서 사람의 형상에 맞는 특성들을 넣어주고 아담이라고 이름 짓는다. 또 이들은 아담에게 욕정, 슬픔, 쾌락, 두려움 등과 같은 악덕을 넣어준다. 그러나 모든 천사들과 신(다이몬)들이 달라붙어서 혼적 육체를 가진 아담을 완성했지만 아담은 움직이지 못한다. 얄다바오트가 소피아로부터 받은 힘을 불어넣자, 아담은 움직이게 되고 또한 모나드의 섬광을 가지게 된다(14,13~18,28). 모나드의 불꽃 때문에 아담이 얄다바오트와 그의 부하들보다 더 슬기롭고 뛰어나게 되자, 그들은 아담을 모든 물질의 최하단으로 내던져 버린다(19,32~20,8). 그러나 모나드(어머니-아버지)는 아담을 불쌍히 여겨서 자기에서 나온 찬란한 에피노이아(또는 조에)를 보낸다. 에피노이아(Epinoia)는 온 피조물을 도와서 아담을 플레로마(Pleroma)로 인도하면서, 모나드의 씨앗이 아담에게 있다는 사실을 알려주고, 다시 모나드로 올라오는 길을 가르친다(20,9~27).[111]

얄다바오트(Yaldabaoth)와 그의 부하들은 아담이 자신들보다 더 탁월하다는 것을 알게 되자 불과 흙과 물을 네 개의 불바람에 섞어서 물질적

110) 조재형, 「초기 그리스도교와 영지주의」, op. cit., p. 96.
111) Ibid., pp. 96-97.

인 인간을 만들어서 아담을 그 육체 안에 가둔다. 그 육체 안에서 인간
은 망각상태에 있게 되는데, 아르콘들은 그 인간을 동산에 세우고 생명
의 나무의 열매를 먹으라고 한다. 그러나 여기에서 생명의 나무는 죽음
과 증오와 악을 가져온다. 반면에 선악과는 빛의 에피노이아(Epinoia)이
다(20,28~21,20). 이와같이 「요한 비밀서」는 창세기의 이야기를 정통
그리스도교와 정반대로 해석한다. 얄다바오트는 육체의 아담을 잠들게
하여 아담의 갈빗대 안에 있는 에피노이아(Epinoia)를 꺼내려고 한다. 그
는 아담 안에서 에피노이아의 일부만 꺼내는 데 성공하여 그것으로 여자
를 만든다. 그래서 육체의 여자도 모나드의 섬광의 일부를 간직하게 된
다. 소피아(또는 에피노이아)는 육체 안에 갇힌 인간들을 구하기 위해서
그리고 자신의 결핍을 바로잡기 위해서 내려와 인간들을 가르쳐 깊은 잠
에서 깨어나게 하고, 그들이 알몸임을 깨닫게 해준다(22,21~34). 그러자
얄다바오트는 그들을 저주하여 동산에서 추방한다.[112]

얄다바오트가 에피노이아가 여자에게 있는 것을 보고 그것을 노리자
프로노이아는 여자에게서 생명(조에)을 다시 가져간다. 그러자 우두머리
아르콘이 여자를 겁탈하여 카인과 아벨을 낳게 한다(24,8~33). 그리고
아담은 프로그노시스를 알아보고 셋을 낳는다.[113]

그리고 아르콘들은 인간들에게 망각의 물을 마시게 해서 그들의 신적
기원을 잊어버리게 한다(25,7~15). 그래서 「요한 비밀서」는 영혼의 운
명에 대해서, 생명의 영이 인간에게 내려오면 구원을 받게 되고, 아류의
영이 내려오면 인간은 구원을 받지 못한다. 오류에 빠진 영혼은 악의 행
실로 인도되고 망각 속에 있기 때문에 몸을 떠난 뒤에도 아르콘들과 권
세들의 손에 넘겨져서 지식을 얻을 때까지 윤회를 하게 된다. 여기서 생

---

112) Ibid., pp. 97-98.
113) Ibid., p. 98.

명의 영(프로노이아)은 육체에 갇힌 영혼들을 깨워서 그들이 왔던 모나드로 돌아갈 수 있도록 깨우친다(25,1~27). 이것도 플라톤의 영혼의 윤회를 모방한 것이다.[114]

이렇게 「요한 비밀서」는 인간의 예속된 운명에 대하여, 얄다바오트(Yaldabaoth)는 소피아와 간음을 해서 헤이마르메네(heimarmene. 숙명)를 만들어 낸다. 숙명은 인간들을 온갖 잘못과 불의와 신성모독과 망각의 족쇄에 채우고, 홍수를 보내서 멸망시키려고 하고, 자신의 부하들이 사람의 딸들을 취해서 자기의 노예로 만든다(27,31~28,31). 여기에 대항하여 "플레로마의 기억"인 완전한 프로노이아가 내려와서 잠자는 인간들을 깨어서 감옥의 족쇄를 깨뜨리고, 그들의 뿌리인 모나드로 돌아가도록 계시해준다(30,11~31,31). 사실, 모든 셋파 문서들이 「요한 비밀서」에 나오는 위 요소들을 포함하지는 않는다. 그렇지만 얄다바오트라는 창조신의 오만함을 심판하고 그의 노예로 있는 인간들을 구원하기 위하여 셋의 후손인 신적인 인간이 나타난다는 공통점을 가지고 있다.[115]

셋파 영지주의에서는 사탄(데이몬, 또는 신들)은 얄다바오트가 물질로부터 만든다. 이들은 물질적 인간을 만들 때 인간의 장기들을 만드는 데 참여했다. 사탄들은 셋의 후손들을 제거하려고 노력한다. 사탄의 존재는 사탄이 언젠가는 심판받는다는 종말론을 셋파 영지주의 안에 만든다. 변치 않는 영적인 족속에 속한 모든 영혼은 영생을 가지며 에온의 안식 속으로 들어가지만, 그렇지 못한 영혼은 다시 육체에 던져진다. 깨달았다가 다시 배신한 영혼들은 빈곤의 사탄들이 있는 곳에서 영원한 형벌을 받게 된다고 하고 있다(「요한 비밀서」 25,16~27,28).[116]

이상에서 셋파 영지주의는 아담의 아들 셋과 셋의 후손들이 구원사에

---

114) Ibid., p. 98.
115) Ibid., pp. 98-99.
116) Ibid., p. 99.

서 중요한 영지주의 계시자의 역할을 한다고 하고 있다.[117] 셋은 구원자의 역할을 하고, 때로는 예수로 성육신하여 그리스도 안에서 다시 나타났다고 여겨진다.[118]

조재형은 셋파 영지주의에 대하여 "조로아스터교의 영향으로 선한 영혼은 모나드로부터, 물질의 영향을 받은 아류 영혼은 얄다바오트로부터 왔다는 결론으로 이끈다. 그러므로, 「요한 비밀서」로 대표되는 셋파 영지주의 문서들은 하나님이 모나드라는 신학과 모나드로부터 나온 영혼이 다시 모나드로 돌아가는 '영혼의 여행'이라는 주제가 잘 드러나고 그리스도교 이전의 고대 영지사상을 잘 간직하고 있다."고 하고 있다.[119]

라. 로마의 영지주의

(1) 마르키온(Marcion)

2세기 중반 160년경에 등장한 마르키온은 이단자로[120] 영지주의자 발렌티누스와 동시대 인물이었다.[121] 이러한 마르키온(Marcion)은 영지주의

---

117) Ibid., p. 99.
118) 조재형, "나그함마디 문서-그리스도교 신학과 신앙생활을 위한 함의", https://cafe.daum.net/kcmc91/MbG7/182
119) 조재형, 「초기 그리스도교와 영지주의」, op. cit., p. 101.
120) 마르키온에 대한 역사적 평가는 시대와 학자에 따라 매우 다양하다. 대체로 '이단의 수뇌'(arch-heretic)로 평가를 받지만 때로는 교회개혁을 시도한 인물로 평가받기도 한다. 물론 후자의 경우에도 마르키온의 개혁 사상이나 방식에 대해 무조건 정당성을 부여하는 것은 아니다. 그렇지만 그가 열정을 다해서 하고자 했던 개혁의 진정성과 실제로 그러한 시도가 2세기와 그 이후의 교회 역사에 상당히 중요한 영향을 주었다는 점에 대해서는 정도의 차이가 있지만 대체로 인정한다.
   남병두, "마르키온 탐구: 그의 삶과 사상", 「韓國敎會史學會誌 第58輯」, (서울: 韓國敎會史學會, 2021), p. 3.
121) 주희연, "초대 교회에 출현한 이단", 「신학과 선교」, (서울: 서울신학대학

적 경향을 지닌 그리스도교의 이단 사상가이다.[122]

마르키온은 소아시아 시노페(Sinope)의 폰티스(Pontus)에서 태어났으며, 부유한 선주(船主)의 아들이었다.[123] 또 사제와 주교의 후손이자 그 자신 역시 주교이기도 했다. 그는 로마에서 10년 정도 가르치면서 설교가로서 명성을 얻었던 인물이기도 했다.[124]

마르키온은 로마에 와서 영지주의 그리스도교 신자인 케르도(Cerdo)의 영향을 받았다. 케르도는 구약성경에 나오는 정의의 하나님과 신약성경에 나오는 선하신 하나님은 다르다고 주장하여, 로마 교회와 관계가 좋지 못했다. 마르키온은 이러한 사상을 받아들여 발전, 전파시켜 결국 144년에 이단으로 추방당했다.[125]

마르키온은 바울의 이신득의의 교리를 따라 그리스도의 죽음으로 구원받는 것이 아니라, 선의 하나님에 대하여 바울의 가르친 바를 믿음으로써만 구원을 받게 된다고 강조, 율법을 완전히 무시했으며 그리스도의 구속 사역은 강조하면서도(비록 그것이 영적 구원뿐이라지만) 예수의 탄생과 육체적 생활과 죽음 등은 역사적 사실로 받아들이지 않았다.[126]

이러한 마르키온은 144년경 이단으로 정죄된 이후 교회를 갈라 나간 후[127] 즉시 자신의 독자적인 교회를 설립했다. 그런데 그가 조직화된 교

교 기독교신학연구소, 2019), pp. 131-132.

122) 박상경, 「기독교교리사」, op. cit., p. 122.

123) 이영헌, 「교회의 발자취」, op. cit., p. 33.

124) Stephan A. Hoeller, 「Gnosticism: New Light on Ancient of Inner Knowing」, op. cit., p. 165.

125) 조윤호, "2. 기독교 역사와 관련된 초기의 이단 - 마르키온주의", https://blog.naver.com/bathys3410/223370915917

126) 강문석·김일천, 「기독교 이단 제설」, (서울: 도서출판 칼빈서적, 1991), p. 61.

127) 마르키온과 로마교회의 결별이 출교에 의한 것인지 스스로 떠난 것인지는 불분명하다. 테르툴리아누스는 마르키온이 교회로부터 출교당했다고 증언하는 반면 에피파니우스는 스스로 떠났다고 증언하고 있기 때문이다. 전자는 마르키온이 로마교회로부터 여러 번 축출되었다고 말한다. 후자는 좀 더 부정적인 어조로 마르키온이 로마교회에 높은 직위를 요구했으나 여의치 않아

회를 설립했다는 사실도 다른 영지주의자들과 확연한 차별성을 보여준
다. 영지주의자들은 그들의 특성에 따라 대체로 학파를 형성했지 가시적
공동체 조직에는 관심이 없었다. 그들은 지적 운동에 관심이 있었지만,
공동체 운동과는 거리가 멀었다. 그 결과 마르키온 교회는 로마뿐 아니
라 로마제국 전 지역에 걸쳐 설립되기 시작했고 수 세기 동안 기존교회
의 맞수 교회로 존속했다.[128] 2세기 말엽까지 지중해 전역과 소아시아 지
방에 마르키온 교회가 세워졌으며, 이 교회들은 주교와 사제 집사 등 위
계가 명확한 조직을 가지고 있었다. 아마도 이 덕분에 오랜 시간 존속할
수 있었던 것 같다. 마르키온 교회들이 5세기 말엽까지 존속했다는 기록
이 있다고 한다. 그 후 이 교회들이 소멸한 이유는 주로 이슬람교의 발
흥 때문으로 보인다.[129]

마르키온은 반율법주의를 주장하면서도 금욕을 하였으며 세상과 교회
를 염세적으로 바라보았다. 이에 보편교회는 그들이 베푼 세례를 인정하
지 않았으며 콘스탄티누스 황제는 마르키온파의 모든 예배를 금했다.[130]
이러한 마르키온은 AD 144년에 공식적으로 출교당하고 대다수 교도는
마니교로 흡수되었다.[131]

①**마르키온의 주요 사상**

다음과 같은 사실에서 마르키온의 사상은 영지주의에 속한다고 할 수
있다.

서 앙심을 품고 스스로 떠났다고 주장한다.
남병두, "마르키온 탐구: 그의 삶과 사상", 「韓國敎會史學會誌 第58輯」, (서울: 韓國敎會史學會, 2021), pp. 8-9.
128) 남병두, "마르키온 탐구: 그의 삶과 사상", op. cit., p. 9.
129) Stephan A. Hoeller, 「Gnosticism: New Light on Ancient of Inner Knowing」, op. cit., pp. 167-168.
130) Philip Schaff, 「History of the Christian Church: Anti-Nicene Christianity」, op. cit., pp. 486-487.
131) 박상경, 「기독교교리사」, op. cit., p. 144.

㉮**마르키온의 이원론**

마르키온은 이원론을 주장하였다. 이 세상에 선과 악이라는 두 개의 타협될 수 없는 힘이 존재한다고 보았다. 여기서 그는 두 개의 양립할 수 없는 신이 존재함을 인식하였다. 동시에 신구약에 나타나는 서로 다른 종류의 두 개의 신이 존재하는 것으로 보았다. 이 논리에 의해 결국 신약과 구약의 일치가 무너지고, 구약의 신을 신약의 선한 신보다 못한 데미우르게로 지칭하였다.[132]

마르키온(Marcion)은 이원론(영과 물질)을 채택하여 신약성경의 하나님은 영적이지만 구약성경의 하나님은 물질적인 것으로 이해했다. 그리스도는 선하지만 단지 영적인 데 반해 데미우르지(Demiurse, 우주 창조자, 반신론)는 그리스도를 죽이려고 대적하여 싸운다. 그리스도는 육체가 아니라 영이기 때문에 죽임을 당할 수 없으므로 죽은 것처럼 보이는 모습에서 부활했는데 그것이 구원의 방식이었다.[133]

마르키온은 누가복음에 나오는 좋은 나무와 악한 나무의 비유를 말하면서 복음이 말하는 예수의 하나님은 선하고 구약성경의 하나님은 악하다고 하고 있다고 전한다. 그런데 마르키온이 구약성경의 신을 악하다고 보는 이유는 크게 두 가지로 나타난다. 하나는 세상의 창조, 다른 하나는 율법을 주었다는 사실이다. 세상을 창조한 것 자체를 악하다고 보는 마르키온은 물질 자체를 거부하거나 악하다고 하지 않았다. 그에게 물질은 출생되지 않았고, 만들어지지 않았고, 영원하다고 라틴 교부인 테르툴리아누스(Tertullianus)가[134] 전해주고 있다.[135]

---

132) 심창섭외 3인, 「기독교의 이단들」, (서울: 대한예수교장로회총회, 2000), p. 34.
133) 박상경, 「기독교교리사」, op. cit., p. 143.
134) 테르툴리아누스(Tertullianus, 160~220), 혹은 카르타고의 테르툴리아누스는 약 2세기 무렵에 활동한 그리스도교의 교부(教父)이자 호교론자이다. 본명은 '퀸투스 셉티미우스 플로렌스 테르툴리아누스(Quintus Septimius Florens Tertullianus)'이다. 그는 교파를 막론하고, 초대교회의 정통교리를

㉯마르키온의 창조론

마르키온은 이미 선재한 악한 물질로부터 이 세계가 창조되었다고 주장했다. 그가 선재한 물질에 대하여 주장하는 이유는 바로 최고의 하나님과 열등한 데미우르게 사이에 불연속적인 관계가 있다는 사실을 전제하기 때문이다. 그는 이 물질을 사용하는 하나님은 최고의 하나님이 아니라 제2신 데미우르게라고 말했다. 그런데 이 데미우르게는 물질이 없이는 창조할 능력이 결코 없기 때문에 반드시 선재하고 있는 물질이 있어야 한다는 것이다. 그는 나름대로 창세기 1장 1~2절을 내세워 이는 바로 형체가 없는 선재한 물질이라고 주장했다. 이와같이 데미우르게가 선재하는 무형의 악한 물질을 가지고 이 세계를 형성했다고 말하는 그의 주장 이면에는 이 지구상에 존계하고 있는 결점과 악의 문제에 대하여 나름대로 해결책을 제시해보려는 시도에서 비롯된 오류였다. 하지만 마르키온은 다른 영지주의자들과는 달리 천사가 세계창조의 직접적인 수행자로 활동했다는 점에 대해서는 받아들이지 아니하였다. 그는 누가복음 12장 8절과 10장 10절에 근거하여 천사를 아버지로서가 아니라 창조자의 심부름꾼으로 간주하였다.[136]

㉰마르키온의 신론

마르키온은 율법과 구약의 의(義)의 하나님은 예수 그리스도 안에 나타난 하나님, 즉, 그 가장 중요한 속성이 선함, 또는 사랑하심과 친절함이신 하나님과는 무관하거나 그보다 열등한 하나님이라는 것이다.[137]

수호하고 많은 신학 개념과 용어를 만들어낸 업적으로 역사에 이름을 남긴 신학자이다. 대표적인 사상으로는 삼위일체론을 들 수 있다.

항목 "테르툴리아누스", 「나무위키」, https://namu.wiki/w/테르툴리아누스

135) 공성철, "마르키온의 구약성경 이해로 보는 그의 신학적 작업", 「韓國敎會史學會誌 第31輯」, (서울: 韓國敎會史學會, 2012), p. 15.

136) 근광현, 「기독교 이단 길라잡이」, op. cit., p. 145.

137) 강문석·김일천, 「기독교 이단 제설」, op. cit., p. 56.

마르키온이 남긴 유일한 작품으로 '대립명제'(Antitheses)가 있다. 이 작품은 그가 자신의 정경, 곧 수정된 누가복음과 바울의 10개 편지를 구약성경과 대조를 한 것으로서 정확한 내용을 재구성할 수 없는 상태로 이단 반대자들에 의해서 소개되고 있다. 즉, 이 작품에서는 구약성경의 신은 이스라엘 백성들에게 이집트를 떠날 때 잘 치장하고 가도록 했다면, 그리스도는 제자들의 전도 여행에 신발, 지팡이, 가방 돈, 여벌의 옷도 갖지 못하게 했다. 이웃을 사랑하라고 했다면 그리스도는 원수도 사랑하라 했다. 눈에는 눈이라는 복수를 요구했다면 그리스도는 다른 뺨을 돌려대라고 했다. 그리고 창조자는 곰을 보내서 아이들을 죽게 했다면 그리스도는 아이들이 자기에게 오도록 했다. 곧 이 작품은 구약성경의 내용과 누가복음서의 내용을 대비시키는 모습으로 이루어져 있다. 이에 마르키온이 대립명제라는 작품을 내놓은 목적이 두 하나님을 주장하기 위해서라고 한다. 즉, 예수가 전하는 신은 선한 신, 구약성경의 신은 악한 신이라는 것이다.[138] 즉, 마르키온은 예수의 하나님과 신약성경의 하나님은 사랑의 하나님이지만 구약성경의 하나님은 기껏해야 정의의 하나님이라고 본 것이다.[139]

이렇게 마르키온은 두 하나님이 있다고 하는 대립설(對立說)을 생각하였다. 즉, 구약에 하나님은 세계의 창조주였다. 구약에 하나님은 자기 백성인 이스라엘 민족만을 돌보는 공의의 하나님이었으며, 자기 백성을 엄격한 공의로 다스렸고 율법으로 혹사하였다. 이 공의에 구약에 하나님은 선의 하나님으로 알려지지 않은 하나님, 최고의 하나님, 복음을 가져온 그리스도께서 계시하신 사랑과 긍휼의 하나님에 대해서는 무지하였다고 한다. 이에 마르키온은 주장하기를 공의의 하나님과 자비의 하나님이 서

---

138) 공성철, "마르키온의 구약성경 이해로 보는 그의 신학적 작업", op. cit., pp. 12-13.
139) Stephan A. Hoeller, 「Gnosticism: New Light on Ancient of Inner Knowing」, op. cit., p. 166.

로 다르듯이 구약과 신약, 율법과 복음은 각각 별개의 것이라고 하였다.[140]

마르키온은 구약성경의 내용을 문자적으로 받으면서 세상을 창조하고, 인간에게 생명을 주고, 율법을 준 신은 악한 신이라고 하였다. 그리스도교인으로서 구약성경의 신을 악하다고 하는 마르키온의 의도는 그 악한 신은 그리스도교의 신, 예수를 보낸 신이 아니라는 것이다. 따라서 마르키온의 구약성경 해석은 그리스도교의 정체성을 확립하려는 시도라고 공성철은 해석하고 있다. 따라서 그리스도교는 세상을 창조하고 율법을 준 신과는 관련이 없다는 것이다. 곧 지금까지의 세상과 전혀 관련이 없는 종교라는 것을 말하고 있는 것이다. 이렇게 해석할 수 있는 근거를 예수를 보낸 신약의 신에 대한 그의 생각이 제공한다. 복음을 전하는 예수는 창조의 신이 보낸 그리스도가 아니다. 예수가 전하는 하나님은 율법의 하나님, 창조의 하나님이 아니다. 그 하나님은 전혀 알려지지 않았고, 그래서 낯선 하나님으로 마르키온은 보고 있다.[141] 즉, 마르키온은 복음이 그리스도 안에 나타난 은총이 하나님의 계시이며 신약의 하나님은 유대교의 의와 복수의 하나님이 아니라 선하신 하나님이라는 사실을 주장하였다.[142]

마르키온의 신론은 하나님을 모독하는 극단으로 치달았다. 아브라함의 하나님이란 높이 존경할 필요가 없다고 역설하였다. 마르키온이 생각하고 있던 것은 우주란 쇠사슬과 같은 영적인 연결을 이루고 있는데, 아브라함이 믿은 하나님이란 그 일부에 지나지 않는 데미우르게(Demiurge)라는 것이다. 헬라의 신화 속에 나오는 대부분의 신들은 반은 신이고 반

140) J. L. Neve, 「A History of Christian Thought」, 서남동 역, 「基督敎敎理史」, (서울: 대한기독교서회, 1965), pp. 105-106.
141) 공성철, "마르키온의 구약성경 이해로 보는 그의 신학적 작업", op. cit., pp. 24-25.
142) 이대복, 「이단종합연구」, (서울: 큰샘출판사, 2000), p. 46.

은 인간의 모습을 담고 있듯이, 일종의 그런 신이라고 본 것으로 김재성은 보고 있다.[143]

이 세상이 원죄로 인해 타락하게 된 것은 하나님이 소외되었다고 생각했다. 마르키온은 구약의 하나님은 이때부터 화를 잘 내고, 용서할 줄 모르고, 엄격한 정의만을 고집하는 신이 되었다는 것이다. 성경의 하나님을 헬라의 신화 속에 나오는 신으로 곡해한 것으로 김재성은 보고 있다.[144]

마르키온은 더 나아가서, 이 세상의 창조자는 참된 하나님으로부터도 소외당했고 영적인 사람들로부터도 소외당했으며 이로 인해서 실수도 곧잘하고, 금방 후회도 잘 하는 거친 신이 되고 말았다고 설명하였다. 이 신이 인간의 불행에 대한 책임이 있으며, 구약성경에 나오는 신이라고 보았다.[145]

㉣마르키온의 그리스도론

마르키온은 성경을 온전히 문자적으로 믿을 수 있다고 보았고, 은혜에 대치되는 율법에 대한 것들은 모두 다 제거했다. 특히 구약성경을 전적으로 복음에 대치된다고 결론 내리고 구약을 부정하고 자신이 복음을 복원시켰다고 주장했다. 따라서 마르키온은 율법과 복음을 분리시키면서 독특한 그리스도론을 창안했다. 즉, 구약의 하나님으로 분노로 가득 찬 전쟁의 신이고 다른 하나는 신약의 하나님으로 자신을 예수님에게 나타내신 영적 성부로서 "알려지지 않은 하나님"이라고 했다. 또한, 성부와 성자 사이의 이원론적 차이점을 채택하여 그리스도의 성육신을 부인하였다. 그는 예수님의 인성을 단호히 부인했다. 그 결과 가현설주의자가 되고 있다.[146]

---

143) 김재성, "신론을 중심으로 본 이단 사상", 「교회와 신앙」, 1994년 1월호, p. 91.
144) Ibid., p. 91.
145) Ibid., p. 91.

그러면 왜 가현설 경향이 초기 그리스도교에 성행했을까? 그 이유는 예수 그리스도에 대한 신약성경의 주장들과 제자들에게 주었던 감동은 너무나 강력해서 그를 인간으로만 여기기가 쉽지 않았다. 초기 그리스도 교인들은 그리스도를 하나님이시며 참된 인간이라는 사실보다는 하나님 으로만 인식하기가 훨씬 쉬웠다. 마르키온, 영지주의파들, 그리고 다른 사람들도 이 문제를 풀기 위해 예수님은 참으로 인간이셨다는 사실을 단 호하게 부인하였다.[147]

마르키온은 예수 그리스도는 메시아가 아니라고 주장하였다. 구약성경 의 하나님이 진노하니까, 우리를 구하기 위해서 '잘 알려지지 않은 참된 신'이 인간을 구하기 위해 오셨다는 것이다. 또한, 예수는 '잘 알려지지 않은 사랑의 하나님'으로부터 온 분이라고 하면서, 그리스도를 통해서 자 신의 율법을 없애고 인간을 구원하려고 한다는 것이다. 이러한 마르키온 의 눈에는 메시아가 아직 오지 않았다고 보고 있다.[148]

이러한 마르키온은 영지주의 영향을 받아 물질을 창조한 하나님을 열 등한 신(헬라신화에 등장하는 조물주인 데미우르게로 칭함)으로 격하시 키며, 육체를 죄악시하는 엄격한 금욕주의를 주장했다(금욕적 영지주의). 그는 구약의 하나님은 분노에 가득 찬 존재이며 물질이라는 악의 창조자 이고, 신약의 하나님은 모든 인류를 사랑하는 분이며 예수 그리스도를 통해 자신을 계시하셨다고 보았다. 또한, 예수는 하늘로부터 직접 내려온 영으로서 십자가에서 죽게 될 때 그의 몸은 물질이 아니므로 고통을 겪 지 않았다고 한다(가현설).[149]

146) Harold O.J. Brown, 「Heresies : the image of Christ in the Mirror of Heresy and Orthodoxy from the Apostles to the present」, op. cit., pp. 60-65.
147) Harold O. J. Brown, 「Heresies」, 라은성 역, 「교회사 안에 나타난 이단 &정통」, (서울: 도서출판 그리심, 2001), pp. 112-113.
148) 김재성, "신론을 중심으로 본 이단 사상", op. cit., p. 91.
149) 박문수, "이단사이비를 경계하라4: 삼위일체 신론의 이단", 「활천」 2016년

마르키온주의는 영지주의 영향을 받은 반유대주의 종교운동이다. 주후 144년경에 등장한 마르키온(Marcion)은 구약의 하나님과 신약의 하나님은 다른데, 물질을 창조한 구약의 하나님은 열등한 신인 조물주(Demiurgos)라며 구약을 배척했다. 반면에 신약의 하나님은 선하고 자비로운 영적인 분이며, 예수 그리스도는 인간을 해방하고자 나타나 구약 율법과 조물주의 업적을 폐지함으로 십자가에 못 박힌 것이라고 한다.[150]

마르키온은 성부와 성자와의 관계를 올바로 이해하지 못하였다. 성자의 고난과 죽음이 하나님과 어떤 관계를 갖는 것인지 바르게 알지 못하고 있다. 마르키온은 성자를 '구원의 영'으로 이해하기 때문에 절대로 죽거나 고난을 받을 수 없다고 주장하였다. 그러나 그의 후계자들은 성자는 성부의 다른 형태로 이해하여 양태론에 빠지고 말았다. 여호와의 증인들이 주장하는 교리의 일부가 여기서 발견되고 있다.[151]

㉮ 마르키온의 성경론

마르키온은 성경을 온전히 문자적으로 믿을 수 있다고 보았고, 은혜에 대치되는 율법에 대한 것들은 모두 다 제거했다.[152] 특히 구약성경을 전적으로 복음에 대치된다고 결론 내리고 구약을 부정하고 자신이 복음을 복원시켰다고 주장했다.[153]

마르키온은 사복음서인 마가복음, 마태복음, 누가복음, 요한복음을 믿을 만한 것으로 여기지 않았다. 그 이유로는 이들 복음서에서 변형·첨가·변조 따위를 발견했기 때문으로 보았기 때문이다. 마르키온은 신약

8월 통권753호, (서울: 활천사, 2016), p. 67.

150) 박문수, "이단사이비를 경계하라3: 이단과 정통교회의 성경론", 「활천」 2016년 7월 통권752호, (서울: 활천사, 2016), p. 61.

151) 김재성, "신론을 중심으로 본 이단 사상", op. cit., p. 91.

152) 주희연, "초대 교회에 출현한 이단", 「신학과 선교」, (서울: 서울신학대학교 기독교신학연구소, 2019), pp. 131-132.

153) Harold O.J. Brown, 「Heresies : the image of Christ in the Mirror of Heresy and Orthodoxy from the Apostles to the present」, op. cit., pp. 60-65.

성경에 대해서는 비판을, 구약성경에 대해서는 노골적인 반대를 했다. 나아가 구약성경은 교회의 정전에 포함되어서는 안 된다고까지 주장했다.[154]

마르키온은 바울(Paul)을 좋아했고 바울 서신중 사랑의 신에 대한 구절을 좋아했다.[155] 또한, 바울만이 예수 그리스도의 복음을 참으로 이해한 사도라고 믿었다.[156] 이러한 마르키온은 갈라 나온 이들을 위하여 목회서신을 제외한 바울의 10서신과 율법적인 부분을 삭제한 누가복음으로 구성된 최초의 신약성경서 캐논(Cannon)인 '마르키온 정경'을 편찬한다.[157] 이는 구약의 하나님과 신약의 하나님은 도무지 조화될 수 없는 별개의 존재라고 보았기 때문으로 마르키온은 구약성경을 모두 거부하고 신약성경(New Testament)에서도 누가복음과 바울 서신 가운데, 열 개만을 정경으로 보았다. 이 가운데서도 구약의 인용 부분은 삭제했다.[158]

이렇게 마르키온은 영지주의 이단처럼 이원론에 입각하여 구약성경과 구약의 하나님을 부정하고 그리스도의 인성을 부정하나 구원은 지식으로가 아니라 신앙으로 얻는다고 주장하였다. 진리의 원천은 그가 편찬한 신약성경 캐논인 '마르키온 정경'이다.[159]

이러한 마르키온으로 인해서 교회는 신약 27권을 정경화하게 되었다. 그리고 안으로부터 이단 사상과 밖으로부터 잘못된 이교 사상으로부터 다음 세대를 위해 정경화가 필요했던 것이다.[160] 이렇게 마르키온의 등장으로

154) Stephan A. Hoeller, 「Gnosticism: New Light on Ancient of Inner Knowing」, op. cit., p. 165.
155) 박상경, 「기독교교리사」, op. cit., pp. 56-57.
156) Ibid., p. 124.
157) 이영헌, 「교회의 발자취」, op. cit., p. 33.
     박상경, 「기독교교리사」, (서울: 리폼드북스, 2023), p. 144.
158) 박상경, 「기독교교리사」, (서울: 리폼드북스, 2023), p. 56.
159) 이영헌, 「교회의 발자취」, op. cit., p. 33.
160) 박상경, 「기독교교리사」, op. cit., pp. 56-57.

정통교회는 신약 27권의 정경화를 추진하게 되었다. 즉, 구약과 신약의 통일성, 하나님의 창조는 선한 것, 구약의 이스라엘과 신약의 새 이스라엘의 일치를 강조하였다.[161] 따라서 마르키온은 구약과 신약성경의 두 경전을 함께 묶은 그리스도교 정경화의 선구자 되었다고 볼 수 있다.[162]

㈓마르키온의 구원론

기독교의 영향을 받은 마르키온의 구원관은 다른 영지주의자들의 운명론적 구원론과는 다르다. 일반적으로 영지주의자들은 '신적 섬광' 즉, 신적 요소를 지니고 있는 사람들만이 구원받을 수 있고, 이를 지니고 있지 못한 사람들은 운명적으로 구원에서 제외된다고 주장하였다. 이에 반하여 마르키온은 그러한 차별을 두지 않고 모든 인간이 구원받을 수 있다고 주장한다. 인간은 세상에서 악에 어떤 책임도 없기 때문에, 그리스도는 십자가의 죽음으로 인간을 죄에서 구원한 것이 아니라 단지 인간의 구원을 위해 필요한 지식을 복음을 통해 계시하였다고 가르쳤다. 그러나 이런 방식의 구원은 그 내용에 있어서 전인적(全人的)인 구원이 아니라 영혼만의 구원이었다. 육신의 구원은 제외된다고 본 점에서 다른 영지주의자들의 주장과 다를바 없었다. 따라서 마르키온은 영혼의 구원을 위하여 육신적으로는 철저히 금욕하고 세상에서 멀리 떨어져 있어야 한다고 주장하였다. 더 나아가 미사에서 포도주를 마시지 못하게 하였으며(그밖의 전례는 받아들였다), 결혼과 성생활도 하지 못하게 하였다.[163]

마르키온은 영지주의자들처럼 우주의 발전이나 악의 기원 같은 문제에 큰 관심이 없었다. 오히려 구원 문제에 관심이 더욱 컸으며 그 구원은 육체를 죄악시하고 그리스도의 구속 복음을 믿는 데서 이루어지는 것

---

161) 박문수, "이단사이비를 경계하라3: 이단과 정통교회의 성경론", op. cit., p. 61.
162) 공성철, "마르키온의 구약성경 이해로 보는 그의 신학적 작업", op. cit., p. 31.
163) 허호익, "영지주의의 기독교 왜곡과 사도신경의 형성", 「신학과 문학 제14집」, 2005, p. 212.

으로 보았기 때문에 신앙생활의 이상(理想)을 금욕 생활(禁慾生活)에서 찾았다. 이러한 그의 신학은 그에게 엄격한 금욕주의자가 되게 하였다.[164]

이에 마르키온은 가르치기를, 인간은 그리스도의 죽음으로 이루어진 어떤 결과에 의해서가 아니라, 단순히 선에 하나님에 대하여 바울이 가르친 바를 믿음으로서만 구원을 받게 된다고 하였다. 이러한 신앙에 의해서 서로 사랑이 불붙게 되며, 이 사랑은 인간을 금욕주의의 생활로 이끌어주는 것이라고 하였다.[165]

마르키온은 복음이 율법(律法)과 혼합됨으로써 부패해졌다고 확신하고 율법(律法)과 복음(福音)을 분리하는 일을 시작하여 반대설 또는 대조설을 만들어 놓았다. 그리고 신약의 하나님은 선하고 자비로우시며 사랑의 복음과 구약 신의 율법에서 벗어난 자유의 복음을 전했다. 그를 믿는 신자들과 지옥에 있는 악(evil)한 사람들을 위해 구원의 길을 열어놓았다.[166]

②일반적인 영지주의와의 차이

'말시온'이나 '마르키온'으로 불려지는 이 이단이 영지주의 이단에 속하느냐 하는 논쟁이 있기도 하다. 실상 많은 공통점이 있기는 하나 다른 점이 있기 때문일 것이다.[167] 즉, 마르키온주의 사상은 많은 부분에서 영지주의의 영향을 내포하고 있지만 몇 가지 점에서는 일반적인 영지주의와 뚜렷이 구별되는 다음과 같은 특징을 보여준다.

먼저 마르키온은 영지주의자들의 이원론을 답습했지만 그들의 이원론과는 다른 양상으로 자신의 이원론을 정립했다. 마르키온은 영지주의에서 주장하는 '두 가지 신'의 견해를 수용하여 악한 유대인의 신(Malign God of the Jews)과 궁극적인 선한 하나님(Good Ultimate Father)을 날

164) 강문석·김일천, 「기독교 이단 제설」, op. cit., p. 52.
165) J. L. Neve, 「A History of Christian Thought」, op. cit., p. 106.
　　강문석·김일천, 「기독교 이단 제설」, op. cit., pp. 57-58.
166) 박상경, 「기독교교리사」, op. cit., pp. 143-144.
167) 이영헌, 「교회의 발자취」, op. cit., p. 33.

카롭게 구분했다. 그러나 마르키온은 두 하나님 이론을 물질과 영혼의 이분법을 바탕으로 한 영지주의적 견해와는 달리 율법과 복음의 구분을 강조하기 위하여 제시되었다. 따라서 그의 이원론에는 영지주의와 같은 궁극적인 천상계로의 귀화를 위한 신비적 지식이 나타나지 않는다.[168]

두 번째로 마르키온은 영지주의와 같이 그리스도의 육체로 오심을 부인하고 영지주의와 같은 가현설적 주장을 폈지만, 영지주의자들과는 그리스도를 단지 천상 지식의 전달자로 여겨지지는 않았다. 마르키온은 그리스도의 고난과 죽음의 구속적 의미를 부인하지 않았다.[169]

세 번째로 마르키온 역시 영지주의와 같이 육체적 부활을 부정하고 영혼만의 구원을 주장하는 면에는 동일했다. 그러나 영지주의에서처럼 영혼과 육체가 선과 악의 이분법으로 구분되어 영혼이 육체로부터 이탈하여 충만에 이르는 것을 구원이라고 보지는 않았다. 마르키온은 인간에게 있어 육체와 영혼이 모두 본래적으로 악했으나 그리스도의 구속을 믿음으로 인간이 구원을 얻게 되며, 이 때 불완전한 육체는 소멸되고 영혼만 구원을 얻는 것으로 생각했다.[170]

이처럼 마르키온이 상당한 부분에서 영지주의와 동일한 사상을 가지고 있지만, 그리스도교적인 시각에서 독창적으로 이것을 수용했기 때문에 마르키온을 영지주의의 한 분파로 볼 것인지, 아니면 그리스도교에서 출발한 독창적인 사상체계로 볼 것인 지에는 의견이 차이가 있다.[171]

(2) 발렌티누스(Valentinus)

---

168) 한국컴퓨터선교회, "영지주의-말시온주의의 배경", http://kcm.kr/dic_view.php?nid=38200
169) Ibid.
170) Ibid.
171) Ibid.

대표적인 영지주의자는 알렉산드리아 출신 발렌티누스(Valentinus)가 있다. 발렌티누스는 이집트 종교철학가이며, 영지주의 로마학파와 알렉산드리아 학파의 창시자로서 그리스도교 가르침을 헬라사상 및 동양사상과 결합시켰다.[172] 이러한 2세기 최고의 영지파 교사로 알려져 있는 발렌티누스는 이집트에서 태어나 알렉산드리아에서 교육을 받은 후 135년경 로마로 이주하여 동방 그리스도교에서 창궐하던 영지주의를 로마에 전파했다. 140년경 발렌티누스가 교황직을 놓고 피오(Pius) 1세와 경쟁했다는 것은 당시 교회에서 그의 위상과 영향력을 짐작하게 한다. 그는 교황 선임에서 패배하고 이단으로 탄핵받은 후에도 로마에서 가르치는 것을 멈추지 않았던 인물이다.[173]

발렌티누스는 '영지'(gnōsis) 또는 '신비한 지식'으로 구원받는다는 교리를 가진 종교적 이원론의 체제를 만든 자이다. 그래서 그를 가리켜 '영지주의 조직신학자'라고 부르기도 한다.[174] 이러한 발렌티누스(Vallentinus)는 이레니우스에 의해 가장 강력하게 비판을 받았을 정도로 영지주의의 일반적 신학 체계를 세웠던 중요한 인물이었다.[175] 로마에서 활동한 발렌티누스(135~160)는 바실리데스와 동시대 인물이었던 그는 적대자들에 의해 보다 더 심하게 오해 되어진 영지주의자이다. 발렌티누스는 그 생애의 대부분을 로마에서 보냈으며, 전승에 따르면 아주 뛰어난 인물이었다. 그는 로마에서 143년에 주교로 선출되어 교황 안티세투스(Pope Anticetus: 154~68) 아래서 일했다. 그의 제자들인 프톨레미, 헤라클레온, 마르무스는 1세기 말에 각각 이탈리아, 알렉산드리아와 고올에

---

172) 황의봉, "예수와 그리스도는 다르다? ⑫영지주의자들", 「아이굿뉴스」, 2016. 5. 25.

173) 목창균, 「이단논쟁」, (서울: 두란노서원, 2016), p. 77.

174) 황의봉, "예수와 그리스도는 다르다? ⑫영지주의자들", op. cit.,

175) Hans Jonas, 「The Gnostic Religion: The Message of the Alien God and the Beginnings of Christianity」, (London: Routledge 1992), p. 178.

서 영지주의를 퍼뜨리고 그 가르침을 그곳에 확산시키는 데 공헌하였다. 그의 가르침은 모든 영지주의자들 중에서 가장 영향력이 있었다.[176]

발렌티누스는 영지주의 사상을 그리스도교적 조명 아래 개정하여 교회와 양립 가능한 영지주의 체계를 수립하려고 했다. 그의 우주론에 따르면, 천상계(Pleroma)에는 선재하는 미지의 하나님이 존재하며, 그로부터 15쌍의 에온들이 방출되었고 그 막내가 소피아였다. 에온들은 그들의 창조주를 알기 원했으며, 소피아가 그 일을 떠맡았다. 그것은 물질과 데미우르고스(Demiurge)와 물질세계의 방출을 초래했다. 물질세계의 창조에 앞서 소피아는 둘로 분리되었으며, 그중 보다 높은 소피아는 두 세계의 경계 선상에 거하다 천상의 세계로 돌아간 반면, 보다 낮은 소피아는 데미우르고스를 산출했으나 물질 속에 갇히고 말았다. 그를 구출하기 위해 보내진 한 쌍의 새로운 에온들이 그리스도와 성령이다. 데미우르고스는 물질세계를 지배하고 있으며, 인류는 그의 작품이었다.[177]

발렌티누스는 다양한 영지주의 주제를 다루면서, 특히 플레로마(충만)로부터 방출된, 여성성을 지닌 소피아라는 존재에게 커다란 관심을 기울인다. 초기 영지주의자 시몬 마구스의 가르침에서도 드러나듯이, 여성성을 지닌 신적 존재가 처음부터 영지주의 사상 안에 있었음은 의심의 여지가 없다. 특별히 소피아 신화는 주로 발렌티누스의 작업에 힘입어 풍부한 세부 묘사와 극적인 정교함을 더하게 되었다.[178]

발렌티누스에 따르면, 그리스도는 이온들의 충만을 결정하는 30개의 고위이온들 중 가장 하위에 있는 소피아의 출생이라 한다. 그는 영적 속성들을 지닌 자들에게 성부를 계시하였고, 개화의 길을 통해 그들을 구

---

176) 동녘, "초대교회사 1", op. cit.,
177) 목창균, 「이단논쟁」, op. cit., pp. 77-78.
178) Stephan A. Hoeller, 「Gnosticism: New Light on Ancient of Inner Knowing」, op. cit., p. 153.

원받도록 한다. 그리스도는 외형적으로만 인간일 뿐만 아니라 먹지도 마시지도 않았다.[179]

발렌티누스에 따르면 예수는 영지주의 그리스도교인이 사용했던 '소테르'(soter)라는 헬라어 단어의 본래적인 의미를 따를 때만 진정한 구원자라고 할 수 있다고 하였다. 그런데 소테르는 '치료자' 또는 '건강을 주는 자'를 뜻한다. 이 단어에서 오늘날 '구원(salvation)'이라고 번역되는 '소테리아(soteria)'가 유래하였다. 이러한 소테리아는 원래 '건강함, 불완전에서의 해방, 온전하게 됨, 온전함의 유지'를 의미한다.[180]

그런데 발렌티누스는 세계와 인간이 모두 병들어 있다고 전제한다. 세계와 인간의 병들은 동일한 근원을 가지고 있는바, 그것은 무지다. 다시 말해 우리는 삶의 참된 가치에 무지하고, 그래서 그것을 거짓된 가치와 바꾸어 버린다. 사람은 행복해지거나 온전해지기 위해서는 물질적인 것(이를테면 돈, 권력과 명성의 상징물, 육체적 쾌락 따위)이 필요하다고 믿는다. 또한, 사람은 자신의 마음이 만들어낸 관념과 추상을 사랑하게 된다(사람들의 엄격함은 추상적인 개념과 원칙에 지나치게 집착해 있기 때문에 생겨난다.). 물질주의의 병을 영지주의자들은 '하일레티시즘'(hyleticism, 물질의 숭배)이라고 하고, 추상적인 지성주의와 도덕주의의 병은 '사이키즘'(psychism, 마음과 감정적인 혼의 숭배)이라고 했다. 이 세상이 온전해지도록 돕는 존재들(예수는 그 가운데서 영예로운 자리를 차지하고 있다)의 참된 역할은 혼과 마음에 프뉴마 혹은 영의 지식을 전해줌으로써 이 병을 몰아내는 것이다. 물질적이고 심적인 것들에 대한 지나친 집착이 영적인 자유로 대치가 되며, 거짓된 가치가 영과 하나된 참된 가치에게 자리를 내어주는 것이다. 이것이 발렌티누스가 말하는 예

---

179) Harold O. J. Brown, 「Heresies」, op. cit., p. 106.
180) Stephan A. Hoeller, 「Gnosticism: New Light on Ancient of Inner Knowing」, op. cit., pp. 155-156.

수의 치료사역이다.[181]

발렌티누스는 그리스도의 메시지에 어떻게 반응하느냐에 따라 인간을 육적·혼적·영적 인간인 세 계층, 또는 세 계급으로 분류했다.[182] 즉, 교회 내는 영지를 획득한 영적인 사람들(pneumatikos)과 영지를 획득할 수 있는 가능성을 가진 혼적인 사람들(neumatikos)과 전혀 가능성 조차도 없는 육적인 사람들(sarkikos)로 3구분으로 되어있다고 보았다.[183] 실상 영지주의에서는 인간은 세 계급으로 나누고 있다. 첫째는 교회에 선출된 사람들로 된 영적인 계급(영적인 사람, pneumativ), 둘째는 보통 교인으로 만들어진 정신적인 계급(심령자들, psychic), 셋째는 물질적인 계급(물질인들, hylic)으로 이방인들이 이에 속한다. 여기서 첫째 계급만이 높은 지식(知識)을 가질 수 있으며 최고의 축복을 얻을 수 있다고 한다. 둘째 계급은 신앙(信仰)과 실천을 통해서 구원을 얻고 낮은 축복을 얻을 수 있다. 마지막 계급은 절망적으로 버림을 받는다.[184]

이에 기성교회의 예배는 구원이 없는 사람들이 모여서 교제하는 사교장에 불과하므로 영지를 가진 사람들은 별도의 예배를 가졌다. 이들의 모임에는 형식적으로 직급이 없었으며 처음에는 주사위를 던져서 해당되는 사람이 예배를 인도하다가 나중에는 성령이 임하는 사람이 자의적으로 성령의 깨우치심을 선언하는 형식으로 예배를 인도하였다.[185]

그리스도의 메시지는 자유롭게 하는 영지의 메시지다. 영지를 얻는 것은 자신을 자유롭게 하며 물질세계를 천상세계의 흠 없는 상태로 회복시키는 것이다. 한편, 그는 물질세계는 천상의 세계보다 못한 그 복사본이라는 신념 아래, 두 그리스도를 주장했다. 하나는 천상의 그리스도이고,

---

181) Ibid., p. 156.
182) 목창균, 「이단논쟁」, op. cit., p. 78.
183) 동녘, "초대교회사 1", op. cit.,
184) 박상경, 「기독교교리사」, (서울: 리폼드북스, 2023), p. 109.
185) 동녘, "초대교회사 1", op. cit.

다른 하나는 지상의 그의 복사본이다. 그리스도는 육혈로 이루어진 몸을 갖지 않았고, 단지 인간의 모양만 가졌던 것이며, 십자가의 고난도 받지 않았다.[186)

발렌티투스의 주장을 살펴보면 이 세상을 악한 물질로 보았다. 따라서 창조자도 악한 데미우르지라고 함으로써 구약성경의 창조주 하나님을 부인하기에 이르렀다. 그리고, 그리스도와 예수를 이원적으로 구별함으로써 사복음서의 예수는 인간이 아니라 인간인 것처럼 보인 에온이었다고 하였다. 이들은 예수의 동정녀 탄생과 고난과 십자가와 부활을 부인한다. 따라서 영지주의는 신론과 그리스도론에 있어서 그리스도교의 근본적인 복음과 반대된다. 또 구원에 있어서 예수의 십자가의 대속적인 죽으심보다는 점성술적인 영지를 획득하는 데 있다고 하였다. 그것도 영혼이 육체의 감옥을 벗어나서 본래의 영혼의 세계로 복귀하는 데 있다고 하였다. 그리고, 이원론의 입각해서 구원을 영혼에만 국한시킴으로서 육체로 짓는 죄는 죄로 인정하지 않았다. 여기에서 육체적 자유방임주의(carnal libertinism)가 인정되었으며 교회의 윤리적 기초를 흔들어 놓았다. 마지막으로 기성교회를 육체적인 자들의 모임으로 규정함으로써 교회의 조직과 체계를 부인하였다.[187)

발렌티누스는 그리스도교의 유일신 신앙과 배치되는 다신론적 신관, 신화적 창조론, 그리스도의 희생적 죽음이 아닌 영지를 통한 구원, 그리스도 가현설 등을 가르쳤다. 서방 그리스도교는 이런 그의 교설을 통해 영지주의의 위험성을 인식하게 되었다.[188)

발렌티누스의 제자들은 구원자에게 두 모습이 있다고 가르쳤다. 즉, 영적인 요소를 지닌 구원자는 그리스도이고, 반면에 혼적인 요소를 지닌

---

186) 목창균, 「이단논쟁」, op. cit., p. 78.
187) 동녘, "초대교회사 1", op. cit.
188) 목창균, 「이단논쟁」, op. cit., pp. 78-79.

구원자는 예수라는 것이다. 이와같이 예수와 그리스도 사이를 구분하였던 발렌티누스파는 수난을 받고 체포되어 십자가에 죽은 인물은 가시적이고 혼적인 몸을 지닌 예수였다고 주장하였다. 이와는 달리 십자가를 대신진 구레네 시몬이 죽고 진짜 예수는 사람들의 눈을 속여 무사히 빠져나간 것이라는 거짓된 주장을 하기도 했다. 이와같이 발렌티누스의 그리스도론은 케린투스와 바실리데스의 그리스도론을 교묘하게 결합시킨 혼합적 형태의 가현설이라 할 수 있다.[189]

발렌티누스학파는 동방학파와 서방 또는 이태리학파로 구성되어 있다. 서방학파는 프톨레미우스와 헤라클레온(Heracleon)이 있고, 동방학파는 테오도투스(Theodotus)와 마르쿠스(Marcus)가 있다. 동방학파는 마리아 위에 성령과 최고의 능력이 주어졌기 때문에 예수의 몸을 영적이고 천상적인 몸이라고 주장한 반면, 서방학파는 예수가 세례를 받을 때에 성령이 그 위에 임하였기 때문에 예수의 몸은 혼적인 몸이라고 주장했다. 이들 학파 중 서방학파가 널리 알려져 있다.[190]

189) 근광현, 「기독교 이단 길라잡이」, op. cit., pp. 164-165.
190) Philip Schaff, 「History of the Christian Church, vol. 2」, (Grand Rapids: Wm. B. Eerdmans, 1992), p. 479.

제3장 영지주의 주요 사상

영지주의 사상에는 유대교적 형태와 이방 종교적 형태가 있다. 이 사상의 가장 근본적인 관념, 즉, 현상(現像) 세계를 전적으로 악한 것으로 보는 이념적 관념은, 아마도 실재하는 이데아(Idea)의 세계와 보이는 현상 세계를 대조시킨 플라톤의 이론을, 페르시아의 이원론적 개념 – 즉, 한쪽으로 인간이 항상 돌아가려 하는 선한 세계로 보고, 다른 한쪽은 인간이 갇혀 있는 전적으로 악한 세계로 보는 관념으로 해석하여 부연한 것이었다고 할 수 있다.[1]

영지주의는 근본적으로 하나님에 대한 이해와 창조교리를 변조시킨 초대교회 시절의 종교 철학운동으로 '지식'을 지나치게 숭상한 나머지, 실재에 대해서 이원론으로 치달았다. 영혼과 물질, 정신과 육체, 선과 악, 구약과 신약, 이스라엘과 교회, 하나님과 예수님, 율법과 복음, 심판과 칭의 등의 대립과 대결 속에서 만물이 형성되어 나간다는 것이다.[2]

영지주의는 1, 2세기 무렵에 헬라, 로마 등지에서 그리스도교를 극복하려던 지적, 신비주의적 사상의 경향, 구약의 신을 비인격적, 관념적인

---

1) Williston Walker, 「A History of the Christian Church」, 강근환 외 3인 공역, 「世界基督敎會史」, (서울: 대한기독교서회, 1978), p. 50.
2) 김재성, "신론을 중심으로 본 이단 사상", 「교회와 신앙」 1994년 1월호, p. 91.

것으로 바꾸어 율법을 배척하고 방탕한 생활을 하며 예수 그리스도의 역사성을 부정하였다.[3] 특히 2세기와 3세기에 있어서 교회 주변에서 활동하던 가장 영향력 있던 세력 중의 하나가 영지주의였다. 이 사상에 관해서는 이레니우스, 터툴리안 및 히플리투스와 같은 신학자들은 그리스도교 이단으로 취급하였다. 영지주의는 건전한 사도적 가르침을 이교철학과 뒤섞은 것이거나 혹은 점성술과 헬라의 밀의 종교까지 뒤섞어 놓은 결과로 생긴 탈선적 이단이라고 하였다.[4]

바로 영지주의의 특색은 혼합 절충주의에 있다. 여러 가지 근거로부터 여러 가지 요소를 자체 내에 흡수하고, 여러 가지 형식을 취한다.[5] 영지주의자들은 어떤 이론이 가치 있다고 판단되면, 아무것도 고려하지 않고 자기네 것으로 만들어 버렸다. 그 예로 초대 그리스도교를 알게 되었을 때, 그리스도교가 매력이 있음을 보자 그리스도교를 자기네들 사상체계에다 적용해 버렸다. 즉, 페르시아의 이원론과 마술, 바벨론의 점성술, 동양의 각종 신비주의 종교, 헬라의 철학, 유대교의 율법, 그리스도교의 구원론 등이 그리스도교의 구원론을 골격으로 하면서도 헬라의 철학을 논리적인 근간으로 혼합하였던 것이다.[6]

이러한 영지주의에 대하여 정동섭도 "영적 지식(gnosis)을 추종하는 동방종교와 헬라철학과 신지학(theosophy), 그리고 그리스도교 영지주의란 신앙의 혼합형태로 주후 80년부터 150년 사이에 초대교회와 경쟁했던 가장 강력하고 위협적인 운동이었다. 영지주의는 엄격한 의미로 보면 종교도 아니고 순수하고 단순한 철학도 아니었으며 일종의 밀의적인 민중신앙이다."라고 하고 있다.[7]

---

3) 박상경, 「기독교교리사」, (서울: 리폼드북스, 2023), p. 106.
4) J. N. D. Kelly, 「古代基督敎敎理史」, 金光植 譯, (서울: 한국기독교문학연구소출판부, 1982), p. 33.
5) Williston Walker, 「A History of the Christian Church」, op. cit., p. 50.
6) 동녘, "초대교회사 1", https://cafe.daum.net/kcmc91/MbG7/20

1. 영지주의 특징 사상

가. 영지주의 이원론(dualism)

영지주의에서 세린투스(Cerinthus)는 이집트에서 교육을 받고 아시아 지방에서 거주한 사람으로 영지주의의 특징이라 할 수 있는 이원론적인 세계관을 받아들였다. 그는 희한한 그리스도론을 제안하였다. 그는 예수 (다른 사람보다 더 큰 덕과 지혜를 부여받은 요셉과 마리아의 아들)라는 사람과 그리스도와는 구별하였다.[8]

영지주의의 사상적 토대요 그 주요 교리를 지배한 것은 영적인 세계와 물질적인 세계를 철저히 구분하는 이원론적 사고였다. 그런데 종교적 이원론에는 절대적인 이원론과 완화된 이원론 두 종류가 있다. 전자는 선과 악의 원리를 동등하고 영원히 공존하는 것으로 본다. 그러나 후자는 선의 원리에 비해 악의 원리를 이차적이고 보다 저급한 것으로 간주하는 것이다. 또한, 전자는 두 원리가 영원한 싸움을 계속하는 것으로 보는 데 비해, 후자는 선의 원리가 종국에는 악의 원리를 멸할 것이라고 주장한다. 이 분류에 따르면, 영지주의는 전자보다는 후자에 가깝다. 왜냐하면, 영지주의는 선의 원리와 악의 원리가 본래부터 영원히 공존하는 것으로 본 것은 아니기 때문이다.[9]

---

7) 정동섭, "영지주의(gnosticism)와 이단", 「현대종교」, 2018. 2. 22.
8) F. F. Bruce, 「NEW TESTAMENT HISTORY」, 나용화 역, 「신약사」, (서울: 예수교문서선교회, 1978), p. 482.

영지주의를 수용하게 했던 초기 그리스도교인들 가운데 있었던 종교적 삶의 세 가지 현상은 금욕주의, 카리스마적인 경향, 그리고 사색적이고 철학적 분위기였다. 금욕적으로 치우친 그리스도교인들은 육체적 욕망을 저지하고 자기 부인이란 면에서 모세의 율법에 복종할 것을 원했다. 자연히 그들은 이원론적으로 흘러서 육체가 악하다는 교리를 가지게 되었다.[10]

이원론적 세계관에 기초하고 있는 영지주의에서는 세계를 영적 세계와 물질세계로 나눴으며, 사람도 영혼과 육체를 가진 이원론적 존재로 상정했다.[11] 또한, 영지주의에서는 이원론(Dualism) 사상(思想)으로 두 가지 신(神)이 있다고 주장했다. 높은 신(神)과 낮은 신(神), 선(善)한 신과 악신(惡神)이 상호 대립한다고 주장했다. 높고 착한 신은 측량할 수 없는 영원이고, 낮은 신은 조물주(造物主)라 부르며 구약의 하나님과 같으며 낮고 유한하며 쉽게 노(怒)하고 복수(復讐)하는 존재이다. 그리고 물질세계는 본질적(本質的)으로 악(evil)하다고 보았다. 그리고 구속에 참여하는 것이나 이 세상을 이기는 것은 영(靈)과 지적인 교통을 하는데 의식을 통해서만 이루어진다. 이 의식은 그리스도와 결혼하는 것, 특수한 세례를 받는 것, 마술적 이름을 부르는 것, 특별하게 기름 부음을 받는 것 등에 의하여 신비로 지식(知識)을 알게 되며 그것들이 구속의 길을 만들어 준다고 하고 있다.[12]

즉, 모든 영지주의는 이원론에 기초에 두고 있다. 이는 영의 세계와 물질의 세계, 영혼과 육체는 서로 존재론적으로 대립의 관계에 있다는 전제에서 출발한다. 이러한 영육 이원론은 영혼은 선하고 육체는 악하다

9) 목창균, 「이단논쟁」, (서울: 두란노서원, 2016), pp. 79-80.
10) Harold O. J. Brown, 「Heresies」, 라은성 역, 「교회사 안에 나타난 이단&정통」, (서울: 도서출판 그리심, 2001), p. 101.
11) "영지주의(Gnosticism)", http://blog.naver.com/violjiny/40009291745
12) 박상경, 「기독교교리사」, op. cit., p. 109.

는 선악 이원론으로 귀결된다. 이러한 존재론적 윤리적 이원론이 그대로 신론, 인간론, 그리스도론, 구원론에 적용된다.[13]

물질은 악한 것이고 영적인 것은 선하다는 영지주의 사상은 성경의 사상과는 완전히 다른 이단 사상이다. 성경은 물질을 악한 것으로 보지 않는다. 물질은 하나님이 선하게 창조하신 것이다. 사람은 물질 혹은 세계를 선물로 받았다. 그러나 영지주의는 물질이 악한 것이므로 물질에서 벗어나는 것을 구원으로 여겼다.[14]

이러한 영지주의는 필시아(Persia)의 물질적 이원론과 플라톤적 정신적 이원론의 영향을 받은 이원론에 입각한 일종의 혼합주의로 사변적 요소를 다분히 가지고 있다. 그러나 구원을 목표로 한 종교를 자처하는 이단이다.[15]

영지주의자들은 인간이 고통을 당하고 죽는 까닭은 인간이 이 악한 물질세계에서 악한 육신을 입고 살아가기 때문이라고 본다. 육신은 악하기 때문에 육신을 사랑해서는 안 된다. 인간 육신을 적대시하고 천시하는 영지주의는 서로 다른 두 가지 극단적 형태로 나타난다. 첫째, 극단적인 금욕주의로서 일체의 육식과 결혼을 금한다. 둘째, 이와는 정반대로 육신은 전혀 쓸모없는 것이기 때문에 어떠한 짓을 해도 상관없다는 윤리적 방탕주의(반율법주의)에 빠지게 된다. 따라서 신앙적 고행이나 금욕은 구원에 아무런 소용이 없다고 말하기도 한다.[16]

이들 영지주의자들은 자신들을 평범한 그리스도교인들과 구별시켰고, 그리스도교의 본질은 고등 지식에 있다고 보았다. 자신들이야말로 신비하고 비밀스러운 철학적인 종교를 소유하고 있으며, 그것이 영적으로 만

13) 정동섭, "영지주의(gnosticism)와 이단", op. cit.
14) 박찬희, "초대교회의 이단 - 영지주의", https://cafe.daum.net/storyofchurch/RvXN/49
15) 이영헌, 「교회의 발자취」, (서울: 대한예수교장로회총회교육부, 1978), p. 32.
16) 정동섭, "영지주의(gnosticism)와 이단", op. cit.

들어 준다고 생각했다. 따라서 영혼과 육신을 가진 평범한 사람들을 경멸했다.[17]

영지주의가 이원론을 수용한 것은 페르시아의 조로아스터교와 헬라의 플라톤 철학의 영향에서 기인한다. 조로아스터교에 따르면 세계사의 시초부터 선한 신과 악한 신이 존재했다. 이 두 신의 싸움에 의해 역사가 지배되고, 마지막 때에 선한 신이 지지자들의 도움으로 승리함으로써 역사가 종료된다. 조로아스터교의 이원론은 본질적으로 윤리적인 이원론이었다. 왜냐하면, 그것은 종교관과 윤리관에 관련된 것이지, 영적인 것과 물질적인 것의 분리를 주장하는 형이상학적 세계관과 관련된 것은 아니기 때문이다.[18]

한편, 플라톤의 이원론은 존재의 영역을 구분하는 형이상학적 이원론이다. 정신적이며 영원한 관념의 세계와 일시적이며 물질적인 감각의 세계가 그것이다. 전자는 참으로 존재하는 실재이며, 후자는 존재의 상실을 의미하고 그림자와 같은 것이다.[19]

영지주의 문헌 「도마복음」(Gospel of Thomas)에서는 일반적으로 육체와 정신을 구분하는 이원론을 기초로 한다고 여겨왔다. 이 이원론은 피조물과 창조주, 육체-정신과 영혼의 구분이 뚜렷하다. 진정한 자아는 악의 축인 물질세계에 속한 육체로부터 분리되어야 한다. 인간 몸 안에 감금된 인간의 영혼, 혹은 신적인 불꽃은 해방되어야 한다. 그 결과 인간의 몸은 도마복음 공동체의 극복 대상이었다. 그 결과, 인간의 육체는 혐오의 대상이었다.[20]

---

17) 주희연, "초대 교회에 출현한 이단", 「신학과 선교」, (서울: 서울신학대학교 기독교신학연구소, 2019), p. 131.
18) 목창균, 「이단논쟁」, op. cit., p. 78.
19) Ibid., p. 80.
20) 배철현, "「도마복음서」에 나타난 영지주의", 「인문논총」, (서울: 서울대학교 인문학연구원, 2005), p. 148.

영지주의는 조로아스터교와 플라톤 철학의 이원론적 사고로부터 영향을 받았지만, 그것을 그대로 추종한 것은 아니었다. 그들 사이에는 다음과 같은 차이점이 있었다고 목찬균은 제시하고 있다.[21]

첫째, 영지주의 이원론은 '반(反) 우주적'(anticosmic)이다.

그것은 피조물과 창조주를 부정적으로 평가하여 가시적인 세계를 악과 어둠의 세계로 간주한다. 따라서 물질을 악한 것으로 보는 것이 영지주의, 특히 금욕주의 영지파의 일반적인 경향이었다. 반면, 조로아스터교는 물질과 악을 동일시하지 않았으며, 헬라사상은 오히려 '친우주적'(procosmic)이었다.

둘째, 영지주의 이원론은 파생적 이원론이다.

그것은 절대적인 이원론이 아니고 일원론에서 파생된 이원론이다. 하나의 영원한 원리가 존재하고 그로부터 다른 원리들 혹은 에온들(aeons)이 하향적으로 산출되며, 마지막으로 가장 낮은 에온의 실수로 물질적인 세계가 생성되었다. 따라서 물질과 영, 천상적인 것과 지상적인 것 사이에 파생적인 이원론이 전개된다고 주장했다.

나. 영지주의 유출설(Emanationism)

이 유출설(emanationism)은 특별히 알렉산드리아 학파에 의해서 주창되고 또 널리 발전되었다. 이것은 세계와 인간이 어떻게 존재하게 되었는가를 설명해 주는 이론이었다. 특히 발렌티누스의 사상은 천지개벽과 신들의 계보(系譜)에 대하여 극히 환상적이고 사변적인 체계를 가지고 있었다. 즉, 숨겨진 하나님으로부터 에온(aeons)의 긴 계열이 유출되었다. 그러한 에온이 지닌 신적 능력은 원래의 신적 근원으로부터 멀어짐에 따라

---

21) 목찬균, 「이단논쟁」, op. cit., pp. 80-81.

반대로 점점 감소되었다. 이러한 약화의 과정은 영적 원리가 물질과 접촉하게 되고 나아가서는 물질적 육체의 감옥 속에 갇히게 되는데 이르기까지 계속되었다. 그리하여 세계와 인간이 창조되었다는 것이다.[22]

고대 영지주의자들은 유일신론이 널리 퍼져 있는 환경 속에서 살았다. 유대인과 그리스도교인, 심지어 이교도인 헤르메스주의자까지 유일신 하나님을 믿었다. 유일신론자들은 하나님을 조물주로 믿고 있다. 더 나아가 우주의 관리자요 입법자, 법의 집행자로까지 그린다. 그러나 영지주의자는 인류의 조상인 타락한 부부가 온갖 악과 고통을 세상에 들여왔다는 주장을 믿을 수 없었기 때문에 유일한 범죄자, 곧 조물주 하나님에게 그 책임을 떠넘겼다. 바로 세계는 타락한 것이 아니라 시작부터 불완전했다고 영지주의자는 말한다.[23]

이렇게 세계가 불완전한 신에 의해 그의 결함 있는 형장대로 창조되었다는 주장은 영지주의에서 가장 파악하기 힘든 하나님 개념을 이해할 때 훨씬 납득하기가 쉽다. 영지주의자들의 하나님은 창조된 세계 너머에 있는, 어떤 점에서는 창조된 세계와 완전히 동떨어져 있는 궁극의 실재이다. 카발리스트(Kabbalist. 유대 신비주의자)들과 전 세계 대부분의 비교 신봉자들처럼, 영지주의자들도 창조라는 관념 대신 신성한 존재로부터의 '유출'(방출. emanation)이라는 개념을 사용했다. 초월적 하나님은 창조에 참여하지 않는다. 신적 본질이 방출되어 나아감에 따라 드러나지 않던 것이 드러나고, 그 과정이 더 진행되면서 훨씬 더 구체적인 창조가 이루어진다. 근본 하나님은 시종 제일원인으로 남아 있으며, 그 대신 다른 존재들이 창조의 부차적인 혹은 이차적인 원인이 된다.[24]

---

22) 송광택, "영지주의(Gnosticism)", https://cafe.daum.net/kcmc91/MbG7/49
23) Stephan A. Hoeller, 「Gnosticism: New Light on Ancient of Inner Knowing」, 이재길 역, 「이것이 영지주의다」, (서울: 샨티, 2022), p. 36.
24) Ibid., p. 36.

다. 영지주의 가현설(Docetism)

영지주의의 이원론을 그리스도론에 적용시키면 끔찍한 결과가 나타난다. 만일 물질이, 그리고 무엇보다도 인간의 육체를 구성하는 물질이 하나님의 의지로써 생성된 것이 아니고, 하나님에 대적하는 다른 원리에 의해서 생성되었다고 보면 물질과 인간의 육체는 지고하신 하나님의 계시를 나타내는 매개자의 역할을 감당할 수 없게 된다. 따라서 그러한 하나님을 인간에게 알리기 위해서 오신 그리스도는 육체로 오시지 않는다.[25]

그러므로 영지주의자들은 가현설(假現說, Docetism)이라고 부르는 그리스도론을 가질 수밖에 없었다. 영지주의의 그리스도는 "나사렛의 진짜 인간 예수"가 아니요 또한 본디오 빌라도 아래서 죽지도 않았다. 이러한 이론에 대해서 대부분의 그리스도교인들은 나사렛 예수는 육체와 삶과 고난과 죽음과 부활을 통해서 하나님의 구원 계시를 찾을 수 있다고 역설했다. 그렇기 때문에 영지주의를 반대했던 그리스도교인들은 영지주의가 그리스도교 신앙을 다르게 해석하였다고 말하지 않고, 그리스도교 메시지의 핵심을 이루는 신앙 자체를 말살시키려는 것으로 보았다.[26]

가현설(docetism)이란 헬라어 dokesis(영어로 appearance)에서 나온 말로서, 그리스도는 인간 예수의 몸에 임시로만 계셨고, 십자가형을 받을 때 다시 분리되었다는 생각이다. 그러므로 그리스도는 십자가를 지지도 않았고, 고통도 받지 않게 된다. 이런 영지주의자들의 생각은 그들의 철저한 이원론적 사고를 감안할 때, 당연한 주장이다. 왜냐하면 그들은 지상적이고 육체적인 것에 거의 가치를 두지 않았고, 영적 존재인 그리스

도는 고통을 당할 수 없었기 때문이다. 그래서 그들은 나사렛 예수가 세례를 받을 때 그리스도가 비둘기 모양으로 그의 위에 내려와서 예수는 알지 못하는 신에 대해서 선포하였고, 수많은 이적을 행하였지만, 예수가 십자가를 질 때 그리스도는 다시 예수로부터 떠나서 고통은 예수가 받은 것이다. 그래서 야고보 외경은 그리스도가 자신은 고통을 당하지 않았고, 오히려 자신을 죽인 줄 아는 아르콘들을 조롱하니 괴로워하지 말라고 그의 제자들을 위로한다고 주장하였다.[27]

가현설을 산출한 영지주의는 그리스도교 내에 거할 수 있는 최초의 이단으로 등장했다. 실상 제한적으로 공유하는 사상을 제외하고는 영지주의의 관심이 성경적 종교의 관심과 다르기 때문에 영지주의는 그리스도교 운동이라 보기 어렵다. 하지만, 그리스도 교리는 공유하는 사상이다. 영지주의는 순수한 영적 존재이신 그리스도께서 한 인간으로 고통당할 수 없다는 것이다. 그래서 그리스도는 외형적으로만 인간이셨음이 틀림없었다. 이와 동일한 사상은 그리스도교계 내에서 동시적으로 일어났다. 왜 '헬라인들'(어떤 이방 그리스도교인만 아니라 비그리스도교 이방인들)이 십자가에 못 박히신 그리스도의 교리를 "어리석은 것"으로 생각했는지 알만 하다(고전1:23).[28]

이러한 가현설은 그리스도교 이단들 중 최초의 이단이었기 때문에 자연스럽게 안디옥의 이그나티우스의 신조와 같은 최초의 공식적 그리스도교 신조가 만들어지게 되었다. 이그나티우스의 신조는 예수께서 "진실하시며, 외형만이 아니라" 실제로 태어나시고, 죽으시고, 부활하신 것처럼 신약성경에 나타난 모든 것을 친히 담당하셨다고 하였다.[29]

---

27) 김성민, "영지주의와 C.G. 융과 분석심리학", 「心性硏究 24」, (서울: 한국분석심리학회, 2009), pp. 262.

28) Harold O. J. Brown, 「Heresies」, 라은성 역, 「교회사 안에 나타난 이단&정통」, (서울: 도서출판 그리심, 2001), p. 97.

29) Ibid., p. 97.

라. 영지주의 혼합주의(Syncretism)

영지주의는 자체의 표현을 위해 여러 다른 신화론적인, 그리고 철학적인 전통들을 사용했기 때문에 하나의 혼합적인 현상으로 성격지을 수 있다.[30] 영지주의의 근본 사상도 인도, 바벨론, 페르시아 등 동양에서 나온 것이며 헬라철학의 근본 사상과도 유사했다. 영지주의 사상가들은 그리스도교, 특히 그것의 중심인물이신 예수 그리스도와 그의 메시지를 그의 종교의 일부로 삼았다. 그러므로 영지주의는 동양과 헬라와 그리스도교의 사상이 혼합된 종교였다. 이런 종교를 가리켜 '혼합주의 종교'라고 한다.[31]

교회사가 곤잘레스에 의하면, '영지주의'(Gnosticism)라는 말은 일반적 호칭으로 제2세기에 성행했던 각종 종교적 이론들을 총망라해 버리는데 그 특징은 혼합주의이다. 영지주의는 통일을 이룬 하나의 종파는 아니었다. 말하자면 그것은 많은 분파로서 이루어졌고, 고대 말기에 널리 퍼져 있던 하나의 종교운동이었다. 이것은 우리가 혼합주의(syncretism)라고 부르고 있는 것으로서, 당시의 모든 종교적 전통의 혼합물이었다. 그것은 세계 전체에 퍼져있었다.[32]

영지주의자들은 어떤 이론이 가치 있다고 판단되면, 그 근원이나 혹은 그 이론을 취하게 될 맥락은 전혀 고려치 않고 자기네 것으로 해 버린다. 즉, 초대 그리스도교를 알게 되고, 그리스도교가 매력이 있음을 보자, 그리스도교에서 자기네들에게 가장 유용성이 있는 부분들을 곧바로 가려 뽑아서 자기네들 사상체계에다 적용해 버렸다.[33]

---

30) Rudolf Bultmann, 「Das Urchristentum」, 허혁 역, 「西洋古代宗敎思想史」, (서우: 이대출판부, 1981), p. 217.
31) 죠수아, "영지주의(靈知主義, Gnosticism)", https://cafe.daum.net/kcmc91/MbG7/53
32) 송광택, "영지주의(Gnosticism)", op. cit.

영지주의자들의 이러한 적용 작업을 용납치 않았던 그리스도교인들에게는 커다란 도전이 되었다. 왜냐하면, 영지주의자들은 그리스도교 교리를 잘못 해석하였으며, 또한 예수를 영지주의 체계 안에 있는 한 요소로서 단순하게 변형시킬 수 없음을 여러 사람에게 알려야 했기 때문이었다.[34]

그런데 '혼합하는 경향'(amalgamating tendency)은 영지주의의 아주 초기부터 존재하였다. 바벨론, 시리아, 소아시아, 페르시아, 인도 등의 종교, 필로(Philo)의 유대교, 그리고 예수와 사도들의 그리스도교 등이 모두 영지주의라는 도가니 속에서 융합되었다. 영지주의는 예컨대 신적 구원의 계획, 그리스도교적 전통, 인간 역사에 있어서의 그리스도의 중심됨 등, 그리스도교와 공통된 여러 가지 특징을 가지고 있었다. 그러나 이러한 특징들은 심히 왜곡된 것이었으며, 대체로 이교적 사상이 우세하였다.[35]

여기에 각 분파의 선생들은 유용하다고 생각되는 것은 무엇이든지 다른 데서 끌어들였기 때문에 영지주의에 속한 각 분파들과 학파들은 너무나도 뒤얽혀서 있다.[36]

2. 영지주의 교리

가. 영지주의 창조론

---

33) Ibid.
34) Ibid.
35) Ibid.
36) Ibid.

영지주의는 성경적 그리스도교와 여러 면으로 충돌했는데 그중에서도 특별히 그리스도론과 함께 창조론을 들 수 있다. 영지주의는 전적으로 창조론을 부인한다. 영지주의가 이해하기에는 최고의 자리에 있는 최상의 신성은 너무나 존귀해서 기초가 되는 물질과 관계를 가질 수 없었다. 그 결과 창조의 행위는 불가능할 수밖에 없었다. 성경처럼 하나님께서 창조하신 세상은 근본적으로 하나님과 다른 것으로 본다.[37]

그러나 성경적 교리는 비록 인간의 타락이 세상에 있었지만, 세상이 선하게 창조되었다고 가르친다. 성경적 사상에서는 하나님은 창조자이시고 세상은 그의 창조물이기 때문에 하나님으로부터 세상이 전적으로 구별된다고 한다. 하나님께서 물질세계를 창조하는 일을 하실 수 있다는 사상을 영지주의는 부인할 뿐 아니라, 물질세계가 그 자체로서 어떤 의미를 가질 수 없다고 한다. 그리스도교 신학이 가르치는 것처럼 어떠한 창조 순서도 없다. 물질세계는, 전적으로 가공적이고, 무의미하고 그것을 연구하므로 어떠한 참 지혜를 얻을 수 없을 것이다.[38]

이제 영지주의에 창조론을 살펴보면 다음과 같다.

(1) 유출과정에 의한 창조

영지주의 창조론은 모방 이원론과 수비학적(Numerology) 사색과의 연합에서 비롯되었다. 그것은 초월세계와 물질세계 사이에 있는 에온들의 아주 복잡한 연속성이라는 특징을 갖는다. 그리고 영지주의는 하나님은 이 악한 물질세계를 창조하지 아니했으며, 이 물질세계와 전혀 관계

---

37) Harold O. J. Brown, 「Heresies」, op. cit., p. 93.
38) Ibid., pp. 93-94.

를 맺을 수 없다는 신학적 전제에서 출발한다. 그리하여 이들은 방사이론과 천사들을 매개로 하여 영적 세계와 물질세계 사이를 연결한다.[39]

창세기 1장 1~3절을 해석한 것으로 보이는 영지주의 문서 「세계의 기원에 대하여」는 태초부터 존재하는 '무'에서 '그림자'와 '혼돈'과 '신앙'으로의 유출과정이 있었고, 물질세계는 이 과정을 통하여 생겨나게 된 것이라고 묘사하고 있다.[40]

> "태초부터 실존했던 한 생산 행위로부터 어둠이라 불리어지는 그림자가 나왔다. 이 그림자는 혼돈을 낳았다. 이 혼돈이 설계했던 것으로부터 나온 첫 생산에 의해 물질이 나오게 되었다. 불멸적 존재의 자연적 구성이 있은 후에 그때 신앙으로부터 방사된 밝은 모양의 무한한 존재가 나타나게 되었는데, 그것은 바로 결단력으로 원시의 빛과 같은 창조행위를 하는 지혜였다."[41]

그러나 교부 이레니우스는 영지주의의 이와 같은 유출이론이야말로 우주 안에 살아 역사하는 하나님으로 하여금 자신이 창조한 이 세계와는 아무런 관련이 없는 것 같은 무관심의 하나님으로 만들어 버렸다고 강력하게 비판했다. 그의 비판에 의하면, 만일에 에온들이 자신들을 유출한 아버지의 존재를 소유하고 있다면, 모든 에온들은 최고의 하나님과 같이 열정의 자유를 가져야 함에도 불구하고 소피아가 하나님에 대하여 알려고 했던 그 열정 때문에 타락하게 되었고, 또한 이 소피아의 타락으로 말미암아 물질이 생겨나게 된 것이라고 주장하는 것은 논리적으로 앞뒤가 맞지 않는다고 혹평했다. 그러면서 그는 하나님은 자신의 자유의지와

39) 근광현, 「기독교 이단 길라잡이」, (서울: 도서출판 누가, 2003), p. 136.
40) Ibid., pp. 140-141.
41) Ibid., p. 141에서 재인용.

결단에 의해 모든 만물을 무로부터 창조하였고, 또 하나님께서는 모든 인간들이 창조주 하나님과 같이 자유의지를 소유할 수 있도록 했다는 점을 강조하였다. 뿐만아니라 그는 영지주의자들이 가르친 방사이론이란 결국 신화적인 요소에 마치 한 폭의 그림과도 같이 에온에 대하여 미화한 것에 불과한 것이라고 혹평하였다.[42]

(2) 물질세계 창조

대부분의 영지주의자들은 우주 창조를 믿는다. 다만 성경적 창조를 믿지를 않는다. 영지주의자들이 볼 때 성경의 여호와 하나님은 창조주이기는 하나 많은 창조주 가운데 등급이 낮은 창조주일 뿐이다.[43] 영지주의에 주장은 원래 물체의 실재가 영적인 것이라고 주장한다. 최고의 아버지 신은 원래 물질적 세계가 아니라 오직 영적 세계만을 창조하시고자 하였다. 그리하여 영적 존재들이 배출되었다. 이러한 존재들 가운데 하나(유대인의 하나님)가 지존의 존재로부터 멀리 고립되어 결국 물질세계를 창조하였다. 이들 가운데 한 체계에 의하면, 영적 존재들 가운데 하나였던 지혜가 독자적으로 무언가를 창조하고자 하였는데, 그 결과 '유산'(abortion)의 현상이 물질세계로 나타나게 되었다. 그리하여 영지주의에서는 세계를 신의 창조의 결과가 아니라 정신 혹은 유산 상태로 파악하였다. 이 세계는 영적 존재에 의해 만들어졌으므로 그 속에는 아직도 영의 '섬광들' 혹은 '파편들'이 들어있다. 바로 이들이 인간의 육체 속에 갇혀 있으므로 지식을 통해 해방되어야 한다는 것이다.[44]

영지주의는 물질세계 창조란 최고의 하나님에 의한 선한 창조가 아니

---

42) Ibid., p. 141.
43) 조덕영, "기독교는 영지주의를 어떻게 볼 것인가", 「크리스천투데이」, 2011. 11. 9.
44) 빌립, "이단의 원조-영지주의(노스티시즘)", https://cafe.daum.net/kcmc91/MbG7/39

라 보다 열등한 신적 존재에 의한 창조라고 말하고 있다. 그러나 이 물질계 창조수행자에 대해서는 학파마다 약간씩 다른 견해를 가지고 있다. 어떤 이는 소피아의 타락 때문에 물질세계가 창조되었다고 말했는가 하면, 다른 이는 최고의 하나님으로부터 방사되어 나온 다수의 다른 능력들이 물질세계를 만들었다고 주장하기도 했다. 이와같이 천사의 능력에 의하여 세계가 창조되었다는 가르침은 주로 영지주의 초기 단계의 것이었다. 반면, 후기에 들어와서는 물질세계 창조자인 천사 데미우르고스의 기능은 약해지고, 그 대신 구약의 하나님과 최고의 하나님 사이를 구별하여 하나님 - 창조-물질세계의 구조를 체계화시키려는 경향으로 나타났다.[45)]

초기 영지주의자들은 천사에 의한 세계창조를 가르쳤다. 그런데 이들은 한결같이 이 세계를 만든 창조자들을 열등하고 오만하며 무지한 존재로 묘사하고 있다는 점에서 공통점을 가지고 있다. 시몬 마구스는 자신의 아내가 창조한 천사들과 능력들이 물질세계를 만들었다고 가르쳤다. 그는 또 이 천사들은 야훼와 동일한 데미우르고스라 하였다. 그의 제자 메난더도 동일한 주장을 하였다. 또한, 사투르닐루스도 이 세계와 모든 존재는 일단의 일곱 천사의 무리들에 의해 만들어진 것이라 하였다. 이 밖에 카르포크라테스도 이 세계는 비 탄생자인 아버지보다 열등한 천사들에 의해 창조되었다고 가르쳤다.[46)]

케린투스(Cerintus)는 하나님이 이 세계를 직접적으로 창조한 것이 아니라 매개자로서 봉사의 임무를 맡고 있는 천사들을 통해서 간접적으로 창조했다고 가르쳤다. 이 천사들 가운데 하나가 율법을 제공해 준 유대교의 하나님이라고 말했다. 물론 성경은 하나님이 천사들을 통해서 이스

---

45) 근광현, 「기독교 이단 길라잡이」, op. cit., p. 142.
46) Ibid., pp. 142-143.

라엘 백성들에게 율법을 전해주었다고 말한다(행7:53: 갈3:19). 하지만 이 말씀은 히브리서 1장 14절의 말씀과 같이 천사들은 하나님이 친히 부리는 영이기 때문에 이스라엘 백성에게 율법을 전해주도록 그 임무를 부여해 준 것일 따름이지 그 이상도 그 이하도 아닌 것이다.[47]

말시온은 이미 선재한 악한 물질로부터 이 세계가 창조되었다고 주장했다. 그가 선재한 물질에 대하여 주장하는 이유는 바로 최고의 하나님과 열등한 데미우르고스 사이에 불연속적인 관계가 있다는 사실을 전제하기 때문이다. 그는 이 물질을 사용하는 하나님은 최고의 하나님이 아니라 제2신 데미우르고스라고 말했다. 그런데 이 데미우르고스는 물질이 없이는 창조할 능력이 결코 없기 때문에 반드시 선재하고 있는 물질이 있어야 한다는 것이다. 그는 나름대로 창세기 1장 1~2절을 내세워 이는 바로 형체가 없는 선재한 물질이라고 주장했다. 이와같이 데미우르고스가 선재하는 무형의 악한 물질을 가지고 이 세계를 형성했다고 말하는 그의 주장 이면에는 이 지구상에 존재하고 있는 결점과 악의 문제에 대하여 나름대로 해결책을 제시해보려는 시도에서 비롯된 오류였다. 하지만 말시온은 다른 영지주의자들과는 달리 천사가 세계창조의 직접적인 수행자로 활동했다는 점에 대해서는 받아들이지 아니하였다. 그는 누가복음 12장 8절과 10장 10절에 근거하여 천사를 아버지로서가 아니라 창조자의 심부름꾼으로 간주하였다.[48]

(3) 데미우르고스(Demiurgos)에 의한 창조

영지주의 체계에는 물질계, 즉 물질로 이루어진 우주를 창조하는, 지

---

47) Ibid., p. 144.
48) Ibid., p. 145.

고한 존재와는 별개의, 독립적 창조자인 데미우르고스가 있다. 이는 환영이자 유일한 근원으로부터 가장 늦게 분리되어 나온 존재이다. 많은 영지주의자들은 이 창조신을 플라톤주의자들이 사용하던 헬라어 낱말에서 따와 '데미우르고스'(demiourgós, 헬라어: δημιουργός)라 불렀다. 이러한 데미우르고스의 원래 의미는 공공 작업자를 뜻하며, 작업 또는 에너지, 숙련된 작업자, 대중의 신, 또는 거짓 신을 뜻하기도 했다.[49]

이렇게 고대 영지주의자들에게 건축가에 해당하는 존재가 헬라어로 '반쪽짜리 제작자'를 뜻하기도 하는 '데미우르고스'(Demiurgos)이다. 그것은 그가 세계의 틀만 만들었을 뿐 내면의 생명은 만들지 않았기 때문이다. 일꾼과 장래의 경영자에 해당하는 존재들은 그리스어로 '통치자'라는 뜻을 가진 아르콘(archon)들이다.[50]

영지주의와 성경적 그리스도교는 여러 면에서 신학적 충돌을 한다. 그 중에서도 영지주의는 성경적 창조론을 정면으로 부정한다. 오리겐은 이 단자들(영지주의자들을 말함)이 믿는 창조주 데미우르고스(demiurge, 조물주)는 불완전하고 선한 존재가 아니라 말한다. 당연히 그들에게는 더 완전한 하나님이 존재해야만 했다. 발렌티누스에 의하면 다양한 조물주가 있다. 플레로마(Pleroma)의 세계에는 30개의 에온(aeon)이 있으며 소피아는 가장 낮은 아이온이다. 그렇다면 악이 만연하는 세상은 수준 낮은 아이온이 만든 세상이라는 결론이 나온다. 그 세상을 만든 조물주가 바로 데미우르고스인 것이다.[51]

영지주의자들의 물질계 창조 이론은 바로 신정론(Theodicy)의 문제에서 비롯되었다. 신정론은 과연 최고의 선한 신이 어떻게 악한 물질계를

---

49) 항목 "영지주의靈知主義", 「위키백과」, https://kjn1217.tistory.com/15948434
50) Stephan A. Hoeller, 「Gnosticism: New Light on Ancient of Inner Knowing」, op. cit., p. 37.
51) 조덕영, "초대교회는 영지주의를 어떻게 보았는가?", 「크리스천투데이」, 2017. 5. 10.

창조할 수 있겠느냐는 전제에서 출발했다. 그리하여 이들은 최고 신인 하나님과 보다 낮은 계열의 천상적 존재를 구분하고, 이 낮은 신적 존재에 의해 물질세계가 창조되었다고 가르쳤다. 바로 이 낮은 신적 존재가 데미우르고스(Demiurgos)라는 것이다. 나그 하마디 문서 「아르콘의 본질」(The Hypostasis of the Archon)은 데미우르고스가 혼돈으로부터 나와 가시적 세계의 최고 위치를 차지했다고 묘사하였다. 발렌티누스는 이 데미우르고스야말로 물질을 만든 물질계의 왕이라 했다.[52]

영지주의자들은 낮은 신적 존재인 데미우르고스가 하층 세계를 창조한 것으로 간주함으로써, 물질세계에 대한 열등감과 혐오감을 갖게 하여, 결국 예수 그리스도의 성육신을 부정케 하는 결정적인 신학적 오류를 낳게 하였다. 뿐만아니라 물질세계에 대한 경시 풍조는 그리스도인들로 하여금 육신의 소중함을 저버리고 이른바 금욕주의 내지는 자유방임적인 삶을 살도록 조장하기도 했다.[53]

다른 한편, 영지주의자들이 제1의 신 하나님과 제2의 신 데미우르고스로 나누고 이들에 의하여 상-하 층계가 창조되었다고 가르친다. 이리한 이원적 창조관에 의해 그리스도인들의 구원관에도 커다란 변질을 가져다 주었다. 예컨대, 영지주의자들이 예수를 상층계에 무지한 하층계의 인간들에게 이 무지를 일깨우기 위하여 파송된 구원자로 인식한 점이라든지, 결과로서 예수는 인간들에게 은밀한 지식을 전달해 주는 교사와 같은 존재로 인식했던 점이다. 결국, 영지주의자들의 이러한 예수 이해는 바야흐로 인간의 구원은 믿음에 의한 것이라기보다는 깨달음에 의한 것이라는 잘못된 구원관을 제시하기에 이르렀다. 이런 구원관은 오늘날 한국교회 이단 구원파에서도 발견되고 있다.[54]

---

52) 근광현, 「기독교 이단 길라잡이」, op. cit., p. 147.
53) Ibid., p. 148.
54) Ibid., pp. 148-149.

◀ 아브라삭스(Abraxas)
와 크누피스(Chnuphis): 아
브라삭스가 새겨진 보석의
앞면과 뒷면[55]

나. 영지주의 신관

①영지주의는 일반적으로 복수(다신)적 신관을 가지고 있다.

영지주의자들은 일반적으로 복수 신관을 가지고 있다.[56] 즉, 영지주의자들은 신을 최고 신과 이에 비해 열등한 제신들로 구분하였다.[57] 맥기퍼트(Athur C. McGiffert) 같은 이는 영지주의자들이 영속적인 에온들의 방사 과정을 신화적인 용어를 빌어 묘사한 것이기 때문에 이를 두고 그들이 헬라의 다신교와 같은 경향을 가지고 있다고 말하는 것은 오해에서 비롯된 소치라 했다.[58]

예컨대, 그들이 묘사한 제신들은, "위대한 하나님", "이스라엘의 보호자이고 천사장이며 창조자인 대천사", "대천사의 복수적 본성", "대천사의 여성적 측면" 등이었다. 이들은 천사론을 통해 복수 신관을 묘사하였다. 일반적으로 영지주의는 이러한 신을 제2신(the second God)이라 칭

---

55) 항목 "영지주의靈知主義", 「위키백과」, https://kjn1217.tistory.com/15948434

56) 근광현, 「기독교 이단 길라잡이」, op. cit., p. 130.

57) Hans Jonas, 「The Gnostic Religion, 326; Robert M. Grant, Gnosticism and Early Church」, (New York: Columbia University Press, 1959), p. 26.

58) Athur C. McGiffert, 「A History of Christian Thought, vol. 1」, (New York: Charles Scribner's Sons, 1932), p. 50.

했다. 이 제2신은 창조자 유대교의 하나님으로서 그는 여성의 짝인 '지혜'를 소유하고 있다. 그들은 이러한 제2 신성의 개념을 유대철학자 필로에게서 배웠다.[59]

이렇게 영지주의는 다신교적 신관을 가지고 있었다. 그리하여 그들은 하나님의 절대성과 유일성을 인정하지 아니했다. 그 결과 한 분 하나님에 의한 선한 창조개념을 크게 훼손시켰다. 결국, 영지주의 이러한 하나님 이해는 생동적이고 인격적인 살아계신 하나님을 인간 세계로부터 철저히 격리시켜 절대 고독 속에 가두어 넣음으로써 신의 죽음으로 이끌었다.[60]

영지주의는 일반적으로 두 하나님을 전제로 하는 이원론적 신관을 견지했다. 이는 이원론적 세계관의 산물이었다. 영지주의를 관통하는 한 가지 공통점은 참 하나님은 창조주가 아니라는 것이다. 이는 신화적 사고와 헬라철학에 기초하고 있다. 플라톤은 "세상은 무로부터 창조된 것이 아니라 이미 존재하는 재료를 변형한 것"이라고 했다. 피조된 세계는 악하다고 보았다. 영지주의 하나님은 인격적인 분이 아니라 무감각한 비인격의 하나님이다. 영지주의 세계관에서는 '모나드'라고 하는 우주의 궁극적 '신성'이 존재하며, 이것으로부터 하위의 신들이 '발출'되었다고 본다. 영지주의에서는 우주의 궁극적 실재인 '신성'으로부터 방출되어 나온 하위의 신적인 존재들을 '아이온'이라고 하며, 그리스도교의 하나님도 여기에 해당된다고 여긴다.[61]

②영지주의자들은 신을 여러 등급으로 분류하고 있다.

자존하는 지고의 존재는 제1 원리로서 그들이 비토스라고 부르는 지

---

59) Magaret Barker, 「The Great Angel, 165-67; R. M. Wilson, Nag Hammadi and Gnosis」, (Leiden: E. J. Brill, 1978), p. 26.
60) 봉서방, "초기교회 이단-영지주의 신관", https://cafe.daum.net/cgsbong/208g/3453
61) 정동섭, "영지주의(gnosticism)와 이단", 「현대종교」, 2018. 2. 22.

고 신이다. 지고 신을 정점으로 30여 개에 달하는 영적인 광명계의 서열 체계를 수립하고 있다는 것이다. 그들의 주장은 순수 무구한 지고 신은 악한 물질계를 가질 수 없다는 것이다. 그러므로 물질세계는 악하며 이 보이는 세계의 창조주와 통치자가 되는 에온은 높고 선한 신이 아니라 열등 불완전한 하위신 데미우르고스로서 유대인들이 섬긴 하나님 여호와 라는 것이다.[62]

③하나님의 존재 양태로서의 양성 신(Androgyny)이다.

영지주의는 하나님의 존재를 양성 즉, 성별을 나타내는 상징으로 묘사 하였다. 하나님에 관한 영지주의의 이러한 묘사법은 이교도 전승과 유대 교의 유산을 그리스도교 언어로 재구성한 잘못된 표현이었다. 이들은 하 나님을 남성적 일원론(Monastic)으로 묘사하기보다는 한 쌍의 남-여성적 인 하나님(God as a dyad)으로 표현하였다.[63]

저스틴(Justin Martyr)에 의하면, 자신의 지지자들에 의해 '최초의 하 나님'으로 숭배를 받았던 초기교회 영지주의자 시몬 마구스는 그의 여성 의 짝 헬렌(Helen)을 '최고의 사유'라 칭하고, 이 헬렌으로부터 천사들과 낮은 세계의 능력들이 나왔으며, 바로 이 천사들에 의해 이 세계가 형성 된 것이라고 가르쳤다. 그리하여 많은 사마리아인들은 시몬 마구스와 헬 렌을 가리켜 신성의 남-여성의 원리로서 숭배하고 예배하였다.[64]

구약을 알레고리적으로 해석하여 신화를 체계화시켰던 바실리데스는 이 신화를 세 가지 옛 계통으로 나누었다. 이 가운데 첫 계통에 남-여성 적인 신관이 있음을 보게 된다. 그는 선함(αΓαθος)이 부르는 최고의 하 나님이 빛 가운데서 살고 있으며, 그곳에는 한 쌍, 즉, 엘로힘(סיהרלא) 또 는 아버지라고 부르는 남성적 원리와 에덴이라 부르는 여성적 원리가 있

다고 주장하였다.[65]

발렌티누스 역시 이 신적인 어머니를 침묵 속에 있는 "한 쌍의 본래적인 짝"이라 했다. 그는 침묵을 성별에 따라 여성인 어머니와 남성인 아버지라 묘사하고, 이 신적인 존재는 이 두 힘의 조화에 의해 잉태된다고 하였다. 그리하여 발렌티누스의 추종자들은 신비적이고 영원한 침묵인 이 신적인 어머니에게 자신들을 보호해 달라고 기도하기까지 했다고 한다. 뿐만 아니라, 발렌티누스는 이 '남-녀 양성'으로 존재하는 하나님은 다른 신적인 존재들을 유출 혹은 방사에 의한 방식으로 낳았다고 주장을 하였다. 이에 그의 제자들은 '깊음'(Bythos)이라는 하나님은 그의 여성의 확인 '침묵'(Sige)과 함께 초월적 존재로 남아 있다는 점을 그들이 가르쳤던 신화의 전제로 삼았다. 이들에게 있어서 이 '깊음과 침묵'은 영원한 본래적 에온이었다. 그리하여 이들은 이 에온들을 가리켜 항상 총합(Syzygy), 즉, 남성과 여성의 한 쌍(A masculine-feminine Pair of syzygis)으로 존재하는 존재자라 묘사하였다.[66]

④미지의 하나님이 참 하나님이며 지고의 신이다.

미지의 하나님은 모든 가시적인 피조물을 초월해서 플레로마(Pleroma)라고 불리는 천상계에 존재하며 우주의 진정한 주인이다. 그는 알 수 없으며 비가시적이고 영원하며 창조되거나 출생되지 않았다. 바실리데스는 그를 제일의 '비존재적인 신'(non-existent God)이라 불렀으며, 발렌티누스는 비가시적이며 말로 표현할 수 없이 높은 곳에서 선재하는 완전한 에온(aeon)이라고 했다.[67]

이렇게 영지주의는 하나님의 존재 위치를 극단적인 초월로 간주했다. 그리하여 그들은 하나님의 역사적 섭리론에 커다란 오류를 범했다.[68] 이

---

65) Ibid., p. 123.
66) Ibid., pp. 123-124.
67) 목창균, 「이단논쟁」, op. cit., pp. 81-82.

에 이레니우스는 영지주의의 초월 신관을 가리켜 이는 하나님의 절대성과 전지성, 그리고 전능성을 훼손한 신관이라고 비판했다. 그의 주장에 의하면, 발렌티니안들이 전개한 초월 신에 의한 방사 과정은 나름대로 에온들에 대한 인격적인 변환을 주기 위한 시도였으나 결국 그들은 그 점에 대한 그 어떤 토대나 정확한 설명도 해 주지 못했다.[69]

정통교회가 가르치고 있는 하나님은 인간이 결코 알 수 없는 하나님이 아니라 지금도 자연계시와 예수 그리스도 및 계시된 말씀을 통해 지속적으로 자신의 존재와 속성을 알려 주시는 역사의 하나님이다. 그런데 우리가 만일 하나님의 존재를 영지주의자들과 같이 초월적인 존재로만 간주한다면 한스 요나스가 지적했듯이 모든 인간들로 하여금 허무주의와 도덕폐기론적인 삶에 빠질 수밖에 없도록 이를 조장하게 될 것이다.[70]

⑤참 하나님은 창조주가 아니다.

천상의 존재들(aeon)은 하나님의 창조가 아니라 그로부터 방출된 것이다. 또한, 방출된 것에서 방출되는 일련의 후속적인 방출이 있었으며, 후자는 전자보다 다소 저급했다. 에온들의 막내가 하나님의 지혜, 소피아(Sophia)였다.[71]

⑥데미우르고스는 소피아의 산물이다.

영지주의 창조신화에 따르면, 보다 저급한 존재를 산출하는 후속적인 방출로 인해 물질이 될 어두운 혼돈이 생기게 되자, 그로부터 방해를 받은 소피아가 그것을 지배할 존재를 만든 것이 데미우르고스다.[72]

---

68) 봉서방, "초기교회 이단-영지주의 신관", op. cit.

69) lrenaeus, Against Heresies, 「I. 26, 1. in The Ante-Nicene Fathers, vol. 1. eds, Alexander Robert and James Donaldson 2d rev. ed」, (Grand Rapids: Wm. B. Eerdmans, 1985), p. 17.

70) Hans Jonas, 「The Gnostic Religion, 326; Robert M. Grant, Gnosticism and Early Church」, op. cit., p. 332.

71) 목창균, 「이단논쟁」, op. cit., p. 82.

72) Ibid., p. 82.

그런데 이러한 데미우르고스에 대한 견해는 영지주의 분파 사이에 큰 차이를 보였다. 어떤 분파는 데미우르고스가 악의 물질적 화신이라고 주장한 반면, 다른 어떤 분파는 최고의 신에 비해 불완전한 선한 신적인 존재일 뿐이라는 견해를 가지고 있었다.[73]

⑦데미우르고스는 물질세계의 창조자요 유대인의 하나님이다.

그는 하나님과 물질적인 세계 사이의 중간적인 존재이며, 참 하나님보다 저급하다. 영지주의자들은 참 하나님은 물질세계의 창조주가 아니라는 데는 입장을 같이하지만, 창조주가 누구냐에 대해서는 일치하지 않는다. 한쪽에서는 데미우르고스, 즉, 구약의 하나님을, 그리고 물질세계의 창조주로 간주한 반면, 다른 쪽에서는 참 하나님의 지혜, 소피아를 물질세계의 실제 창조주로 보았다. 데미우르고스는 영적 세계를 견본으로 삼아 그것을 모방하여 이미 존재하는 물질로 하늘과 땅을 만든 장인(craftsman)에 불과하다는 것이다.[74]

영지주의에서는 미지의 하나님(unknown God)과 데미우르고스(Demiurgos)를 구분했다. 마르키온이 창조주와 구속주, 또는 구약의 하나님과 신약의 하나님, 율법과 복음의 하나님을 구별하고, 후자를 영지주의 하나님으로 간주한 반면, 전자를 유대인의 하나님으로 취급했다. 다신론적 신관을 대변한 것이다.[75]

⑧비인격적 무감각한 하나님이다.

영지주의자들은 하나님을 비인격적인 존재로 묘사하고 있다. 그들은 하나님을 창조자로서 생동감 넘치는 행동을 하시는 분으로 묘사하는 데 실패하였다. 그들이 파악한 하나님은 직접 사건을 일으키시고 사람들을

73) 박홍배, "기독교 교회사 | 초대교회의 이단들, 영지주의 ①", 「크리스찬타임스」, 2021. 9. 18.
74) 목창균, 「이단논쟁」, op. cit., pp. 82-83.
75) Ibid., p. 81.

만나주시며 인간 세계에 깊숙이 들어와 역사를 주관하시는 그런 살아 계신 하나님이 아니었다.[76]

바실리데스가 묘사한 하나님은 그 어떠한 방식으로도 언표할 수 없는 절대 초월자이다. 그는 이런 하나님을 '순수 무' 또는 '비존재 신'이라고 정의했다. 이러한 그의 하나님 정의는 그 어떠한 변화도 허용되지 않는 순수한 비존재로서의 하나님이심을 강조한 것이었다.[77]

영지주의자들은 하나님의 속성을 하나의 독특한 존재로 표현하기보다는 추상적인 언어로 묘사하기를 선호하였다. 그들은 성경이 말하는 하나님의 의지적 행위를 통한 우주 창조를 거부하고, 맨 마지막 에온인 소피아의 결함에 의해서 우연히 형성된 것이라고 잘못된 주장을 하였다. 결국, 이러한 주장은 하나님을 철저히 우주에서 소외시켜버려, 무감각한 모습으로 존재하는 하나님으로 전락시키고 말았다.[78]

다. 영지주의 그리스도론

영지주의가 정통 그리스도교와 갈라지면서 나름대로 독자적인 사상이면서 이단 취급을 받는 것이 바로 그리스도론이다. 이와 관련하여, 영지주의는 크게 두 가지 점에서 정통의 그리스도론과는 차별적이다. 먼저 눈에 보이는 물질세계를 하나님보다 저급한 신이 창조한 것으로 간주한다. 이는 이원론의 연장선상에서 물질세계를 정의하는 것이다. 또한, 에덴동산에서의 선악과 사건을 인간의 타락이 아닌 영지에 이르는 과정으로 해석한다. 왜냐하면, 이 사건을 통해 인간은 선과 악을 분별할 수 있

---

76) 근광현, 「기독교 이단 길라잡이」, op. cit., p. 127.
77) Ibid., p. 127.
78) Ibid., p. 128.

게 되었기 때문이다.[79]

영지주의는 성경적 전지전능하신 여호와 하나님의 창조는 거부하는 반면 그리스도는 표면적으로 수용한다. 하지만 창조와 악에 대한 관점이 다른 것처럼 그리스도에 대해서도 철저하게 다른 방법으로 해석한다. 신령한 지식으로 구원받는 영지주의에서 오직 그리스도의 교리가 바로 설 수는 없는 노릇이다. 이렇게 영지주의는 십자가 중심의 성경적 그리스도론과도 전혀 다른 길을 주장하였다.[80] 이는 정통의 그리스도가 우주적 차원을 점유하고 있기 때문에 그리스도교는 영지주의적 그리스도론을 수용했을 가능성이 있는 것처럼 여겨진다. 이것이 사실이라면, 영지주의의 그리스도는 실제적 인간 나사렛 예수님이 아니었고 본디오 빌라도 아래서 죽으신 분도 아니었기 때문에 역사에서 그 뿌리를 찾을 수 없을 것이다.[81]

영지주의에서는 물질세계를 하나님보다 저급한 신의 창조물로 간주하고 선악과를 따먹은 것을 인간의 타락이 아닌 영지에 이르는 과정이라고 해석하고 있다. 이것은 그리스도의 정체성에 대한 왜곡으로 이어졌다.[82]

영지주의자들은 예수에 대해서도 여러 견해를 가졌다. 다수의 영지주의자들은 예수를 지상의 인류를 구원할 수단인 그노시스를 인류에게 가져다주고 가르치기 위해 지복의 플레로마(천국)를 떠나 고통이 가득 찬 물질계에 탄생하는 희생을 기꺼이 감수한 존재로 지고한 존재의 물질적 화신이라 여겼다. 반면에 일부 영지주의자들은 예수를 거짓 메시아라고 생각했다.[83]

79) 김옥진, "고전적 영지 및 영지주의의 개념적 재구성을 위한 시론: 이만희의 사상을 중심으로", 「신학과 실천」, (서울: 한국실천신학회, 2022), p. 191.
80) 조덕영, "초대교회는 영지주의를 어떻게 보았는가?", op. cit.
81) Harold O. J. Brown, 「Heresies」, op. cit., p. 94.
82) 목창균, 「이단논쟁」, op. cit., p. 86.
83) 박홍배, "기독교 교회사 | 초대교회의 이단들, 영지주의 ②", 「크리스찬타임스」, 2021. 9. 25.

영지주의는 그리스도를 하나님의 아들이나 하나님과 동등한 분이 아니라 단지 천상의 존재 가운데 하나로 이해했으며, 성육신 교리를 부정하고 가현설(Docetism)적인 그리스도론을 주장했다.[84]

①영지주의는 삼위일체 하나님을 부정한다.

영지주의는 그리스도를 하나님과 동등한 그의 아들로 믿지 않고 천상적인 존재인 에온 중 하나로 간주했다. 그리스도는 참 하나님의 명령에 따라 구원의 지식을 전달하는 계시자요 사자였으며 인간에게 물질적인 세계로부터 해방되는 길을 제시하기 위해 이 세상에 왔다는 것이다.[85]

②영지주의는 성육신 교리를 부정한다.

영지주의에서는 세계와 인간을 창조한 에온은 최하위 신 데미우르고스로서 영적 세계와 물질적 세계의 중간적 입장을 차지하고 있는 존재라고 생각되었으며 이 하위 신은 인간을 구속할 계획도 능력도 없었다. 그러므로 최고의 에온이 완전한 해탈을 확보해 줄 구속자로서 이 세상에 오게 되었는데 그 구속자가 바로 예수 그리스도라는 것이다. 이리하여 영지주의자들은 그리스도는 최고의 에온으로서 높이 평가하였다. 따라서 그들은 그리스도의 성육의 교리를 부인하였다. 그 이유는 절대적 존재는 유한한 존재와 진정한 결합을 이룰 수가 없기 때문이며, 물질은 악하고 영적 세계는 항상 물질과 충돌되는 것이기 때문이라는 것이다.[86]

영지주의는 그리스도는 육체를 입고 이 세상에 올 수 없다고 주장했다. 왜냐하면, 인간의 육체는 하나님의 의지에 산물이 아니고 그것에 반대되는 다른 원리에 의해 만들어진 것이라고 보았기 때문이다. 또한, 물질과 육체는 참 하나님의 계시를 나타내는 중보자의 역할을 감당할 수 없다고 보았다.[87]

---

84) 목창균, 「이단논쟁」, op. cit., p. 87.
85) Ibid., p. 86.
86) 봉서방, "영지주의 연구", op. cit.

③영지주의는 그리스도의 고난과 죽음은 환상이라고 한다.

영지주의자들은 그리스도의 몸은 진정한 의미의 육체일 수 없고 육체의 모습을 가진 것처럼 보였을 뿐이라고 했다. 예수의 탄생과 세례 때 신성이 인간성과 일시적인 병존 상태에 있었으나 처형 때 다시 분리되었다. 십자가에 못 박힌 것은 그리스도가 아니고 인간 예수였다. 따라서 그리스도의 고난과 죽음은 실제 일어난 것이 아닌 환상에 불과하다고 했다.[88]

④영지주의는 부활한 그리스도의 육체적 실재를 부정한다.

영지주의자들 가운데 대부분은 예수님의 탄생을 부인하였다. 만일 물질이, 그리고 무엇보다도 인간의 육체를 구성하는 물질이 하나님의 의지로써 생성된 것이 아니고, 하나님에 대적하는 다른 원리에 의해서 생성되었다고 보면 물질과 인간의 육체는 지고하신 하나님이 계시를 나타내는 매개자의 역할을 감당할 수 없게 된다. 따라서 그러한 하나님을 인간에게 알리기 위해서 오신 그리스도는 육체로 오시지 않는다. 그리스도의 몸은 진정한 의미의 신체적인 몸이 아니고 다만 몸을 가진 것처럼 보였을 뿐이다. 그의 고난과 죽음도 참된 것이 아니었다. 왜냐하면, 지고하신 하나님께서 자신을 악과 물질의 파괴적 힘에게 굴복당하게 내버려 두지 않으실 것이기 때문이다.[89] 그러므로 영지주의자들은 가현설(Docetism)[90]

87) 목창균, 「이단논쟁」, op. cit., p. 86.
88) Ibid., pp. 86-87.
89) 동녘, "초대교회사 1", https://cafe.daum.net/kcmc91/MbG7/20
90) 영지주의자들 중에는 예수 그리스도의 가현설을 들고나와서 육체적, 실제 예수의 존재를 부인하고 영적인 예수만이 있었다는 주장을 함으로써 혼란을 초래하였다. 이 사상은 시몬 마구스가 선창하였다고 한다. 예수 그리스도는 육체 없이 그냥 외형상으로 존재하였으며, 우리의 신앙의 대상이 아니요, 과학적으로 입증할 수 없는 마술적 존재라는 것이었다. 가현설은 당시 헬레니즘의 합리적 사고와 부합하여 예수님의 탄생, 고난, 부활 등의 객관적 역사성을 모두 부인하기에 이르렀다. 그러나 트라얀 황제시대(Trajan, 98~117 재위)에 순교한 안디옥의 이그나시우스가 가현설의 오류를 간파하여 "예수님은 형상만 있던 분이 아니요, 참 사람이었다"고 강조하였다. 영지주의자들은 성부와 성자를 동일본질의 한 분 하나님으로 이해하지 못했던 것이다.

을 주장하여 구속자에게서 참 인간성을 모두 박탈해 버렸으며 그리스도의 역사적 인격성을 파괴해 버렸다.[91]

육체와 물질은 악한 것이므로 대부분의 그리스도교적 영지주의자들은 천상의 메신저였던 그리스도가 우리들과 같은 육체를 가지고 있었다는 사실을 부인하였다. 어떤 이들은 그의 육체가 단지 유령에 지나지 않으며 기적적으로 진짜 육체처럼 보였을 뿐이라고 주장하였다. 영지주의자들은 천상적 '그리스도(Christ)'와 지상적 '예수(Jesus)'를 구분하였다. 어떤 경우에는 예수가 육체를 가지고 있기는 하였으나 이는 우리들의 육체와는 다른 '영체'(spiritual matter)라고 주장하기도 했다.[92]

이렇게 영지주의자들은 그리스도의 동정녀 탄생이나 육체적 부활과 같은 정통교회의 일반적 신앙을 소박한 오해로 간주하고 그리스도의 부활을 문자적으로 이해할 것이 아니라 상징적으로 이해해야 한다고 주장했다. 따라서 그리스도의 육체적 부활을 부정했다.[93]

그리스도는 최고 선한 하나님을 계시하는 에온 중 최선한 자나 죄악된 육신을 입고 사람된 자가 아니요, 사람인 것처럼 보였으나(幻想說 docetism) 십자가 지시기 직전 하늘의 그리스도는 올라가고 인간 예수만이 죽었다고 한다.[94] 그리스도는 최고 선한 하나님을 계시하는 에온 중 최선한 자나 죄악된 육신을 입고 사람된 자가 아니요, 사람인 것처럼 보였으나(幻想說, docetism) 십자가 지시기 직전 하늘의 그리스도는 올라가고 인간 예수만이 죽었다고 한다.[95]

⑤**예수님의 부활을 부정하고 깨어남으로 보았다.**

김재성, "신론을 중심으로 본 이단 사상", 「교회와 신앙」 1994년 1월호, p. 92.
91) 봉서방, "영지주의 연구", op. cit.
92) 동녘, "초대교회사 1", op. cit.
93) 목창균, 「이단논쟁」, op. cit., p. 87.
94) 이영헌, 「교회의 발자취」, (서울: 대한예수교장로회총회교육부, 1978), pp. 32-33.
95) Ibid., pp. 32-33.

정통 그리스도교가 영지주의자를 향해 던지는 가장 큰 비난 중 하나는 영지주의자들이 예수의 부활을 부인한다는 것이다. 실상 그러나 그들은 신약성경에 기록된 대부분의 사건과 마찬가지로 부활도 문자 그대로 받아들일 수 없다고 한다.[96] 그러나 영지주의자들에게 예수의 몸의 본질보다 더 중요한 것은, 그노시스를 열망하는 모든 이에게 부활이 깊은 개인적·영적 의미를 지닌다는 영지주의적인 가르침이다.[97]

영지주의자들은 부활이라는 용어를 그노시스, 곧 '참된 영적 깨달음'을 상징하는 말로 간주한다. 우리가 누구이며, 어디에서 와서 어디로 가고 있는지를 아는 의식 상태로 깨어날 때 우리는 참으로 존재하는 것들이 무엇인지 알게 된다. 영지주의 전통에서 그리스도의 부활은 우리의 부활과 깨달음을 촉진시키는 신비로운 자극이다. 이런 깨달음이 일어나지 않는다면 그리스도의 삶과 죽음, 부활과 승천은 허사가 된다고 보고 있다.

⑥예수를 영지주의 교사 역할자로 보았다.

그러면 영지주의자들은 예수를 어떻게 보았을까? 그들이 예수를 지극히 경외했고, 예수 안에서 지극히 높은 근본 하나님의 현현을 보았으며, 인간이 갇혀 있는 물질적·정신적 무의식의 감옥을 활짝 열어젖힌 해방자요 계몽자로 예수를 바라보았다고 한다. 영지주의 전통에 따르면 예수는 주로 두 가지 방식으로 자신의 사역을 실천했다. 첫 번째는 가르침의 사역이라 불릴 수 있는 것이고, 두 번째는 입교적인 성격을 띤 해방의 신비 제의 같은 성례전 사역이다. 예수가 세습 사제 계급에 속하지 않았기 때문에 보통의 팔레스타인 사람들은 대개 그를 랍비나 비성직자 출신의 종교 교사쯤으로 여겼을 가능성이 아주 크다. 따라서 어떤 의미에서 그는 잘 드러나지 않는 차원에서는 영적 사제로서 역할을 하면서도 겉으

96) Stephan A. Hoeller, 「Gnosticism: New Light on Ancient of Inner Knowing」, op. cit., p. 92.
97) Ibid., p. 94.

로 드러난 모습은 영지주의 교사로서의 역할이었다.[98]

예수의 남다른 가르침 방법을 해명해 주는 것도 그의 영지주의 말씀이다. 다른 교사들과 달리 예수의 가르침은 관념에 더 무르지 않고, 그의 행함은 틀에 박힌 도덕적 종교적 체계를 따르라고 권고하는 데 그치지 않았다. 예수는 사람들의 감정이나 마음의 생각보다는 그들의 깨어나기 시작하는 직관적 그노시스를 향해 가르침을 펼쳤다. 잠재되어 있는 창조성과 상상력을 채워주는 것이 아니라 자극하는 것이 예수의 말씀에 담긴 의도였다. 이런 말씀을 통해 드러나는 예수는 연약하게 고난당하는 전통적인 예수와는 전혀 다르다. 이 예수는 제자들 안에 있는 비범한 의식 상태를 자극하기 위해 은유와 신화, 비밀스럽고 신비스런 금언과 분명한 영지주의적 비유를 사용하였다고 하고 있다.[99]

⑦예수를 대속자가 아닌 해방자로 보고 있다.

정통적인 그리스도교의 지배적인 믿음에 따르면, 예수는 인류의 죄를 대속하기 위해 왔고, 그리하여 인류는 구원을 받을 수 있게 되었다. 이런 믿음을 정당화하는 근거는 하나님이 선한 세계를 창조했으나 첫 번째 인간들이 하나님께 불복종함으로써 하나님이 진노하여 제상이 타락한 곳이 되었다. 그때까지 천국과 같던 창조 세계에 죽음과 고통이 생겨났다. 그러나 하나님은 인간과 화해를 원했다. 이 화해의 대리자가 하나님의 외아들 예수 그리스도였다. 아버지는 인류의 조상들이 저지른 원죄를 포함한 모든 죄를 위해 아들을 세상에 보내 십자가 위에서 고통받고 죽게 했다. 그러나 그리스도의 영지주의 제자들은 그리스도교 역사의 아주 초기부터 대속 신학을 받아들이기를 거부했다. 선한 세상이 악한 인간에 의해 타락되었고, 그래서 진노한 하나님과의 화해를 위해 예수의 고난과

---

98) Ibid., p. 84.
99) Ibid., p. 86.

죽음이 요구되었다는 개념을 받아들이지 않은 것이다.[100]

그런데 영지주의 전통에 속하는 많은 경전에서 예수는 로고스(Logos)로, 크리스토스(Christos, 기름 부음 받은 자, 그리스도)로, 그리고 소테르(Soter, 치료자, 구원자)로 불린다. 이 이름들 사이의 정확한 관계가 늘 분명하게 드러나는 것은 아니다. 그러나 영지주의자들은 인간 예수가 요단강에서 요한에게 세례를 받을 때 영적 그리스도가 그의 인격 속으로 임재했다고 믿었으며, 예수는 태어날 때부터 거룩하고 숭고한 존재로 여겨졌다.[101]

이에 영지주의자에게 구원은 아들의 죽음을 통한 진노한 아버지와의 화해가 아니라, 지상의 삶으로 인해 야기된 무감각으로부터의 해방이요 그노시스를 통한 깨어남이다. 영지주의자들은 아담과 하와의 죄를 포함한 어떤 죄도 전체 현실 세계의 타락을 일으킬 만큼 강력하다고 믿지 않는다. 세상이 결함을 지니게 된 것은 세상의 본성 때문이요, 인간은 결함을 지닌 세상의 속박으로부터, 그리고 이 속박을 불러오는 무의식으로부터 자유로워질 수 있다. 예수는 사자(使者)와 해방자로 왔다. 따라서 예수의 메시지를 가슴으로 받아들이고 그의 신비 제의에 참여하는 그노시스에 의해 구원받는다.[102]

라. 영지주의 인간론

영지주의 인간관은 발렌티니누스 추종자들의 사상과 영지주의 문서「요한 외경」에 잘 나타나 있다. 소위 발렌티니안 서방파 프톨레미우스

---

100) Ibid., pp. 89-90.
101) Ibid., p. 91.
102) Ibid., pp. 94-95.

는 그의 스승의 견해를 수용하여 데미우르고스(Demiurgos)에 의한 물질
세계 창조를 가르쳤다. 그는 창세기 1장 1~4절에 나오는 창조사건은 소
피아와 데미우르고스 사이에 관련된 창조 사역이라 해석했다. 그에 의하
면, 소피아는 창조 사역에 간접적으로 관련을 맺을 뿐, 직접 물질계를 창
조한 것은 열등신 데미우르고스이다. 소피아는 데미우르고스를 통해 하
늘과 땅을 창조했다는 것이다. 데미우르고스는 먼저 혼적인 물질과 혼적
인 그리스도와 천사들과 대천사들을 창조했다(창1:1). 이때는 아직 혼적
인 것은 물질적인 것과 함께 혼재한 상태에 있었다. 그리고 이 혼적인
것은 빛이기 때문에 위에 있었고, 물질적인 것은 밑바닥에 가라앉아 있
었다. 하지만 이 당시 바닥에 가라앉은 무거운 물질은 아직까지도 비물
질에 머물러 있었다(창1:2). 그러다가 언제부터인가 이 데미우르고스가
무거운 물질로부터 순수한 혼적 요소를 분리해 내었다. 그것은 바로 빛
과 어둠이었다(창1:4). 그 이후에 비로소 데미우르고스가 지상의 인간을
창조하게 되었다. 물론 그는 처음부터 인간을 창조한 것이 아니었다. 그
는 먼저 동물의 영혼과 같이 이성이 없는 한 영혼을 비물질적인 실체로
부터 준비해 둔 다음, 인간에게 불어넣음으로써 비로소 인간이 창조되었
다는 것이다(창1:26). 이처럼 발렌티니안들은 하나님의 능동적이고, 완전
하며, 선한 인간 창조행위를 철저하게 배격하고 있음을 보게 된다.[103]

영지주의는 인간 이해에서는 교회의 전통적인 교훈이나 성경해석과
입장을 전적으로 달리한다. 특히 인간의 기원과 타락 문제에 있어 이해
를 달리했다. 그리고 하나님의 인간 창조를 부정한다. 창세기의 인간 창
조 이야기를 신화나 알레고리로 이해하고 그들 자체의 창조신화를 제시
했다. 천상의 세계에 거주하던 영적 존재가 어떤 치명적 사건으로 인해
세계로 떨어져 육신을 입게 된 것에서 인간이 기원했다고 본다.[104]

---

103) 근광현, 「기독교 이단 길라잡이」, op. cit., pp. 149-150.

이제 영지주의에 나타나고 있는 특징적인 인간론을 요약하면 다음과
같다.

①하나님의 인간 창조를 부정한다.

영지주의자들은 창세기의 인간 창조 이야기를 역사가 아닌 신화나 알
레고리로 이해하고 그들 자체의 창조신화를 제시했다. 하나님이 인간을
창조한 것이 아니라 천상의 세계에 거주하던 영적 존재가 어떤 치명적인
사건으로 인해 이 세계로 떨어져 육신을 입게 된 것에서 인간이 기원했
다는 것이다. 이것은 인간의 기원에 관한 플라톤 사상의 골조와 크게 다
르지 않다.[105]

②인간 영혼은 불꽃(spark)을 지닌 존재로 보고 있다.

영지주의에 의하면 인간은 원래 천상의 영적 존재이었다. 일부 영지주
의자들은 천상의 영적 존재이었던 인간 안에는 마치 신적 로고스의 씨앗
(logos spermaikos)처럼 '신적 불꽃'(divine spark)이 내재해 있었다고 주
장한다. 그러나 어쩌다가 천상의 인간은 이러한 '신적 불꽃'인 영혼을 상
실하고 지상의 물질세계로 추방되어 고통과 죽음의 운명을 지닌 육신의
감옥에 유폐되었다고 주장한다. 육신(soma)은 영혼의 감옥(sema)이라고
보았다. '육신은 무덤'(soma-sema)이라는 헬라어의 압운(押韻)이 널리 통
용되었다. 인간의 육신의 감옥에 유폐된 이유에 대해서는 유출설로 설명
하기도 하고 범죄로 인한 타락과 추방으로 설명하기도 한다.[106]

이에 휠러(Hoeller)는 영지주의 신관에 대해서 다음과 같이 말하고 있
다.

---

104) 정동섭, "영지주의(gnosticism)와 이단", 「현대종교」, 2018. 2. 22.
105) 목창균, 「이단논쟁」, op. cit., p. 83.
106) 허호익, "영지주의의 기독교 왜곡과 사도신경의 형성", 「신학과 문학 제14
집」, 2005, p. 197.

"이 궁극적인 본질의 존재로부터 인간 영혼의 실재인 불꽃과 영
이 나오고, 그들은 그 존재로 돌아가려고 애쓴다. 각각의 영의 존재
는 신적 의식의 불꽃이거나 원자이며 신과 똑같은 본질을 소유하고
있다. 그러나 비록 이들 불꽃들은 존재론적으로는 그 신성한 존재와
연결되었지만, 실존적으로는 그것과 분리되어 있다."[107]

이는 절대적 존재인 궁극적인 본질로부터 발원된 신적 '불꽃'(spark)이
인간 영혼에 존재한다는 것이다. 다시 말해 인간 영혼은 궁극적인 본질
과 같은 성질의 신성한 '불꽃'이 존재한다는 것이다. 그리고 불꽃을 지닌
인간 영혼은 본래의 궁극적인 존재로 다시 돌아가려는 성질을 갖고 있다
는 것이다. 횔러(Hoeller)가 밝히고 있는 대로 인간의 영혼의 불꽃은 존
재론적으로는 궁극적인 존재와 하나로 연결되었지만, 실존적으로는 분리
된 상태이다.[108]

그런데 이러한 영지주의의 신관은 보이지 않는 무한적이고 초월적인
세계를 향해 인간 자신이 능동적인 주체가 되어 추구해 나갈 원동력을
제공한다. 영지주의 사상에서 인간이 궁극적이고 절대적이고 무한적인
신적 존재와의 동일한 '실재'(essence)를 가지고 있다는 점은 인간이 그
'신적실재'(divine essence)를 근거로 능동적인 주체가 되어 궁극적인 본
질을 향해 추구해 나갈 수 있는 발판을 마련해 준다. 다시 말하면 궁극
적인 존재와 같은 본질을 소유하고 있다는 개념은 인간이 주체가 되어서
자신 속에 내재한 그 신성에 속한 본질을 탐구해 나아가면 궁극적인 존
재에 이를 수 있다는 가능성을 제시하기에, 이것은 곧 진리 탐구에 있어

107) 정연욱, "W.B.Yeats 그리고 그의 시에 나타난 영지주의의 시학과 앎의 시
학에 대한 비교연구", 「한국 예이츠 저널, Vol. 40」, (서울: 한국예이츠학
회, 2013), p. 213에서 재인용.
108) Ibid., pp. 213-214.

서 자신이 주체가 될 뿐 아니라 능동적인 입장에서 추구해 나아갈 수 있
는 길을 열어준다.[109]

여기 능동적인 주체성은 영지주의 기본 핵심사상과도 연관이 된다.
영지주의는 그 기본 사상이 '지식' 곧 '앎'을 추구하는 자들이다. 여기에
서의 그노시스는 이성적 지식만을 뜻하는 것이 아닌 관찰과 경험을 통해
터득한 지식을 말한다. 이 앎을 통해서 자신을 알 때 인간의 본성과 운
명을 알 수 있다고 보았다.[110]

③인간 구성에 대한 삼분설적인 이해다.

영지주의는 인간을 육·혼·영의 세 부분으로 구성되어 있다고 본다.
육과 혼은 물질세계에 속하지만, 영은 신적 본질에 속한다. 인간에게는
참 하나님에게 속하는 부분, 즉, 신적 불꽃이 있다. 그것이 육과 혼과 더
불어 인간을 구성하는 영이라는 것이다.[111] 인간을 세 부분으로 보는 삼
분설 자체가 문제가 되는 것은 아니다. 왜냐하면, 삼분설은 이분설과 더
불어 정통교회도 받아들이는 이론이기 때문이다. 문제는 삼분설의 자의
적인 적용이다. 아담과 하와는 실제 육체를 가진 존재가 아니라 인간의
심리적 기질과 영적 기질을 가리키는 것으로 해석하였다. 아담은 인간의

---

109) Ibid., p. 216.
110) Ibid., p. 216.
111) 영지주의자들은 인간을 영적인 부분, 심리적인 부분, 물질적인 부분 등 세
　　가지로 나누어서 표현하기도 한다. 영적인 부분은 최고 신에게 속해 있어서
　　구원을 받을 수 있지만, 심리적인 부분과 물질적인 부분은 데미우르고스의
　　창조라서 구원받을 수 없다고 생각하는 것이다. 그러면서 그들은 영적인 부
　　분을 "무엇과도 비교할 수 없는 자기"(incomparable Self)라고 부르기도 하
　　였다. 여기서 영지가들이 사람에게 가장 중심적인 핵(core)을 "영"으로 표현
　　하지 않고 "자기"라고 표현한 것은 헬라어와 곱트어에서 영(spirit)으로 표기
　　되는 것이 셈족어에서는 영혼(soul)로 표기되기 때문에 혼돈을 피하기 위해
　　서였다. 이 자기는 최고 신으로부터 유래한 가장 중요한 부분으로서 "속사
　　람"(inner man), "불꽃"(spark), "빛의 씨앗"(seed of light)이라고도 불리며,
　　구원을 받을 수 있는 부분이고, 영지를 얻는데 주체가 되는 부분이다.
　　김성민, "영지주의와 C.G. 융과 분석심리학", 「心性研究 24」, (서울: 한국분
　　석심리학회, 2009), p. 257.

마음과 정서 영역인 혼을 대변하고, 하와는 인간의 신적 기원을 알고 있는 영을 대변한다는 것이다. 3분설을 인간계층의 분류에도 적용했다. 이교도를 육적 인간에, 유대교와 그리스도교도를 혼적 인간에, 그리고 참된 그리스도교인, 즉, 영지주의자는 영적 인간에 속한다고 보았다.[112]

이렇게 영지주의에서 인간을 세 계급으로 분류하고 있다. 즉, 최고위가 '영적 계급'(Pneumatikoi; spiritual man)이고 다음이 보통 교인들로 구성된 '정신적인 계급'(Psychikoi, semi-spiritual)이며, 셋째는 '물질적 계급'(Hylic; material man)으로 이방인이라는 것이다. 이 구원의 지식은 완전한 자에게 주어지며 영적 계시를 받을 수 있는 소수인들만이 그 지식을 얻을 수 있는 것으로 보았다. 대부분의 영지주의자들은 구원이 가능한 '영적인 인간'과 사상의 전수가 불가능한 '물질적 인간'으로 인간을 구분하였으나 후기 영지주의 특히 발렌티누스(Valentinus) 학파는 이에 한 부류를 더 첨가하여 영지를 가질 수 있는 '영적 인간'(the spiritual)과 구원이 가능한 '정신적 인간'(the psychic)과 구원의 가망이 없는 '물질적 인간'(the psychic)으로 삼분하였다.[113] 그 가운데서 영적인 인간만 구원받을 수 있다. 그것은 한 사람 안에서 영적인 부분만 구원받을 수 있는 것과 같은 이치이다. 왜냐하면, 영적인 부분만 최고 신의 창조이지, 정신적인 부분과 물질적인 부분은 최고 신의 창조가 아니기 때문이다.[114]

그러나 초기의 영지주의는 인간을 두 계급으로 나누었다. 그러나 후기의 영지주의는 세 계급으로 분류하였다. 즉, 인간은 그의 본성 가운데 있는 영적 원리의 정도에 따라서 '영적 계급', '물질적 계급', '육욕적 계급' 등으로 구분되었다. 이는 인간에겐 세 계층이 있다는 것이다(영적 인간,

---

112) 정동섭, "영지주의(gnosticism)와 이단", ｢op. cit.
　　　목창균, ｢이단논쟁｣, op. cit., pp. 83-84.
113) 박찬희, "초대교회의 이단 - 영지주의", https://cafe.daum.net/storyofchurch/RvXN/49
114) 김성민, "영지주의와 C.G. 융과 분석심리학", ｢心性硏究 24｣, (서울: 한국분석심리학회, 2009), p. 257.

흔적 인간, 육적 인간). 중간 집단인 흔적 인간에게는 두 가지 길이 열려 있어 어느 길로도 갈 수 있게 되어있다.[115]

여기 첫째 부류인 '영적인 자들'(pneumatic)인 영지주의자들, 또는 구원을 확신하는 자들이다. 그들은 영의 영향 아래 있기 때문에 구세주를 인식하고 그에게 일치한다. 둘째 부류인 완전한 영지주의자들은 아니지만, 지식으로 구원을 받을 수 있는 사람들로 '심령자들'(psychic)이 있다. 이들은 첫째와 둘째 부류의 사람들 사이에서 주저하지만, 구세주에게 가까이 가려고 부단히 노력한다. 셋째 부류인 구원을 받지 못하는 자들인 '물질인들'(hylic)은 물질의 지배를 받고 있다. 그래서 영지주의자들은 금욕을 지나치게 행하여 영의 지배를 받으려고 노력한다. 이들을 구분할 수 있는 것은 그들의 열매를 통해 알 수 있다.[116]

여기서 첫째 부류는 참된 그리스도교인들, 혹은 영지주의자(Gnostic)에 해당이 되는 자들이었으며 극소수의 사람들만이 이 계급에 속하였다. 둘째 부류는 유대인들과 그리스도교인들로 구성된 것이었는데 그들은 신앙은 가졌으나 그노시스를 갖지 못했다. 그리고 마지막 셋째 부류는 이교도들을 가리키는 것이다, 그리하여 이들 세 부류 중에서 첫째 부류에 들게 되는 것이 최대 목표로 생각되었다.[117] 이에 첫째 부류에 속한 자들만이 보다 높은 지식을 가질 수 있으며, 구원을 받고, 둘째 부류는 신앙과 행위로 구원을 얻을 수 있으나, 보다 낮은 축복을 받는다고 주장했다.[118]

④인간 영혼의 선재설이다.

영지주의는 인간의 영은 육체를 입고 이 세상에 오기 전부터 천상계에

---

115) 송광택, "영지주의(Gnosticism)", https://cafe.daum.net/kcmc91/MbG7/49
116) 라은성, "초대교회 이단 영지주의(1)-영지주의란 무엇인가",
     https://cafe.daum.net/kcmc91/MbG7/94
117) 송광택, "영지주의(Gnosticism)", https://cafe.daum.net/kcmc91/MbG7/49
118) 박찬희, "초대교회의 이단 - 영지주의",
     https://cafe.daum.net/storyofchurch/RvXN/49

서 영적 존재로 선재했다고 주장한다. 영지주의 신화에 따르면 천상의 세계에서 데미우르고스가 "나 외에 다른 하나님은 없다"고 선언했을 때, 소피아가 그것을 부정하고 그보다 더 큰 권세가 있다고 하자, 그는 그것을 자신에게 보여줄 것을 요구했다. 그렇게 해서 더 높은 세계로부터 내려온 것이 빛의 아담이다. 이에 수치를 당한 데미우르고스는 아담을 모방하여 그의 아담을 만들기로 작정했으나 그에게는 영을 부여할 능력이 없었다. 아담에게 생명의 호흡을 불어넣은 것은 구약성경의 하나님, 데미우르고스가 아니라 소피아였다. 이렇듯 영지주의자들은 인간 영혼의 선재설을 주장했지만, 그것은 고대 교부들이 한결같이 거부한 이론이었다.[119]

⑤인간의 타락에 대한 신화적 해석을 한다.

영지주의는 창세기에 기록된 인간 타락에 관한 기사를 역사가 아니라 신화로 취급하고 영지 개념에 근거하여 이를 재해석했다. 에덴동산의 이야기는 인간의 타락을 증거하는 것이 아니라 인간이 영지를 통해 깨달음에 이르는 과정을 말해 준다는 것이다. 즉, 뱀이 하와에게 선악을 알게 하는 나무의 열매를 먹도록 유혹하여 그를 타락시킨 것이 아니라 오히려 그를 각성하게 했으며, 하와와 아담이 그 열매를 먹음으로써 얻은 것이 영지였다. 따라서 영지주의는 하와를 중시하고 아담보다 그를 우월한 존재로 간주했다. 왜냐하면, 영지를 얻은 최초의 인간이 하와이고, 보다 높은 의식을 지닌 하와가 보다 낮은 의식을 지닌 아담을 영지를 통해 각성에 이르게 했기 때문이다.[120]

마. 영지주의 구원론

---

119) 목창균, 「이단논쟁」, op. cit., pp. 84-85.
120) Ibid., p. 85.
　　 정동섭, "영지주의(gnosticism)와 이단", op. cit.

영지주의에서의 관심사는 철학이 아닌 구원이었다. 즉, 어떻게 인간이 다시 신과의 교제를 회복할 수 있으며 순수한 영의 세계로 복귀할 수 있을까에 대해 사상의 초점이 맞춰져 있다. 문제는 영지주의자들이 그 원인을 인간에게서 찾지 않고 창조의 모순에서 찾고 있다는 점이다. 더 큰 문제는 인간 영혼의 본질을 하나님의 신성과 동일시했다는 데 있다. 그래서 이것을 '깨달으면' 하나님과 같은 본질을 회복한다고 믿었다. 인간이 '하나님에 신성의 반열'에 오를 수 있다고 믿었던 것이다.[121]

영지주의는 악의 근거를 자연의 순서에 두고 있다. 다시 말하면, 도덕적 순서가 아니고 육체적 존계의 물질성에 두고 있다. 전통적 그리스도교가 타락에 대하여 말할 때, 의지적 모반의 행동을 의미한다. 하지만 영지주의에서 보면, 타락은 최고의 하늘로부터 우리의 낮은 세계로 영적 빛의 광채 즉, 하나의 실제적 육체적 하락이었다. 하늘에 그리스도의 최고의 임무는 무지와 죽음을 추방시키는 것이다. 비록 영지주의가 그리스도교 용어를 사용하고 그 추종자들이 교회 내에 남아있지만 그들에게 그리스도는 하나의 열등한 이온에 불과하다는 사실과 (자신들은 본질상 영적이라고 생각하기 때문에) 자신들을 구원에 합당한 자들로 여겼다는 사실은 정상적인 그리스도교인들을 향한 얕보는 자세를 취하게 했다.[122]

그런데 정통 그리스도교에서 주장하는 구원은 하나님에 의해서만 가능한 것으로, 하나님에 의해서만 인간의 궁극적인 목적을 달성할 수 있다. 그러나 영지주의자들은 인간의 구원이란 영지(gnosis, 靈知)에 의해서 일어난다는 것이며, 이 구원이란 인식의 변화와 같은 것으로 인간의 내면에서 일어나는 것이다. 즉, 이러한 주장은 정통 그리스도교에서 주장

121) 남병곤, "[성경으로 돌아가자-성경 대탐구(제2편) 정경화 작업③] 영지주의란, '앎'을 통해 구원 얻는 종교운동", 「국민일보」, 2008. 2. 26.
122) Harold O. J. Brown, 「Heresies」, op. cit., p. 107.

하는 종말의 시기에 일어난다고 믿고 있는 육체의 부활과 같은 것이 진정한 의미의 구원이 아니라는 것이다.[123]

영지주의자들은 먼저 부활을 영적인 것이라고 하여 육체적인 부활이 아님을 분명히 한다. 즉, "우리는 햇살처럼 아무런 제약도 받지 않고 그분에 의해 하늘로 이끌려 올라간다. 이것이 육체적인 것과 같은 방법으로 혼(soul)적인 것을 삼켜 버리는 영(spirit)적인 부활"이라고 하고 있다. 결국, 영지주의자들이 보는 구원이란 영적인 차원에서 이루어지는 것으로 육체와는 무관한 것으로 볼 수 있다.[124]

영지주의자들이 말하는 구원이란 지금, 여기에서 일어나는 것으로 인간이 죽어서 가는 또 다른 세계에서 일어나는 일이라고 생각하지 않는다. 지금, 여기에서 일어난다는 것은 현재를 살고 있는 내 자신 안에서 일어나는 것이고, 미래의 일이 아니다. 정통 그리스도교에서 이야기하는 내용들 중에서 중요한 부분이 신화적인 내용이고, 그것은 상징으로서 의미를 갖는 것이라고 생각한다.[125]

영지주의에서 '영지'라는 말은 인식을 의미한다. 그런데 이 인식은 학문적인 연구와 비판적인 방법을 위한 통찰력이 아니라 계시를 통해서 인간들에게 하나님 인식을 전달해 주는 진정한 지식을 의미한다고 한다. 발렌티누스파 영지주의자 레오도투스(Theodothus)는 인간 근원의 문제에 대한 질문을 통해서 영지를 얻을 수 있다고 주장하였다. 그는 "우리가 누구였는가, 무엇이 되었었는가, 어디에 있었는가, 우리가 어디로 내던져졌는가, 어디로 달려가는가, 어디에서 구원을 받는가, 탄생이 무엇이며, 중생이 무엇인가"라고 물었다. 영지주의자들은 늘 그러하듯이 명제들을 한

---

123) 유승종, "영지주의의 구원관 연구", 「철학·사상·문화 제14호」, (서울: 동국대학교 동서사상연구소, 2012), p. 218.
124) Ibid., pp. 219-220.
125) Ibid., p. 218.

쌍으로 배치함으로써 이원론적인 구조 틀 안에서 인간의 근원 문제를 찾고 있음을 발견하게 된다. 처음의 두 쌍은 인간이 본래의 고향에서 이 세상 속으로 들어온 하강의 운동을 의미하고, 나중의 두 쌍은 인간이 속박에서 벗어나 구원에 이르는 해방에 대한 물음을 제기하고 있다.[126]

바로 영지주의에 의하면 구원은 인간의 육체 내에 감금되어 있는 신적이며 불멸한 영을 해방시키는 데 있다. 육체적 몸은 구원의 계획 내에서 부정적이다. 각 영지주의 집단은 자체의 이론을 가지고 있었지만, 거의 전부가 영혼을 육체와 대조시켰다. 육체는 영혼이 빠져 있는 함정과 같은 것으로 파악하였다. 영지주의자들은 일반적으로 선한 영혼들이 재탄생의 순환 속에서 악한 육체들 속에 사로잡힌 바 되었다고 하고 있다.[127]

영지주의에서 물질세계는 악하다고 본다. 그러므로 그 창조주와 통치자가 되는 신은 높고 선한 신이 아니라 열등하고 불완전한 하위신(下位神)인 데미우르고스(Demiurgos)[128]이다. 인간이 구원을 받으려면 보이는 세계와 그 통치자인 행성 세계의 정령(精靈, Planetary spirits)들에게 구속(拘束)된 상태로부터 자유로워야 하며, 그 자유를 얻는 길은 영적 실체의 참된 세계와의 합일을 가져다주는 신비한 영혼의 '광명'인 '지식'(Ύνωσις)에 있다고 한다.[129]

그런데 정통 그리스도교에서의 믿음으로 구원을 받는다고 하고 있다. 그러나 믿음은 지식하고는 그 양상이 전혀 다르다. 따라서 전통 종교가

---

126) 근광현, 「기독교 이단 길라잡이」, op. cit., pp. 152-153.
127) 송광택, "영지주의(Gnosticism)", https://cafe.daum.net/kcmc91/MbG7/49
128) AD 2~3세기에 여러 영지주의파에서는 자신들만이 알고 숭배하는 최고 신에 반대되는 질투심 많고 열등한 신을 데미우르고스(Demiurgos)라 한다.
항목, "데미우르고스(Demiurgos)", 「다음백과」, https://100.daum.net/encyclopedia/view/b04d387la
129) Williston Walker, 「A History of the Christian Church」, 강근환 외 3인 공역, 「世界基督教會史」, (서울: 대한기독교서회, 1978), p. 50.

영지주의와 왜 그렇게 다른지 이해하기란 아주 쉽다. 영지주의 안에도 피스티스(pistis)라고 불리는, 정당한 것으로 인정받는 믿음의 형태가 있기는 하다. 하지만 그것은 자신의 경험에 대한 믿음이다. 자신을 해방으로 이끄는 내부의 지식을 스스로 경험한다고 느끼는 변치 않는 믿음인 것이다.[130]

이제 영지주의에서 구원이 지식에 의해 이루어진다고 보고 있는 특징을 요약하면 다음과 같다.

①영지주의 구원은 영의 해방과 귀환이다.

영지주의는 영적 세계의 영적 존재였던 인간이 이 물질 세상으로 추방되어 그 영혼이 육체의 감옥으로 유폐됨으로서 온갖 고통을 겪게 되면서 점차 자신의 본래적인 본성을 망각하게 되었다고 본다. 자신의 추방과 유폐를 망각한 채 살아가고 있음을 전제한다.[131]

이러한 전제 속에서 실상 영지주의의 가장 중심적인 사상은 구원론에 있다. 이들에 의하면 영이 물질적인 것들과 연합되어서 물질의 노예가 되어 있기 때문에 영을 이 상태에서 해방시키는 것이 구원이다. 사람의 몸과 동물적 혼은 물질적 세계에 속하며, 오로지 영만 몸에게 생명과 욕망과 열정을 부여해 준다. 영은 진정한 의미에서 이 세상에 속하지 않으며 신적 본질의 한 부분이다. 약간 신비스러운 설명이지만, 영은 이 세상에 떨어져서 물질의 포로가 되었다. 그러므로 영을 감옥으로부터 해방시켜야 하는데, 지식 혹은 그노시스(gnosis)를 통해서 가능하다. 여기에서 영지주의(Gnosticism)라는 이름이 나왔다. 이 지식은 단순한 앎을 뜻하지 않고 영원자의 계시로 말미암아 얻어지는 신비적인 조명을 뜻한다. 여기서 지식이란 인간의 상황을 제대로 파악하는 것을 뜻한다. 이러한 앎을

---

130) Stephan A. Hoeller, 「Gnosticism: New Light on Ancient of Inner Knowing」, op. cit., p. 23.
131) 허호익, "영지주의의 기독교 왜곡과 사도신경의 형성", op. cit., p. 198.

통해서 사람은 물질세계와 묶어 놓는 구속 상태에서 벗어나게 된다. 이는 사람이 물질세계와 그러한 방법으로 결합되어서 노예 상태로 있기 때문에 인간 스스로의 힘으로는 영원한 지리를 알 수 없다. 따라서 초월적인 영적 세계로부터 사람들에게 해방의 계시를 전달해 줄 사자(使者)가 와야 한다. 이 사자 개념은 모든 영지주의 사상에서 찾아볼 수 있는 특징으로, 그리스도교 영지주의에서는 그리스도를 내세워 이 사명을 완수시킨다.[132]

영지주의에서 있어서 악은 물질과 무지와 무형(無形)과 왜곡(distortion)과 관련되어 있는 것이다. 따라서 구원의 개념은 죄사함을 받는 것이라기보다는 오히려 불결함을 벗어버리는 것이다. 바로 구원은 무지를 추방하는 것이며 물질적인 것을 극복하는 것이다. 복음은 인간이 진리를 터득하는(Knowing) 하나의 수단이다. 우주적 본체(cosmic bodies)도 동일한 가르침을 받는다.[133]

이러한 영지주의서 구원은 물질적인 것과 연합됨으로 육체 속에 갇혀 이 세상에서 데미우르고스와 그 세력들의 지배 아래 있는 영이 해방되어 본래의 거처, 천상계로 귀환하는 것을 말한다.[134]

라다크리슈난(Sarvepalli Radhakrishnan)은 영지주의는 "물질 또는 감각의 세계와의 결합에서 영혼의 해방은 금욕과 영지(gnosis)로 인도하는 명상에 의해 나타난다."며 동양종교인 힌두교나 불교에서 행해지는 '명상'을 말하고 있다.[135]

---

132) Justo L. Gonzalez(후스토 L. 곤잘레스), 「基督教 思想史(I)」, 이형기, 차종순 공역, (서울: 한국장로교출판사, 2018), pp. 161-162.
133) 강문석·김일천, 「기독교 이단제설」(서울: 도서출판 칼빈서적, 1991), p. 49.
134) 목창균, 「이단논쟁」, op. cit., p. 87.
  정동섭, "영지주의(gnosticism)와 이단", op. cit.
135) Sarvepalli Radhakrishnan, 「동양종교와 서양사상」, 김형준 역, (서울: 무우수, 2004), p. 39.

이러한 영지주의는 영적 인식의 획득과 의식이나 주술을 사용해서, 천상으로 상승함으로써 구원될 수 있다고 생각했다. 구원을 위해 '비밀스러운 의식'과 신비적 주술을 사용했다. 그들이 사용한 주술 중 대표적인 것은 '아브락사스(ABRAXAS)'[136] 부적과 또한 천상의 세계로 가는 길에 놓인 일곱 행성이라는 장애물을 통과하기 위한 주문 등이다.[137]

영지주의자들이 생각하는 구원에 대해 휠러는, "여러 가지 점에서 영지주의의 구원 개념은 힌두교와 불교 전통에서 볼 수 있는 해탈(해방)의 개념과 가깝다. 영지주의자는 죄(원죄나 그 밖의 죄)로부터의 구원이 아닌, 죄의 원인이 되는 무지로부터의 구원을 바란다. 그노시스를 통해 신성한 존재를 알게 된 자는 모든 죄를 벗어버리지만, 그노시스가 없는 자는 죄 안에 머물 수밖에 없다. 무지 – 곧 영적 실재들에 대한 무지 – 는 그노시스에 의해 일소되고 만다. 그노시스의 결정적인 계시는 빛의 사자들, 특히 이 시대의 사자로 인정받는 예수에 의해 전해졌다"고 주장한다.[138] 이렇게 영지주의자들의 주장은 영지에 근거하고 있다. 휠러의 언급처럼 영지는 해탈의 개념과 동일한 것으로 내면에서 일어나는 인식의 전환이 구원을 가져오는 것이다.[139]

②영지주의 구원은 지식을 통해 성취된다.

영지주의 배경은 헬라·로마세계(Greaco-Roman world)의 동부 지중해 지방에서 유포되었던 우주관과 철학관이었다. 이 새로운 우주관은 새

---

136) 아브락사스(abraxas)는 마술 효력을 갖고 있다고 믿어서 부적이나 장식물에 새겼다. 2세기에 어떤 영지주의 분파들과 그외 이원론 분파들은 물질을 악하게, 영혼을 선하게 보았으며, 구원은 오직 비밀스런 지식, 즉, 그노시스를 통해서 온다고 주장했다. 이들은 아브락사스를 인격화했고 때때로 태양신 숭배와 관련된 의식을 시행했다.
　항목 "아브락사스(abraxas)", 「다음백과」, https://100.daum.net/encyclopedia/view/b14a1666a
137) "영지주의(Gnosticism)", http://blog.naver.com/violjiny/40009291745
138) Stephan A. Hoeller, 「Gnosticism: New Light on Ancient of Inner Knowing」, op. cit., p. 39.
139) 유승종, "영지주의의 구원관 연구", op. cit., p. 226.

로운 학문으로 받아들여졌고 이것은 새로운 신학 체계를 낳게 되었다.
이 새로운 우주관에 의하면 지구는 여러 개의 구로 둘러싸여 있는 천체
로, 구 안에 또 다른 행성계들이 움직이고 있고, 그 행성계와 구들을 통
치하는 영적인 존재가 있어 지존한 하나님과 인간 사이의 중재자 역할을
한다는 것이었다. 이 학문을 '그노시스'(gnosis)라고 불렀다. '그노시스'는
'지식'을 의미하며, 이런 헬라문화의 지식 세계와 접촉하게 된 그리스도
교인들 역시 그 영향을 받게 되어 그리스도교를 이런 그노시스의 체계
안에서 설명하려는 운동이 일어나게 되었다. 이에 영지주의자들은 정통
그리스도교 신앙은 이런 지식을 소유한 지적 엘리트들(영지주의자들)에
게 보다 더 진리에 가깝게 접근할 수 있다고 주장하였다. 즉, 그리스도교
를 그노시스로써 강조하며, 지식에 도달하는 한 가지 길(수단)로 보았으
며 구원은 이 '지식'에 포함되어 있다고 주장하였다.[140]

영지주의에서는 육체의 감옥과 이 세상에로의 유폐라는 망각의 잠에
서 깨어나는 영적 각성과 천상으로의 복귀를 구원으로 이해하였으며, 이
러한 구원의 지식을 영지라고 가르쳤다. 그런데 어떤 이들은 인간 안에
는 '신적 불꽃'이 있다. 이 신적 섬광은 원래 영의 세계의 요소이며, 모든
사람이 가지고 있는 것이 아니라 일부 사람들 안에만 있다고 한다. 그리
고 천상 영적 세계에 속하는 구원자가 물질세계에 내려와서 '신적 불꽃'
을 가지고 있는 사람들에게만 몰래 그 비밀을 깨우쳐 줌으로써 구원이
이루어지는데, 이 비밀이 바로 영지(Gnosis)라는 것이다.[141]

이렇게 영지주의에서 구원을 지식을 통해 성취된다고 하고 있다. 영지
주의는 구원이 예수의 희생적 죽음이나 예수를 믿음으로 얻을 수 있는
게 아닌 영지, 즉, 세계와 에온[142]들과 참 하나님의 관계에 대한 올바른

---

140) F. F. 브루스, 「초대교회의 역사」, 서영일 역, (서울: 기독교문서선교회, 2011), pp. 320-322.

141) 허호익, "영지주의의 기독교 왜곡과 사도신경의 형성", op. cit., pp. 199-200.

지식을 소유함으로 이뤄진다고 보았다.[143] 즉, 영지주의에 의하면, 구원은 영적 각성을 통해 인간의 영혼이 육신의 굴레에서 해방되어 영적 본향으로 귀향하는 것이다. 그리스도의 육체적 죽음과 그리스도의 육체적 부활에 대한 믿음을 통해 죄사함을 받아 영육간에 구원을 얻는다는 그리스도교의 구원론을 조잡한 것으로 배척한다. 영적 세계로의 귀환이라는 신화론적 구원론에 집착한다.[144]

바로 영지주의자들과 정통파 그리스도 교인들과의 가장 큰 차이점은 구원론에 있어 믿음이 아니라 앎(그노시스)이 구원의 수단이라고 여겼다. 영지주의는 그노시스(앎)를 통해 인간의 참된 기원이 지고한 신성에 있다는 것을 깨닫고 이 깨달음을 통해 인간의 성품 중 영적 요소가 물질계를 벗어나서 자유롭게 된다고 주장한다. 따라서 인간 구원에 있어 정통 그리스도교가 믿음을 강조하는 데 비해 영지주의는 그노시스를 인간의 영적 요소가 물질계의 속박으로부터 해방된 상태를 얻고자 할 때 반드시 갖추어야 하는 필수적인 요인이자 구원의 수단이라 여겼다.[145]

이에 헤롤드 브라운(Harold O. J. Brown)은 영지주의에 대하여 다음과 같이 잘 지적하고 있다.

"믿음의 강조를 무시하고 특별한 지식만 강조하는 영지주의는 복음의 정신만 아니라 그 내용까지도 변모시키고 말았다. 구원의 조건으로 지식을 강조하는 것은 어린아이와 같이 하나님의 나라를 수용하라(마18:3)고 명하는 복음의 개념을 거역하는 것이고 겸손은 더 이상 덕목이 되지도 못한다."[146]

---

142) 에온은 영(spirit)처럼 '형태가 없는 신'으로 이해할 수 있다.
143) 정동섭, "영지주의(gnosticism)와 이단", op. cit.
144) Ibid.
145) 박홍배, "기독교 교회사 | 초대교회의 이단들, 영지주의 ①", 「크리스찬타임스」, 2021. 9. 18.

따라서 이러한 영지주의는 영지(靈知·gnosis)를 통해 구원을 얻는다고 믿는 종교운동을 말한다. 여기서 영지는 지식을 말하지만, 일반적인 지식이 아니라 영혼의 근원, 하나님의 본질, 우주와 세계가 생성된 원인 등 근원에 접근하는 데 필요한 앎을 뜻한다. 그래서 영지주의자들은 본질적인 질문을 다음과 같이 던진다. "나는 어디에 있었고, 어떻게 여기에 왔으며, 어떻게 근원으로 돌아갈 수 있는가?"[147]

이렇게 영지주의는 구원이 지식(깨달음)에 의해 이뤄진다고 주장한다.[148] 그런데 영지주의의 이원론은[149] 구원론과 밀접한 연관을 갖게 된다. 우리의 영혼은 물질(육체)에 갇혀 있다. 따라서 이 영혼이 육체에서 해방되는 것이 진정한 구원이다. 그런데 이 구원을 얻기 위해서는 참다운 지식이 필요하다. 다른 말로 표현하자면 득도(깨달음)를 해야 구원을 얻는 것이다. 영지주의의 구원에 따르면, 진정한 구원은 우리의 믿음이나 행함이 아니라 참지식의 소유 여부에 달려있다. 그 결과 영지주의자들은 윤리에 대해서 전반적으로 부정적이거나 소극적으로 바라보았다. 오늘날에도 대부분의 이단들이 윤리적인 문제들을 많이 일으키는 이유가 여기에 있다.[150]

③인간계층에 따라 구원의 가능성이 좌우된다.

발렌티니안들은 인간을 세 부류, 즉, 영적(pneumatic)인 인간과 혼적

---

146) Harold O. J. Brown, 「Heresies」, op. cit., p. 93.
147) 남병곤, "[성경으로 돌아가자-성경 대탐구(제2편) 정경화 작업③] 영지주의란, '앎'을 통해 구원 얻는 종교운동", 「국민일보」, 2008. 2. 26.
148) 정동섭, "영지주의(gnosticism)와 이단", op. cit.
149) 영지주의에서의 이원론(二元論)은 조로아스터 종교의 영향 하에 형성된 시리아 사상으로부터 유래한 그것이라고 한다. 영지주의에서 빛과 어둠의 신화적 이원론이 정신과 물질의 형이상학적 이원론으로 발전되었다. 즉, 악의 원리에 의해서 지배되는 물질(ὕλη)의 세계는 선하신 하나님에 의해서 지배되는 정신(πλήρωμα)의 세계와는 태초부터 날카롭게 대립되어 있다는 것이다.
    J. L. Neve, 「A History of Christian Thought」, op. cit., p. 99.
150) 이성호, "이단의 뿌리와 교회의 응전", https://cafe.daum.net/kcmc91/MbG7/175

(psycc)인 인간, 그리고 물질적(hylic)인 인간으로 구분하였다. 그들에 의하면, 영적인 사람은 이미 구원받도록 예정되어 있는 자이고, 혼적인 사람은 구원자의 도움으로 구원이 가능할 수도 있고 그렇지 못할 수도 있는 자이며, 물질적인 사람은 구원 가능성이 전혀 없는 사람들이다. 아마도 발렌티니안들이 인간을 세 부류로 구분한 것은 그들 스스로가 자신들을 가리켜 사도 바울의 그리스도론을 전수 받은 자들이라고 간주했듯이, 이는 바울이 나눈 세 부류의 인간 유형을 모방한 것으로 보여진다(고전 2:6, 13).[151]

발렌티누스와 그의 추종자들은 이러한 인간관을 바탕으로 하여 그리스도의 구원 활동을 전개하였다. 그들은 구원자 에온이 영적 인간들에게 영지를 부여해 주기 위해서 가시적 존재가 되었다고 가르쳤다. 그들은 이 가시적 존재가 바로 성육신한 구원자 예수임을 인정한다. 하지만 이들은 예수에게서 육신의 물질적인 요소를 배제시켰다. 오직 구원이란 영적인 인간과 혼적인 인간에게 해당되며, 물질적 인간은 구원의 대상에 포함되지 않기 때문이라는 것이다. 그러기에 구원자 예수는 영적이고 혼적인 요소만을 지닌 육신을 갖는다는 것이다. 그런데 예수의 육신에 관하여 발렌티누스와 그의 제자들 사이에는 약간의 차이점을 가지고 있었다. 발렌티누스는 예수를 순수한 영적인 존재로 간주하는 반면, 그의 제자들은 예수를 영적인 존재이자 동시에 혼적 요소를 가지는 존재로 보았다. 이러한 예수의 육신관은 후에 예수와 그리스도를 사이를 구분하는 근거가 되었을 뿐만 아니라 예수를 혼적인 분으로, 그리스도를 영적인 분으로 간주하는 양자론적 그리스도론으로 변질되었다.[152]

이렇게 영지주의에 따르면, 최하층인 육적 인간, 이교도들은 어느 경

151) 근광현, 「그리스도교 이단 길라잡이」, op. cit., p. 151.
152) Ibid., pp. 151-152.

우에도 구원을 얻을 수 없는 멸망 받을 인간이다. 중간층 혼적 인간은 신앙은 가졌으나 영지를 가지고 있지 못한 유대교인과 그리스도교인들로, 이들은 구원받을 수도 있고 멸망할 수도 있는 인간이다. 그들은 예수를 아는 지식과 그를 따르는 모범으로써 구원을 얻을 수 있다. 최고층 영적 인간, 참된 그리스도교인이요 영지주의자들은 구원받을 인간이다. 영적 인간은 구원에 이르기 위해 예수의 교훈을 파악하기만 하면 된다. 영지주의자들은 중재자들이 하늘로부터 내려와서 영적 인간으로 하여금 진리를 인식하여 구원을 성취하도록 도와준다고 주장했다.[153]

따라서 영지주의에서는 구약성경은 물질 창조의 심판을 주관하는 창조에 악신의 글이기 때문에 배척하고 사람을 처음에는 그노시스(Ὑνῶσις 지식)를 가진 자와 육적인 자로 구분하여 구원은 지식으로 얻는 것이라 한다. 때문에 전자만이 구원을 소유한다고 했으나 교회에 들어온 후 신앙하는 그리스도인이 문제 되어 다시 사람을 삼분하여 영적인 자, 도덕적인 자, 육적인 자로 하였다. 그런데 도덕적인 자는 신앙으로 구원 얻으나, 보다 더 고차적인 구원은 지식을 가진 영적인 자만이 얻는다고 하고 있다.[154]

④영지주의에서는 구원은 영지 체험이 있어야 한다.

구원은 영적 지식의 각성에 의해 이루어진다. 영적인 인간임을 망각하고 살아가는 인간은 영적 존재에의 각성을 통해 구원받는다. 영적 각성은 영적 지식을 통해 가능하다. 이 영적 각성은 다른 말로 하면, 만일 사람이 영지주의적 신화를 속속들이 파악하여 자기가 누구인지, 자기가 어떻게 현재의 조건에까지 이르게 되었는지, 그리고 최고신인 불가형언의 위대함이 무엇인지 알게 되면 그의 속에 있는 영적인 요소가 물질의 굴

153) 목창균, 「이단논쟁」, op. cit., p. 88.
154) 이영헌, 「교회의 발자취」, op. cit., p. 33.

레로부터 벗어나게 해 준다는 것이다.[155]

영지주의 문서 「포이만드레스」(Poimandres)는 영지 경험을 다음과 같이 표현하고 있다.

> "나는 내 육체의 길은 잠으로부터 나의 영혼이 소생되었다. 닫혀진 나의 눈은 보게 되었고, 나의 침묵은 선한 것으로 만개 되었다. 말씀의 공개(Das Bekanntmachen des Wortes)가 선을 활짝 피어나도록 하였다. 내가 나의 정신 포이만드레스와 무한한 로고스를 취했을 때 말씀의 공개가 있었다."[156]

이와같이 「포이만드레스」(Poimandres)는 인간이 영지 체험을 하기 위해서는 육체적 감각을 초월하여 깊은 수면 상태에서 어떤 계시가 주어지게 될 때 가능하며, 인간은 이 계시에 의해 자신을 깨달아 가는 과정을 통하여 영지를 경험하게 된다고 묘사하고 있다. 나그 하마디 문서 「진리 복음」역시 영지 체험을 "그가 어디서 왔고 어디로 가는지를 안다. 그는 마치 술 취한 자가 술 취함에서 돌이켜 자신에게로 향하여 자신을 바로잡는 것"이라 묘사하였다. 이와같이 영지주의자들이 말하는 이 구원의 영지란 인간이 열등한 신적 존재인 데미우르고스가 창조한 물질 세계로부터 탈출할 수 있도록 하는 신비스러운 지식으로써, 이는 보이지 않은 최고의 하나님에 관한 영지를 의미하는 것이었다. 따라서 영지주의가 말하는 영지 개념 속에는 하나님 인식과 인간의 자기 인식이 서로 밀접하게 관련되어 있음을 볼 수 있다.[157]

⑤**영지주의에서는 구원을 이끌어주는 역할자가 있다고 하고 있다.**

---

155) 허호익, "영지주의의 기독교 왜곡과 사도신경의 형성", op. cit., p. 198.
156) 근광현, 「기독교 이단 길라잡이」, op. cit., p. 153에서 재인용.
157) Ibid., pp. 153-154.

영지주의는 인간이 본질적으로 물질세계의 결과물이 아니라고 여긴다. 영지주의자들은 인간의 몸이 지상에서 생겨나고 인간의 영은 아득히 먼 곳, 진정한 근본 하나님(God head)이 머물고 있는 충만(Fullness)의 세계에서 온다고 믿었다. 인간은 썩어 없어지고 말 육체적·심리적 요소들과 함께 신적 본질의 파편인 영적 요소 – 때로 '신의 불꽃'이라 불리는 – 로 이루어져 있다. 그런데 사람들은 대부분 자신들 안에 깃들어 있는 신의 불꽃을 알아차리지 못한 채로 살아간다. 이런 무지로 인해 사람들은 빛의 불꽃을 노예 상태로 가두어두는데, 그렇게 함으로써 우주의 노예주 노릇을 하는 아르콘들의 이익에 봉사하게 된다. 우리가 붙들고 있는 정신적 개념들을 포함해 지상적인 것들에 집착해 있도록 우리를 부추기는 것은 그것이 무엇이든지 이 열등한 우주 통치자들에게 우리를 계속해서 예속시키는 역할을 한다. 대다수 인간은 낙원에서 잠자던 아담과 같다. 그런데 이 잠에서 깨어나는 것은 해방을 향한 인간의 열망과 인간에게 베풀어지는 천상의 도움이 하나로 결합된 결과로 보고 있다.[158]

영지주의자들은 인간의 자신이 본래는 영적 존재였다는 사실을 망각한 채 깊은 잠에 빠져 있는 인간을 깨우기 위해 천상의 신이 구원자를 이 땅에 보냈다고 가르친다. 인간을 육체의 감옥에서 해방시켜 영적 세계로 귀환하여 구원을 얻게 하기 위해서는 망각의 망각을 일깨워 줄 영적 지식과 이를 전해 줄 영적 교사로서 구세주가 필요하다는 것이다.[159]

바로 영지주의는 아주 분명하고 정교한 구원론 – 곧 구원과 구원자에 관한 가르침 – 을 전한다고 하고 있다. 즉, 잠자는 인간의 영은 신의 사람들 혹은 빛의 사자(使者)들을 통해 전해진 저 궁극의 신성한 존재의

---

158) Stephan A. Hoeller, 「Gnosticism: New Light on Ancient of Inner Knowing」, op. cit., pp. 38-39.
159) 허호익, "영지주의의 기독교 왜곡과 사도신경의 형성", op. cit., pp. 198-199.

부름에 의해 깨어나기 시작한다. 그런 존재들은 전 역사를 통해 참 하나
님으로부터 온다. 그들은 영혼들을 다시 불러들이기 위해 최고의 영적
세계에서 내려온다. 인간의 영을 본래의 의식 상태로 회복시켜 신성한
존재에게로 다시 이끌기 위해서, 이처럼 구원으로 이끄는 존재들 중 영
지주의 경전에 언급되는 존재는 극히 일부이다. 꽤 중요하게 여겨지는
존재들로 셋(Seth, 아담의 셋째아들), 예수, 그리고 예언자 마니(Mani)가
있다. 때로는 구약성경의 일부 예언자들이 구원으로 이끄는 역할을 맡기
도 하며, 후기의 마니교적 영지주의 전통에서는 붓다와 조로아스터
(Zoroaster) 같은 다른 종교의 창시자가 빛의 참 사자로 인식되기도 한
다. 그런데 대부분의 영지주의자들은 예수를 으뜸가는 구원자로 여겼다
고 한다. 이란과 아시아에서 활동한 마니조차도 자신을 예수 그리스도의
예언자로 여기고 예수를 구원자로 경외했다고 한다.[160]

하지만 구원의 그노시스는 단순한 독서와 지적 사색, 담화의 결과물이
아니라고 한다. 다만 영적 무지라는 곤경에서 해방되려면, 자신의 노력과
더불어 외부의 도움이 필요하다고 한다.[161]

⑥영지주의에서의 구원은 개인적인 것이다.

영지주의는 그노시스와 구원의 잠재력이 누구에게나 깃들어 있으며,
구원이 대속적·집단적인 것이 아니라 개인적인 것이라고 한다. 따라서
주류 그리스도교가 주장하는 대속 신학(예수가 인류의 죄를 대신해 죽었
다는 교리)의 메시지는 영지주의자에게 아무 의미도 갖지 못한다. 세계
는 완전하게 창조되지 않았고, 현재 상태는 타락의 결과가 아니며, 인류
는 누구에게나 전해진다고 하는 원죄의 영향 아래 있지도 않다. 따라서
분노한 아버지를 진정시키고 인류를 구원하기 위해 희생당해야 할 하나

---

160) Stephan A. Hoeller, 「Gnosticism: New Light on Ancient of Inner
Knowing」, op. cit., pp. 38-39.
161) Ibid., p. 40.

님의 아들도 필요 없다.[162]

죄에 해당하는 헬라어 하마르티아(hamartia)가 본래 "과녁을 벗어나다"라는 뜻을 지니고 있다. 이런 뜻으로 사용될 때, 대부분의 인간은 죄인이다. 참되고 신성한 것들에 무지하다는 점에서 사람 모두는 과녁을 벗어나 있다. 이에 위대한 빛의 사자들은 이 무지를 떨칠 수 있는 사람들의 능력을 자극하기 위해서 온다. 따라서 사람들은 그 안에 깃들어 있는 해방의 잠재력을 펼치도록 돕고자 빛의 사자들이 가져다주는 깨달음의 가르침과 해방의 신비 의식(성례전)이 필요하다.[163]

여기서 빛의 사자들에 의해 영적인 잠에서 깨어난 사람, 그래서 필요한 만큼의 영적 노력과 성실성을 갖춘 사람은 참된 영지주의자(아는 자, 곧 영의 사람, 진실로 영적인 사람)가 되고, 그렇지 않은 사람은 여전히 깨닫지 못하고 세속에 얽매인 상태에 남는다.[164]

⑦영지주의에서의 구원은 신인합일을 향한 구원이다.

그리스도교 영지주의는 신자들이 '영적인 지식'(깨달음)과 '영적인 안내자'(예수 그리스도)를 통하여 자신 안에 잠재된 신성이 되살아나서 우주의 궁극적 신성과 일치됨을 누리는 것을 목표로 한다. 영지주의 그리스도교에서는 신자들이 이러한 방식으로 '신인합일(神人合一)의 경지'에 도달한다고 착각하게 된다.[165]

그런데 인간이 신인합일(神人合一)의 경지에 들어서면 육체와 물질세계로부터 완전하게 초월하고, 악한 물질세계로부터 더 이상 영향을 받지 않는다는 이론적인 주장이 성립된다. 그러므로 영지주의에서는 영적인 지식을 얻어 신성의 세계를 향하는 해탈한 인간에게는 더 이상 인간 세계

---

162) Ibid., p. 40.
163) Ibid., p. 40.
164) Ibid., p. 41.
165) 정동섭, "영지주의(gnosticism)와 이단", op. cit.
　　정이철, "세월호 사건으로 다시 살펴보는 구원파", 「바른 믿음」, 2020. 9. 21.

의 도덕과 윤리가 중요하지 않다고 가르친다. 이는 영적 지식을 통해 물질세계의 운명에서 벗어났기 때문이다. 또한, 영적 지식을 통하여 구원받은 사람의 영혼은 이미 물질세계에서 벗어났기 때문에 그 사람의 육신이 무슨 일을 할지라도 아무런 영향을 받지 않는다는 이론도 성립된다.[166]

따라서 만일 인간이 정말 신인합일의 경지에 이른다면, 더이상 하나님께 기도할 필요가 없다. 왜냐하면, 기도는 땅에 있는 피조물인 인간이 초월자이시며 절대자 하나님으로부터 은혜와 도우심을 받기 위해 필요한 수단이기 때문이다. 하나님은 인간에게 은혜를 주시기 위해 기도를 가르치셨다. 그러나 영지주의에서는 신자들이 '깨달음'과 영적인 세계에서 내려오는 순간적인 '영적인 섬광'(spark)을 통해 자기 안에 내재된 신성이 각성하여 자신도 신성에 참여하게 되었으므로 굳이 다른 신에게 기도해야 할 이유가 없는 것이다. 이에 세칭 구원파가 구원받은 신자들에게 더 이상 기도가 필요 없다고 가르치는 것은 영지주의 사상에 비롯된 것이다.[167]

따라서 교회에 침투된 영지주의와 접목된 이단의 핵심적인 문제는 그리스도교 신앙의 구원론을 파괴하였다. 성경적인 신앙은 죄인들의 죄를 짊어지시고 십자가에서 대신 저주를 당하신 예수 그리스도를 자신의 구속주로 마음으로 믿고 행위로 고백하는 인격적인 신앙이 구원의 길이라고 가르친다. 그러나 영지주의 이단은 구원이 영적인 진리에 관한 지식을 가지는 것, 즉, '앎(gnosis, 그노시스)'을 얻으므로 구원에 이른다고 가르치기 때문이다.[168]

또한, 초대교회에 침투한 영지주의 이단은 하나님과 인간을 초월적인 창조주와 죄에 빠진 인간으로 보지 않았다. 오히려 근본적으로 같은 본

166) Ibid..
167) 정동섭, "영지주의(gnosticism)와 이단", op. cit.
정이철, "세월호 사건으로 다시 살펴보는 구원파", op. cit.
168) Ibid.

성을 소유하고 있는 동일한 영적인 존재로 보았다. 그러므로 영지주의 이단이 가르치는 구원은 예수 그리스도의 십자가를 통하여 얻어지는 하나님의 은혜가 아니다. 자기 안에 잠재되어진 신성을 모르고 살면서 하나님과 동떨어져 있는 인간에게 그 자신의 영적인 본성과 근원을 깨닫게 만들어 주는 것이 영지주의가 가르치는 구원이었다. 자신이 하나님과 동일한 신성을 소유하고 있는 무한한 영적인 존재라는 사실을 모르고 있는 사람들에게 그 사실을 깨닫도록 돕는 '신비한 지식'을 가지게 만드는 것이 곧 구원이라고 잘못되게 가르치고 있다.[169]

바. 영지주의 종말론

영지주의의 종말론은 개인적인 종말론과 우주적인 종말론 두 가지로 이루어져 있다. 개인적인 종말론의 골자는 사람들이 죽은 다음 영혼이 이 세상에서의 실존과 육신을 벗어버리고, 영혼이 처음 내려왔던 길을 밟아서 올라가 구속이 온전히 이루어지는 것으로 되어있다. 그때 영혼은 육신의 질곡을 벗어나 해방되고, 플레로마(Pleroma)는 영혼의 복귀로 회복된다. 한편 우주적 종말론은 집단적인 종말에 관한 것으로 모든 영적인 것들이 영지에 의해서 완전해질 때까지 계속해서 이루어지는 과정이다.[170]

영지주의에서는 개인의 종말을 구속의 완성을 위한 중요한 과정으로 생각하여 만데안(Mandean)[171]들은 죽음 이후에 이루어지는 이 과정을 '탈출의 날'이라고 불렀고, 대부분의 영지주의에서는 '영혼의 상승'(ascent of the soul) 또는 '영혼의 여행'(journey of the soul)이라고 부르면서 죽은

---

169) Ibid.
170) 김성민, "영지주의와 C.G. 융과 분석심리학", 「心性硏究 24」, (서울: 한국분석심리학회, 2009), pp. 262-263.
171) 만데안(Mandean)은 유대교 소종파로서 세례 요한 추종자라고 한다.

이를 위한 예식을 베풀었다. 그러나 죽은 이의 영혼이 이 세상을 벗어나 플레로마(Pleroma)에 들어가기는 여간 어려운 일이 아니었다. 왜냐하면, 데미우르고스와 아르콘들의 방해로 그 과정에는 수많은 위험과 장애가 도사리고 있기 때문이다. 그래서 영지주의 문헌에서는 그 과정에서 자기 - 인식을 비롯해서 수많은 것들이 필요하다고 주장하였다.[172]

한편 우주적인 종말론은 세상의 종말에 관한 것인데, 마지막 때 온 우주에는 재난이 닥친다. 하늘과 땅은 메마르게 되고, 모든 강과 샘물은 더이상 흐르지 않으며, 천공(天空)의 영역은 바뀌게 된다. 큰불이 일어나 모든 것을 불태우고, 바위와 들판은 갈대와 같이 흔들린다. 그때 구속자가 나타나 영적인 인간에게 영지를 가르치고, 완전해진 영혼들과 함께 집단적으로 상승한다. 그러나 부정한 영혼은 그들이 정화되어 감옥에서 풀려날 때까지 처벌받고, 불이 더 이상 태울 것이 없어질 때까지 모든 것을 태운다. 이는 전 우주적인 재난인 것이다. 이렇게 볼 때 우주적인 종말론은 두 개의 서로 다른 원리가 분리되는 것이 아니라, 그 둘 중 어느 한 원리가 완전히 파괴되어 최초의 상태가 회복되는 것을 의미하는 것이라고 생각된다. 따라서 이때의 종말은 단순히 초기의 상태를 회복하는 것이 아니라 근본적인 재생을 의미할 것이다.[173]

사. 영지주의 교회론

(1) 교회 제도 문제

영지주의자들은 공히 감독과 주교 제도하에 세워진 교회를 가짜 교회

---

172) 김성민, "영지주의와 C.G. 융과 분석심리학", op. cit., p. 263.
173) Ibid., pp. 263-264.

이자 형제애를 모방하는 거짓 교회라고 비판하였다. 개인의 자유를 강조
했던 영지주의자들은 주교제도를 통하여 이 자유가 훼손되고 있다고 비
판하였다. 영지주의 문서 「진리의 참 증언」에 의하면, 주교제도 하에
있는 그리스도교인들은 자신들을 가리켜 그리스도인이라 말할지라도, 그
들은 진정으로 그리스도가 누구인지 모르는 사람들이라 하였다.[174]

영지주의 문서 「빌립 복음서」는 세례가 그리스도교인을 만드는 것
이 아니라고 명백히 밝히고 있다. 이 문서는 단순히 물속에 들어갔다가
나오는 세례를 받거나, 대다수의 사람들이 신경을 고백하고, 심지어 순교
를 한다고 할지라도 이것만으로 진정한 그리스도교인이라 말할 수 없다
고 한다. 진정한 그리스도교인이란 '영지'를 얻은 사람들로서 반드시 영
적으로 성숙했다는 증거를 보여 줄 수 있는 그런 자라야 한다는 것이다.
이런 이유로 인하여 영지주의자들은 교회를 가리켜 가시적이라거나 가시
적 공동체로 파악하는 것조차도 단호히 거부하였다. 이러한 행위란 단지
진정한 그리스도교를 모방하는 것에 지나지 않을 따름이라는 것이다. 무
엇보다 영지주의자들은 진정한 교회와 거짓 교회를 구분하는 기준은 결
코 가시적 교회와 성직자들과의 관계에서 주어지는 것이 아니라, 이는
교인들의 지적 수준과 교인 상호 간의 관계 질에 따라 결정되는 것이라
고 주장하였다.[175]

(2) 교회 회원 문제

교부들 간에 교회란 무엇인가에 관하여 서로 다른 의견이 있었던 것
처럼, 영지주의 사이에도 교회 회원과 관련하여 진정한 회원을 단순히

174) 근광현, 「기독교 이단 길라잡이」, op. cit., p. 167.
175) Ibid., pp. 167-168.

영적인 사람들로만 구성된 무리로 보아야 하는 것인지 아닌 것인지에 대한 서로 다른 견해가 있었다. 이는 그리스도 교인들과 급진적 영지주의 교인들 사이에서 다소 중도적인 입장이었던 발렌티누스파 사람들의 경우에 그러하였다.[176]

이들은 동방파와 서방파로 나누어졌다. 동방파 사람들은 그리스도의 몸인 교회란 영지를 받은 영적인 사람들만으로 구성되어 있는 '순수하게 영적인 것'이라 했다. 동방파의 순수한 교사인 테오도투스(Theodotus)는 교회를 "세상이 세워지기 전에 이미 선택받은 사람들인 선택된 족속"으로 정의하였다. 이들은 구원의 문제에 있어서도 구원받기로 확실하게 예정되어 있는 특별한 사람들이었다. 그래서 이들은 직접적으로 영감을 받은 사람들만이 '영적 교회'에 속하게 된다고 가르쳤다.[177]

서방파는 프톨레미우스(Ptolemius)와 헤라클레온(Heracleon)에 의해 구성된 단체로서 이들은 그리스도의 몸인 교회란 영적인 것과 영적이지 않은 두 개의 서로 다른 요소들로 구성되어 있다고 주장하였다. 다시 말해서 교회 안에는 영지주의 교인들과 비영지주의 교인들이 다 같이 존재한다는 것이다. 이들 양자는 다 같이 한 교회에 속해 있으면서 세례도 받고 집회 의식에 참여하기도 하지만, 이들은 다만 영지에 대한 이해 수준에 따라서 영지주의 그리스도교인과 비영지주의 그리스도교인으로 구분된다는 것이다. 이에 헤리클레온의 말에 의하면, 아직 영지주의 교인들이 되지 못한 평범한 그리스도교인들은 성전의 뜰에서 예배를 드리지만 영지를 얻은 사람들은 하나님에게 예배를 드리는 곳인 지성소에 들어갈 수 있다는 것이다.[178]

---

176) Ibid., pp. 169-170.
177) Ibid., p. 170.
178) Ibid., p. 170.

(3) 실천체계와 예식

영지주의에는 이론체계만 있지 않고 다양한 실천체계도 있다. 그것은 영지주의 학파마다 다르다. 이들 영지주의자들은 물질적인 제도와 가치를 인정하지 않아서 각 학파마다 예식을 다르게 취급했기 때문이다. 따라서 대부분의 영지주의 학파에서는 교회제도, 성직제도 등이 없고 예식도 분명하지 않다. 그러나 시몬파에는 신비한 사제가 있었고, 축사(逐邪), 주문(呪文), 마술(魔術) 등을 시행하기도 하였다. 영지주의도 일종의 종교 공동체이기 때문에 영지주의에서는 일반적으로 예배를 드렸고 성례를 베풀었다.[179]

예배에 대한 그들의 태도는 첫째로 예식을 받아들였지만, 그들의 사상에 맞추어 많은 부분을 변경시켰다. 둘째로 대부분은 있어서 신화적 사건을 예식화하기 위하여 기존의 예식을 확장시켰으며, 셋째로 예배를 거부하거나 대단히 영적인 것으로 만들었다는 특징이 있다.[180]

영지주의에서 중요한 예식은 세례, 도유, 성만찬, 구속의 예식(ceremony of redemption), 신방의 예식(ceremony of bridal chamber) 등 다섯 가지이다.[181]

먼저 세트파에서는 생수로 세례를 주었다. 그것은 그리스도교에서처럼 죄를 씻는 의미가 아니라 불사(immortality)를 나누는 것이었다. 세례는 예수를 영화(靈化)시켰듯이, 세례받는 이들을 영화시키는 것으로 이해했던 것이다. 그래서 빌립복음서에는 "그러므로 세례 받는 이에게는 중재하는 영에 의해서 불사를 얻게 된다"고 하였다.[182]

---

179) 김성민, "영지주의와 C.G. 융과 분석심리학", op. cit., p. 264.
180) Ibid., p. 264.
181) Ibid., p. 264.
182) Ibid., pp. 264-265.

둘째로 병든 사람이나 약한 사람의 머리와 이마에 십자가 모양으로 기름을 바르는 도유(塗油) 예식이 행해졌는데, 그것은 악마를 물리치려는 것이었다. 도유는 세례보다 더 중요하게 생각되었지만, 그에 관해서는 많이 알려지지 않았다.[183]

셋째로 발렌티누스파에서는 그리스도교회에서와 마찬가지로 빵과 포도주로 성찬을 행했다. 그 의미는 그들의 속사람을 강건하게 하며 그들이 더 완전하게 되게 하려는데 목적이 있었다. 그에 대해서 빌립복음서는 다음과 같이 말하고 있다. "그(예수)는 성찬을 베푸는 날 이렇게 말하였다. '완전함과 빛과 성령에 참여한 그대는 우리와 함께 천사와 그 이미지들과 함께 참여할 것이다."[184]

넷째로 구속의 예식은 후기에 발달한 예식이다. 영지가들은 구속을 완성시키기 위하여 지식만으로는 부족하다고 생각하여 임종 시 죽은 사람의 영혼이 악한 세력들과 권세로부터 공격당하지 않고 눈에 보이지 않는 세계에 올라갈 수 있도록 그의 머리에 기름과 물을 부으면서 예식을 베풀었다. 이때 죽은 이에게 각종 주문과 암호(secret saying)가 주어져서 그의 영혼은 상승하게 된다. 이 예식은 발렌티누스파와 만데안(Mandean)들에게서 발달하여 만데안들은 상승을 위한 예식(ceremony of the ascent)과 죽은 이들을 위한 만찬을 행하였다. 그들은 구속을 제의적 행위로 완수하여 보장받으려 했고, 정례적 예식으로 만들었다. 이렇게 볼 때 영지가들은 초기에는 철저하게 모든 것들을 영화시켰지만 후대로 갈수록 그 생각이 약화된 듯하다.[185]

마지막으로 신방 예식은 가장 높은 단계의 예식으로 그 목적은 플레로마(Pleroma)와의 궁극적인 연합이다. 이 예식에서 영지가는 구속자

183) Ibid., p. 265.
184) Ibid., p. 265.
185) Ibid., p. 265.

(redeemer)의 신부가 되어 영적인 결혼을 거행한다. 그때 그는 플레로마의 '신방'에 들어가 영적 에온이 되어 영원한 합일의 결혼으로 들어간다. 그러나 이 세상에서 빛을 받지 못한 사람은 플레로마(Pleroma)에 들어가지 못한다.[186]

(4) 교회 내 여성 문제

영지주의자들을 교회 구성원인 여성회원에 대해서 아주 부정적인 견해를 가지고 있었다. 말시온(Marcion)의 동지인 세베루스(Severus)는 여자를 가리켜 사탄의 작품이라 하였다. 그러기에 남성이 결혼하여 여성과 짝을 짓는 행위야말로 사탄의 작품을 완성하는 것이라 하여 결혼을 반대하기도 하였다. 물론 말시온이 제시한 선악 이신론에 나오는 두 대립의 원리에서도 여성됨은 악한 세계인 창조의 영역에 속하는 것으로 비하한 반면, 남성 됨은 천적인 것으로 초월적 실재들을 대표하는 것으로 되어 있다.[187]

그런가 하면 발렌티누스주의자들은 남성됨과 여성됨을 대립적인 존재로 보기보다는 이를 보완적 관계로 인식하였다. 여성은 악의 어떤 절대적인 원리가 아니라 도리어 물질세계에 연루되어 있기 때문에 거기서 잘못될 수 있는 요소를 가지고 있지만, 여전히 여성은 신의 부분이라고 말했다. 이것으로 보건대 발렌티누스파가 말하는 여성과 남성이란 생물학적인 남녀관계를 묘사하는 것이 아니다. 이는 우주적이고 종교적인 원리를 지칭하기 위하여 사용된 여성과 남성의 카테고리였다고 볼 수 있다. 그럼에도 불구하고 대체적으로 영지주의자들이 인식하고 있는 남성

---

186) Ibid., pp. 265-266.
187) 근광현, 「기독교 이단 길라잡이」, op. cit., pp. 170-171.

적 원리들은 영적인 존재, 즉, 천적인 영역과 그리스도와 신, 그리고 영을 대표하는 것으로 파악하는 반면에, 여성적 원리들은 창조된 세계와 역사에 관여한 신적인 부분을 대표하는 이차적 차원의 것들을 의미하는 것으로 인식하였다.[188]

이 밖에도 영지주의는 영적이고 금욕적인 엘리트만이 지상적, 육체적, 그리고 성적인 이원론의 세계관으로부터 초월할 수 있으며, 이때에야 비로소 영적 완전성으로 들어갈 수 있게 된다고 가르쳤다. 이런 가운데 다만 여성들의 경우에는 오직 금욕을 통해서 남성들과 같이 된다고 가르치기도 하였다. 다시 말해서 참된 종교적 여성들은 금욕을 통해서 완전한 남성으로 나아갈 수 있게 된다는 것이다. 이래서 그런지 영지주의는 그리스도교 기혼 여성들을 하대하면서, 이들은 아직도 여성들로 남아 있기에 가부장적 결혼의 저주를 받아야 한다고 억지 주장을 펴기도 하였다. 영지주의의 이러한 이원론은 서양문화의 가부장적 패러다임과 다를 바 없는 지극히 잘못된 여성관을 갖게 해 주었다. 이와같이 영지주의가 여자들을 억압하고 사탄의 작품이라고 혹평했던 것 역시도 이들이 전개한 세계관, 즉, 극단적 이원론에서 나온 부산물임을 알 수 있다.[189]

다른 한편, 영지주의 교파에서는 그들이 가지고 있는 자웅동체(雌雄同體) 양성 신개념을 교회 제도에 적용하여 다른 영지주의자들과 달리 오히려 여성들을 성직에 임명하는 등 여성들에게 지도적인 위치를 부여한 집단들도 있었다. 영지주의 교회 내에서 이런 일이 일어나자 영지주자들과 극한 대결을 벌였던 터툴리안은 교인들 가운데 영지주의를 신봉하는 여성들이 예언과 설교를 하며 악령을 추방하는가 하면 그들이 세례를 주려했다는 점을 들어 이런 여성들이야말로 건방지고 뻔뻔스러운 이단이라

---

188) Ibid., p. 171.
189) Ibid., pp. 171-172.

고 비난하였다. 터툴리안의 영지주의에 속한 여성들에 대한 이러한 비판
은 다른 교부들에게도 동일하게 취급되었다.[190]

영지주의는 여성 제자들을 계시와 신비한 가르침에 대한 수납을 위한
사도적 권위로 보았다. 예컨대, 영지주의자들 가운데에는 막달라 마리아
나 살로메 같은 여성들을 예수의 제자로 간주하고, 이 여성들을 통하여
자신들이 가르치고자 하는 비밀이 전수되었다고 주장하면서 비밀전통을
정당화하려 했다. 그러나 교부들은 사도 전통을 인정하고 이들이 주장한
여성들에 의한 비밀전통을 단호히 거부하였다.[191]

이와같이 영지주의자들 가운데에는 교회 내에서 여성들의 지위와 관
련하여 그들을 우대한 자들이 있었던 반면에 이와 달리 여성들을 죄악시
했던 자들이 있었음을 알 수 있다. 그러나 성경은 남성과 여성 사이에는
근본적으로 우열관계가 아니라 상호보완적인 평등한 인격 관계라는 사실
을 분명히 말해 주고 있다(창1:27; 갈3:28).[192]

아. 영지주의 윤리론

영지주의의 윤리는 인간학과 우주론에 근거하고 있다. 인간 안에 있는
선은 결국 인간의 영 안에서만 찾아볼 수 있고, 몸은 본래적으로 악한
것으로서 이렇게 상대적인 힘이 영원한 대결상태로 있다. 그래서 몸을
영에게 복종시켜서 엄격한 훈련과 금욕적 삶을 영위하거나, 또는 몸이
무슨 일을 하든지 상관하지 않기도 한다. 왜냐하면, 몸은 영의 순수성을
방해할 수 없기 때문에 영이 원하는 대로 맡겨야 한다. 이러한 근거를

---

190) Ibid., p. 172.
191) Ibid., p. 172.
192) Ibid., p. 172.

바탕으로 영지주의자들은 극단적인 금욕주의와 자유방임주의로 크게 구별해 볼 수 있다.[193]

이렇게 영지주의자들은 윤리에 관해서 그들 사이에 의견이 불일치하였다. 그들은 우리의 육체가 우리의 진정한 자아의 일부가 아니라는 데 동의하고 있다. 그러나 그 결과 그들 중 일부는 영혼을 정화하기 위해 육체와 육체의 모든 욕망을 엄격히 부정하였다. 그러나 또 다른 일부는 육체는 우리의 본질적 자아의 일부가 아니므로 육체적 쾌락들은 진정으로 우리를 해칠 수 없다고 보고 있다. 따라서 극한까지 그것에 탐닉할 수도 있다고 주장하였다.[194]

바로 영지주의 윤리는 두 형태를 취한다. 하나는 지나친 금욕주의이고 다른 것은 자유 분방주의이다. 다수파는 육체에 고행을 하고 결혼을 금하는 금욕주의를 요구하여 신적인 영혼이 각종 감각적 굴레와 육체적 정욕으로부터 해방을 받아 좀 더 고상한 상태를 갈망하도록 하였다.[195] 이러한 영지주의적 사고가 오늘날 교회에 스며들어와 이러한 사상이 마치 성경적인 것인 양 가면을 쓰고 교회와 성도들에게 깊숙이 침투해 있다. 따라서 이 세계는 버려야 할 곳이고 악한 것이며 저 세계만이 우리의 갈 곳이라는 생각은 하나님께서 선물로 주어 생육하고 번성하고 다스리고 땅에 충만하라는 말씀에 정면으로 도전하는 것이다. 이러한 영지주의적 사고가 교회 안에 들어와 지나치게 영적인 것만을 추구하여 타계주의로 흘러가게 하였다. 이러한 생각이 교회로 하여금 이 세계의 일에 침묵하고 무관심하게 한 것이다. 교회의 일은 하나님의 일이고 삶의 일은 세속적인 것이라는 생각, 예배와 기도는 선한 것이고 삶을 누리는 것은 부정

---

193) 동녘, "초대교회사 1", https://cafe.daum.net/kcmc91/MbG7/20
194) 송광택, "영지주의(Gnosticism)", https://cafe.daum.net/KCSC 91/MBA 7/49
195) Latourette Kenneth Scott, 「History of Christianity,Vol.1」, 윤두혁 역, 「기독교회사 상」, (서울: 생명의말씀사, 1979), p. 213.

한 것이라는 생각은 결코 그리스도교적 생각이 아니다. 그것은 영지주의의 가르침일 뿐이다. 또한, 육체 혹은 물질이 악하다는 생각이 너무나 깊숙이 들어와 세상을 부정하고 금욕적 삶을 실천하는 것이 성경적인 것으로 오해하도록 하였다.[196]

이와는 반대로 어떤 분파는 부도덕적인 성적 난행으로 악명을 떨치게 되었다. 유다서는 신적인 사랑이나 사랑의 축제를 악용하여 성적 문란을 야기했던 것을 경고한 것이다. 이런 종류의 윤리관 속에서 어떤 때는 금욕주의와 방종이 동시에 섞여져 있었다. 몇몇 영지주의자들은 자기들이 본질적으로 매우 영적이기 때문에 부패할 리가 없다고 주장하면서, 이교도들의 제전이나 검투사의 시합 장소에 거리낌 없이 갔다. 심지어 그들의 교리를 받아들인 여자들과의 불규칙적인 연합을 서슴치 않았다.[197]

자. 영지주의 성경론

구약성경은 부정되거나 그렇지 않으면 영지주의 체계를 위해서 우의적으로 해석되었다. 사도들의 저작도 용납되기는 했으나 영지주의 사상에 부합되도록 해석되었다. 이처럼 영지주의자들은 최초의 성경 주석자가 되었다. 그러나 이렇게 주석된 문서는 주석자의 선입견에 일치되도록 왜곡되었다. 문서화 되지 않은 사도들의 모든 전승과 가르침이 존중되었다. 또한, 영지주의의 교리를 전파하기 위해서 수많은 위경적 문서와 익명의 책들이 출판되었다.[198]

---

196) 박찬희, "초대교회의 이단 - 영지주의",
　　　https://cafe.daum.net/storyofchurch/RvXN/49
197) Latourette Kenneth Scott, 「History of Christianity,Vol.1」, op. cit., p. 213.
198) 송광택, "영지주의(Gnosticism)", op. cit.

제4장 만다교·마니교·카타르파에 스며든 영지주의

스티븐 횔러(Stephan A. Hoeller)는 영지주의적 특징을 지닌 종교들에 대하여 "영지주의적 성격이 뚜렷한 세 가지 종교를 알고 있다. 그 종교들은 서로 독립적으로 발달했다. 그중 하나는 그리스도교와 아무런 상관이 없고, 다른 하나는 그리스도교와 가까운 관계가 있다고 생각될 수 있으며, 나머지 하나는 아주 분명하게 그리스도교적이다. 신기하게도, 비그리스도교적 영지주의 종교인 만다교는 성경 시대 이후로 지금까지 한 번도 단절된 적 없이 살아남아 있다."[1]고 하고 있다. 이제 횔러가 언급하고 있는 영지주의적 특징을 지닌 종교들에 대하여 살펴보고자 한다.

1. 영지주의와 만다교

'만다교'(Mandaeanism)라는 이름은 '만다 드-헤이이'(Mandā d-Heyyi)

---

1) Stephan A. Hoeller, 「Gnosticism: New Light on Ancient of Inner Knowing」, 이재길 역, 「이것이 영지주의다」, (서울: 샨티, 2022), p. 171.

라는 낱말에서 유래하였다. 이 말의 대체적인 뜻은 '생명의 지식'(Knowledge of Life)이다. 만다야교의 경전은 「겐자 라바(Genzā Rabbā)」라고 알려져 있다. '겐자 라바'의 문자 그대로의 의미는 '대 보물'(Great Treasure)이다.[2]

만다교인은 그리스도교 이전의 영지주의적 신앙을 지녔으면서 셈족에 뿌리를 둔 작고 조용한 집단이 거의 2천 년 동안 오늘날의 이라크에 위치한 티그리스강과 유프라테스강 유역에 오늘날까지도 살고 있다. 그들은 스스로를 '만다교인'(Mandaean)이라고 부르고 있으며, 오늘날 이라크 사람들은 그들을 '수바인'(Subba)이라고 부른다. 그런데 아람어 '만다'(manda)는 헬라어 '그노시스'(gnosis)로 번역된다. 따라서 만다교인이란 문자적으로 영지주의자를 뜻한다.[3]

이러한 만다교인은 '숨겨진 지혜의 수호자' 또는 '소유자'를 뜻하는 나조리언(Nasorean)으로 오랫동안 알려져 왔다. 일찍이 십자군 전쟁 이래 역사의 다양한 지점에서 만다교인과 마주친 그리스도교인들은 그들을 "성 요한의 그리스도교인" 혹은 "요한을 따르는 그리스도교인"이라고 불렀다. 이런 이름이 자신들을 그리스도교인으로서 보증해 주었기 때문에 만다교인은 이에 반대하지 않았다. 마찬가지로 이슬람교인들도 만다교인들에게 예언자(요한)와 중요한 계시록(「긴자」)이 있다고 말할 수 있었으므로, 그들을 "성전(聖典)의 사람"이라며 특별한 지위를 부여해 주었다. 이에 템플 기사단을 비롯한 중세의 영지주의적 운동조직들도 중동의 이 고대 영지주의자들과 접촉하고 그들에게서 비밀스런 가르침과 의식을 전수받았을 가능성이 높다.[4]

---

2) 항목 "영지주의靈知主義", 「위키백과」, https://kjn1217.tistory.com/15948434
3) Stephan A. Hoeller, 「Gnosticism: New Light on Ancient of Inner Knowing」, op. cit., pp. 171-172.
4) Ibid., pp. 173-174.

만다교의 역사는 초기 신약성경 시대의 성지(팔레스타인)에서 자신의 비밀을 가르치고 전한 세례자 요한까지 거슬러 올라가는 것처럼 보인다. 그러나 요한이 만다교의 전통에서 위대한 예언자로 여겨진다 할지라도, 만다교의 경전은 이 전통이 요한 이전에도 존재했음을 암시한다. 따라서 만다교에는 역사적 창시자가 없다고 휠러는 보고 있다.[5]

최초의 만다교인은 유대인이었거나 유대 전통과 가까운 관계를 맺고 있던 사람들이었을 것으로 보고 있다. 그래서 그들의 최초의 경전 언어인 만다어는 아람어의 형식을 따른다. 만다교 경전에 따르면 모세는 가짜 신의 예언자요, 예수 또한 참된 예언자인 세례자 요한의 수준에 미치지 못한 거짓 예언자에 속한다.[6]

만다교의 신화와 신학에는 전형적인 영지주의 특징이 나타난다. 드러나 있는 모든 세계와 영역 너머에는 "빛의 세계에서 온 위대한 첫 번째 낯선 생명이요 모든 행위(창조물) 위에 계신 고귀한 분"('긴자'. 1부)이라고 일컬어지는 순수하고 찬란한 빛, 곧 지고의 존재(Supreme Being)가 있다. 반면 창조된 세계는 생명과 빛의 왕국에 대항해 반란을 일으킨 후 하강한 여성적 존재(소피아 아카모트가 아르콘과 같은 역할을 담당하는 형태) 루하(Ruha)의 후손인 프타힐(Ptahil)이라는 어둠의 주인에 의해 지배된다.[7]

다른 영지주의 신화에서처럼 지고의 존재로부터 수많은 천상의 존재들과 영역들이 방출되어 나오고, 그것들은 낮은 단계로 갈수록 점점 더 순수성을 잃고 어두워진다. 프타힐은 사악한 데미우르고스의 모든 특징을 지니고 있다. 그는 어둡고 악마적인 존재들이 득실거리는 보이지 않는 세계들을 창조한다. 또 물질세계와 인간의 육체를 만드는 일에도 참

---

5) Ibid., p. 173.
6) Ibid., p. 173.
7) Ibid., p. 172.

여한다. 이런 사건들이 한편으로는 데미우르고스적인 권능자들과 인간의 관계, 다른 한편으로는 생명과 빛의 왕국과 인간의 관계와 함께 문서에 시적으로 길게 서술된다.[8)]

불트만(Rudolf Karl Bultmann)은 요한복음이 만다교의 것들과 유사한 전승들을 실은 초기 영지주의 문서를 개작(改作)한 것이라 주장하고 있다. 신약성경은 '구속된' 구속자에 관한 그리스도교 영지주의 신화에 의존한 문서라고 보았다. 그래서 불트만은 신화로 얼룩진 책인 성경을 제대로 보려면 신화를 제거하고 비신화화(Entmythologisierung, 非神話化)해야 한다고 주장하였다.[9)]

유일하게 살아남아 있는 만다교라는 영지주의 종교가 폭넓은 성례전적 의식, 즉, 위계 구조라든지 정식 입교식 같은 성직제도의 여러 특징을 간직하고 있다. 즉, 만다교의 성직 계급은 세 단계, 곧 부사제, 사제, 그리고 특별 지역에 대한 최종 관할권자인 대사제로 이루어져 있다. 그러나 사제는 결혼할 수 있었다.[10)]

만다교에는 두 가지 중요한 의식이 있다. 하나는 요단강이라는 흐르는 물속에서 거행하는 침수 곧 마스부타(masbuta)이다. 이 의식은 일주일에 한 번 만다교의 주일인 일요일에 거행된다. 이것은 세 번에 걸친 완전한 침수 물로 이마에 세 번 성호 긋기, 세 번 물 마시기, 은매화(상록관목의 일종) 화관 쓰기, 그리고 손 올림(안수)으로 이루어진다. 이 의식의 모든 절차는 사제가 주관한다. 참여자는 이마에 기름 부음, 빵과 물의 성찬, 그리고 악한 영을 물리치는 몸과 영혼의 '봉인'(sealing)을 받는다. 참여자와 사제가 오른손으로 나누는 악수인 쿠쉬타(kushta), 곧 '진리의 행위'

---

8) Ibid., pp. 172–173.
9) 조덕영, "기독교는 영지주의를 어떻게 볼 것인가", 「크리스천투데이」, 2011. 11. 9.
10) Stephan A. Hoeller, 「Gnosticism: New Light on Ancient of Inner Knowing」, op. cit., p. 174.

는 빛의 세계와의 연합이 완성됨을 상징한다. 모든 축제, 심지어 결혼식에서도 마스부타 의식을 행한다.[11]

이들 만다교인들은 침수(浸水)의식을 자주 가졌다. 이런 침수가 제례(혹은 침례)를 의미한다고 추측한 외부인들은 만다교인들을 세례자들이라고 부르는 경우가 많았다. 만다교인들 사이에서 이처럼 자주 반복된 침수의식은 사람들의 호기심을 자극해 왔다. 그러나 만다교의 침수 의식은 세례보다는 성만찬(Holy communion)에 더 유사하다. 만다교인들은 흐르는 물에는 빛이라고 불리는 초월적이며 영적인 실체가 그 어디보다도 많이 들어있다고 믿는다. 성례전을 중시하는 대부분의 그리스도교 교회가 교인들에게 성만찬에 참여하도록 자주 권면하는 것처럼, 만다교의 의식들도 물속에서 발견되는 초월적 빛과의 사귐(성찬)을 포함하고 있다. 그래서 그들의 예배처는 항상 흐르는 물가에 위치한다.[12]

두 번째 중요한 의식은 죽은 자를 위한 의식이다. 이 의식은 죽은 지 사흘이 지난 후 시작되어 일정한 간격을 두고 45일간 계속된다. 이 의식은 마시크타(masiqta), 곧 '상승'이라 불린다. 이는 영혼이 빛의 영역으로 상승하도록 돕는다는 뜻이다. 만다교인들은 자주 죽은 자를 위해 기도한다. 거의 모든 정식 예식 절차에 죽은 자를 위한 기도와 성례전적 만찬이 포함되어 있다. 의식의 이로움 외에, 여기에는 영혼이 위험 지역들을 안전하게 통과할 수 있도록 내세의 반대 세력과 위험에 대한 지식을 영혼에게 전해주는 뜻이 있는 것 같다. 그런데 이 부분에서 이 의식과 티베트 금강승 불교의 바르도(Bardo. 이승과 저승의 중간 상태) 예식과의 유사성을 찾을 수 있을 듯하다.[13]

만다교에는 다양한 경전들이 있다. 그중 최고 경전인 「긴자」는 호주

---

11) Ibid., p. 175.
12) Ibid., pp. 174-175.
13) Ibid., p. 175.

의 만다교 공동체에 의해서 처음으로 출판되기도 하였다. 수많은 경전들에는 다수의 기도문과 의식이 포함되어 있다. 근본적으로 만다교의 경전과 의식은, 일련의 빛의 사자들이 만다교 사제들에게 전해준 지혜에 담긴 지식을 통해 신의 불꽃을 해방시키는 것과 관련된다. 세례자 요한을 제외하고 이런 사자들의 이름은 알려지지 않는다.[14]

2. 영지주의와 마니교

가. 마니교의 배경

만다교와 달리 마니교에는 창시자가 있다. 그의 이름은 마니(Mani), 헬라식으로는 마네스(Manes)이다.[15] 즉, '마니'라는 이름의 메소포타미아 사람이 여러 지방을 여행하다가 245년에 페르시아의 수도에 도달하였으며 이때부터 새로운 신앙을 전파하기 시작했다고 한다. 그의 이러한 선교활동은 그가 왕의 총애를 받게 될 만큼 큰 성공을 거두었으나 다른 왕이 즉위하자 왕의 총애를 잃고 279년에 십자가형을 받았다. 그러나 그의 교의들은 깊은 뿌리를 지니고 있었던 까닭에 소멸되지 않고 급속히 유포되어 갔다.[16]

페르시아에서 기원한 마니교는 조로아스터, 붓다, 예수의 계시에 진리를 부분적으로 통합시켜 보편적인 세계종교를 창설하려 했고 단순한 혼

---

14) Ibid., p. 174.
15) Ibid., p. 177.
16) 이대복, 「이단종합연구」, (서울: 큰샘출판사, 2000), p. 50.

합주의를 넘어서 다양한 문화에 따라 다양한 형태로 해석될 수 있는 진리를 추구했다.[17]

이러한 마니교의 기원은 바로 '마니'라는 인물로부터 시작된다. 즉, 페르시아 제국의 수도 셀루키아테시폰(Celeuciactesiphon)에서 태어난 마니 (Manes or Mani : AD 215~275)에 의하여 창설된 이원론적 영지주의적인 이단이다.[18]

마니는 선대의 왕가와 친척 관계에 있던 페르시아(지금의 이란)의 한 집안에서 태어났으며, 어린 나이에 부모와 함께 유랑 생활을 해야 했다. 마니의 부모는 유사 영지주의 종교 집단, 즉, 변형된 만다교 혹은 엘케사이파(Elkesaites. 세례를 중시하는 유대 그리스도교의 한 종파로 만다교와 관련이 있을 것으로 여겨지는 종파) 공동체의 일원이었던 것으로 보인다. 그곳에서 어린 마니는 영지주의 세계관을 접하게 되었을 것이다.[19]

마니는 페르시아 귀족 가문에서 태어나 철저한 교육을 받았고 열아홉 살과 스물네 살 때 신으로부터 새로운 종교를 계시받았다. 서른 살에는 직접 작성한 혼합주의적 신조를 설교하며 자신이 그리스도가 약속한 보혜사라고 주장하였다.[20]

마니는 고향 페르시아로 돌아와 마침내 샤푸르 왕 및 그 뒤를 이어 왕위에 오를 호르미즈드 세자와 친분을 쌓았다. 마니는 그곳에서 자신의 사명을 선포하고 곧바로 인도로 갔다. 인도에서 그는 한편으로 제자들을 두었지만, 다른 한편으로는 힌두교인의 저항에 부딪히기도 했다. 그는 중앙아시아로도 순례를 떠나 투르케스탄 서부에서 여러 해를 보냈으며, 그

---

17) 박상경, 「기독교교리사」, (서울: 리폼드북스, 2023), p. 115.
18) 탁명환, 「기독교이단연구」, (서울: 국종출판사, 1993), p. 33.
19) Stephan A. Hoeller, 「Gnosticism: New Light on Ancient of Inner Knowing」, op. cit., p. 178.
20) Harold O. J. Brown, 「Heresies: Heresy And Orthodoxy In The History Of The Church」, (Peabody: Handrickson, 2000), p. 66.

중 한 해는 하늘을 벗 삼아 혼자서 은둔 생활을 하기도 했다. 투르케스탄은 그 후 수 세기 동안 마니교의 본거지로 남았다.[21]

초기 포교 활동은 모국 페르시아에서 가장 큰 결실을 맺었다. 새로운 종교가 수많은 신도들을 끌어들이자 기존 조로아스터교 사제들에게는 심각한 도전이 되었다. 조로아스터교의 지도자들은 마니와 마니교에 반대하는 강력한 저항 운동을 전개했다. 마니의 헌신적인 친구이자 제자이기도 한 젊은 왕 호르미즈드가 죽고 그와 대립 관계에 있던 다른 세자가 왕위를 계승하면서 그들의 책략은 결실을 맺었다. 마니는 체포되어 고초를 당하다가 277년 2월 26일 마침내 감옥에서 숨을 거두었다. 감옥에 갇힌 스승을 몰래 만나본 제자들은 마니가 천사들에게 둘러싸인 채 해처럼 빛을 뿜고 있었다고 전했다. 마니교인들은 마니가 감옥에서 당한 26일 동안의 고통을 '수난'(passion)'이라고 표현했다.[22]

이렇게 페르시아에서 기원한 마니교는 조로아스터, 붓다, 예수에 계시의 진리를 부분적으로 통합시켜 보편적인 세계종교를 창설하려 했다. 또 단순한 혼합주의를 넘어서 다양한 문화에 따라 다양한 형태로 해석될 수 있는 진리를 추구했다.[23] 이러한 마니교는 가장 늦게 등장하였지만 가장 체계적이고 정비된 조직을 갖추었으며 3~7세기(AD 226~651) 동안 그리스도교가 가장 오랜 세월을 투쟁하며 대립하여왔던 이단이다.[24]

나. 마니교의 주요 사상

---

21) Stephan A. Hoeller, 「Gnosticism: New Light on Ancient of Inner Knowing」, op. cit., p. 179.
22) Ibid., p. 179.
23) 박상경, 「기독교교리사」, op. cit., p. 115.
24) Harold O. J. Brown, 「Heresies: Heresy And Orthodoxy In The History Of The Church」, op. cit., p. 66.

마니교의 예수는 구원의 가르침을 계시하는 자요, 신비의 전달자일 뿐 아니라 물질 속에 있는 신성한 빛의 화신이다. 예루살렘의 나무 십자가 위에서 수난을 받고 못 박힘을 당하기 오래전에 예수는 물질의 십자가 위에서 못 박힘을 당했다. 이것이 예수 파티빌리스(Jesus patibilis), 곧 '고통받는 예수' 교리다. 그는 "모든 나무에 매달리고 … 날마다 태어나 고통받고 죽으신다."(마니 어록집 「케팔라이아(Kephalaia)」)라고 하였다.[25]

예수에 대한 마니의 가르침에는 독특한, 또 분명한 영지주의적인 특징이 엿보인다. 예수가 아무리 특별한 사람의 모습으로 팔레스타인에 나타났을지라도, 마니에게 있어 예수는 세상에 늘 존재해 온, 구원을 베푸는 영적 존재이다. 예수는 낙원의 아담에게 나타나 그에게 최초의 계시를 전했다. 아담에게 나타난 예수는 "만물 속에, 표범과 코끼리의 이빨 사이에 던져진, 삼키는 무리들에 의해 삼켜진, 먹어 없애는 무리들에 의해 먹어 없어진, 개들에 의해 먹힌, 존재하는 모든 것 속에서 혼합되고 갇힌, 어둠의 악취에 속박된" 모습이었다.[26]

마니교는 유대교와 바벨론 종교와 조로아스터교와 불교의 신조들과 우주관들을 병합하여 이를 그리스도교 용어로 표현하였다. 마니교는 신자들을 방청인과 선민 혹은 완전자의 두 부류로 나누었으며 가공적인 우주관과 우주적 구원론과 이원론적인 윤리관을 제시하였다.[27]

마니교에서는 인류는 악마가 광명 국에 침입함으로 생겼다고 말하고 빛을 두기 위하여 악마가 인간을 만들었다고 말한다. 그러므로 구원을 받기 위해서는 육체를 정복해야 하기에 금욕생활을 주장했다. 고기를 먹지 말아야 하며, 혼인을 하지 말아야 하며, 망령된 말이나 행동을 해서는 안

---

25) Stephan A. Hoeller, 「Gnosticism: New Light on Ancient of Inner Knowing」, op. cit., p. 182.
26) Ibid., pp. 181-182.
27) 이대복, 「이단종합연구」, op. cit., p. 50.

된다고 주장하며 이 금욕생활을 하기 위해서 삼대 계율을 정했다.[28] 즉, 마니교는 세례와 금욕생활을 강조하고 있다. 심지어 결혼을 금하고 세속적인 욕망, 더러운 말, 육식, 육체적인 가해 등을 엄금했다. 마니교에서는 삼봉(三封)이 있다. '입을 봉하는 것으로' 망언이나 육식과 음주를 금하는 것이고, '손을 봉하여' 어두움이 작용하여 악을 행하지 못하게 하고, '가슴을 봉하여' 정욕과 악한 생각을 일으키지 말아야 한다는 것이다.[29]

마니교의 십계는 우상을 섬기지 말 것, 거짓말하지 말 것, 탐내지 말 것, 살인하지 말 것, 간음하지 말 것, 도둑질하지 말 것, 거짓 증거 하지 말 것(마술을 가르치지 말 것), 마술을 배워 거짓 증거하지 말 것, 위선자가 되지 말 것, 일상생활에 너무 집착하지 말 것 등이다.[30]

마니교의 특색은 영혼과 물질에 영향을 주는 엄격한 이원론적인 것이었으며 '그의 신화적인 창조설'에서 최초로 빛의 왕국이 사방으로 퍼져 어두움의 왕국에까지 미쳤다고 한다. 이때부터 이 지상에는 선을 상징하는 빛과 악을 상징하는 암흑 사이의 끊임없는 싸움이 벌어지게 되었으며 이 쟁투에 최후 최대의 예언자를 세상에 보내어 어두움에서 인간을 구원하기 위한 작업을 성취하게 되었는데 그 예언자가 바로 마니라고 한다. 그리고 그 마니는 새 예수이며 예수 그리스도는 마니의 앞에 온 자라고 했다.[31]

바람(Bahran) 왕 앞에서 부당한 재판을 받을 때 마니는 자신의 모든 가르침이 인간 스승이 아니라 자신의 '쌍둥이', 곧 하나님이 보낸 천사가 전해준 것임을 강조했다. 하지만 그는 또 수차례에 걸쳐 자신을 예수 그리스도의 사도로 표현하기도 했다. 물론 마니도 사도 바울처럼 육체적으로 예수를 만난 적은 한 번도 없었다. 그는 구약성경의 신비적·영지주의적인

---

28) 조재훈, "초대 시대에 이단들", https://blog.naver.com/jjhh43/223278789359
29) 탁명환, 「기독교이단연구」, op. cit., p. 33.
30) Ibid., pp. 33-34.
31) Ibid., p. 34.

조상 세트, 이란의 예언자 차라투스트라, 아시아의 스승 붓다, 그리고 예수 그리스도와 같은 빛의 사자들이 자신보다 앞서 존재했다고 믿었다.[32]

마니교의 핵심은 진리에 대한 영적인 지식을 통해 구원에 이른다는 이원론과 범신론, 영지주의와 금욕주의가 혼합되어 있다. 특히 금욕주의가 윤리적 특성이다. 신학은 빛의 왕국과 어둠에 왕국의 대립이며, 가현설을 주장하며, 그리스도교를 공상적인 이원론적으로 혼합시킨다.[33] 성례의식의 요소는 기도, 자선, 단식이며, 죄의 고백과 찬미도 중요하다.[34]

창조에 대해 이원론적 사고, 즉 빛과 어두움의 투쟁, 그리스도는 빛의 대표자이고 사탄은 어두움의 대표자라고 믿었다. 그리고 사도들이 그리스도의 가르침을 왜곡한 반면, 마니교는 그 순수한 정신을 계승했다고 주장했다. 그들은 그리스도의 육체는 실체가 아니라 환영이라고 주장하고 추종자들은 철저히 금욕주의를 지향하고 계층적 조직으로 이루어져 많은 추종자를 거느렸다. 어거스틴도 초기에 마니교도였다.[35]

마니교도들은 선택자들과 평신도들로 구분한다. 선택자들은 엄격한 독신주의, 엄격한 채식주의, 청빈, 그리고 복음 전도와 같은 종교적 규율들을 보다 잘 준수하는 자들이다. 이에 반해 평신도들은 선택자들을 섬기는 자들이다.[36]

마니교의 신비스러움과 치밀한 조직, 악의 문제에 대한 명확한 해답 등은 당시의 사람들을 이끌게 되었다. 그러나 교황 레오 1세는 이들을 축출했다. 이후 이 이단은 많은 박해 끝에 뿌리가 뽑히게 되었으나 그

---

32) Stephan A. Hoeller, 「Gnosticism: New Light on Ancient of Inner Knowing」, op. cit., p. 180.

33) Harold O. J. Brown, 「Heresies: Heresy And Orthodoxy In The History Of The Church」, op. cit., p. 66.

34) 박상경, 「기독교교리사」, op. cit., p. 115.

35) Ibid., p. 115.

36) 라은성, "초대교회 이단 영지주의-영지주의 발전과 영향", 2006. 6. 6. https://cafe.daum.net/kcmc91/MbG7/89

영향력은 13세기까지 오래도록 미쳤다. 예를 들면 중세의 그리스도교적 요소가 많이 주입된 카타리(catharisme)파, 보고밀(Bogomils)파, 알비(Albigenses)파, 프리스킬리아누스(Priscillianus)파 등의 분파들에서 되살아났다.[37] 즉, 마니교는 오랫동안 그리스도교의 이단으로 규정되었지만, 그들만의 일관된 교리, 엄격한 제도와 조직으로 역사 속에서 통일성과 독특한 성격을 유지하여 그 자체가 하나의 종교가 되었다.[38]

3. 영지주의와 카타르파

가. 카타르파의 배경

'순결한' 또는 '순결한 자'로 번역되는 카타르(Cathar)라는 이름은 헬라어에서 온 것으로, 카타르파에 공감하는 외부인들에 의해 붙여졌다.[39] 이러한 카타르(Cathar)라는 이름은 1163년 이후부터 사용하게 되었다.[40]

카타르파 사람들은 자신들을 그저 '그리스도교인' 혹은 '참된 그리스도교인'이라고 불렀을 뿐이다. 그런데 카타르라는 단어의 의미가 변질된 것은 독일어의 케체르(Ketzer)라는 낱말이 이단자를 뜻한 것과 관계가 있기도 하다. 맨 처음 카타르파 사람들의 일부가 알비라는 도시에서 거주

---

37) Harold O. J. Brown, 「Heresies: Heresy And Orthodoxy In The History Of The Church」, op. cit., pp. 66-67.
38) 박상경, 「기독교교리사」, op. cit., p. 116.
39) Stephan A. Hoeller, 「Gnosticism: New Light on Ancient of Inner Knowing」, op. cit., p. 190.
40) 김동순, "중세 이단의 성격에 관한 소고: 1000-1150", 「서양중세연구」, (한국서양중세사학회, 2000), p. 122.

한 까닭에 '알비파'(Albigensian)라는 이름도 널리 사용되었다. 랑그독의 주민들은 꾸밈없이 또 단호하게 카타르파 사람들을 '선한 사람들'이라고 불렀다.[41]

12, 13세기 프랑스 남부의 랑그독에서 번성한 카타르파가 예언자 마니에게서 기원했다는 가능성이 있다고 한다. 스티븐 런치만 경(sir steven Runcuman. 영국의 역사가이자 언어학자)은 카타르파 사람들을 중세의 마니교도라고 불렀다고 한다. 마니교는 가장 잘 알려진 영지주의 종교다. 어느 시점 이후 모든 영지주의적 영성은 적대자들에 의해 마니교라고 분류되었다. 4세기 스페인 아빌라의 주교로서 영지주의적 성향의 그리스도교인이었던 프리스킬리안(Priscillian)은 '마니교인'이라는 죄목으로 화형을 당했다. 그의 감독 관구에는 한때 아퀴타니아(Aquitania)라고 불린 지역이 속해 있었는데 바로 그곳에 랑그독이 있었다. 최초의 '화형자'라는 그의 유산은 카타르파라고 알려진 한 종파의 출현과 어느 정도 관련이 있다고 한다.[42]

카타르파 교회는 지리적으로 분할이 되었고, 지역마다 한 사람씩 감독을 두어 관할하도록 하였다. 감독들은 자신들의 직무를 수행함에 있어 장자(elder son)와 차자(younger, son)라고 알려진 두 사제의 도움을 받았다. 감독이 사망하면 장자가 감독이 되고 차자는 장자가 되었다. 집사들은 각 감독 아래 소속되어 있으면서 방문과 선교와 관련된 일을 주로 담당했다.[43]

진심으로 성령에 헌신했던 카타르파 사람들은 여러 절기 가운데서도 성령강림절을 중요하게 여겼다. 카타르파는 교회를 짓지 않고 큰 집이나

41) Stephan A. Hoeller, 「Gnosticism: New Light on Ancient of Inner Knowing」, op. cit., p. 190.
42) Ibid., pp. 188-189.
43) Ibid., p. 191.

귀족의 성에서 집회를 가졌다. 흰 아마포를 덮고 그 위에 수많은 촛불을 장식한 테이블이 그들의 제단이었다.[44)]

카타르파는 물질로 된 그리스도교회의 모든 것을 거부한다. 따라서 그들은 교회 건물, 성상, 성물, 십자가 등을 없애야 한다고 주장한다.[45)] 더 나아가 카타르파는 그리스도교회의 세속성과 부패를 신랄하게 비판했다.[46)] 또한 이들은 그리스도교는 사탄이 인간을 속이기 위해 만들어 놓은 제도라 하여 인정하지 않았다.[47)] 이렇게 카타르파의 교리들은 정통 그리스도교와 그리스도 교계의 정치 제도들을 뿌리째 흔들어 놓았기 때문에 교회와 국가 당국은 연합하여 그들을 공격했다. 교황 인노첸시오 3세(1198~1216)는 툴루즈의 백작 레몽 6세에게 압력을 가하여 자기편에 가담하여 이단자들을 무너뜨리도록 했지만, 비참한 결과로 끝났다.[48)]

1208년 1월에 교황 특사가 살해당했고, 백작이 그 범죄의 종범이라는 생각이 널리 퍼졌다. 교황은 이단들에 대해 십자군 원정(알비파에 대한 십자군 원정)을 선포했고, 남작들이 지휘하는 군대가 프랑스 북부를 출발하여 툴루즈와 프로방스에 도착하여 카타르파와 그리스도교도인 주민들을 학살했다. 루이 9세는 좀 더 체계적인 박해를 승인했고, 여기에 막 생기기 시작한 종교재판소까지 협력하여 더욱 효과적으로 카타르파의 세력을 꺾었다.[49)]

카타르파에게 가장 성스러운 장소인 동시에 패배와 죽음으로 얼룩진 비극의 장소는 유명한 몽세귀르 성이다. 아주 오랜 옛날부터 성지(聖地)

---

44) Ibid., p. 191.
45) 김동순, "중세 이단의 성격에 관한 소고: 1000-1150", op. cit., p. 124.
46) 항목 "카타르파(Cathari)", 「다음백과」,
    https://100.daum.net/encyclopedia/view/b21k1359a
47) 김동순, "중세 이단의 성격에 관한 소고: 1000-1150", op. cit., p. 125.
48) 항목 "카타르파(Cathari)", 「다음백과」, op. cit.
49) Ibid.

였음에 분명한 이 성은 카타르 파의 '서양의 다볼 산'(Mount Tabor)으로 알려지고 있다. 1243년에서 1244년에 걸쳐 이 성은 장시간 십자군의 포위 공격을 받는다. 1244년 3월 16일, 카타르파의 마지막 남은 꽃, 남녀 수백 명의 '완전한 자'들이 몽세귀르 바위 밑 너른 장소로 끌려가 모두 화형을 당했다.[50]

그러나 랑그독에서 마지막 카타르파 사람들이 죽임을 당한 뒤에도 그들의 신앙은 이탈리아에서 한동안 명맥을 유지했다. 다른 유럽 지방에 숨어있던 신자들은 어떤 일이 벌어질지 알았기에 자신들의 믿음을 드러내지 않았다. 전하는 바에 따르면 장미십자단의 전설적인 창설자 크리스티안 로젠크로이츠(Christian Resenkreutz)는 여러 세대에 걸쳐 은밀히 카타르파 신앙을 지켜온 게르미스하우젠(Germishausen)이라는 기사 집안의 자손이라고 한다.[51] 그러나 이러한 카타르파 14세기까지 명맥을 유지하다가 15세기 초에 사라졌다.[52]

나. 카타르파의 주요 사상

카타르파 영지주의는 중세 그리스도교 정신과 세계관에 맞게 변형되었다. 영지주의자들이 말한 데미우르고스는 카타르파에서는 루시퍼(Lucifer) 또는 사탄, 곧 악한 천사장이 되었다. 카타르파에 따르면, 대부분의 물질세계는 이 사악한 자의 지배하에 있다고 하고 있다. 그는 인간들이 자신들을 해방시켜 하늘나라로 다시 데리고 가는 그리스도의 해방의 메시지에 귀 기울일 때까지 인간의 영혼을 사로잡고 있다. 구원받지

---

50) Stephan A. Hoeller, 「Gnosticism: New Light on Ancient of Inner Knowing」, op. cit., p. 197.
51) Ibid., pp. 197-198.
52) 항목 "카타르파(Cathari)", 「다음백과」, op. cit.

못한 영혼은 구원자가 전해준 해방의 메시지와 신비 제의를 받아들일 때까지 거듭해서 육체를 입고 태어난다.[53]

카타르파의 교리는 시간과 지역에 따라 약간의 차이가 있으며 이들은 악 내지는 악마의 기원을 어디에 두느냐에 따라서 온건 이원적인 신관을 가진 자(mitigated dualist)와 절대적인 이원적인 신관을 가진 자(absolute dualist)로 크게 두 파로 구분된다. 그러나 1167년 이후에는 서유럽에서는 보고밀의 설교사의 영향으로 절대적인 이원적인 신관을 가진 파가 주종을 이루었다.[54]

온건한 이원적인 신관을 가진 자들은 궁극적으로 하나의 신만이 존재하는 것으로 믿었다. 이 신은 모든 존재하는 것의 아버지이며 우주의 창시자이며 영적 존재했다. 그러나 이 신의 피조물 중의 하나인 그의 아들 루시퍼(Lucifer)가 자만 때문에 신에게 반란을 일으켜 쫓겨났다. 이렇게 쫓겨난 루시퍼는 아직 분화되지 않은 요소들을 갖고 가시적인 세계를 만들었을 뿐 아니라 남녀 인간의 육신을 만든 다음 영적 존재인 천사를 이 육신에 가두어 인간을 창조하였다고 그들은 믿었다. 그러므로 그들은 물질적인 것은 사악한 것이며 인간은 사악한 육신이 영혼이 갇혀 있는 것으로 믿었다. 그리하여 그들은 악의 근원인 물질의 창조를 루시퍼에게 돌림으로써 악의 존재에 대한 신의 책임을 간접적으로 인정하였다.[55]

한편 과격한 이원적인 신관을 가진 자들은 우주에는 두 개의 원리 즉, 선신(善神)과 악신(惡神)이 처음부터 있었다고 믿었다. 선신은 영적인 존재이며, 영적 세계의 창조주이며 지배자이나 악신은 물질세계를 창조하여 악의 근원이었다. 그리하여 악의 존재를 전적으로 악신의 탓으로 돌

---

53) Stephan A. Hoeller, 「Gnosticism: New Light on Ancient of Inner Knowing」, op. cit., pp. 190-191.
54) 김동순, "중세 이단의 성격에 관한 소고: 1000-1150", 「op. cit., p. 123.
55) Ibid., p. 123.

렸다. 이 신들은 각기 자신의 세계에서 절대권을 가지고 있으나 상대방
으로부터 간섭을 받은 소지도 있다. 악의 원리 즉, 악의 신의 아들인 루
시퍼가 선한 신의 천국에 몰래 들어가 천사들의 집사장이 되고 천사들을
꾀어 반란을 일으킨다. 그 결과 천국에서 전쟁이 일어나게 되고 루시퍼
와 그의 동조자들은 천국에서 쫓겨났다. 이 쫓겨난 천사들의 영혼을 지
상에 있던 악마가 잡아 그가 만든 연간의 육신에 가둠으로써 인간이 창
조되었다고 믿었다. 그리스도는 인간의 육신에 갇혀 있는 추방된 천사의
영혼을 구하기 위해 왔다고 그들은 믿었다.[56] 바로 카타르파는 인간의 영
혼이 본래 천사였다고 여겼다. 그들은 루시퍼가 인간의 순결한 영혼을
훔쳐 본성상 썩을 수밖에 없는 육체 속에 가두었다고 가르쳤다.[57]

　예수에 대한 견해도 온건파와 절대파 사이는 물론이고 그들 각자의
분파 사이에서도 약간의 차이를 보이고 있기는 하다. 그런데 예수는 신
의 사자이며 물질적인 육신을 갖고 있지 않으며, 영혼을 육신으로부터
해방시킬 수 있는 메시지를 인간에게 전해주기 위해 외형상 육신의 형상
을 갖고 있을 뿐이라고 주장하고 있다. 그래서 예수는 실제 십자가의 고
난을 겪지 않았으며, 죽지도 부활하지도 않았다는 것이다. 그는 죽음으로
서가 아니라 우리에게 메시지를 전해줌으로써 인간을 구했다는 것이다.
절대파는 예수는 천사이며 또 다른 천사인 마리아의 몸을 통해서 세상에
왔다고 보고 있다. 그리하여 예수는 진정으로 인간의 육신의 옷을 입지
않았으며, 사악하게 창조된 물질과 결코 접촉한 일이 없다. 온건파 중의
일부는 예수, 마리아, 세례자 요한 모두 천사로 보았다. 또한 일부는 마
리아는 실제로 인간이었고 예수는 그녀로부터 실제 인간의 육신을 받았
다고 인정한다. 또 다른 온건파는 예수는 외형상 인간인 육신을 가졌으

---

56) Ibid., pp. 123-124.
57) Stephan A. Hoeller, 「Gnosticism: New Light on Ancient of Inner
　　Knowing」, op. cit., pp. 191-192.

나 그것은 보통의 인간과는 다른 실체라고 주장하였다.[58]

카타르의 여러 분파들의 근본적인 교리상의 차이에도 불구하고 물질을 사악한 것을 여기는 교리에 기반을 둔 카타르파는 다음에 대해서는 공통된 주장을 하고 있다. 물질세계는 악의 신에 의해 창조된 것이기 때문에 구약성경에 나오는 신들을 악한 신으로 사탄이라 규정했다. 인간의 영혼은 정신적인 것으로 선한 것이나, 육체는 악한 길이다. 그러므로 인간은 영혼을 육신으로부터 해방시키려고 노력해야 한다. 이런 해방은 카타르파가 됨으로써 이루어질 수 있고, 그렇지 않으면 죽을 때 영혼이 저주를 받아 다시 타락한 육신으로 태어난다고 한다.[59]

카타르파의 주장에 의하면 예수는 그들의 교회에 기도와 세례를 통해 죄를 사하는 힘을 부여하였다고 한다. 세례에 의해 진정한 그리스도교인이 되며 세례는 성령의 힘으로 받는 것이다. 세례는 믿음을 가진 자만이 받을 수 있고 믿음을 거부하는 자는 받을 수 없다. 그래서 어린아이에게 세례를 주는 것을 반대한다. 영혼은 물질로부터 해방되어야 하는데 물로 세례를 받는 것은 물질로 세례를 받는 것을 의미함으로 물로 세계를 받는 것은 온당치 못하다는 것이다. 그리하여 자신들의 안수, 즉, 콘솔라멘툼(consolamentum) 만이 진정한 세례라고 주장한다. 이 의식은 안수를 받는 자의 머리에 사제가 손을 얹어 요한복음 1장을 낭송하는 것으로 되어있다. 이 안수를 받음으로써 천국에서 추방되었을 때 지은 죄를 용서받게 되고 잃어버렸던 영(spirit)을 다시 돌려 받는다. 이 안수를 받은 자는 완전한 자(perfect)가 되며 엄격한 금욕생활을 해야 한다.[60]

해방을 위해 카타르파 교회가 실행한 최고의 방편은 콘솔라멘툼(Consolamentum 위안)이라는 성례전이었다. 이것은 안수와 종부성사(로

---

58) 김동순, "중세 이단의 성격에 관한 소고: 1000-1150", op. cit., p. 124.

59) Ibid., p. 124.

60) Ibid., pp. 124-125.

마카톨릭의 성사 중 하나로서 병자나 죽음을 앞둔 자에게 기름을 바르는 일), 그리고 영지주의의 구속과 신방 의식을 그것 하나로 한꺼번에 집행하는 것이다. 이 의식을 통해 일반 신도는 '완전한 자'가 되고 최후의 해방에 대한 확약을 받게 된다. 완전한 자라는 지위는 남녀 모두에게 열려졌으며, 실제로 카타르파 교회에서는 영적·물질적으로 위대한 업적을 이뤄낸 걸출한 여성들이 많았다. 마니교의 교회에서처럼 카타르파 교회에서도 대다수 신도들은 몇 가지 제한 규정 외에는 아무런 구속도 받지 않고 생활했다. 하지만 자녀 양육 등 가정의 의무를 마친 성인 남녀들이 콘솔라멘툼들을 받고 완전한 자의 반열에 들어가는 것은 결코 특별한 일이 아니었다.[61]

카타르파의 물질에 대한 혐오는 그들의 일상생활에서도 잘 나타나고 있다. 이들은 고기와 짝짓기에 의해 만들어진 음식, 우유, 버터, 치즈, 달걀 등을 먹지 않다. 특히 카타르의 사제 완전한 자(perfect)는 순결한 생활을 해야 하며 성행위가 금지되었다. 이들의 의식 중에 엔듀라(endura)라는 특이한 의식이 있다. 이 의식은 완전한 자가 음식을 먹음으로써 영혼이 더럽혀지는 것을 막기 위해 굶어 죽는 의식이며, 영혼을 육신으로부터 해방시키는 즉, 구원의 시간을 단축하는 것을 의미하였다.[62]

카타르파의 '완전한 자'들은 음식을 철저히 조절하는 등의 금욕적인 삶을 살았다. 어떤 자료에서는 카타르파의 '완전한 자'들이 채식주의자였다고 언급하고, 어떤 자료에서는 그들이 식용을 목적으로 동물을 기르지 못하게 하는 대신 "숲과 강에서 움직이는 것들"을 잡아먹고 살았다고 전한다. 아주 사치스러운 환경에서 자란 수많은 귀족과 숙녀들 중 상당수가 '완전한 자'의 계층에 들어와 소박하고 절제된 삶을 살았다고 한다.[63]

---

61) Stephan A. Hoeller, 「Gnosticism: New Light on Ancient of Inner Knowing」, op. cit., p. 191.
62) 김동순, "중세 이단의 성격에 관한 소고: 1000-1150", 「op. cit., p. 125.

이렇게 카타르파 사람들은 고기를 전혀 먹지 않는 등 금식에 대한 규율이 엄격했고, 세상의 것을 금욕적으로 철저히 포기해야 한다고 주장했다. 카타르파는 극단적인 금욕주의 때문에 특별한 사람들의 교회가 되었다.[64]

다른 영지주의 체계들도 마찬가지지만 카타르파에서도 인간은 영과 썩어 없어질 물질로 이루어졌다고 이해한다. 그들은 성욕 등 세속에 대한 애착을 인간 생활의 타락한 조건에서 말미암은 결과로 여겼다.[65]

카타르파 사람들은 사람이 악한 세상의 이방인이며 체류자라고 했다. 또한, 사람의 목표는 본질상 선한 영혼을 자유롭게 하고, 하나님과 교감을 할 수 있도록 영혼을 회복하는 것이라고 했다.[66]

카타르파 사람들에게 살인은 아무리 자기방어라 하더라도, 신조에 어긋나는 것이었다. 즉, 육신에 갇힌 영혼의 신성함에 대해 확고한 신념을 갖고 있었기 때문에 피를 흘리는 것에 강한 반대를 하고 그래서 살인이나 전쟁에서 사람을 죽이는 것을 반대했다. 이와 아울러 사형제도도 반대했다.[67]

'완전한 자'들의 삶은 오로지 종교적 의식과 영적 실천 행위에만 바쳐졌다. '선한 사람들'은 검은 예복을 길게 늘어뜨려 입고서, 자신들이 믿는 것은 순결한 그리스도교의 복음이라고 외치며 온 도시를 돌아다녔다. 허름한 수도원을 닮은 그들의 거주지에서는 기도와 명상이 끊이지 않았다.[68]

카타르파는 나름대로 창조교리를 가지고 있었다. 그리고 성경 이야기

---

63) Stephan A. Hoeller, 「Gnosticism: New Light on Ancient of Inner Knowing」, op. cit., p. 192.
64) 항목 "카타르파(Cathari)", 「다음백과」, op. cit.,
65) Stephan A. Hoeller, 「Gnosticism: New Light on Ancient of Inner Knowing」, op. cit., p. 192.
66) 항목 "카타르파(Cathari)", 「다음백과」, op. cit.
67) 김동순, "중세 이단의 성격에 관한 소고: 1000-1150", op. cit., p. 125.
68) Stephan A. Hoeller, 「Gnosticism: New Light on Ancient of Inner Knowing」, op. cit., p. 194.

를 다시 썼다. 그들은 성경의 창조 이야기 대신 정교한 신화를 만들어냈다. 그들은 구약성경 대부분을 내키지 않아 했으며, 어떤 사람들은 아예 구약성경을 부정했다. 정통적인 그리스도의 강생 교리를 배격했을 뿐만 아니라 예수를 단지 하나의 천사로 보았다. 예수가 인간으로서 당한 고통과 죽음을 환상 가운데 당한 것으로 보았다.[69]

◀ 카타르파의 상징적 문양으로 다양한 종류의 원과 원형적 십자가를 보여준다. 문양들은 영지주의 플레로마(충만)의 영원성과 조화를 의미한다.[70]

◀ 원 안에 십자가가 있는 태양 십자가(Sun cross): 이 표장은 중세의 영지주의 관련 단체였던 카타리파(Cathars)에 의해 주로 사용되었다.[71]

---

69) 항목 "카타르파(Cathari)", 「다음백과」, op. cit.,
70) Stephan A. Hoeller, 「Gnosticism: New Light on Ancient of Inner Knowing」, op. cit., p. 194.
71) 항목 "영지주의靈知主義", 「위키백과」, https://kjn1217.tistory.com/15948434

1. 영지주의와 힌두교

영지주의와 동양의 몇몇 위대한 종교 사이에 유사성이 있다는 사실은 오래전부터 인정되어 왔다. 그노시스(gnosis)라는 단어는 '지식', 특히 영적인 지식을 뜻하는 산스크리트어 즈나나(jñana)와 동일한 의미를 지닌다. 주요한 요가 전통 중에 즈나나 요가[1]가 있다. 이는 "지식을 통해 하나가 되는 길"이라는 뜻이다. 영적 실재에 대한 직접적 지식의 전수는 수준 높은 요가에서는 일반화된 수행으로서 인도에서는 널리 알려져 있다. 실제로 이 점에서 영지주의는 힌두교라고 알려진 인도의 고대 종교

---

[1] '지식의 길' 또는 '지혜의 요가'라고 불리는 '즈나나 요가'(Jnana Yoga)는 요가의 네 가지 주요 경로 중 하나이다다. 즈나나 요가는 산스크리트어 발음에 따라 '갸나 요가'라고도 불린다. 즈나나 요가는 지적 연구와 명상, 그리고 사색적 실천을 통해 참된 지식과 자아실현을 추구하는 데 중점을 둔다. 이러한 즈나나 요가는 마음과 자아의 환상을 해소하여 궁극적인 현실, 즉 브라만을 직접 경험하도록 노력한다.
"지식의 길 '즈나나 요가'와 지식의 네가지 기둥 및 수련법", https://premislove.com/121

와 아주 유사하다.[2]

힌두교는 여러 종파들의 집합체로, 서구에서 이해하는 의미의 종교와
는 다르다. 힌두교에는 엄청난 다양성이 존재하며, 심지어는 서로 공통점
이 거의 없는 종파들도 있다. 예컨대 사변적인 베다교는 신앙적인 비슈
누교나 비교적인 탄트라교와는 아무런 공통점도 갖지 않는 것처럼 보인
다. 그러나 그들 사이에는 공통된 전통이 있다. 영지주의 전통의 다양성
도 확실히 이와 유사하다.[3]

스티븐 횔러(Stephan A. Hoeller)는 영지주의와 힌두교를 하나로 묶는
다음과 같은 몇 가지 분명한 특징이 있다고 하고 있다.[4]

첫째로, 인간의 영 안에 깃들어 있는 신성한 존재에 관한 가르침이다.
아트만(Atman)은 브라만(Brahman)과 동일한 본성을 지닌다. 이는 우주
적 신성이 모든 인간 속에 축소된 형태로 현존하고 있음을 뜻한다. 이와
비슷하게, 영지주의에서 프뉴마(영)는 신의 화염(flame)에서 방출된 불꽃
이다. 영지주의자는 프뉴마를 알게 됨으로써 그것이 나온 영적 근원을
저절로 깨닫게 된다. 힌두교인과 영지주의자는 자신의 가장 깊은 자기를
아는 것이 곧 하나님을 아는 것이라는 데 동의할 것이다.

둘째로, 영지주의와 힌두교는 궁극적 차원과 물질적 차원 사이의 중간
세계에 수많은 신적 존재들이 있다는 사실을 인정한다. 힌두교는 현대
세계의 대표적인 다신론 종교인 반면, 영지주의는 유일신론을 그 모체로
하고 있다. 하지만 영지주의가 순수한 유일신교라고 간단히 말하기는 힘
들다. 더욱이 인드라(Indra)[5] 신이나 프라자파티(prajapati)[6] 신 같은 힌두

---

2) Stephan A. Hoeller, 「Gnosticism: New Light on Ancient of Inner Knowing」,
   이재길 역, 「이것이 영지주의다」, (서울: 샨티, 2022), pp. 226-227.
3) Ibid., p. 227.
4) Ibid., pp. 227-228.
5) 인드라(Indra)는 인도 불교에서는 천신의 왕(王)이고, 힌두교에서는 스바르가
   (Svarga)의 왕으로 하늘, 날씨, 번개, 천둥, 폭풍, 비, 강의 흐름의 신(神)이다.

교의 베다 신들은 영지주의의 데미우르고스와 비슷한 특징을 지니고 있다.

셋째로, 힌두교에는 이원론적인 특성과 비(非) 이원론적 특성을 함께 언급하는 수많은 가르침이 있다. 영지주의를 종종 이원론적이라고 말하는 학자들이 있기는 하지만, 영지주의 관점은 힌두교의 이 두 가지 특징에 정확히 상응한다. 그러므로 힌두교에서 마야(maya, 幻影)라고 부르는 세계에서는 이원론이 지배적이며 빛과 어둠의 투쟁이 벌어진다. 그러나 궁극적인 실재의 세계에서는, 비교컨대 영지주의자들에게 플레로마(Pleroma)로 알려진, 그와 같은 존재의 충만이 있다.

2. 영지주의와 불교

실재와 영혼, 그리고 깨달음의 필요성 등에 대한 통찰에 있어서 영지주의와 동양 종교가 유사하다. 대승 불교 같은 몇몇 동양의 사조가 영지주의 사상으로부터 영향을 받았다고 보고 있다. 이 점에서 동양과 서양을 하나로 묶는 가장 중요한 공통의 분모는 그노시스의 경험이었다.[7] 이에 유승종에 의하면 영지주의를 연구한 일부 학자들의 주장에 따르면, 영지주의는 동양사상 특히 불교와의 공통점이 많다고 한다.[8]

---

6) 프라자파티(Prajapati, 창조와 수호자)는 힌두교의 베다 신이다. 이 용어는 또한 힌두교 텍스트에 따라 창조자 신에서 다음 중 하나와 같은 것까지 다양한 신들을 의미한다. 즉, 브라흐마, 비슈누, 시바, 아그니, 인드라, 비슈바카르마(Vishvakarman), 바라타(Bharata), 카필라(Kapila) 등이 있다.

7) Stephan A. Hoeller, 「Gnosticism: New Light on Ancient of Inner Knowing」, op. cit., pp. 20-21.

8) 유승종, "영지주의와 불교의 상관성 연구", 「철학·사상·문화 제17호」, (서

무엇보다도, 불교의 최종 목표 – 영지주의의 궁극 목표에 정확히 상응하는 – 는 몸을 입은 존재로부터 벗어남으로써 미래의 모든 고통으로부터 자유로워지는 해탈(liberation)에 있다(보살이라는 이상과 그 밖의 가르침들은 이 근본 가르침을 더욱 세분해 놓은 것일 뿐이다.).[9]

가. 영지주의와 불교의 공통점

불교 학자 에드워드 콘즈(Edward Conze)에 따르면 영지주의와 불교 – 특히 대승 불교 – 는 다음과 같은 공통점을 보인다고 하고 있다.[10]

* 구원은 그노시스(즈나나)를 통해 얻어진다. 현실 존재들이 의존적으로 발생한다는 것을 통찰하는 것이 곧 해방이다.

* 무지가 악의 진짜 뿌리이다. 영지주의에서는 '아그노시스'(agnosis), 불교에서는 '아비디아'(avidya)라고 말한다.

* 영지주의자의 지식과 불교인의 지식은 평상의 방편에 의해서가 아니라 내적 계시의 결과로서 얻어진다.

* 어리석은 물질주의자(hyletic)의 상태로부터 깨달은(pneumatic. 영적인) 현자의 상태에까지 이르는 영적 성숙의 단계가 있다.

* 영지주의와 불교에서는 지혜의 여성적 원리(각각 소피아와 프라즈나 prajña)간 중요한 역할을 맡는다. 콘즈는 「헤바즈라 탄트라」(Hevajra Tantra. 大慈空智金剛)를 인용하여 "프라즈나는 세상을 낳기 때문에 어머니라고 불린다"라고 말한다. 불교에는 소피아에 필적하는 다라(多羅)보살, 관음보살 같은 다른 신적 존재들도 있다.

울: 동국대학교 동서사상연구소, 2014), p. 134.
9) Stephan A. Hoeller, 「Gnosticism: New Light on Ancient of Inner Knowing」, op. cit., p. 228.
10) Ibid., pp. 228-229.

 * 영지주의와 불교는 사실보다 신화를 선호한다. 붓다와 그리스도는 단순한 역사적 인물이라기보다는 원형적 존재로 제시된다.

 * 도덕률 폐기론의 경향(규율과 계명에 대한 경시)이 두 종교 체계 속에 내재해 있다. 영적 사다리의 낮은 단계에서는 행동의 법칙들이 중요한 것으로 때로는 결정적인 것으로 고려되지만, 높은 영적 상태에서는 그런 법칙들의 중요성이 상대적인 것으로 변한다.

 * 두 종교 체계는 값싼 대중성을 혐오한다. 이들의 가르침은 영적 엘리트를 목표로 한다. 숨겨진 의미와 신비한 가르침을 일반적인 특징으로 삼는다.

 * 영지주의와 불교는 모두 형이상학적인 일원론을 취한다. 이는 이 두 종교가 현실 존재들의 다양성을 초월하여 궁극의 합일 상태에 이르기를 열망한다는 것을 의미한다.

 이러한 유사성이, 대승 불교에 속하는 티베트 불교(Vajrayana. 金剛乘)가 오늘날 서구에서 대중적인 인기를 누리게 되는 데 특히 중요한 역할을 했을 것이다.[11]

 이에 영지주의자들은 인간과 신을 전혀 다른 존재로 보는 정통 그리스도교의 입장을 받아들이지 않으며, 신과 인간의 동질성을 주장한다. 또한, 그리스도교의 주요 교리 중의 하나인 부활을 육체적인 존재로 부활한다는 것을 받아들이지 않으며, 그것은 단지 상징적인 표현에 지나지 않는다고 주장한다. 영지주의자들이 생각하는 부활은 수준 낮은 자아에서 수준 높은 자아로 변화하는 것을 의미하는 것이다. 이러한 점에서 보아서 알 수 있듯이 영지주의는 정통 그리스도교와 확연히 구분되는 주장을 하고 있다. 그리고 이 주장들은 동양종교의 주장들과 차이가 없다. 특히 불교의 주장과 많은 공통점이 있다는 것이다.[12]

---

11) Ibid., p. 229.

영지주의 문헌에 따르면, 정통 그리스도교에서 지금까지 당연히 받아들이고 있는 창조주인 신 야훼는 전지전능한 신이 아니며, 저급한 신이라고 영지주의자들은 주장하고 있다.[13] 즉, 「지배자들의 본성」에서, "이 지배자들의 우두머리는 눈먼 자로, 그의 권능과 그의 무지와 그의 교만 때문에, 그는 자신의 힘을 믿고, '내가 바로 하나님이다. 나 외에는 어떠한 신도 없다' 그는 이 모든 존재에 대해 죄를 지었다. 그의 말은 불멸의 존재에까지 올라가, 불멸의 존재는 이렇게 말한다. '너는 잘못을 범하고 있다, 사마엘'이라고 말했다. 사마엘은 '눈먼 신'을 말한다."라고 하고 있다.[14]

결국, 인간의 창조는 눈먼 신에 의해 일어나는 것으로 최상의 존재인 하나님에 의해 창조된 것이 아니라는 것이다. 중요한 점은 불멸의 존재가 어떠한 존재 인가하는 점이다. 즉, 영지주의에서 궁극적인 실재인 신을 외재적이고 인격적인 존재로 이해하고 있는가 하는 점이다.[15]

영지주의의 궁극적 실재와 이교도의 궁극적 실재는 역시 동일한 의미를 갖는 것으로 알려져 있다. 이교도들은, "여러 남신과 여신들을 얘기하면서도 전적으로 신비하며, 초월적인 최고 신에 대한 인식을 지니고 있었다. 플라톤의 시대 이후, 그들은 하나님을 '인격 신'으로 보는 것을 비판했다. 이교도 미스테리아의 최고 신은 모든 특성을 초월한 하나(Oneness)이며, 이루 형언할 수 없는 존재였다. 영지주의자들 역시 이처럼 추상적이고 신비한 신에 대한 개념을 채택했다. 하나님(God)을 하늘에 있는 어떤 위대한 존재로 본 것이 아니라, 만물을 통해 스스로를 드러내는 보편 정신(Mind of Universe, 우주의 마음)으로 이해한 것이다."

---

12) 유승종, "영지주의와 불교의 상관성 연구", op. cit., pp. 135-136.
13) Ibid., p. 137.
14) Ibid., p. 137에서 재인용.
15) Ibid., pp. 137-138.

이러한 영지주의의 신관은 정통 그리스도교와는 전혀 다른 신관으로 인격적이고 하늘에 존재하는 외재적인 신이라는 것을 부정하는 것이다.[16]

나. 영지와 지혜

스티븐 횔러(Stephan A. Hoeller)에 의하면, 불교의 배경이 되는 힌두교와 영지주의는 일치하는 점이 있다고 한다. 그는, 영지주의와 힌두교를 하나로 묶는 몇 가지 분명한 특징이 있다고 한다. 그는 "인간의 영 안에 깃들어 있는 신성한 존재에 관한 가르침이다. 아트만(Atman)은 브라만(Brahman)과 동일한 본성을 지니는데, 이는 우주적 신성이 모든 인간 속에 축소된 형태로 보존되고 있음을 뜻한다. 이와 비슷하게, 영지주의에서 프뉴마(영)는 신의 화염(flame)에서 방출된 불꽃이며, 영지주의는 프뉴마를 알게 됨으로써 그것이 나온 영적 근원을 저절로 깨닫게 된다. 힌두교인과 영지주의자는 자신의 가장 깊은 자기를 아는 것이 곧 하나님을 아는 것이라는데 동의"할 것이라고 하고 있다.[17]

신성과 인성을 동일시하는 영지주의의 주장과 불교의 특징을 잘 나타내는 '마음이 곧 부처'라는 선언적인 표현인 사이에는 어떠한 차이점도 없다는 것을 알 수 있다. 이러한 주장을 받아들여 영지주의와 불교의 궁극적 실재가 우리 안에 내재한다는 점을 수용할 때에 인간은 어떻게 우리 안에 내재해 있는 신성을 알 수 있으며, 그것을 깨달을 수가 있는가이다.[18]

그런데 영지주의나 불교의 주장을 보면, 궁극적 실재를 인지하거나 파악할 수 없는 이유는 바로 무지에 의한 것이라고 한다. 그러므로 무지를

---

16) Ibid., p. 138.
17) Stephan A. Hoeller, 「Gnosticism: New Light on Ancient of Inner Knowing」, op. cit., p. 227.
18) 유승종, "영지주의와 불교의 상관성 연구", op. cit., pp. 140-141.

벗어나 그 실재를 깨달을 수 있는 무엇이 필요하다. 그것을 영지주의는 '영지'로, 불교에서는 '지혜'라고 하고 있다.[19]

인간이 겪게 되는 많은 현실적인 문제점들과 근본적인 문제점들의 원인이 영지주의나 불교에서는 인간 자신의 '무지'에 있다고 한다. 이러한 관점은 정통 그리스도교에서, 하나님에 의해 창조된 최초의 인간인 아담과 하와에 의해 발생한 원죄에 그 원인이 있다고 한 것과는 근본적인 차이점이 있다. 영지주의는 이 세상의 악의 근원을 원죄가 아니라 '무지'에 두고 있다.[20]

「빌립복음」에서 다음과 같이 설명한다.

> "우리는 각자 자신 안에 있는 악의 뿌리를 찾아 파고 들어가서 우리 마음에서 그것을 뿌리째 뽑아내자. 우리가 그것을 인식하면 그것은 뿌리 뽑힐 것이다. 그러나 만일 우리가 그것에 대해 모르고 있으면, 그것은 우리 안에 뿌리를 내려, 우리 마음속에서 열매를 맺는다. 그것은 우리를 지배한다. 우리는 그것의 노예들이다. 그것은 우리를 사로잡아, 우리가 원치 않는 것을 하게하고, 우리는 원하는 것을 하지 못한다. 그것은 우리가 인식하지 못하기 때문에 강력한 것이다. 그것이 존재하는 동안 그것은 활동한다. 무지는 만악(萬惡)의 어머니이다"[21]

무지에 의해 지배되는 인간의 삶은 올바른 길을 갈 수 없다. 무지는 왜곡된 삶의 길로 우리를 가게 함으로써 많은 고통을 주는 것이다. 고통을 벗어 날 수 있는 길이 우리 앞에 놓여있음에도 우리는 무지로 인해 그 길을 보지 못한다.[22]

---

19) Ibid., p. 141.
20) Ibid., p. 141.
21) Ibid., p. 141에서 재인용.
22) Ibid., p. 141.

불교에서도 인간이 받는 고통의 원인을 무지에 있다고 한다. 그것을 불교에서는 '무명'(無明 avidya)이라고 하여 인간의 생로병사가 일어나는 최초의 원인이라고 설명한다. 빛이 사라진 완전한 어둠의 상태에서는 인간은 어느 것도 알 수 없으며, 어디로 가야 할지 알 수가 없다. 단지 본능적인 욕망이나, 잘못된 지식에 이끌려 갈 수밖에 없다. 또한, 무명에서 헤어 나오지 못하게 되면, 영원히 윤회의 굴레를 벗어 날 수 없게 된다.[23]

영지주의와 불교가 말하는 이러한 무지의 상태를 벗어나기 위해 인간이 해야 할 일은 당연히 그 반대인 앎의 방향으로 나아가야 한다. 사실 이 방향은 이미 '영지'(靈知 gnosis)라는 말에 함축되어 있다. 영지는 단순한 지식을 말하는 것이 아니며, '지혜'라는 말의 의미에서도 알 수 있듯이 이 말 역시 단순히 대상에 대한 지식을 의미하는 것은 아니다. 일반적으로 신비주의 성향을 사상이나 종교에서 말하는 지식이란 근원적인 앎을 의미한다.[24] 아울러 '지혜의 종교'라고 하는 불교에서 말하는 '지혜'는 불교의 궁극적인 목적인 해탈에 이르는 '지식'이다.[25]

그노시스는 영지주의자들에게 있어서 인간의 궁극적인 목적을 성취하게 해주는 지식이고 통찰이다. 따라서 모든 인간은 그 내면에 궁극적인 목적을 이룰 수 있는 능력을 가지고 태어난다는 것이 영지주의의 주장이라는 한다. 이러한 영지주의 관점은 어느 면에서 불교의 관점과 일치한다. 불교 교리에서 중요한 내용 중의 하나인 "불성이 우리 자신에 내재되어 있다"는 것이다. 그러므로 인간 외부에 존재하는 인격적인 신도 불필요한 존재며, 나 자신 내부 외에 어디서에서라도 깨달음을 구하지 말라고 한다. 오로지 자신에 내재한 불성을 깨달으면, 궁극적인 목적의 달성이 가능하다는 것이다. 이렇게 인간의 궁극적인 목적은 바로 사람 자

23) Ibid., pp. 141-142.
24) Ibid., p. 142.
25) Ibid., p. 143.

신이 가지고 있는 '지혜'에 의해 가능하다는 것이 영지주의와 불교가 공통적으로 주장하는 것이라고 유승종은 보고 있다.[26]

다. 구원과 깨달음

인간의 삶은 항상 현실적인 세계에서 일어나는 부조리한 모습으로 인해 고통받고 있다. 종교는 바로 이러한 현실을 직시하고 고통을 벗어날 수 있는 길을 제시한다. 정통 그리스도교에서 말하는 신앙의 궁극적인 목적은 바로 이러한 고통에서 벗어나게 하는 구원이다. 불교는 이러한 궁극적인 목적을 자신 안에 내재한 불성을 '깨달음'으로서 이 고통에서 벗어 날 수 있다고 한다. 이처럼 '구원'과 '깨달음'은 정통 그리스도교와 불교를 상징하는 단어다. 고통에서 벗어나는 목적은 양 종교가 동일하지만, 그러나 그 방법은 상이한 모습을 취하고 있다. 절대적인 신에 의한 구원은 그러한 신을 신앙하지 않는 불교와 같은 종교와 다를 수밖에 없다. 이로부터 불교와 정통 그리스도교는 상당한 차이를 보여주고 있다. 그러나 영지주의 입장을 살펴보면, 전혀 다른 양상을 보여주고 있다.[27]

영지주의의 궁극적 실재는 결국 인간에 내재하는 것으로 자각에 의해서 궁극적 목적을 이룰 수 있다고 하고 있다. 이것은 인간 자신의 무지를 깨우쳐, 지혜를 얻음으로써, 인간의 근원적인 문제로부터 해방되는 것이다. 즉, 세상의 고통과 죽음의 문제를 벗어나는 것이다. 자각을 중시하는 이러한 영지주의의 주장은 동양종교의 궁극적인 목적인 깨달음과 유사한 주장이다. 즉, 영지주의가 주장하는 궁극적 실재는 동양종교에서 나타나는 궁극적 실재의 속성과 크게 다르지 않다. 영지주의는 전지전능한

---

26) Ibid., pp. 144-145.
27) Ibid., p. 146.

존재의 구원에 목적을 두는 종교가 아니라, 인간 자신의 내면에 존재하는 보편적 자아를 실현함으로써 궁극적 목적을 이룰 수 있다고 주장한다. 이것은 동양의 종교, 특히 불교의 주장과 일치한다. 불교는 자신의 내면에 존재하는 불성을 실현함으로써, 즉, 깨달음을 통해 인간의 모든 굴레를 벗어날 수 있다고 하는 것과 동일한 주장이다.[28]

영지주의에서의 관심사는 철학이 아닌 구원이었다. 즉, 어떻게 인간이 다시 신과의 교제를 회복할 수 있으며 순수한 영의 세계로 복귀할 수 있을까에 대해 사상의 초점이 맞춰져 있다. 문제는 영지주의자들이 그 원인을 인간에게서 찾지 않고 창조의 모순에서 찾고 있다는 점이다. 더 큰 문제는 인간 영혼의 본질을 하나님의 신성과 동일시했다는 데 있다. 그래서 이것을 깨달으면 하나님과 같은 본질을 회복한다고 믿었다. 인간이 '하나님에 신성의 반열'에 오를 수 있다고 믿었다. 이런 점에서 영지주의는 불교와 본질적으로 상통한다고 볼 수 있다. 이것이 영지주의가 정통 그리스도교로부터 탄압을 받았고 이단으로 정죄된 이유 중 하나였다.[29]

그리스도교에서 구원이란, 하나님이 역사 속에서 예수 그리스도의 삶과 죽음과 부활을 통하여 인류를 죄와 죽음에서 구해내는 행위를 뜻한다. 반면 동양의 종교들은 인생의 괴로움이나 죽음에서 구원받거나 구출되는 것이 수련이나 수행을 통한 자기 노력의 문제라고 믿는 경향이 있다.[30] 바로 구원을 인간 자신이 아닌 인간 외적인 존재, 절대적인 능력을 지닌 존재에 의한 것으로 보는 그리스도교와는 달리 불교와 같은 종교는 인간 자신의 노력에 의해서 궁극적인 목적을 이룰 수 있다고 한다.[31]

그리스도교는 신에 의한 구원을 추구하는 종교이다. 인간이 선천적으

---

28) Ibid., p. 142.
29) 남병곤, "[성경으로 돌아가자—성경 대탐구(제2편) 정경화 작업③] 영지주의란, '앎'을 통해 구원 얻는 종교운동", 「국민일보」, 2008. 2. 26.
30) 유승종, "영지주의의 구원관 연구", op. cit., p. 217.
31) Ibid., p. 217.

로 지닌 원죄를 하나님이 용서해 주고 구원해 주는 것이 그리스도교의
주요 교리 내용이다. 예수는 바로 그러한 구원, 죄에 빠진 인간을 구원하
기 위해 하늘로부터 내려온 존재다. 그러나 영지주의자들은 예수가 이
세상에 온 목적은 구원이 아니라 '깨달음'을 주기 위해 왔다는 것이다.

> "그는 우리들을 죄로부터 구원하기 위해서 온 것이 아니라, 영적
> 인 깨달음에 이르는 길을 열어 주는 인도자로서 온 것이다. 그러나
> 제자가 깨달음에 이를 때, 예수는 더 이상 영적 스승으로서의 역할을
> 하지 않으며, 그들은 동등(同等)하게 되거나 일체화(一體化)되기까지
> 한다."[32]

일반적으로 '깨달음'이란 주로 동양종교에서 논의되는 것이지 구원을
중심으로 하는 신 중심 종교에서 언급하기는 어려운 주제다. 불교와 같
은 깨달음을 목적으로 하는 종교는 자신 스스로의 수양을 통해서 궁극적
인 목적인 깨달음을 얻을 수 있다. 이것은 영지주의에서 말하는 수준 낮
은 자아에서 수준 높은 자아로 올라가 결국 삶의 근원적인 의미를 통찰
하는 것과 동일한 의미다. 그러므로 깨달음의 추구는 신비주의나, 동양의
종교에서만 언급되는 것으로 아는 사람들에게는 매우 생소하게 들리는
말이지만 영지주의는 전반적으로 낮은 자아에서 보다 더 높은 자아로의
변환이 이러한 깨달음으로부터 온다는 태도를 견지하고 있다.[33]

그런데 영지주의가 전하고자 하는 구원에 대해 스티븐 휠러(Stephan
A. Hoeller)는 앞에서도 언급하였듯이, "여러 가지 점에서 영지주의의 구

---

32) Timothy Freke & Peter Gandy, 「The Jesus Mysteries: Was the
"Original Jesus" a Pagan God?」, 승영조 역, 「예수는 신화다」, (서울: 동
아일보사, 2002), p. 23.
33) 유승종, "영지주의와 동양종교의 상관성", op. cit., pp. 42-43.

원 개념은 힌두교와 불교 전통에서 볼 수 있는 해탈(해방)의 개념과 가깝다. 영지주의자는 죄(원죄나 그 밖의 죄)로부터의 구원이 아닌, 죄의 원인이 되는 무지로부터의 구원을 바란다. 그노시스를 통해 신성한 존재를 알게 된 자는 모든 죄를 벗어버리지만, 그노시스가 없는 자는 죄 안에 머물 수밖에 없다. 무지-곧 영적 실재들에 대한 무지 - 는 그노시스에 의해 일소되고 만다."고 한다.[34]

이는 '구원'이 절대적인 존재인 신에 의한 것이 아니라, '무지'를 벗어남으로써 가능하다는 것이다. 이것은 휠러의 언급처럼 무명의 속박에서 벗어나 '깨달음'을 얻는 것을 주장하는 불교의 입장과 차이가 없다.[35]

그리스도교의 교리 중 구원과 관계된 중요한 교리가 '원죄'에 관한 교리다. 인간은 그 조상인 아담과 하와에 의해 발생한 원죄를 태어나면서부터 가지고 이 세상에 태어난다는 것이다. 그런데 불교에서도 태어날 때부터 훈습에 의해 '무명'에 가리워져 있다고 한다. 물론 그 원인은 다르다.[36]

이에 휠러는 원죄에 대해 다음과 같이 설명한다. 그러나 정통 그리스도교에서 말하는 원죄라는 것은 존재하지 않는다는 것이다.

"영지주의는 그노시스와 구원의 잠재력이 누구에게나 잠들어 있으며, 구원이 대속적, 집단적인 것이 아니라 개인적인 것임을 인정해 왔다. 따라서 주류 기독교가 주장하는 대속 신학(예수가 인류의 죄를 대신해 죽었다는 교리)의 메시지는 영지주의자에게 아무 의미도 갖지 못한다. 세계는 완전하게 창조되지 않았고, 현재의 상태는 타락의 결과가 아니며, 인류는 누구에게나 전해진다고 하는 원죄의 영향 아래 있지도 않다. 따라서 분노한 아버지를 진정시키고 인류를 구원하

34) Stephan A. Hoeller, 「Gnosticism: New Light on Ancient of Inner Knowing」, op. cit., p. 39.
35) 유승종, "영지주의와 불교의 상관성 연구", op. cit., p. 146.
36) Ibid., p. 146.

기 위해 희생당해야 할 하나님의 아들도 필요 없다. 죄에 해당하는
그리스어 하르마티아(harmatia)가 본래 '과녁을 벗어나다'라는 뜻을
지니고 있다는 점은 생각해 볼만하다. 이런 뜻으로 사용될 때, 대부
분의 인간은 죄인이다. 우리는 모두 과녁을 벗어나 있다. 참되고 신
성한 것들에 대해서 무지하다는 점에서 그렇다. 위대한 빛의 사자들
은 이 무지를 떨칠 수 있는 우리의 능력을 자극하기 위해서 온다.
우리는, 우리 안에 깃들어 있는 해방의 잠재력을 펼치도록 돕고자 빛
의 사자들이 가져다주는 깨달음의 가르침과 해방의 신비 의식(성례
전)이 필요하다"[37]

「빌립복음」에서는 무지에 대하여 다음과 같이 언급하고 있다.

"무지는 만악의 어머니다. 무지는 결국 죽음을 불러오니 무지에서
나온 것들은 과거에도 존재하지 않았고, 지금도 존재하지 않으며, 앞으
로도 존재하지 않을 것이기 때문이다. 그러나 진리 안에 있는 자들은
모든 진리가 들어날 때, 완전해질 것이다. 진리는 무지와 마찬가지이니,
그것이 감추어져 있는 동안에는 자신 안에 안식하지만, 그것이 드러나
인식되면, 그것은 무지와 오류보다 강하기 때문에 찬양받는다. 그것은
자유를 준다. '너희가 진리를 알면, 진리가 너희를 자유케하리라'(요8:32)
고 말씀하셨다. 무지는 노예다. 지식은 자유다. 만일 우리가 진리를 알
면, 우리는 우리 자신 안에서 진리의 열매를 보게 될 것이다. 만일 우리
가 그것과 결합되어 있으며, 우리는 우리의 완성을 볼 것"[38]

이 말은 인간의 구원이 정통 그리스도교의 주장처럼 신에 의해서가 아

---

37) Stephan A. Hoeller, 「Gnosticism: New Light on Ancient of Inner Knowing」, op. cit., p. 40.
38) 유승종, "영지주의와 불교의 상관성 연구", op. cit., p. 147에서 재인용.

니라 인간 스스로 무지를 벗어날 때 가능하다는 것이다. 이와같이 신적인 존재에 의해 구원받는 것이 아니라, 무지로부터 벗어나 자유로운 존재로 변화하는 것이 영지주의가 추구했던 구원의 참모습이라고 하고 있다.[39)]

영지주의자인 발렌티누스는 인간의 구원에 대해 다음과 같이 설명한다.

"완전한 구원이란 말로 표현할 수 없는 위대함에 대한 인식 그 자체다. 무지를 통해 결함이 발생했기 때문에 … 무지에서 생겨난 모든 체계는 그노시스 안에서 용해된다. 따라서 그노시스는 내적 인간(inner man)의 구원이다. 그노시스는 육체로부터 오지 않으나 이는 육체가 썩어질 것이기 때문이요, 그것은 심적인 것도 아니니 혼조차도 결함의 산물이기 때문이다. 그것은 영에 머물러 있는 것이다. 구원 그 자체는 영적인(pneumatic) 것임에 틀림없다. 그노시스를 통해서 내면의 영적 인간은 구원 받는다. 따라서 우리에게는 보편 실재의 그노시스면 족하다. 이것이 참된 구원이다."[40)]

발렌티누스의 이러한 설명 역시 구원은 신에 의한 구원이라기보다는 마음에 내재해 있는 영지를 깨달음으로 오는 자신의 의식 변화가 구원이라고 할 수 있다. 그런데 불교에서의 부처의 깨달음도 마찬가지로 의식의 변화로 설명할 수 있다.

영지주의는 불교와의 공통점에 대해서 휠러는 다음과 같이 언급하고 있다.

"영지주의는 동양의 또 하나의 위대한 종교인 불교와도 유사성을

---

39) Ibid., p. 147.
40) Stephan A. Hoeller, 「Gnosticism: New Light on Ancient of Inner Knowing」, op. cit., p. 154에서 재인용.

갖는다. 무엇보다도, 불교의 최종 목표 - 영지주의의 궁극 목표에 정확히 상응하는 - 는 몸을 입은 존재로부터 벗어남으로써 미래의 모든 고통으로부터 자유로워지는 해탈(liberation)에 있다."[41]

이러한 상호 간의 공통점은 결국 의식의 변화를 목표로 하고 있다. 영지주의와 불교의 궁극적인 목적은 의식의 변화를 통해 나 자신이 바로 궁극적 실재와 하나가 되는 것이고, 이것이 구원이고 깨달음을 통한 '해탈'이라는 것이다.[42]

이에 유승종은 영지주의와 불교의 공통점이 있음을 다음과 같이 밝히고 있다.

"영지주의자가 말하는 기독교는 동양사상과 큰 차이를 알 수 없다. 오히려 영지주의는 불교와 더 유사하며, 정통 기독교와는 너무 다른 관점을 가지고 있다."[43]

"영지주의는 불교와 마찬가지로 인간의 구원을 깨달음에서 찾았다. 사실 '영지'라는 말에 이미 그 의미가 들어있다. 무지의 장막을 걷어내고, 밝은 빛 아래에서 삶을 있는 그대로 통찰하는 영지는 나 자신이 누구인지, 이 세상은 어떠한 세상인지를 분명하게 보여줄 것이다. 불교의 깨달음이 우리를 무명에서 벗어나게 해서 자유로운 존재로 변화시켜주는 것처럼, 영지는 우리를 세상의 억압에서 벗어나 자유로운 존재로 살아가게 할 것이다."[44]

---

41) 유승종, "영지주의와 불교의 상관성 연구", op. cit., p. 228.
42) Ibid., pp. 150-151.
43) Ibid., p. 151.
44) Ibid., p. 151.

제6장 현대 사상에 스며든 영지주의

1. 영지주의와 뉴에이지 운동

가. 뉴에이지 운동의 이해

뉴에이지 운동가들은 옛 시대가 지나가고 새 시대가 밝아 올 것이라고 말하고 있다. 따라서 현 세계의 철학적·종교적·정치적 구조는 전면적으로 재검토되어야 한다고 한다. 그리고 점성술에서는 이 변혁기가 '물병좌 시대'(the Age of Aquarius), 즉, 새로운 시작의 시대라는 것이다.[1]

바로 뉴에이지 운동은 1960년대 문자 그대로 새로운 시대의 도래를 외치는 일종의 종교 문화적 운동이다.[2] 그런데 뉴에이지(New age)라고

---

1) Douglas R. Groothuis, 「뉴에이지 운동」, 김기영 역, (서울: 한국기독학생회 출판부, 1993), pp. 6-7.
2) 임영금, "뉴 에이지 운동 소고"「神學理解」, (광주: 호남신학대학교 출판부, 2000), p. 169.

하는 이름으로 불리는 이 운동은 근본적으로는 1875년 신지학회가[3] 창립
하면서부터 사용된 술어이다. 그러나 이 용어는 신지학회에서 사용하던
용어이기는 하였으나 현재는 이 단체와 상관없이 사용되고 있다.[4]

뉴에이지 운동의 사전적인 의미를 살펴보면 NEW는 "새롭다"라는 뜻
이다. AGE란 말은 "나이, 시대(時代) 또는 세대"이다. 따라서 뉴에이지
운동(NEW AGE MOVEMENT)이란 말은 '새시대 운동'이라고 말할 수
있다. 그러나 뉴에이지에 대해 어떠한 정확한 정의를 내린다는 것은 쉽
지 않다. 왜냐하면, 뉴에이지 운동은 공식적인 단체가 있어 단체적으로
활동하지 않고 현대 문명을 벗어버리고 새로운 가치관을 통해 새 시대를
건설하자는 사상 지향적인 각종 운동을 통칭하는 말이기 때문이다.[5]

이러한 '뉴에이지 운동'은 '새로운 시대를 열자'는 운동이다. 그런데 새
로운 시대란 한 마디로 '인간이 곧 신이 되는 시대'를 말한다. 뉴에이지
는 인간 속에 '우주적 에너지(신)'와 직결되는 '신적인 불꽃'이 있는데, 깊
은 명상과 수행을 통해 육체와 물질의 장애물을 제거하고 인간의 정신과
마음을 계발하면 내면에 숨겨져 있던 '신적인 불꽃'이 활활 타올라(각성,
깨달음, 변혁) 마침내 인간이 초월적 신이 될 수 있다는 사상이다.[6]

뉴에이지 운동의 표어는 "모든 것은 하나"라는 것이다. 즉, 하나님과
세계, 정신과 물질, 인간과 자연, 육체와 영혼, 그리고 나와 너는 하나라
는 것이다. 이와같이 뉴에이지 운동은 존재하는 모든 것들 간에 하나의
거대한 정신 혼의 일치를 이루어 전체를 형성하려는 운동이다. 뉴에이지
운동이 지향하는 이러한 면은 일찍이 영지주의자 바실리데스가 우주를

---

3) 신지학회는 미국 뉴욕에서 러시아 출신의 헬레나 페트로브나 블래바트스키
   (H. P. Blavatsky)가 창시한 단체이다.
4) 임영금, "뉴 에이지 운동 소고"op. cit., pp. 169-170.
5) 강경호, 「바로알자! 뉴에이지 운동의 정체」, (경기: 한사랑가족상담연구소,
   2016), p. 25.
6) Ibid., p. 25.

하나의 내적으로 연결된 과정으로 간주했던 점과 동일한 사상이다.[7]

나. 뉴에이지 운동의 사상 원천

뉴에이지 운동의 중요한 배경으로는 먼저 동양종교인 힌두교와 함께 초월적 하나님 사상을 부정하는 그노시스주의를 들 수 있다. 그다음으로 전체주의(holism)와 강신술(降神術)·영매(靈媒) 사상 등을 들 수 있다.[8]

그런데 이러한 뉴에이지 운동은 특정한 종교나 철학적 기반을 가지고 출발한 운동이 아니라 시대적 상황에서 발생한 반문화 운동으로부터 출발하였다. 따라서 현재의 뉴에이지 운동이 가지고 있는 사상은 기존의 사상들이 필요에 따라 적절히 결합된 형태를 띠고 있다. 물론 여러 사상들이 뉴에이지 운동이 지니는 정신주의적 성격에 따라 재구성되면서 동양 사상이 중심을 이루고 있기는 하나 서구 문명의 사상적 근간이 된 그리스도교 사상과 서구 전래의 샤머니즘적 전통도 융해 결합되어졌다. 이러한 현상은 원래 뉴에이지 운동을 주도한 것이 서구인들이었기 때문이다.[9]

서양시대를 지탱시켜주던 종교가 그리스도교이다. 그런데 이런 그리스도교 사상을 철저히 배격하고 하나님만이 유일한 신이 아닌 "인간도 신이 될 수 있다"는 논리의 틀을 만들어 주는 동양의 종교들 – 불교나 힌두교 같은 것들 – 과 신비주의 요소들, 즉, 그리스도교의 정서에 반대되는 종교들이나 사상들을 모두 흡수하는 대표적인 반그리스도교 운동이 뉴에이지 운동이다.[10]

---

7) 근광현, 「기독교 이단 길라잡이」, (서울: 도서출판 누가, 2003), p. 298.
8) "현대 크리스천이 알아야할 사상(2)-뉴에이지 사상(1)", http://cafe.daum.net/kcmc91/8V7U/697
9) 엠마오 편집부, 「뉴 에이지」, (서울: 도서출판 엠마오, 1996), p. 39.
10) 강경호, 「바로알자! 뉴에이지 운동의 정체」, op. cit., pp. 25-26.

이러한 뉴에이지 운동에는 동양의 종교들과 영지주의, 심령과학 등이 종합되어 등장한다. 이것들은 사탄의 매개, 영매들을 통하여 전해오는 비밀의 원리이다. 그리고 모든 종류의 무속이나 심령주의는 바로 여기에 속하고 있다. 여기에 투시, 점치는 것, 최면술, 점성술, 명상, 관상, 수상, 요가, UFO, 여기에 새로 대두되는 마녀숭배와 윤회설, 게르만 민족의 신비주의, 범신론적 견해들이 첨가된다. 그러나 이것들이 추구하는 뉴에이지 운동의 근본 동력은 경배를 받고 싶어하는 사탄의 소원이 그것이다.[11]

(1) 힌두교와의 결합

인도는 고대 문명의 발상지로서 아주 오래된 종교적, 사상적 전통을 지녀 왔다. 특히 약 200년 동안 영국의 식민지였던 인도는 동양세계 중에서 서구인들에게 가장 널리 알려져 있었으며, 명상 및 요가로 대표되는 밀교(密敎)의 모습은 반문명적인 생각을 가진 서구인들에게는 신비 그 자체로서 엄청난 매력을 주어왔다.[12]

주전 약 1500년경에 발생하기 시작한 힌두교는 베다(Veda) 시대를 거쳐 우파니샤드(Upanischads) 시대 – 이것은 주요 경전을 기준으로 나눈 시대 분류다 – 에 이르러 중심사상이 체계적으로 세워졌다.[13]

힌두교의 중요한 사상은 '브라만'과 '아트만'이다. '브라만'(Brahman)은 태초부터 있었고 제신(諸神)을 창조하고 각 신으로 하여금 이 세계를 다스리게 한 바로 우주적 본체(宇宙的本體)이다.[14]

한편 '아트만'(Atman)은 본래 '입김', '호흡'(呼吸)을 뜻하는 말이었으

---

11) Ibid., p. 48.
12) 엠마오 편집부, 「뉴 에이지」, op. cit., p. 40.
13) Ibid., p. 40.
14) Ibid., p. 40.

나, 나중에는 '본질', '독자적인 자아'(獨自的自我)라는 뜻으로 전용되었다.[15] 아트만(Atman)은 영혼이 있는 모든 살아있는 존재들 속에 영원한 원리가 있으며 우주에 생명을 불어넣는 '우주적 정신'을 가리킨다. 이 아트만 사상은 유일한 궁극적 실재인 브라만 개념과 연결된다.[16]

이 아트만은 인간이 일단 육체를 벗어버리고 나면 지니는 그 나머지의 활력적(活力的)인 의미를 지닌 자아(이것을 영혼이라고 부를 수 있다.)이다. 그런데 우파니샤드의 가장 중요한 개념은 바로 이 우주적 본체인 '브라만'과 인간의 진정한 자아인 '아트만'은 '하나'일 수밖에 없다는, 즉, "브라만은 아트만과 하나"라는 범아불이(梵我不二) 범아일여(梵我一如) 사상이다. 이러한 우주와 인간은 하나라는 사상은 바로 인간이 스스로 영적인 각성을 통해 인신(人神)이 됨으로 세계의 주인이 될 수 있고 세계를 변혁시킬 수 있다는 뉴에이지 운동의 사상적 기반이 된 것이다. 또한 인간은 스스로의 업(karma; 業)에 의해 슈드라(chudras; 노예), 바이샤(vaisya; 자유인), 크사트리아(ksatriya; 왕공귀족), 브라만(brahman; 승려) 등의 네 계급으로 환생하기 때문에 외부세계에 대한 일체의 관심이나 욕망을 깨끗이 뿌리치고 금식, 절대 안온, 침묵, 지극히 철저한 정신 통일과 자기 극기를 통해 보다 높은 차원의 삶으로 높여갈 수 있다. 그리고 요가 및 명상 등을 통해 깨달음을 얻음으로 인간은 점차 정신적 진화를 이루어가고 마침내 니르바나[nirvana, 열반(涅槃), 해탈(解脫)]의 인신(人神)의 경지에 이를 수 있다는 사상은 뉴에이지 운동 사상과 맥을 같이 하고 있다.[17]

이성에 의한 진리의 깨달음보다는 명상, 요가, 수행 등에 의한 깨달음을 강조하는 힌두교의 밀교적 전통은 '신지학회'나 뉴에이지 운동 전반에

---

15) Ibid., p. 40.
16) 박영호, 「뉴에이지 운동 평가」, (서울: 기독교문서선교회, 1992), p. 44.
17) 엠마오 편집부, 「뉴 에이지」, op. cit., pp. 40-41.

걸쳐 가장 큰 영향을 미쳤다. 이러한 힌두교의 사상은 뉴에이지 운동의
가장 중요한 사상적 기반을 제공하였다. 특히 밀교적 전통은 뉴에이지
운동의 방법론에 막대한 근거를 제시했다고 볼 수 있다.[18]

(2) 불교와의 결합

주전 563년 북인도에서 출생한 싯다르타 고오타마(Shiddharta
Gautama)에 의해 창시된 불교는 힌두교의 한 분파라고 할 수 있다. 원
래 힌두교 국가에서 왕족으로 태어난 싯다르타는 사고(四苦: 生・老・
病・死)에 시달리는 백성들을 보고 새로운 진리를 깨닫기 위해 출가하여
수많은 고행을 거친 후 보리수 밑에서 7년간의 명상을 통해 깨달음을 얻
었다. 싯다르타의 중요한 가르침은 사성제(四聖諸)와 팔정도(八正道)이다.
즉, 모든 삶은 번뇌이다(苦聖諸). 모든 번뇌는 욕망에서 싹튼다(集聖諸).
욕망과 번뇌를 없앰으로 생의 번뇌를 없앨 수 있다(滅聖諸). 모든 것은
팔정도를 행함으로 없어진다(道諸). 또한, 팔정도는 올바른 신앙(正見),
올바른 사유(正思惟), 올바른 말씨(正語), 올바른 행동(正業), 올바른 생활
(正命), 올바른 노력(正精道), 올바른 회상(正念), 올바른 자기 몰입(正立)
등이다.[19]

이처럼 만물을 범신론적 입장에서 하나로 보는 불교의 견해와 업
(karma)에 따라 세계가 윤회하는 것으로 파악하는 운동 법칙은 힌두교
와 더불어 뉴에이지 사상에 영향을 미쳤다. 특히 세계를 영원한 활력을
지닌 명아(命我), 또는 개체적 영혼(Jiva; 지바)과 생명력이 없는 물질
(Ajiva; 아지바)로 나누고 물질에 의해 갇혀서 무한한 능력을 펼치지 못

---

18) Ibid., p. 41.
19) Ibid., pp. 41-42.

하는 지바(Jiva)의 탈물질적 해탈을 주장하는 쟈이나 불교(Jaina 佛敎)는 인간이 제한된 육체적 상태를 벗어나 영적인 상태(mental 狀態)에 도달함으로 인신(人神)이 될 수 있다고 주장하는 뉴에이지 운동의 이원론적 사고방식에 결정적인 영향을 미쳤다.[20]

(3) 그리스도교 사상과의 관계

외견상으로 볼 때 그리스도교와는 아무런 연관성이 없고 오히려 극단적인 대립의 양상을 띠고 있는 뉴에이지 운동의 지도자들이 그들의 사상을 설명할 때 성경을 많이 인용하는 것은 매우 아이러니한 일이다. 그러나 실제로 모든 종교의 진리성을 주장하는 뉴에이지 운동에서도 그리스도교를 굉장히 배타적으로 평가하고 있다. 이러한 태도는 그리스도교가 타종교에 대해 개방적이지 못하고 배타적인 폐쇄성을 가지고 있기 때문이라고 주장한다. 특히 유대교에 대해서는 아주 극단적으로 평가한다. 실제로 '신지학 협회'의 창시자 블래바트스키가 쓴 「신지학의 열쇠」란 책에도 성경 내용이 자주 등장하고 있다(예컨대, 막4:11; 창9:25; 요1:5 등). 이들이 성경, 특히 예수님의 가르침을 매우 중요하게 보는 것은 예수님을 메시아(또는 구세주)로 인정하고 있기 때문이다. 그러나 이들이 인정하는 예수님의 메시아직은 물론 그리스도교에서 말하는 메시아란 개념과는 다르다.[21]

뉴에이지 운동의 사상에도 구세주가 포함되어 있다. 즉, 인류의 역사를 통해서 지구보다 훨씬 더 고급화된 세계에 존재하는 초인(超人)들이 인류를 구원하기 위하여 끊임없이 지구로 내려와 그들에게 진리의 비밀

---

20) Ibid., p. 42.
21) Ibid., pp. 42-43.

을 전한다는 것이다. 과거의 석가, 모하메드, 예수, 소크라테스 등 인류 역사상 위대한 인물들이 다 구세주로 나타난 여러 초인이었다는 것이다. 이런 관점에서 예수님의 여러 가르침들 특히 인류애와 천국의 비밀에 관한 가르침은 뉴에이지 운동의 사상에 중요한 근거가 되고 있다. 특히 뉴에이지 운동 계열에서 발간한 「예수의 잃어버린 세월」, 「예수와 붓다의 대화」 등의 책들을 통해 예수는 그의 공생애를 시작하기 전에 히말라야의 사원에서 비의(秘意)를 가르침 받았으며 「예수의 잃어버린 세월」에서는 예수가 히말라야 티벳에 있는 사원에 머물러 있었다는 기록이 이사(書)에 기록되어 있다고 주장한다(물론 지금 그 '이사'가 공식적으로 확인되지는 않았다). 바로 붓다의 가르침을 받은 제자였다고 주장하고 있는 것이다.[22]

한편으로 예수님에 대한 뉴에이지 운동의 견해는 그리스도교의 영지주의(Gnostic)와 유사한 입장을 지니고 있다. 영지주의 분파는 예수님의 인성(人性)을 부인한다. 즉, 지상에 나타날 예수님의 육체는 아무것도 아니며 예수님을 하나님께서 이 세상에 보내신 피조물로 구세주의 한 분으로 파악하고 있다. 따라서 예수님의 육체적인 부활도 아무 의미가 없는 환상적인 사건이라고 본다. 또한, 구원에 있어서 가장 중요한 것은 자신 밖에 있는 외적 대상으로서의 하나님이 아니라, 마음속에 있는 신성(神性)을 발견하는 자아의 깨달음이다.[23]

"천국은 마음에 있다"는 가르침은 불교의 "불성이 마음에 있다"는 가르침과 일맥상통하며, 한 종교가 다른 종교보다 우월한 것이 아니라 모든 곳에 진리가 있다는 주장은 뉴에이지 운동에서 주장하는 "모든 것은 하나이다"라는 사상과 인간의 육체는 아무 쓸모 없으며 중요한 것은 영

---

22) Ibid., p. 43.
23) Ibid., p. 43.

적인 구원에 있다는 이원론적 사고와 맥을 같이하고 있다. 이상에서 살펴볼 때 영지주의의 이원론적이며 신비주의적인 가르침에 대한 교리가 후대에 동양의 신비주의와 이원론에 뿌리를 둔 뉴에이지 운동의 사상적 조류와 일맥상통함으로 뉴에이지 운동의 지도자들이 성경과 예수를 영지주의적 전통의 관점에 따라 해석하고 있는 것으로 파악할 수 있다.[24]

(4) 사탄주의(Satanism)와의 관계

그리스도교 입장에서 뉴에이지 운동이라는 말을 들을 때 머리에 떠오르는 것은 사탄 숭배라는 단어일 것이다. 지금까지 발간된 뉴에이지 운동에 관한 일부 비판서들은 뉴에이지 운동을 말세에 나타나는 사탄의 활동이라고 보고 있다. 또한, 뉴에이지 운동에서 이야기하는 인간 영력(靈力)의 확대인 심령술, 최면술, 텔레파시, 초능력 등은 실로 지금까지 그리스도교인들이 생각해오던 거대한 사탄의 능력이 아니고서는 불가능한 것이기 때문이다.[25]

그러면 왜 뉴에이지 운동이 사탄적이라고 말하는 것일까? 그것은 뉴에이지의 근본정신이 "예수님 없이도 이 세상은 낙원이 될 수 있으며 인간은 신이 될 수 있다"라는 것이기 때문이다.[26]

뉴에이지 운동가들은 모든 종교를 종합하려고 시도한다. 즉, 하나님과 이방의 모든 신들을 동등하게 취급하려는 것이다. 이들은 서로 반대되는 모든 대립을 소멸시키기 위해 과학과 미신을 같은 단계로 보고 근본적인 선과 악이란 존재치 않는다고 주장한다.[27]

---

24) Ibid., pp. 43-44.
25) Ibid., p. 44.
26) 김웅광, 「뉴에이지 운동의 정체」, http://cafe.daum.net/kcmc91/8V7U/196
27) Ibid.,

이제 뉴에이지 운동이 사탄 숭배를 추구한다는 이 문제를 풀기 위해 우리는 먼저 사탄주의(Satanism)의 일반적인 현상을 살펴볼 필요가 있다. 그런데 사탄주의는 대개 다음과 같은 몇 가지의 특징을 가지고 있다.[28]

첫째는 사탄으로부터 힘을 얻기 위해 누군가의 억울한 희생을 요구한다는 점이다. 예수님께서 사탄으로부터 부귀와 명예의 대가로 믿음과 자신의 메시아직을 포기할 것을 요구받은 것이라든가 몰록 숭배에서 아이를 희생제물로 드리는 것 등이 그 예이다.

둘째, 비도덕적인 모습이다. 여기에는 오직 쾌락의 추구만을 위한 집단 섹스, 살인 등이 포함된다.

셋째, 환각이다. 진실이 아닌 거짓으로 사람들을 유혹하기 위해 환각적인 상태로 사람들을 끌어들인다. 또 마약 등의 방법이 사용된다.

넷째, 참된 삶의 목적을 버리고 오직 이기주의만을 추구하게 한다. 지속적인 삶의 목표보다 순간의 쾌락을 추구하게 하고 남의 이익보다 자신만의 이익을 추구하게 한다.

그렇다면 뉴에이지 운동은 어떤 모습인가? 먼저 '신지학 협회'의 창설자 블래바츠키는 「신지학의 열쇠」에서 자신들의 모습이 연금술(alchemy), 마술, 사령(死靈)과의 교통에 의한 복술(卜術), 점성술과 같은 비전(秘傳)적 특성이나 초능력의 가상적인 작용과 같은 중세기적 현상과는 다르다고 주장한다. 물론 현대인들이 말하는 신비적 현상(Occultism)을 완전히 배제하는 것이 아니라 그것을 추구하지만, 무의식적 흑마술(사탄적 경향)로는 진정한 신비학도가 될 수 없다고 한다.[29]

흔히 사람들이 믿는 성스러운 기적이나 초자연적인 것들은 자연의 숨

---

28) 엠마오 편집부, 「뉴 에이지」, op. cit., p. 44.
29) Ibid., pp. 44-45.

겨진 작용에 대한 정확한 지식이 있으면 누구나 이해할 수 있고 행할 수 있는 것으로 파악하고 있다. 또한, 사탄주의와 같이 사탄이란 특정한 존재에 의존해서 특별한 능력을 얻는 것이 아니라 자연의 법칙을 이해하고 영적 각성을 얻게 되면 비교적(秘敎的) 능력을 갖게 된다는 것이다. 가장 중요한 것으로 블래바트스키는 신지학 회원은 오히려 가장 고상한 도덕적 이념을 실천해야 하며 전 인류의 화합을 실현하도록 노력하지 않으면 안 되며 다른 사람들을 위하여 끊임없이 일을 해야 한다는 것을 강조하고 있다.[30]

뉴에이지 운동은 비교(occult)를 추구하고 있으나 이 운동 모두가 사탄주의(Satanism) 그 자체라고 평가할 수는 없음에도 불구하고 전체 흐름은 그 반향으로 흘러가거나 이용하고 있음은 경계해야 한다. 왜냐하면, 현재 뉴에이지 운동을 추구하는 사람이나 집단 중에 사탄주의의 형태를 따르는 부류가 많기 때문이다. 그리고 그것은 원래 뉴에이지 운동이 발생한 원인과 과정에서 이해할 수 있다. 바로 뉴에이지 운동의 사상적 기반은 동양 사상이지만, 실제로 주도한 것은 서구인들이다. 이들 서구인들은 기계적이고 과학적인 문명에 대한 반문화 운동으로 시작하였기에 비과학적인 심령술, 영매, 초능력 등에 대해 편향적인 매력을 가지게 된 것이다. 그런데 이런 부분에는 동양과 마찬가지로 서양에서 지속되어온 비교(秘敎)적 전통, 특히 점성술, 영매 등이 여전히 존재하고 있었다. 또 뉴에이지의 사상에 대하여 온전히 이해하지 못한 추종자들은 비교적 전통이면 무엇이나 무비판적으로 따르고 수용하게 된 것이다. 이러한 이유로 사탄주의적 경향들은 뉴에이지 운동의 맹점을 뚫고 일정 부분 자리 잡게 된 것이다.[31]

---

30) Ibid., p. 45.
31) Ibid., pp. 45-46.

다. 뉴에이지 운동에 대한 비판

뉴에이지 운동의 핵심은 인본주의-휴머니즘, 일원론, 범신론, 다원주의, 생태학, 환생(reincarnation), 심령술(spiritism), 영지주의, 신과학(new science), 신비적 영성(spirituality) 등이다. 이것들은 그리스도교의 교리에 정면으로 위배 된다.[32]

뉴에이지의 신관은 창조주이며 인격적이신 하나님을 빛이라든가 기라든가 정신, 힘 등 비인격적 우주의 에너지로 규정하고 있다. 모든 인간은 죄인이며 구원받아야 할 존재임을 성경은 명백히 밝히고 있지만, 저들은 인간이 근본적으로 내재된 신성의 힘(잠재력)을 가지고 있기 때문에 이것을 개발하기만 하면 위대한 존재, 즉, 초능력자가 된다고 가르치고 있다.[33]

뉴에이지 운동의 표어는 범신론에서 비롯되었지만, 그 가치관은 그리스도교의 일신론과 자연주의에서 취한 것이다. 따라서 뉴에이지 운동 그리스도교와 동양종교 그리고 자연주의 내지는 범신론 철학의 혼합 운동이라 말할 수 있다. 또한, 이런 점에서 뉴에이지 운동은 동양종교, 헬라철학, 그리고 그리스도교를 배경으로 발생하였던 초기교회 영지주의와 매우 흡사한 성격을 가지고 있다. 그러므로 오늘날 홍행하는 종교혼합주의 운동으로서의 뉴에이지 운동은 초기교회 영지주의 운동의 재현이라고 말할 수 있다.[34]

뉴에이지 운동의 영지주의 성향에 대하여 좀 더 구체적으로 파악하려

---

32) 최덕성, "뉴에이지 운동의 영향을 강하게 나타내는 기독교 5대 그룹", 「크리스천투데이」, 2021. 4. 3.
33) 신상언, 「사탄은 마침내 대중문화를?」, (서울: 낮은울타리, 1999), p. 110.
34) 근광현, 「기독교 이단 길라잡이」, op. cit., pp. 298-299.

면, 뉴에이지 운동가들이 즐겨 사용하는 언어나 생활 태도를 살펴볼 때 발견할 수 있다. 이들은 대체적으로 혼합주의적이고 반제도적인 성격을 가지고 있다. 또한, 인간의 자기 발견과 고취에 관심을 가지나 죄 개념이 희박하고 페미니즘의 요소를 부각시키는 특성을 가지고 있다. 특히 이 가운데 인간의 자기 발견과 고취에 의하여 하나님을 인식하려는 방식은 영지주의 성향에 가장 흡사한 핵심적 내용이다.[35]

러셀 챈들러(Russel Chandler)에 의하면, 뉴에이지 운동은 인간 자신이 신성을 소유하고 있음에도 불구하고 그 사실에 대하여 무지하다. 때문에 인간들은 이것으로부터 각성되어야 한다는 사실을 핵심과제로 전제하고 있다. 뉴에이지 운동가들은 잠자고 있는 높은 자아란 일깨워질 수 있는 것이라고 한다. 그리하여 그들은 인간 개개인은 다양한 의식 변화와 기술 그리고 심리학적 기교를 통해서 자신의 신적 본성을 실현해야 한다는 사실을 강조하였다. 그들의 주장에 의하면, 인간 자신 안에 있는 신적 본성 실현은 영과 혼과 몸의 결합 원리인 궁극적인 존재와의 연합을 통하여 성취된다고 한다.[36]

쉴레이 맥레인(Shirley MacLaine)과 다른 뉴에이지 운동가들은 이 같은 일련의 과정을 통하여 전체의 모든 실재가 종국에는 신이 된다고 주장한다. 이들은 힌두교에서 궁극적 실재인 '브라만'과 인간의 자아인 '아트만'과의 합일을 최종 목표로 강조하고 있는 점을 차용하여 인간들이 바로 모든 실재의 중심으로서 신이 되어야 한다고 주장하는 것이다.[37]

이들 뉴에이지 운동이 말하는 인간의 자기 인식 개념은 인간 안에 신의 불꽃 혹은 신의 파편이 내재한다고 가르쳤던 영지주의자들의 하나님 인식 개념과 별반 다를 바가 없는 것이다. 뉴에이지 운동가들이 인간의

---

35) Ibid., p. 299.
36) Ibid., p. 299.
37) Ibid., pp. 299-300.

구원이란 신앙에 의한 것이 아니라, 새로운 자기의식을 통해서 주어지는 것이라고 주장하는 데에서 이 점이 잘 증명되고 있다.[38]

　뉴에이지 사상가들은 영지주의자들처럼 '남-여성의 자웅동체' 개념을 가지고 있다. 이들은 영지주의자 발렌티누스와 같이 사물을 합리적이고 분석적인 남성적 사고를 가지고 인식하기보다는 신비적인 영적 인식을 추구하는 여성적인 사유를 채택하였다. 이에 뉴에이지 운동가 휴스턴 (Jean Houston)은 우리가 인간이 가지고 있는 본성과 신성에 대하여 제대로 정의하기 위해서는 보다 신비적인 의미를 담고 있는 여성 신을 부각시킬 필요가 있다고까지 주장하였다. 그의 주장에 의하면, 종교는 창조적이고 여성적인 원리를 가지고 있으며, 이것이 없는 종교는 부적절한 종교라고 한다. 이처럼 자아 인식 체험 자체를 가리켜 참다운 하나님 인식으로 간주하는 뉴에이지 운동가들은 이를 바탕으로 하여 그 어떤 외형적인 제도나 핵심적인 교리, 그리고 심지어 인간이 가지고 있는 실재적 죄 개념까지도 부인하는 쪽으로 나아갔다. 이 점은 영지주의자들과 동일한 현상이었다. 그리하여 뉴에이지 운동가들은 영지주의에서와 같이 인간이 하나님 인식에 도달하지 못하는 주요 원인을 인간의 본질적인 무지에서 비롯된 것으로 간주하고, 인간이 이를 극복하여 인간 자신의 내면속에 있는 신성을 깨달아 알기 위해서는 요가나 심리적인 치료를 필요로 한다고 주장하였다.[39]

　뉴에이지 운동의 신관과 그리스도론에서도 영지주의 성향이 나타나 있다. 뉴에이지는 하나님의 창조를 거부하고 자연의 진화를 주장한다. 이러한 주장은 그들이 가지고 있는 범신론적인 세계관에 의해 비롯된 것이었다. 그래서 이들은 하나님의 존재를 가리켜 묘사할 수 없는 비인격적

---

38) Ibid., p. 300.
39) Ibid., pp. 300-301.

인 존재로 간주하였다. 그리스도론에 있어서도 뉴에이지 사상가들은, 인간 예수를 완전히 부정한 것은 아니 했으나, 이들 중 대다수 사람들은 예수께서는 상당한 정도로 계발된 정신을 소유하고 있는 그리스도 가운데 한 사람이라고 주장하였다. 그리고 뉴에이지 운동가들은 인간을 악하거나 죄 있는 존재로 간주하지 않는다. 그 결과 예수 그리스도의 십자가 사건으로 말미암는 속죄 사역을 부정하는 경향을 띤다. 실제로 뉴에이지 운동가들은 인간이 죄에서 구원받기 위해 구원자가 필요한 것이 아니라고 주장한다.[40]

뉴에이지 운동가들은 장차 오실 그리스도 개념에 대해서도 예수의 성육신을 거부함으로써 비역사적인 종말 개념을 갖고 있었던 영지주의자들과 매우 흡사한 견해를 가지고 있었다. 뉴에이지 운동가 베일리는 재림주를 '마이트레야'(미륵, Maitreya)라고 불렀다. 이 'Maitreya'란 미래에 나타날 붓다를 가리키는 불교적인 용어였다. 불교 전통은 이 "Maitreya"의 출현을 역사적 사건 속에서가 아니라, 이를 구하는 자들의 계몽과 지혜 성취를 통해 나타나는 것으로 가르치고 있다. 이와같이 뉴에이지는 불교의 용어를 빌어 재림 주를 설명할 정도로 종교혼합주의적인 요소를 가지고 있음을 볼 수 있다. 이런 의미에서 메다르드 케엘(Medard Kehl)이 종교혼합주의 물결로서의 뉴 에이지 운동은 다름 아닌 '신 영지 운동'(Neo-gnosis Bewegung)의 한 일종이라 하였다. 실로 뉴 에이지 운동은 신비적이고 범신론적이며 신지학적인 전통을 모두 소유하고 있는 현대판 영지주의 운동의 재현인 것이다.[41]

영지주의에 영향을 받은 뉴에이지 운동은 사탄적이라고 할 수 있다. 왜냐하면, 뉴에이지의 근본정신이 바로 예수님 없이 이 세상은 낙원이

40) Ibid., p. 301.
41) Ibid., pp. 301-302.

될 수 있으며 인간은 신이 될 수 있다는 것이기 때문이다. 이에 뉴에이지 운동가들은 모든 종교를 종합하려는 시도를 한다. 즉, 하나님과 이방의 모든 신들을 동등하게 취급하려는 것이다. 이들은 서로 반대되는 모든 대립을 소멸시키기 위해 과학과 미신을 같은 단계로 보고 근본적인 선과 악이란 존재치 않는다고 주장한다. 따라서 뉴에이지 운동의 추종자들은 인간 최고의 목표는 자신의 행복을 추구하는 것이지 하나님의 뜻대로 사는 것이 아니라는 것이다. 그것은 결코 그리스도인들이 기준으로 삼는 죄에 대한 개념을 인정치 않는다. 지금까지 인간이 추구해 오던 정의의 의미를 완전히 변색시키고 있는 것이다.[42]

2. 영지주의와 종교다원주의 신학

라다크리슈난(Sarvepalli Radhakrishnan)은 "영지주의는 헬라(플라톤적인 요소)와 힌두적인 요소를 혼합하려는 신중한 시도였다. 그것은 혼합주의적 종교사상 전체 체계에 관한 명칭으로서 그리스도교 초기보다 앞섰던, 또는 그 시기에 로마제국 동쪽지역에 널리 성행했던 서로 다른 교의를 가진 다양한 분야를 망라한다."[43]라며 혼합주의적으로 향하게 한다고 하고 있다.

영지주의가 헬레니즘 사회에서 생겨난 종교혼합주의 운동으로서 그모태가 유대교 영지주의라는 견해가 있다. 실상 영지주의는 알렉산드리

---

42) "달콤하게 젖어드는 사탄문화", 「국민일보」, 1992. 3. 13.
43) Sarvepalli Radhakrishnan, 「동양종교와 서양사상」, 김형준 역, (서울: 무우수, 2004), p. 39.

아를 중심으로 한 유대교 디아스포라 사이에서 헬라철학을 접한 사람들이 유대교를 재해석하면서 생겨난 사상운동이라는 것이다. 유대인들이 헬라사상을 접한 것은 기원전 4세기경부터인데 팔레스타인 지방은 그 후 급격하게 헬레니즘화되었다. 그 과정에서 기원전 2세기 안티오커스 에피파네스 왕은 예루살렘을 황폐화시키고, 구약성경을 불태웠으며, 성전을 더럽히는 등 유대교를 멸절시키려고 하였다. 그에 따라서 기원전 167년 마카비 반란이 일어났고 유대교 사회는 커다란 고통을 당하였다. 이런 혼란 속에서 유대인들은 자연히 그 전까지 그들의 세계관을 형성하게 했던 유대교를 그리스 철학사상으로 재해석하려고 했는데 영지주의는 그런 운동 가운데 하나였다. 그래서 그들은 그들의 구약성경과 종교적 전통을 그들이 새롭게 접하게 된 종교문화에 비추어 보면서 우의적(allegorical)으로 해석하려고 하였다. 그 전까지 팔레스타인이라는 좁은 지역에서 유대교 율법 아래 살던 사람들이 알렉산더 대왕의 동방원정으로 그리스 철학을 접하고, 로마 제국에서 더 많은 종교와 문화를 접하자 사상의 지평이 넓어지면서 분열상을 보이며 생겨났다.[44]

영지주의 문서에는 이교도 신화와 유대인 신화가 서로 뒤섞여 있다. '바룩(Baruch)'이라고 불리는 영지주의 문서에는 이교도 점성술과 유대인의 천사개념이 합성되어 있다. 하나님 아버지는 12천사를 창조했고, 이 천사들은 이교도의 12 황도와 동일한 우주를 에워싸고 지배한다. 이 문서는 하나님을 유대인처럼 엘로힘(Elohim)이라고 칭하지만, 엘로힘을 제우스와 동일시한다는 이러한 언급은 영지주의자들이 유대 그리스도교의 신을 받아들이지만, 유대 그리스도교와는 동일한 신이 아니라는 것으로 정통 그리스도교도와는 상이한 해석을 하고 있다.[45]

---

44) 김성민, "영지주의와 C.G. 융과 분석심리학", 「心性硏究 24」, (서울: 한국분석심리학회, 2009), pp. 249-250.
45) 유승종, "영지주의의 궁극적 실재연구", 「철학·사상·문화 제11호」, (서

유대교처럼 그리스도교는 혼합종교를 단호하게 거절했다. 심지어 원천으로 여길 수 있는 유대교에 순응하려고도 하지 않았다. 율법준수를 강조한 '유대화'에 대하여 바울은 갈라디아인들에게 호통치면서, "그러나 우리나 혹 하늘로부터 온 천사라도…다른 복음을 전하면 저주를 받을지어다"(갈1:8) 하였다.[46]

정통 그리스도교는 유일신관을 가지고 있으나 미스테리아 종교의 신은 다신교의 특징을 가지고 있다. 그러나 정통 그리스도교에 대한 이러한 주장은 미스테리아 종교의 신명이 지역에 따라 다르다는 점에 기인하는 것으로 보인다는 견해를 가지고 있는 것이 영지주의다.

그러나 대부분의 이교에서도 유일신의 관념을 가지고 있으며, 그들의 신이 유일신이라고 주장한다. 또한, 이러한 유일신관은 오래된 것이라고 하고 있다.

> "이집트에서 이미 수천 년 동안 존재해 왔던 것이다. 그들에게 하나인 신은 감히 입에 담을 수 없는 존재였고, 석상으로 표현할 수도 없는 존재였다. 이집트의 미스테리아에서 오시리스는 그처럼 지고한 존재였고, '세계의 상속자이자 유일한 신'으로 선언되었다. 여러 고대 이집트 비문을 보면 이교도와 그리스도교인의 신에 대한 개념이 사실상 얼마나 유사한지 여실히 나타난다. '신은 오직 하나이시며, 함께 존재하는 다른 신은 없도다. 신은 만물을 만든 분이시다. 신은 처음부터 있고 처음부터 지금까지 있었도다. 다른 어떤 것도 존재하지 않을 때에도 존재했으며, 신이 존재하게 된 후 존재하는 모든 것을 창조하셨도다. 신은 태초의 아버지이시다.'"[47]

울: 동국대학교 동서사상연구소, 2011), p. 11.
46) Harold O. J. Brown, 「Heresies」, 라은성 역, 「교회사 안에 나타난 이단&정통」, (서울: 도서출판 그리심, 2001), p. 102.
47) Timothy Freke & Peter Gandy, 「The Jesus Mysteries: Was the

이처럼 이교도의 신 역시 세상을 창조한 유일신이라고 주장한다. 단지 그리스도교인들은 한 신이 다양하게 나타날 수 있다는 것을 인정하지 않을 뿐이라고 왜곡된 주장을 한다. 그러나 이러한 유일신의 속성을 가진 신은 이 세상에 다양한 모습으로 나타날 수 있다는 것은 인도 종교에 나타나고, 불교에서도 그렇다. 하나의 본질이 현실 세계에 다양한 모습으로 나타나는 것으로, 우리는 이 현실 세계에 나타나는 개개의 신을 통해 궁극적인 신에 도달할 수 있다는 것이다.[48] 즉, "이교도들은 개별 남신이나 여신 숭배를 통해 하나인 신을 숭배할 수 있었다. 그래서 신의 다른 국면을 선택한 이웃들과도 충돌할 일이 없었다"는 것이다.[49]

그러나 유대 그리스도교인들은 자신들이 신앙하는 신만이 유일한 신이며, 다른 신들을 인정하지 않음으로써, 배타적인 성격을 가지게 된다. 여기에서 이 점이 동일한 신을 믿고 있음에도 그 이해에 있어서는 영지주의와 커다란 차이점이 나타나고 있다. 이러한 영지주의에 영향이 다원주의나 혼합주의를 향해가게 하였던 중요한 영향을 주었다고 필자는 보고 있다.

이러한 영지주의가 어떻게 하여 혼합주의적 특성을 가지게 되었을까? 이에 헤롤드 브라운(Harold O. J. Brown)은 두 가지 이유가 있다고 하고 있다. 그 하나는 정경적 신약성경이나 일반적으로 인준된 그 어떤 신조라도, 골치 아픈 영지주의가 일어났을 때, 순회하고 있지 않았다는 것이고, 둘째로, 2세기 전반에 '선한 황제들'의 치하에서 핍박이 전혀 없었기

"Original Jesus" a Pagan God?」, 승영조 역, 「예수는 신화다」, (서울: 동아일보사, 2002), pp. 145-146.

48) 유승종, "영지주의의 궁극적 실재연구", op. cit., p. 138.

49) Timothy Freke & Peter Gandy, 「The Jesus Mysteries: Was the "Original Jesus" a Pagan God?」, 승영조 역, 「예수는 신화다」, (서울: 동아일보사, 2002), p. 147.

때문에 그들은 안전하게 그리스도교 안에서 활동할 수 있었다. 헬라적 세계가 큰 수정 없이 그리스도와 통합하려 했던 것처럼 그리스도교인들은 영지주의를 깊게 다루지 않았으며 영지주의를 한 수단으로 교회에 소개했다. 예수님과 그의 처음 제자들이 너무나도 강한 충격을 지중해 세계에 끼쳤기 때문에 간과될 수 없었지만 그의 메시지는 헬라문화와 너무 상반되었기 때문에 쉽게 수용되지 않았을 뿐 아니라 오히려 그 문화에 순응하려고 노력했다.[50]

그런데 영지주의에 비관적인 색채가 강하고, 종말론과 구원론이 두드러진 것은 그 당시 유대인들이 과거의 세계관에서 벗어나 새로운 세계에 맞는 새로운 종교사상을 찾으려고 했다. 그래서 K.루돌프는 영지는 그보다 먼저 있었던 묵시문학 운동과 지혜문학 운동의 흐름에서 나온 또 다른 운동이라고 주장하였다. 묵시문학은 다니엘서에서 보듯이 "이 세상은 멸망할 수밖에 없으며, 그다음에 구속받은 사람들의 새로운 세계가 온다"는 묵시(默示)를 기록한 것이고, 지혜문학은 욥기에서 보듯이 유대인들이 그리스 철학을 접한 다음 새로운 세계관으로 그들의 종교전통을 재해석한 것이기 때문이다. 자연히 묵시문학에서는 이원론적이고 비관주의적 색채가 강하고, 지혜문학에서는 사변적이고 희의적 색채가 강하게 나타난다. 그러다가 영지주의는 나사렛 예수라는 위대한 인격을 접하고 급격하게 변화되어, 예수 그리스도를 그들이 종래 말해왔던 구속자(redeemer)인 아담, 세트 등과 대치시키거나, 그들을 잇는 인물로 그리게 된다. 그러면서 어떤 집단에서는 영지주의의 그리스도교화가 이루어졌고, 다른 집단에서는 그리스도교의 영지주의화가 이루어지면서 영지주의는 그리스도교와 밀접한 관계 속에서 발달하거나 소멸하였다.[51]

---

50) Harold O. J. Brown, 「Heresies」, 라은성 역, 「교회사 안에 나타난 이단 &정통」, (서울: 도서출판 그리심, 2001), p. 102.

51) 김성민, "영지주의와 C.G. 융과 분석심리학", op. cit., pp. 250-251.

일반적으로 다원주의(Pluralism), 또는 더 정확하게 규범적 종교 다원주의는 세계의 주요 종교들이 구원을 얻기 위해 신적 실재에게로 독립적으로 나아갈 수 있는 것을 제시해 준다고 주장한다.[52]

종교다원주의 신학(Religious Pluralism Theology)의 발생 시기에 대해서 명확하게 규정하기란 매우 어렵다. 그러나 오늘날 현대인들은 제각기 특정 종교를 소유하고 있다. 모든 종교인들은 자신들이 믿고 있는 종교가 전체성을 가지고 있다고 자부하고 있다. 그리하여 일반적으로 '종교다원주의'라는 어휘는 그 어떤 사람에 의해 인위적으로 사용된 개념이라기보다는, 오히려 종교적 다원 상황에 대한 실제적 체험이나 혹은 타종교에 대하여 새롭게 경험한 실재를 일컫는 말로 인식되었다.[53]

그런데 '종교다원화 현상'과 '종교다원주의'는 구별해야 한다고 하고 있다. 이에 배국원은 '종교다원화 현상'을 가리켜 종교의 다양함을 가리키는 서술적 어휘라 칭하고, '종교다원주의'란 종교적 다양함에 대한 신학적 논란을 지칭하는 어휘라고 하고 있다.[54]

종교다원화 현상 체험은 19세기 말 종교학이란 학문이 확립된 이래, 특히 힌두교와 불교에 대한 새로운 지식이 생겨나면서부터 이에 힘입어 마침내 20세기에 이르러서는 모든 종교 가운데 유일한 길이란 결코 있을 수 없다는 종교다원주의 신학 논쟁으로 발전하였다. 비써트 후프트(W. A. Visser't Hooft)는 이 같은 종교다원주의 현상을 일종의 혼합주의 운동의 산물이라고 규정하였다. 그런데 비써트 후프트는 혼합주의 운동의 여러 가지 형태 가운데, 특히 힌두교 토양에서 자라난 혼합주의와 자유 그리스도교회 내의 혼합주의는 바로 신지학에서 비롯되었다고 하였다.[55]

---

52) Dennis L. Okholm and Timothy R. Phillips, 「Four Views on Salvation in a Pluralistic World」, 이승구 역, 「다원주의 논쟁」, (서울: 기독교문서선교회, 2001), p. 22.
53) 근광현, 「기독교 이단 길라잡이」, op. cit., p. 302.
54) Ibid., pp. 302~303.

신지학이 종교다원주의 성격을 갖게 되는 직접적인 계기는, 헬레나 블레이버츠키(Helena p. Blavatsky)가 1875년 뉴욕에 신지학회를 설립하면서부터이다. 신지학회는 모든 종교들을 취하여 그들의 교리체계를 세웠다. 그런데 신지학회가 내세우는 교리체계 대부분은 영지주의 요소를 가지고 있는 내용들이다. 신지학자들은 물질을 경시하고, 하나님으로부터 방사에 의하여 우주가 형성되었다고 가르쳤으며, 개개인이 절대자와의 연합을 통하여 성장할 수 있다는 진보관을 가지고 있었다. 그리하여 신지학회는 그리스도를 단순히 인간의 영적 발전을 도와주는 분으로 이해하였다. 그들은 예수께서 세례를 받을 때, 그 위에 그리스도가 임하여 신적인 존재가 되었다고 가르쳤다. 나아가 신지학회는 모든 종교 즉, 인도의 붓다, 이집트의 헤르메스, 페르시아의 조로아스터, 그리스의 오르피우스, 그리고 그리스도교의 예수 안에서 이 그리스도가 실존한다고 주장하였다. 그리하여 신지학회는 인간의 구원과 관련하여 예수 그리스도의 고유한 구원 사역을 부인하고, 그 대신 신비적인 하나님 체험과 인식에 의한 인간의 자기 구원교리를 가르쳤다. 신지학회의 이러한 그리스도론에서는 예수 그리스도에 대하여 그 어떠한 신체성도 부여하지 아니하였다. 뿐만 아니라, 이들은 나름대로 자신들이 내세운 그리스도론을 근거로 예수 그리스도의 신체적인 부활을 부정하며 끊임없는 환생의 교리를 가르쳤다. 신지학자들의 이 같은 그리스도론은 결과적으로 모든 사람들을 잠재적인 그리스도로 간주하는 종교다원주의자들의 이론적 기틀을 마련해 주었다.[56]

종교다원주의자 존 힉(John Hick)은 칼케돈회의가 결정했던 정통 그리스도론인 예수 그리스도의 성육신을 부정하고, 이를 신론으로 전환하

---

55) Ibid., p. 303.
56) Ibid., pp. 303-304.

여 종교다원주의 신학을 전개한 대표적인 학자였다. 존 힉의 신 중심의 종교다원주의 사상 역시 영지주의 요소를 다분히 가지고 있다. 그는 예수와 그리스도 사이를 구분하고 역사적 예수를 거부하였다. 그는 인간의 구원 방식에 있어서도 관념적인 구원관을 제시하였다.[57]

존 힉은 세계의 모든 종교란 궁극적 실재에 대한 반응의 산물이라 하였다. 나아가 그는 오직 예수 그리스도를 믿음으로 말미암아 인간이 구원받게 된다고 가르치는 그리스도교의 구원관을 가리켜 배타적인 구원관이라 비판하였다. 그리하여 그는 이제 우리가 그리스도 중심적인 신학방법으로부터 과감히 탈피하여 철저하게 신 중심적인 신학방법에로 전환을 꾀하는 코페르니쿠스적인 혁명을 시도해야 한다고 주장하였다.[58]

존 힉은 신 중심적 종교다원주의 신학을 전개하기 위하여 예수와 그리스도 사이를 구분하였다. 그가 예수와 그리스도 사이를 구분한 것은 예수의 성육신을 부인하기 위한 신학 작업의 일환이었다. 그는 예수 그리스도의 성육신은 한낱 신화에 불과하다고 말했다. 그러면서도 그는 나름대로 종교다원주의 입장에서 그리스도의 성육신 개념을 재해석하였다. 그리고 그리스도의 성육신을 붓다가 제자들에 의해 신성시되는 일련의 과정에 비유하여 설명하였다. 예컨대, 예수는 석가모니와 같이 실제적인 사람이었으나, 그의 제자들이 인간이 바라는 소망과 욕구를 충족시켜 줄 대상으로서 인간 예수를 신적인 그리스도와 유일한 하나님의 아들과 성삼위의 제2 인격으로 고양시킨 존재일 뿐이라는 것이다.[59]

이러한 존 힉(John Hick)의 그리스도론은 초기교회 영지주의자 케린투스와 바실리데스가 주장한 것과 거의 다를 바 없다. 그들은 예수와 그리스도 사이를 구분하고, 예수가 세례를 받을 때에 그리스도가 그에게

---

57) Ibid., p. 304.
58) Ibid., pp. 304-305.
59) Ibid., p. 305.

임했다가 그가 십자가에서 죽게될 즈음에 그에게서 그리스도가 떠났다고 주장했다. 일명 양자론의 그리스도론을 제기했던 것이다. 이와 같은 영지주의 양자론 그리스도론의 신화적인 표상이 존 힉의 보편구원론에서 활용되고 있음을 볼 수 있다. 존 힉은 예수만이 참 그리스도라는 성경의 계시관을 부정하고 있다. 오히려 그는 하나님께서 서로 다른 인간 종족과 접촉하기 위해 타종교를 통해서도 자신을 계시했다는 종교사학파의 주장을 답습하였다. 더 나아가 존 힉은 그리스도의 유일성뿐만 아니라, 성육신하신 예수께서 제2위가 되시는 하나님이라는 사실마저도 부정하기에 이르렀다.[60)]

존 힉의 관념적인 하나님 개념에도 영지주의 성향이 나타나 있다. 그는 칸트(I. Kant) 철학에 힘입어 사람들이 어떻게 하나님을 알 수 있는지에 관하여 설명하였다. 존 힉에 의하면, 하나님은 특수한 현상 배후에 존재하는 실체적 존재이다. 그러기에 하나님은 이성적 추론에 의해 알 수 있는 것이 아니라, 진정한 종교체험에 의해서만 알려질 수 있는 존재라는 것이다. 그는 칸트가 그러했듯이, 이 하나님에 대한 인간의 인식과 실존의 가능성을 선험적인 것에서 찾았다. 이것은 바로 존 힉의 신 중심적 종교다원주의를 열어 가는 신학적 전제가 되었다. 이와같이 존 힉은 역사적 예수 그리스도에 중점을 두기보다는 도리어 역사적 예수에서 보편적 신 중심으로 후퇴함으로써, 그의 신 인식은 영지주의 성향을 띠게 되었다.[61)]

그러나 분명한 것은 전통적인 그리스도교 신학은 영지주의가 스며들어 있는 종교다원주의와 조화되지 않는다는 것을 명심해야 한다.[62)]

---

60) Ibid., pp. 305-306.
61) Ibid., p. 306.
62) Dennis L. Okholm and Timothy R. Phillips, 「Four Views on Salvation in a Pluralistic World」, op. cit., p. 109.

1. 영지주의와 로마카톨릭교회

영지주의에서 구원은 그리스도의 십자가에 의해서가 아니라 소수의 특별한 자들에게만 주어지는 신비한 '영적 지식'에 의해 획득된다. 인간의 육체는 악한 것이므로 그리스도의 성육신은 부인된다. 그리스도는 단지 몸을 가지고 있는 것처럼 보였을 뿐이다(가현설). 인간의 육체는 악한 것이므로 가혹하게 취급되어야 한다(극단적 금욕주의). 물질계는 원래 악한 것이므로 기존 세계의 도덕 체계를 깨뜨리는 것은 하나님의 법을 깨뜨리는 것이 아니며, 따라서 전혀 잘못이 아니다(극단적 방종과 쾌락주의)라고 하고 있다. 이러한 내용에서 보듯이 영지주의는 그리스도교의 가르침과 유사한 점도 있는 듯하면서도 근본적으로 전혀 다른 가르침을 담고 있다.[1]

그런데 사도 요한 당시 이와 같은 영지주의의 신화 체계가 완성되지는 않았다고 하더라도 영지주의에서는 예수님이 육체로 오신 것을 부인

---

1) 박상경, 「기독교교리사」, (서울: 리폼드북스, 2023), pp. 109-110.

하는 것에 대하여 요한일서에서는 다음과 같이 경계하고 있다.

"¹사랑하는 자들아 영을 다 믿지 말고 오직 영들이 하나님께 속하
였나 분별하라 많은 거짓 선지자가 세상에 나왔음이라 ²이로써 너희
가 하나님의 영을 알지니 곧 예수 그리스도께서 육체로 오신 것을
시인하는 영마다 하나님께 속한 것이요 ³예수를 시인하지 아니하는
영마다 하나님께 속한 것이 아니니 이것이 곧 적그리스도의 영이니
라 오리라 한 말을 너희가 들었거니와 지금 벌써 세상에 있느니라"
(요일4:1~3)

"미혹하는 자가 세상에 많이 나왔나니 이는 예수 그리스도께서
육체로 오심을 부인하는 자라 이런 자가 미혹하는 자요 적그리스도
니"(요이1:7)

영지주의의 이단적 주장에 대해 반영지주의 교부들, 특히 이레니우스
(Irenaeus), 터툴리안(Tertullian), 히폴리투스(Hippolytus) 등이 나서서 교
회의 입장을 다음과 같이 확고하게 세웠다.²⁾

㉮지존하신 하나님과 이 세상의 조물주를 구분하는 주장을 배격한다.
하나님은 창조주요 섭리주요, 구세주이시다.

㉯물질과 영혼의 이원론적 분리를 배격한다. 선과 악을 두 개의 서로
대조적인 자연적 형질에 의하여 설명될 수 없다. 이는 인간의 책임을 없
애버리는 결과를 가져오게 될 것이다. 영지주의자들에 의하여 죄란 물리
적인 필요이지만 죄란 인간의 자유스러운 행위이다.

㉰가현론적인 영지주의자들의 주장을 배격한다. 로고스의 성육신, 즉,
말씀이 육신이 되신 것이다.

㉱부활은 육체의 부활을 포함한다.

---

2) Ibid., pp. 110-111.

이렇게 잘못된 이단적인 사상인 영지주의에 대하여 교회는 신약성경의 정경성을 더욱 확고히 다지는 계기를 가지게 되었다. 교부들은 신약성경의 정경성을 제한함으로써 영지주의를 극복하려 했다. 그러나 이러한 잘못된 사상(思想)은 시간이 지남에 따라 괴상한 성례 개념과 매개자(媒介者) 등을 통하여 가까이 갈 수 있는 은익신(隱匿神)의 철학, 그리고 인간을 높은 사람과 낮은 사람의 계급으로 나누는 차별화, 그리고 금욕주의(asceticism)의 잘못된 적용 등이 수도원운동과 함께 로마카톨릭교회로 유입되었다.[3] 특히 로마카톨릭교회에 영지주의에 영향을 끼치고 있는 것이 계급주의, 교권주의라고 볼 수 있다.

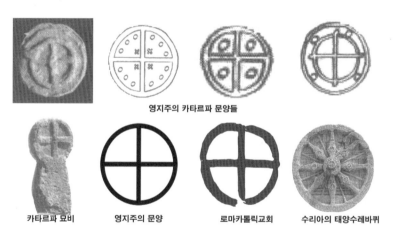

영지주의 카타르파 문양들

카타르파 묘비　　영지주의 문양　　로마카톨릭교회　　수리아의 태양수레바퀴

"또 유다 여러 왕이 태양을 위하여 드린 말들을 제하여 버렸으니 이 말들은 여호와의 성전으로 들어가는 곳의 근처 내시 나단멜렉의 집 곁에 있던 것이며 또 태양 수레를 불사르고"(왕하23:11)

---

3) Ibid., p. 111.

2. 영지주의와 세칭 구원파

가. 구원파에서의 영지주의 구원론

세칭 구원파에서는 '깨달음' 교리를 갖고 있다. 전문가들은 구원파의 '깨달음이 곧 구원'이라는 특이한 코드가 고대에 시작되어 교회에 유입된 영지주의(靈知主義, Gnosticism)와 관련되었다고 보고 있다.[4]

세칭 구원파인 기독교복음침례회의 창시자라고 할 수 있는 권신찬은 구원을 '율법의 억압에서 떠나는 것', '이미 기록된 말씀을 계시에 의해서 깨닫는 것'으로 정의하고 있다.[5] 또한 권신찬은 "영혼의 구원은 진리를 깨닫는 순간 찾아오는 양심의 자유"라며 "말씀의 뜻이 확 풀린다는 것은 깨달았다는 뜻이다. 성경에서 구원을 깨달아야 하는 것이다"고 주장한다. 결국 구원은 깨달음 없이 말할 수 없는 것이다.[6]

구원관에 대한 핵심적인 내용은 "구원은 영이 받았으므로 육으로 하는 것은 관계치 않으며 한번 깨달았으면 다시 범죄도 없고 죄를 지어도 죄가 아니며 생활에서 짓는 죄는 죄가 되지 않는다." 또한 그들은 "구원은 믿음으로 되므로 야고보의 행위 주장은 잘못이며 기성교회는 종교일 뿐 구원이 없다."고 주장한다.[7]

이요한 구원파에서는 하나님의 은혜를 깨달아야 구원을 받는다고 주

---

4) 정이철, "세월호 사건으로 다시 살펴보는 구원파", 「바른 믿음」, 2020. 9. 21.
5) 김정수, "구원파의 원조, 기독교복음침례회의 정체", 「현대종교」, 2006년 10월호, p. 24.
6) Ibid., p. 24.
7) 한교연 바른신앙교육원, 「바른신앙을 위한 이단·사이비예방백서 종합자료 (1)」, (서울: 도서출판 원더풀, 2014), p. 57.

장한다. 이들이 근거로 대는 구절이 골로새서 1장 6절의 말씀이다. "너희가 우리에게서 복음을 듣고 하나님의 은혜를 깨달은 날부터 너희 중에서와 온 천하에서도 열매를 맺어 자라는도다." 이 말씀은 구원받은 자의 열매를 말하는 것이지 구원을 말하는 구절이 아니다. 믿음으로 구원을 받는 것이 아니라 깨달음으로 구원을 받는다고 주장하는 구원파는 문제가 있다. 깨달음은 믿음의 기능 중 하나일 뿐이다.[8]

구원파의 구원은 회개와 믿음이 빠진 오직 깨닫기만 하면 된다는 것인데 잘못된 구원이 아닐 수 없다. 믿는다는 것은 하나님의 존재, 예수님의 존재, 예수님의 십자가의 구속 사건을 인정하는 것으로 끝나지 않는다. 십자가에서 죽으시고 부활하신 그리스도를 내 개인의 구주로 영접하는 것이 진정한 믿음이다. 요한복음 1장 12절의 말씀은 믿는다는 것과 영접하는 것을 동일시하고 있다.[9]

실상 구원파의 가장 큰 문제는 구원관이다. 그들은 예수 그리스도를 통해서 속죄의 은혜를 입어 성령 안에서 주를 그리스도로 고백하고 영생을 얻을 수 있다는 기존 교회의 주장과는 달리, 자신이 스스로 구원에 대한 구체적인 체험이 있어야 한다고 말한다. 이것을 그들은 '깨달음'이라고 하고 있다. 그래서 구원을 받았다는 확실한 증거는 생명책에 자신의 이름이 기록되어 있는지, 자신이 거듭난 것을 아는지, 성령님이 마음속에 있음을 아는지, 모든 죄가 용서되었다는 것을 아는지, 구원받은 시간과 사건을 아는지, 재림주를 영접할 준비가 되어있는지에 대한 '깨달음'이 있어야 한다고 주장한다.[10]

특히 이들은 먼저 사람은 자신이 하나님 앞에서 철저한 죄인임을 깨

---

8) 합신이단사이비대책상담소, 「이단사이비자료집 Ⅱ」, (서울: 대한예수교장로회(합신) 총회이단사이비대책위원회, 2008), p. 44.
9) Ibid., p. 44.
10) 김인환·심창섭 공저, 「기독교 정통과 이단, 무엇이 다른가?」, (서울: 대한예수교장로회총회, 2012), p. 223.

닫고 성경의 특정구절에서 예수님의 보혈로 자신의 죄가 단번에 영원히 용서된 것을 깨달아야 한다고 주장한다. 즉, 예수 그리스도를 마음에 영접함으로 하나님의 자녀가 되는 것이 아니라 다 이루어 놓은 구원을 깨달으라는 것이 이들의 구원교리이다. 또한 의지적인 회개와 전인적인 믿음을 구원의 전제조건으로 제시하지 않는다는 점에서 정통교회의 구원의 교리와는 다르다.[11]

구원파의 구원에는 의지적인 회개와 결단이 빠져 있고, 주 예수 그리스도와의 인격적인 만남이 빠져 있다. 구원파의 가르침에 의하면, 사람은 예수님을 영접함으로써 구원받는 것이 아니다. 구원파의 두 지도자 권신찬과 그의 사위 유병언은 몇 대째 장로교인으로 율법에 얽매인 종교 생활을 하다가 1961년 11월 18일과 1962년 4월 7일에 각각 "복음을 깨달았다"고 한다(권신찬의 「양심의 해방」, 유병언의 「영혼을 묶는 사슬」 참조). 문제는 이들의 구원(중생 체험)이 성경에 근거를 두었다기보다, 두 지도자의 경험에 근거를 두고 있다는 것이다. 물론 이들은 성경 말씀에서 자신들의 죄가 용서된 것을 깨달았다고 말하고 있지만, 이들의 주장은 성경적 규범과 교회사에 나타난 선배 성도들의 회심 경험에서 이탈되어 있음을 주목해야 할 것이다.[12]

나. 구원파의 잘못된 죄악관

유병언 계열 구원파에서 죄악관에 대한 핵심적인 내용은 다음과 같다.[13]

11) 심창섭 외 3인공저, 「기독교의 이단들」, (서울: 대한예수교장로회총회, 2000), p. 301.
12) 정동섭, 「이단 구원파와 정통 기독교는 어떻게 다른가?」, (대전: 침례신학대학출판부, 1993), p. 58.

＊ 구원받고 한번 깨달으면 다시 범죄도 없고 죄를 지어도 구원과는 상관없고 생활속에 짓는 죄는 죄가 되지 않는다.

＊ 구원받은 이후에는 회개할 필요가 없으며, 자백만 하면 된다.

권신찬은 믿음을 가지기 전에는 율법 아래 매여 있는 것으로 그것은 믿음의 생활이 아니라고 하고 있다. 예수님을 통해서 죄의 용서함을 받은 사람이 비로소 해방을 받는 사람으로서 그 사람이 구원을 받은 사람이라는 것입니다. 구원받은 사람은 이제 어떤 죄를 지어도 지옥 가지 않는다는 왜곡된 논리를 펴고 있다.

> "율법에 매여 있다가, 율법에 갇혀 있다가 믿음이 와버리면 율법에서 해방을 받아버립니다. 신앙생활은 율법을 지키는 생활이 아니라 율법에서 해방을 받는 생활입니다."[14]
>
> "율법에 의해서 자신이 죄인이라는 사실을 배워 간 곳이 즉, 율법의 인도를 받아서 찾아간 곳이 예수님 앞입니다."[15]
>
> "예수님이 십자가에서 흘리신 피를 믿고 죄사함을 받은 사람은 정죄가 없습니다. 고소가 없습니다. 양심의 고소가 끝나버린 겁니다. 예수님이 내 죄를 용서해 주셨기 때문에, 예수님이 내 죄값을 대신 다 갚아주셨기 때문에 그 죄로 인한 양심의 고소나 정죄가 없습니다. 정죄를 받으면 지옥에 갑니다. 그러나 정죄받을 일이 없어진 겁니다."[16]

13) 김정수, "유병언 구원파는 무엇을 주장하는가?", 「현대종교」, 2014년 6월호, p. 34.
14) 권신찬, 「성경은 사실이다」, (서울: 기독교복음침례회, 1996). pp. 230-331에서 재인용.
15) Ibid., p. 331에서 재인용.
16) Ibid., p. 333에서 재인용.

다. 구원파의 영지주의 이원론적 사고

이요한 계열 구원파에서는 육체와 영혼을 분리시켜 구별한다. 이것은 지방교회나 김기동 측 베뢰아의 주장과 일치한다. 또 죄의 문제에서 육체에만 죄성이 남아 있다는 주장은 박옥수 계열이 "거듭난 자는 더 이상 죄가 없다"는 주장과 사뭇 다르다. 육체와 영혼을 분리시켜 육체를 죄악시 하는 이원론적 사고는 초대교회 이단인 영지주의에서 찾아볼 수 있다.[17] 즉, 이요한 계열은 지방교회나 베뢰아와 같이 육체와 영혼을 분리시켜 구별하고 있다. 바로 거듭난 자들은 예수를 믿음으로 이미 모든 죄사함을 받았지만, 육체에는 그 죄성이 아직 남아 있다고 주장한다.[18]

죄성의 문제에 대해서 이요한 계열은 기쁜 소식선교회(박옥수 계열)와 대외적으로 다른 점은, 육체에만 죄성이 남아 있다고 주장하는데 있다. 즉, 박옥수 계열은 거듭난 자는 더이상 죄가 없다는 것이지만, 이요한 계열의 구원파는 거듭난 자에게는 그 육체에만 죄성이 남는다는 것이다. 이는 육체와 영혼을 분리시켜 육체를 죄악시하는 이원론이라는 이단적 주장이다.[19]

이요한 구원파는 거듭날 때에 이미 영혼은 구원을 받았지만, 육신에는 죄성이 남아 있으므로 육신의 구원도 이루어야 한다(그들은 이것을 생활의 구원이라고 정의함) 주장하며, 영혼과 육신의 구원을 별개의 구원으로 분리시키고 있다.[20]

인간의 구성 요소를 영·혼·육으로 분리하는 신학적인 견해에는 삼

---

17) 윤지숙, "구원확률, 기성교회 10% 이요한 구원파 90% 믿음만으로 천국에 못간다?", 「현대종교」, 2006년 10월호, p. 59.
18) 이인규, "구원파(이요한계열) 교리비판", http://cafe.naver.com/anyquestion/39
19) Ibid.
20) Ibid.

분법이 있고, 영혼과 육의 이분법이 있다. 그러나 이것은 단지 구성 요소를 말하는 것으로서, 인간을 살아서 각각 영·혼·육을 분리할 수는 없다. 인간은 영혼과 육이 연합하여 전인적이며 총체적인 하나의 인격을 구성하기 때문이다. 즉, 내가 영혼만 존재한다는 것은 죽음 이후의 분리를 말하며, 또한 영혼이 없이 육체만 존재한다면 그것은 시체가 되기 때문이다.[21]

내가 구원을 받았다는 것은 나의 영혼만이 구원을 받았다는 것이 아니며, 전인적인 '나'라는 인격이 구원을 받았다는 뜻이다. 내가 죄인이라는 것도 내 육체에만 죄가 있다는 것이 아니라, 전인적인 '나'라는 인격이 죄인이라는 것이다. 물론 궁극적으로는 육체는 땅으로 돌아가고 영혼은 하나님께로 간다. 또한, 부활은 몸의 구원이 아니라, 영혼이 신령한 몸, 강한 몸, 영광의 몸을 갖게 되는 궁극적인 구원을 말한다.[22]

성경은 영은 이미 구원을 받았고 죄가 없다는 구원파의 주장과 달리, 영도 육과 같이 더럽다고 말씀한다(고후7:11).[23] 또한, 성경은 구원파의 주장과 달라 육체만 죄를 짓는 것이 아니라 우리의 영과 혼도 죄를 짓는다고 말씀한다(잠16:17~18; 시41:4; 잠16:2).[24] 더욱이 성경은 육체는 구원받지 못하고 죄가 있다는 구원파의 주장과 달리, 육체에도 예수의 생

---

21) 이인규, "이요한 구원파의 구원관 비판(2)-이원론적인 인간론", 「교회와신앙」, 2014년 6월 20일

22) Ibid.

23) "그런즉 사랑하는 자들아 이 약속을 가진 우리가 하나님을 두려워하는 가운데서 거룩함을 온전히 이루어 육과 영의 온갖 더러운 것에서 자신을 깨끗케 하자"(고후7:11)

24) "악을 떠나는 것은 정직한 사람의 대로이니 자기의 길을 지키는 자는 자기의 영혼(soul)을 보전하느니라. 교만은 패망의 선봉이요 거만한 마음(spirit)은 넘어짐의 앞잡이니라".(잠16:17-18)

"내가 말하기를 여호와여 나를 긍휼히 여기소서 내가 주께 범죄 하였사오니 내 영혼(네페쉬)을 고치소서 하였나이다"(시41:4)

"사람의 행위가 자기 보기에는 모두 깨끗하여도 여호와는 심령(spirit)을 감찰 하시느니라"(잠16:2)

몡이 나타나며 하나님을 찬양한다고 말씀한다(롬12:1; 고후4:11; 63:1, 시 84:2).[25)]

3. 영지주의와 신천지 이만희

성경관과 관련하여 신천지 이만희는, 성경은 구원을 받기 위해 선택을 받은 선민을 위해 주신 하나님의 말씀으로, '비유비사'와 같은 상징의 말씀이며, '언약'(약속)으로 선택한 선민이 '배도'하기 시작한 때부터 기록되었다고 주장한다. 성경은 배도한 범죄, 그로 인한 멸망, 그리고 구원의 내용을 담고 있어, '언약 - 배도 - 멸망-구원'이라는 큰 틀 안에서 구원이 이루어진다는 것이다. 성경의 예언은 실상으로 응하게 되는데, 요한계시록에 기록된 예언도 반드시 실상으로 나타날 것으로 본다.[26)]

창조관과 관련하여, 창세기 1장의 내용을 자연 세계가 아닌 '심령 세계'의 창조로 해석한다. 언약을 지키지 않는 것을 '배도'라고 하며, '멸망'은 배도한 선민이 당하게 되는 것이고, 아담, 노아, 롯, 모세, 예수 때와

---

25) "그러므로 형제들아 내가 하나님의 모든 자비하심으로 너희를 권하노니 너희 몸을 하나님이 기뻐하시는 거룩한 산 제사로 드리라. 이는 너희의 드릴 영적 예배니라"(롬12:1)
"우리 산 자가 항상 예수를 위하여 죽음에 넘기움은 예수의 생명이 또한 우리 죽을 육체에 나타나게 하려 함이니라"(고후4:11)
"하나님이여 주는 나의 하나님이시라. 내가 간절히 주를 찾되 물이 없어 마르고 곤핍한 땅에서 내 영혼이 주를 갈망하며 내 육체가 주를 앙모하나이다"(시63:1)
"내 마음과 육체가 생존하시는 하나님께 부르짖나이다"(시84:2)
26) 김옥진, "고전적 영지 및 영지주의의 개념적 재구성을 위한 시론: 이만희의 사상을 중심으로", 「신학과 실천」, (서울: 한국실천신학회, 2022), pp. 192-193.

같이 오늘도 멸망이 있고 난 뒤에 구원이 찾아올 것으로 주장한다. 특히, 오늘날 이루어질 구원에 대해서는 마태복음 24장과 요한계시록에 소상히 기록되어 있는데, 환난에서 살아남은 144,000명에게 '인을 치고'(인장을 찍고) 난 다음 예수의 피로 죄를 씻음 받은 구원의 무리가 나타날 것이라고 주장한다.[27)

일반적으로 고전적 영지주의에서의 '영지'는 직관, 영감에 의한 직접적이고 개별적인 신비체험을 통해 얻어진다. 그런데 영지 사상과 관련하여, 이만희의 요한계시록 해설에 주목해 보면, 이만희는 그 책이 사도 요한이 환상 가운데 받게 된 예언, 당시에는 일곱 인으로 봉해져 아무에게도 알려지지 않았지만, 마지막 날이 오면 반드시 이루어질 비밀의 내용을 담고 있다고 한다. 그리고 하나님께서 선지자를 세워 미리 보여 주셔야 그 숨은 뜻을 알 수 있다고 주장한다. 그래서 그 선지자, 즉, 이만희 자신이 신비체험을 통해 그 감추어진 천국 비밀을 알게 되어 다른 사람들에게 증언한다는 것이다.[28)

이에 배본철은 신천지가 자신들의 공동체의 우월성을 과신한 나머지, 분파주의적 교회론으로 빠져서 들어갈 위험성이 많다고 지적하면서, 이를 네오-몬타니즘으로 정의한다.[29)

가. 영지주의와 신천지 이만희의 사상 비교

김옥진은 "일반적인 영지 개념과 이만희의 영지에 관한 주장을 이어 보면, 신비체험을 통한 비밀스러운 지식의 습득, 즉, 일반적인 영지 개념

27) Ibid., p. 193.
28) Ibid., p. 193.
29) 배본철, "한국교회사에 나타난 네오-몬타니즘," 「한국개혁신학」 43권, 한국개혁신학회(2014), pp. 204-233.

과 이만희의 그것은 그 보편성을 가지고 있다. 그런데도 몇 가지 점에서 일반적인 영지 개념과는 다르다고 할 수 있다. 달리 말해 이만희 영지 사상의 그 특수성이 보인다."고 하면서 다음과 같이 제시하고 있다.[30]

첫째, 일반적으로 영지는 개인적 차원에서의 지식 및 깨달음의 추구인데, 이만희의 경우는 하나님의 선택으로만 영지 추구가 가능하다. 영지의 담지자[31]는 하나님이고, 그 하나님에 의해 선택된 신탁적 담지자가 이만희다.

이와 관련하여, 이만희는 요한계시록의 예언이 그를 통해 실제로 일어나고 있다고 주장한다. 그는 자신을 '지상의 육체적 사명자', '보혜사', '보혜사 성령', 주님의 말씀을 받은 '대언자', '참증인' 등으로 칭하고, 나아가 '이긴 자'로 소개하며, 자신을 통해서만 구원받을 수 있다고 주장한다. 이런 차원에서 일반적인 영지 개념에서의 개인은 그 영지의 담지자지만, 개인으로서의 이만희는 신탁적 담지자라는 점에서 차별적이고 그 특수성을 내포하고 있는 것으로 보인다.

둘째, 이만희의 경우에 그 신탁적 담지자는 다른 사람들에게 그 영지를 증언할 역할이 주어져 있다. 이만희에 의하면 그 증언은 필수적이다. '증언적' 영지는 일반적인 영지 개념으로 포섭되지 않지만, 이만희의 영지 사상에서는 포함되어 있다.

셋째, 이만희에게 있어 다른 사람들, 즉, 신천지 구성원들의 영지 추구는 철저하게 이만희에게 의존하고 있다. 그 영지의 진위를 판별하고, 지도자나 이론 제공자로서의 역할을 수행하고, 기성교회의 교리와는 절대적 차별성을 두면서 이만희의 사상만을 절대시하는 도그마는 일반적인 영지 사상과는 질적인 차별성을 보인다고 할 수 있다. 이를 이름 붙인다

---

30) 김옥진, "고전적 영지 및 영지주의의 개념적 재구성을 위한 시론: 이만희의 사상을 중심으로", op. cit., pp. 193-195.
31) 담지자(擔持者)란 생명이나 이념 따위를 맡아 지키는 사람이나 사물을 뜻한다.

면, 자율적 영지 추구와는 다른 '타율적' 영지라고 정의할 수 있을 것이다.

넷째, 영지주의는 집단 전체의 집단의식을 강조하지도 않는다. 오히려 개개인의 내적인 진정한 자아를 어떻게 찾느냐가 관건이다. 그런데 이만희는 이에 다른 요소를 좀 더 첨가하여 '신천지 가입-이만희 증언 청취-천국 비밀 깨달음(영지)-신천지 등록-구원'을 하나의 통일된 단위로 전제하고 있다. 이와 관련하여, 이만희는 자신이 이끄는 신천지에 들어와 이만희의 증언을 듣고, 천국 비밀을 깨달아 신천지의 교적부에 이름을 올려야 구원받을 수 있다고 주장한다. 깨달음, 즉, 영지가 구원과 연속적이라면, 이만희에게 있어 그 영지는 이만희라는 중간 항을 거치지 않으면 구원에 이를 수 없는 '불연속적' 영지이다.

이러한 점에서 기존의 영지 사상과는 차별적이라 할 수 있다. '깨달음-구원'이라는 기존의 영지 사상에 다른 요인을 덧붙여, '깨달음-선택-구원'을 주장한다. 이처럼 기존의 영지 사상에 조건을 부가하는 것은, 이만희의 존재를 부각하려는 의도로 읽힌다. 이는 한 개인으로서의 이만희의 신격화로 읽는다면, 일반적인 영지는 각 개인의 신격화를 그 목적으로 한다.[32]

나. 영지주의와 신천지 이만희의 이원론 비교

(1) 이원론의 공통점

영지주의적 이원론과 이만희의 그것은 어디서 만나고 있는가? 이에

---

32) 김옥진, "고전적 영지 및 영지주의의 개념적 재구성을 위한 시론: 이만희의 사상을 중심으로", op. cit., p. 195.

대하여 김옥진은 다음과 같이 제시하고 있다.

첫째, 일반적으로 이원론에서는 모든 것의 충만이라 할 수 있는 절대적인 자존자인 일자(一者)가 세계의 중심에 있다고 전제한다. 이만희도 그 일자로서의 하나님의 존재를 인정한다는 점에서 그 둘은 일자의 존재와 관련하여 보편성을 같이 하고 있다.[33]

둘째, 일반적인 영지주의적 이원론이 두 신적인 힘의 존재를 전제한다는 점에서 이만희의 이원론도 같은 주장을 한다. 단지 하나님께서 만드신 영의 세계에 큰 이변이 일어난 이후부터다. 그전에는 하나의 신적인 힘이고 유일하신 하나님께서 영의 세계(영계)를 창조하시고, 육의 세계(유계)도 영계와 같은 모습으로 만들었고, 하나님께서는 이 두 세계를 궁극적으로 하나가 되게 한다고 주장한다. 이는 성경에 등장하는 하나님 나라의 조직이 지상의 그것과 맞아 떨어지게 됨을 주장하기 위해서다.[34]

그런데 하나님이 창조한 영의 세계에 큰 이변이 일어나면서부터 영지주의적 이원론에서 말하는 두 개의 근본 원리 또는 실체가 세상을 구성하게 된다. 이만희에 의하면, 영의 세계에 범죄한 천사가 출현하면서부터 그 세계는 두 신적인 힘이 영계에서는 하나님과 사탄이 대결하고, 육계에서는 하나님께 속한 성도와 사탄에 속한 사람이 세상 끝날 때까지 다툰다는 것이다. 그래서 이 세계와 사람, 그리고 그리스도교 내에서의 성도를 '신천지와 비신천지', '이긴 자(승리자)와 이기지 못한 자(패배자)', '구원받은 자'와 '구원받지 못하는 이방인'으로 나누고 있다. 이러한 차원에서 이만희가 주장하는 세계의 이원론은 영지주의적 이원론과 그 공통점을 가지게 된다.[35]

---

33) Ibid., p. 195.
34) Ibid., p. 195.
35) Ibid., pp. 195-196.

"계시록에 예언한 말씀이 이루어질 때는 계시록에 약속한 구원의 처소와 구원의 목자를 찾아야만 구원받을 수 있다. 그 구원의 목자는 니골라당과 싸워 이긴 자이며, 구원의 처소는 그가 인도하는 장막이다. 이긴 자가 중심이 되어 이룬 교회는 만국이 가서 소성받고 주께 경배하며 영광을 돌릴 증거장막성전이며, 어린양의 혼인 잔치 집이다."[36]

"…이 새 언약의 말씀을 지키지 않는 자는 구원받지 못하는 이방인이 된다."[37]

"…계시록에 기록한 배도자는 하나님의 언약을 어긴 말세의 선민이요, 멸망자는 종말에 악령을 받고 선민의 영을 죽이는 거짓목자이며, 구원자는 멸망자에게 포로 된 백성을 구하는 예수님께 속한 목자이다."[38]

셋째, 일반적인 이원론에서는 빛의 충만(일자)으로부터 영지를 지닌 메신저가 보내지는데 예수가 바로 그 메신저라는 것이다. 이만희도 이런 관점을 공유한다. 왜냐하면, 자신을 그 메신저로 자리매김하고 있기 때문이다.[39]

(2) 이원론의 차이점

김옥진은 보편성에도 불구하고 일반적인 영지주의적 이원론과 이만희의 그것은 몇 가지 점에서 차별적이기 때문에 다음과 같은 특수성을 보

---

36) 이만희, 「요한계시록의 실상」, (경기도: 도서출판 신천지: 2005), p. 19.
   이만희, 「계시」, (안양: 도서출판 신천지: 1998), p. 15, 50, 56.
37) 이만희, 「요한계시록의 실상」, (안양: 도서출판 신천지: 1998), p. 19.
38) Ibid., p. 36.
39) 김옥진, "고전적 영지 및 영지주의의 개념적 재구성을 위한 시론: 이만희의 사상을 중심으로", op. cit., p. 196.

인다고 하고 있다.[40]

첫째, 창조에 관한 이만희의 주장은 일원론에서 시작하여, 급진적 이원론을 거쳐 구원자로서의 이만희의 등장으로 다시 일원론으로 회귀하는 '순환적' 일원론의 특성을 보인다고 할 수 있다.

둘째, 이만희는 육의 세계와 영의 세계가 분열에 휘말리게 되는 원인을 영적 세계의 갈등에서 찾고 있다는 점에서 일반적인 이원론과 다르다. 이만희의 이원론을 '영계적'(靈界的)이라고 부를 수 있을 것이다.

셋째, 일반적인 이원론에서는 영지를 소유한 개인의 영계로의 개별적 상승을 주장한다. 반면에 이만희는 자신 매개로 한 영계로의 '집단적' 상승, 이를테면 144,000명으로 상징되는 숫자를 주장한다는 점에서 차별적이라 할 수 있다. 또한, 그 상승 이전에 육계에서의 신인합일을 주장하는 것도 차별적이다.

다. 영지주의와 신천지 이만희의 그리스도론 비교

영지주의자들에게 예수는 영지를 소유한 훌륭한 예언자, 즉, 인간일 뿐이다. 그러나 예수의 십자가에서의 대속 죽음은 영지주의자들의 관점에서 볼 때 의미가 전혀 달라진다. 영지주의자들에게 있어서 예수 그리스도의 신성, 성육신, 부활, 십자가의 구속사역은 모두 부정된다. 그렇다면 영지주의적 그리스도론과 이만희의 그리스도 사상은 어디서 만나고, 갈라지는가?[41]

그에 대한 보편성을 살펴보면 다음과 같다.

첫째로 삼위일체 하나님을 부정한다. 신천지는 삼위일체론에서 종속론

---

40) Ibid., pp. 196-197.
41) Ibid., p. 197.

과 양태론이 혼합된 형태로 나타난다. 하나님의 본체의 영이 임하면 그리스도로 변하고(양태론), 하나님이 되며, 예수는 성령이 임할 그릇에 불과하다(종속론)고 했다. 양태론과 종속론이 혼합되어 있다. 신천지의 신론은 삼위일체 하나님을 부정하고 있다. 특히 그리스도의 신인(神人) 양성(兩性)을 부인한다.[42]

> "본래 하나님은 영이시오, 예수는 육체였다. 하나님은 그의 성령이 거할 육체를 지으시고자 마리아의 태를 빌어 성령의 잉태를 이루시어 예수를 탄생케 하신다. 예수는 하나님의 본체이신 성령이 거할 전으로 성장해왔고 마침내 성령이 그 위에 임하므로 구주의 길을 걷는다."[43]
>
> "하나님의 신이요 본체 영이신 성령이 예수께 임하여 함께하실 때 그는 그리스도이시며 하나님 자신이다. 이때에 예수의 육체는 성령이 임하시어 역사하실 수 있는 하나의 그릇에 불과하고 따라서 그릇 안에 있는 성령이 주가 된다."[44]

둘째, 일반적으로 영지주의는 다신론에 기반을 둔다. 이와 관련하여, 이만희는 성령을 보혜사 성령과 일반 성령으로 구별한다. 일종의 다신론이다. 영계에 있는 모든 영(천사, 순교자들까지)을 성령이라고 하고, 오순절에 강림하신 성령은 일반 성령(천사와 동급)이라고 한다. 이만희는 자신에게'만' 보혜사의 영이 임하였기 때문에, 일반 성령을 받은 사람들과는 다른 자신만이 '보혜사'요 '대언자'라고 주장한다.[45]

---

42) 김종한, "이단 교주의 '인간 보혜사' 주장에 대한 비판적 고찰-신천지를 중심으로,", (미간행박사학위논문, 평택대학교신학전문대학원, 2011), p. 40.
43) 김건남·김병희, 「신탄」, (안양: 도서출판 신천지: 1984), p. 336.
44) Ibid., p. 325.
45) 김옥진, "고전적 영지 및 영지주의의 개념적 재구성을 위한 시론: 이만희의

"그러므로 성령은 다 같은 성령이 아니요, 보혜사 성령이 있음같이 목자도 일반 목자가 있는가 하면 약속의 목자가 있음을 알아야 한다. 또한 교회도 일반교회가 있고 약속의 성전이 있음을 알기 바란다."[46]

셋째, 영지주의자들은 예수의 성육신을 부정한다. 이와 관련하여, 유병우는 기호학적 분석을 통하여 성육신과 가현설을 설명한다. 이만희는 명시적으로 주장하지는 않지만, 하나님을 영으로, 예수를 육으로 전제하면서 십자가 사건 이후 예수의 영이 하나님에게 돌아간다는 주장은 유병우의 기호학적 설명과 유사하다. 이러한 차원에서 이만희는 직접적으로는 아니지만, 예수의 성육신을 부정하고 있다는 점에서 영지주의적 그리스도론과 그 보편성을 공유하는 것처럼 보인다.[47]

넷째, 영지주의자들은 가현설적 그리스도론을 주장한다. 이와 관련하여 신천지 이만희는 초림 때 하나님의 영이 자연인인 예수라는 육체에 임하여 초림 예수가 되고, 재림 때는 예수의 영인 보혜사 영이 교주 자신에게 임하여 '보혜사', '재림 예수'가 된다고 설명한다.[48]

이는 기본적으로 두 가지 점에서 영지주의적 그리스도론과 겹친다. 그 하나는 예수의 인성은 인정하는 것 같지만, 예수의 신성을 부정하고 있다는 것이다. 다른 하나는 유병우의 분류처럼 예수의 인성과 신성을 분리하려는 시도 역시 넓은 의미의 가현설로 이해한다면, 이만희의 사상을

사상을 중심으로", op. cit., p. 198.

46) 이만희, 「성도와 천국」, (안양: 도서출판 신천지: 1995), p. 198.

47) 소기천, "나그함마디 문서로 본 가현설과 영지주의," 「예수말씀연구」 제5권, (서울:예수말씀연구소, 2015), p. 41.

48) 김종한, "이단 교주의 '인간 보혜사' 주장에 대한 비판적 고찰-신천지를 중심으로,", (미간행박사학위논문, 평택대학교신학전문대학원, 2011), p. 40.

가현설적 그리스도론으로 볼 수 있을 것이다.[49]

라. 영지주의와 신천지 이만희의 구원론 비교

일반적인 영지주의와 이만희의 사상을 비교하면 다음과 같이 몇 가지 특징을 보인다고 김옥진은 제시하고 있다.[50]

첫째, 이만희는 자기 자신을 이긴 자로 소개하며, 그를 통해서만 구원을 받을 수 있고, 이를 기준으로 구원 대상이 선택된다.

둘째, 영지주의적 구원론은 개인(별)적 차원의 영지적 - 각성적–지식적 구원과 이어져 있는데, 이만희의 구원론은 '중재자·매개자(이만희의 용어로는 보혜사)'를 통한 영지적 - 각성적–지식적 구원론이라고 할 수 있다. 더 적확하게 말하면 중재자·매개자로서의 이만희가 부재한 구원은 있을 수 없다. 이는 예수 그리스도를 통해 이루어진 하나님의 구원 업적이라기보다는 이만희를 매개로 한 하나님 구원 업적이라고 할 수 있다.

셋째, 중재자·매개자로서의 이만희의 역할과 관련하여, 그의 구원론은 이만희에 대한 추종이 구원의 하나의 조건이다. 이와 관련하여, 이만희는 이 시대가 계시록 시대라는 가정 아래, 전 교주 유재열의 장막성전이 선민이었는데 배도하여 '배도자'가 되었다고 주장한다. 그리고 이만희 자신이 '구원자'로 등극한다. 이만희는 계시록의 성취 실상을 현장에서 직접 보고, 들은 것을 증언하고 있다고 주장한다. 그래서 이 시대의 대언자(보혜사)가 된다는 것이다. 이 시대는 계시록의 성취 시대이기 때문에 이를 증거 하는 목자를 따라가야 구원을 받는다고 주장한다.

---

49) 김옥진, "고전적 영지 및 영지주의의 개념적 재구성을 위한 시론: 이만희의 사상을 중심으로", op. cit., p. 199.

50) Ibid., pp. 199-200.

넷째, 구원의 대상과 관련하여, 이만희는 그 대상을 제한시키고 있다. 영지적 깨달음을 한 사람들을 선택될 것이지만, 그렇지 못한 사람들을 그 대상에서 제외하고 있다.

> "말일에 이르러 하나님의 창조 성업이 마무리 짓게 되면 영계의 모든 천사들은 (필자 주: 순교자들의 영혼) 지상의 모든 천사들(신천지인들 144,000)과 짝을 지어 혼연일체가 된다. 이로써 모든 천사와 합하여 영생을 누리는 참 사람이 된다. … 우리가 받을 성령들이 천사들이요 하나님의 일을 하는 사람 이 땅의 천사들이다."[51]

이와 관련하여, 마태복음 13:10~11에서 천국의 비밀을 아는 것이 신천지 인들에게는 허락되어 비유를 풀 수 있지만, 기성교회는 허락되지 않았다고 주장한다. 그리고 마가복음 4:11~12에서 "이는 저희로 보기는 보아도 알지 못하며 듣기는 들어도 깨닫지 못하게 하여 돌이켜 죄 사함을 얻지 못하게 하려 함이니라 하시고"처럼 비유를 모르면 죄 사함을 얻지 못하고 천국에도 갈 수가 없다고 주장한다. 이러한 차원에서 우리는 이만희의 구원론을 '폐쇄적' 구원론으로 부를 것이다.

다섯째, 이만희는 그의 구원 사상을 소속집단과 관련짓는 차원에서 주장한다. 이와 관련하여, 이만희는 자신이 이끄는 신천지에 들어와 그의 증언을 듣고 천국 비밀을 깨달아 신천지의 '교적부'에 이름을 올려야 구원받을 수 있다고 주장한다. 이는 이만희가 예수님의 영과 일치하여 천국 비밀을 보고 증거한다는 것을 믿도록 하기 위한 것이다.

---

51) 이만희, 「성도와 천국」, (안양: 도서출판 신천지, 1995), p. 345.

제8장 영지주의 옹호자들

1. 영지주의자 헬레나 페트로브나 블라바츠키

가. 블라바츠키의 역할

스티븐 휠러(Stephan A. Hoeller)는 1831년 러시아에서 태어난 헬레나 페트로브나 블라바츠키(Helena Petrovna Blavatsky)는 오늘날 우리가 경험하고 있는 영지주의의 부활에 이루 다 헤아릴 수 없을 만큼 큰 기여를 한 인물이라고 밝히고 있다.[1]

그런데 헬레나 페트로브나 블라바츠키(친구와 제자들은 그녀를 H.P.B. 라는 별칭으로 불렀다)가 역사의 무대에 등장하게 된 것은 19세기 중반의 중요한 인물인 프랑스의 카발라주의자요 의식(儀式) 마술의 연구가인 엘리파스 레비(Eliphas Levi) 영향을 받았기 때문이다. 그런데 엘리파스 레비가 쓴 책들은 오컬트주의자라고 자처하는 사람들이 선호하는 책이었

---

1) Stephan A. Hoeller, 「Gnosticism: New Light on Ancient of Inner Knowing」, 이재길 역, 「이것이 영지주의다」, (서울: 샨티, 2022), p. 215.

다. 그러나 레비는 최소한 공개적으로는 영지주의를 지지하지 않았다. 하
지만 그는 실제로 영지주의에 관련한 모든 주제가 빛을 보도록 만든 사
람이었다. 그 덕분에 유대교 영지주의인 카발라가 비유대교 오컬트주의
자들 사이에서 아주 흥미로운 주제의 하나가 되었다.[2]

블라바츠키는 자신의 사상체계를, 신플라톤주의자 암모니우스 사카스
(Ammonius Saccas, 신플라톤주의의 창시자로 알려진 플로티누스의 스
승 플로티누스는 무려 11년 동안 그와 함께 살면서 배웠다)가 사용한 고
대어를 부활시켜 '신지학(theosophy)'이라 불렀다.[3] 그런데 어원을 따져
올라가면 신지학이란 '하나님의 지혜'란 뜻이다. 16세기까지 신지학자들
이란, 대부분의 철학자와 신학자들과 같이 신적인 것을 알 수 있는 사람
들을 일컫는 말이었다.[4]

블라바츠키는 고대 영지주의를 부흥시키는 것에는 관심을 두지 않았
다. 그러나 그녀는 자신의 사상체계인 신지학으로 보편성을 추구했으며,
그러한 보편성을 통해 불교와 힌두교의 비교적 성격이 서구의 대안적 영
성 속에 나타나는 그와 유사한 것들과 하나로 결합될 수 있기를 바랐다.
'카르마(karma)'(業), '환생' 같은 대중적이고 실제적인 개념들이 그렇듯이
그녀가 사용한 용어들은 상당수 산스크리트어에서 온 것들이다.[5]

영지주의의 하나님 개념에 관한 한 블라바츠키는 분명히 진정한 영지
주의자였다. 그녀는 자신의 저서들에서 전통적인 유일신 개념을 맹렬히
공격하고 그 대신 완전히 초월적이고 비인격적인 근본 하나님
(Godhead)-영지주의의 궁극적인 하나님(aiethes theos), 혹은 참 하나님
(True God)과 비슷한-신앙을 변호했다. "구약성경의 하나님은 데미우르

2) Ibid., pp. 214-215.
3) Ibid., p. 215.
4) "뉴에이지의 개념", http://cafe.daum.net/kcmc91/8V7U/434
5) Stephan A. Hoeller, 「Gnosticism: New Light on Ancient of Inner Knowing」, op. cit., pp. 215-216.

고스"라는 영지주의의 개념은 블라바츠키에 의해서도 확인되었다. 예컨대 "여호와(Yehovah)는 사탄이다!"라고 대담하게 선언하는 일부 진술들에서 그녀는 "영지주의자를 넘어선다." 다른 곳에서 그녀는 우주는 불완전한 영적 존재들에 의해 만들어졌다고 말하기도 한다. 이러한 블라바츠키는 언제나 영지주의자를 높여 말했으며, 안전이 보장되는 곳에서는 자신이 영지주의 가르침에 동의한다고 과감히 밝히기도 했다. 어떤 면에서 그녀는 영지주의를 하나의 변형된 모습이라 할, 조금 은밀하고 목소리를 낮춘 모습으로 바꾸어서 가르쳤다.[6]

융은 루돌프 슈타이너(Rudolf Steiner)의 인지학(Anthroposophy, 신지학의 변형)과 블라바츠키의 신지학은 둘 다 힌두교의 옷을 걸친 순수한 영지주의라고 진술하고 있기도 하다.[7]

나. 신지학(THEOSOPHY)의 정체

신지학협회(神智學協會, Theosophical Society)는 1875년에 미국에서 신비주의적 종교관을 바탕으로 창설되어 주로 인도에서 활동하는 국제적 종교단체로서 '신지학회'라고도 한다. 신비주의 종교철학인 신지학(神智學)은 고대부터 있어 왔는데, 근대에 들어 신지학이 융성해진 것은 러시아 귀족 출신 여성인 헬레나 페트로브나 블라바츠키(Helena Petrovna Blavatsky)에 의해서였다. 블라바츠키는 1875년에 미국에서 헨리 스틸 올콧(Henry Steel Olcott) 대령과 함께 신지학 교리에 바탕을 두고 모든 종교의 융합과 통일을 목표로, 신지학회를 창설했다.[8]

---

6) Ibid., pp. 217-218.
7) Ibid., p. 218.
8) 강경호, 「바로알자! 뉴에이지 운동의 정체」, (경기: 한사랑가족상담연구소, 2016), p. 508.

▲ 헬레나 페트로브나 블라바츠키(Helena Petrovna Blavatsky)

인종·성·피부색의 구별 없이 인류의 보편적 형제애를 형성하며, 종교·철학·과학에 관한 비교연구를 권장하고, 설명되지 않은 자연법칙과 인간의 잠재력을 탐구하는 것을 목표로 내세운 이 학회는 스스로를 완성하여 인류의 영적인 진화를 지도하는 위대한 스승들(Great Masters)의 존재를 강조했다.[9]

신지학회의 엠블렘(심벌)은 여러 심벌들로서 이루어져 있다. 이것들은 모두 사람과 우주에 관한 심오한 영적 철학적 개념을 나타내기 위해 오랜 고대로부터 사용되어져 왔다. 이것들은 세계의 종교들 속에서 여러 가지 형태로 발견되며, 서로 멀리 떨어진 문화들 속에서 나타나 있기도 하다.[10]

신지학회의 심벌을 보면 종교통합적인 신지학의 성격을 그대로 담아, 여러 세계종교들의 대표적 상징을 하나로 통합하고 있음을 알 수 있다.

---

9) Ibid., p. 509.
10) Ibid., p. 509.

그런데 이 통합된 상징은 개별 종교전통을 넘어서, 모든 존재에 관통하는 신적 진리를 직관하려는 신지학의 정신이 담겨 있다.[11)]

이제 사용하고 있는 심벌들을 살펴보면 다음과 같다.

①앵크(Ankh)

교차되는 삼각형들 중앙에는 앵크(또는 손잡이 십자가)로 알려진 것이 있다. 이것은 타우 십자가('T'자 모양의 십자가) 위에 원으로 이루어진다. 이것은 고대 이집트의 대표적 상징인 신의 지팡이라고 할 수 있으며 이것은 생명과 재생의 상징이라고 할 수 있다. 바로 앵크는 태고의 이집트 심벌이며, 둘러싸인 물질로부터의 영의 부활을 묘사하며, 다르게는 죽음에 대한 생명의 승리, 물질에 대한 영의 승리, 악에 대한 선의 승리로 표현된다. '부활'의 개념은 모든 위대한 종교들 속에서 발견된다.[12)]

②교차되는 삼각형들(헥사그램)

앵크를 둘러싸고 있는 별(헥사그램)은 불과 물이라는 두 요소를 나타내는 상징으로 (종종 이중삼각형으로 불리며, 유대교에서 솔로몬의 인장 또는 다윗의 별로 불리는 이것들은)뱀에 의해 둘러싸여 있다. 이 삼각형들과 둘러싸는 뱀의 배합은 시공간으로 제한된 가운데로 창조된 우주를

---

11) Ibid., p. 509.
12) Ibid., pp. 509-510.

상징하고 있다.[13]

이 삼각형들은 따로 놓고 보면 많은 종교에서 삼위일체로 알려진 것이다. 그리스도교에서는 성부·성자·성신으로, 힌두교에서는 시바·비슈누·브라마로 의인화되는 (신의)현현의 세 모습을 상징한다. 아래를 향한 어두운 삼각형과 위를 향한 밝은 삼각형은 각각 신의 생명이 물질 속으로 하강하는 것과 물질 속에서 나온 그 생명이 영 속으로 상승하는 것을 상징하며, 자연과 사람 속에서의 빛과 어둠의 힘(force) 사이의 영속적인 대항을 상징한다.[14]

③뱀(우로보로스, ouroboros)

앵크와 삼각형인 헥사그램을 둘러싼 원 형태는 영원을 상징한다. 특히 여기서는 이 원이 우로보로스의 형상으로 표현되었다. 이 우로보로스는 자기의 입을 물고 있는 뱀의 상징을 통칭하는 것으로, 영원한 순환을 나타내는 것이다.[15]

그런데 삼각형을 둘러싸고 있는 의미를 떠나서, 뱀 자체는 언제나 지혜의 상징이었다. 힌두교도는 그들의 현자들을 (뱀을 뜻하는 단어인) '나가스'라고 부른다. 그리스도는 그의 제자들에게 "뱀 같이 지혜로우라"고 명했다. 이집트 파라오의 앞머리에 보이는 우레우스(또는 성스런 코브라)로 알려진 것은 그가 감춰진 지혜를 얻는 성스런 의식(rites) 속으로 입문했음을 나타낸다. 자신의 꼬리를 삼키고 있는 뱀은 '우주의 원', 현현의

---

13) Ibid., p. 510.
14) Ibid., p. 510.
15) Ibid., pp. 510-511.

사이클 과정의 끝없음을 나타낸다.[16]

④스와스티카(卍 스바스티카)

원의 중앙에는 그리스 문자의 대문자를 짜 맞춘 장식 무늬 감마디온(gammadion)이 그려져 있다. 이것 역시 계속되는 윤회의 재생을 상징한다. 감마디온은 곧 만자(卍)를 의미하며 스와스티카(swastika), 필펏(fylfot)이라는 이름으로도 알려져 있다.[17]

스와스티카는 불타는 십자가로서, (시계방향으로)회전하는 불꽃의 팔은 진화과정이 일어나는 형태들을 끊임없이 창조하고 분해하는 거대한 자연의 에너지를 나타낸다. 그런데 신의 세 가지 측면을 인정하는 종교들에서 스와스티카는 세 번째 측면, 삼위일체의 제삼위인 창조주 - 힌두교에서는 브라마, 그리스도교에서는 성령 - 과 결부된다.[18]

⑤옴(Aum)

심벌의 꼭대기에는 삼위일체를 나타내는 세 개의 산스크리트 문자로 된 힌두교의 신성한 단어가 올려져 있다. 또한, 온 우주로 울려 퍼져서 우주를 떠받치고 있는 창조적인 로고스 언어라는 사상도 품고 있다. "태

---

16) Ibid., p. 511.
17) Ibid., p. 511.
18) Ibid., p. 511.

초에 말씀이 계시니라 이 말씀이 하나님과 함께 계셨으니 이 말씀은 곧 하나님이시니라." 전체로서의 심벌은 초월적이며 내재적인 절대자, 신을 상징한다. 초월적인-즉, 창조 안에 있으며 창조를 벗어난-신(신성한 단어 옴)은 신적 활동(스와티카)으로 에너지를 받은 현현(뱀)의 과정을 구름 덮는다(overshadow). 또한, 이 현현의 장(場) 속에서 영과 물질의 연결된 삼각형이 불멸(앵크)의 상징, 내재하는-즉, 모든 창조물 속에 거하는-신을 간직하고 있다.[19]

"진리보다 숭고한 종교는 없다"라는 신지학회의 신조가 심벌을 둘러싸고 있다. 진리는 각자의 종교와 관계없이 신지학회원 모두가 탐구하는 것이며, 모든 위대한 종교들은 영원한 존재와 영적 지혜의 빛을 어느 정도 반사하고 있다.[20]

2. 영지주의자 칼 구스타프 융

가. 융의 영지주의와의 관계성

스티븐 휠러(Stephan A. Hoeller)는 영지주의 전통은 두 가지 요소로 이루어졌다고 하고 있다. 첫 번째 요소는 가르침과 예식에 관련된 전통이다. 적어도 초기 그리스도교 시대부터 분명한 형식을 갖춘 영지주의적 성격의 메시지가 존재했다. 예언자 마니의 가르침, 혹은 그보다 약간 이른 시기 알렉산드리아와 시리아에서 생겨난, 마니의 영적 친척쯤 되는

---

19) Ibid., p. 512.
20) Ibid., p. 512.

종파들의 가르침, 현대 만다교의 기원이 된 중동의 수많은 영지주의 운동들의 가르침, 발칸에 본거지를 둔 보고밀파의 가르침, 피레네 산맥의 카타르파의 가르침 등 그 어떤 가르침에서든 간에 우리는 그노시스 혹은 그노시스에 관련된 가르침들을 통해서 공통된 구원의 메시지를 발견한다. 두 번째 요소는 첫 번해 요소는 마음가짐, 곧 심리적인 분위기와 관계된다. 교부 테르툴리아누스는 아니마 나투랄리테르 크리스티아나(anima naturaliter christiana. 영혼은 본질적으로 그리스도교적이다)라는 말을 했다고 한다. 이 말처럼 어떤 영혼은 태생적으로 영지주의적이다. 지리적·문화적 영적 환경이 어떠하든지 간에 그런 영혼은 필연적으로 영지주의 세계관에 끌리게 되어있다. 그런 심리적인 성향이 영지주의 메시지가 지닌 어떤 요소에 의해 자극을 받을 때 영지주의는 부흥하게 된다.[21]

이에 영지주의 메시지에 담겨 있는 영원한 생명력과 매력은 영지주의가 인간 마음(mind)의 심층과 맺고 있는 친화력에 주로 근거한다고 한다. E.R. 도즈(Dodds)와 힐레스 퀴스펠(Gilles Quispel), 게르숌 숄렘(Gershom Scholem) 같은 학자들은 영지주의가 원형(原型) 심리학과 종교 신비주의가 함께 어우러지는 심리의 경험에서 기인한다고 말한다. 그러니 신화의 심층 심리학적 차원을 탐구한 C.G. 융, 칼 케레니, 미르치아 엘리아데(Mircea Eliade), 조셉 캠벨과 같은 학자들이 영지주의에 크게 공감하였다.[22]

이 중에 영지주의 부흥을 촉진시킨 심리학자 칼 구스타프 융(Carl Gustav Jung)이 있다.[23] 융은 지그문트 프로이트(Sigmund Freud), 알프

---

21) Stephan A. Hoeller, 「Gnosticism: New Light on Ancient of Inner Knowing」, op. cit., pp. 200-201.
22) Ibid., p. 19.
23) 스위스의 심리학자이자 정신과 의사. 지그문트 프로이트와 함께 심리학, 정신분석학의 큰 줄기를 만든 학자이다. 프로이트의 수제자라 불릴 정도로 많

레드 아들러(Alfred Adlier)와 더불어 정신분석학자 세 사람 중 한 사람이었다. 하지만 그의 공헌은 심리학의 영역을 넘어 신화, 문화인류학, 문학, 종교학과 같은 분야에까지 미쳤다. 또한, 영지주의에 대한 인식과 이해를 촉진시킨 인물이라고 하고 있다.[24] 이에 스티븐 휠러는 "융은 확실히 영지주의 지혜의 상당 부분을 부활시키고 영지주의 개념과 신화, 이미지를 분석심리학에 훌륭하게 적용시켰다."라고 밝히고 있다.[25]

융은 어린 시절부터 종교에 지대한 관심을 가지고 있었다. 개신교 목사였던 아버지를 통해 그리스도교를 전해 받았지만, 융은 주류 그리스도교 전통에 깊이 만족하지 못했다. 마침내 그는 영지주의 문헌들로 돌아섰다. 그 당시 영지주의 문헌이란 지독한 편견으로 얼룩진 교부들의 저서들이었다. 그들이 남긴 파편적이고 적대적이기까지 한 저서들을 통해 과거 영지주의의 그림을 아주 정확하게 복원해 낼 수 있었던 것은 융의

은 영향을 받았지만, 결국엔 아들러의 사상을 받아들여 자신만의 독자적인 이론을 창시해냈다. 콤플렉스 심리학 그리고 분석심리학의 선구자이다. 또한, 서양 지식인 사회에서 큰 반향을 얻고 있는 영성주의에도 많은 영향을 미쳤다. 간략하게 설명하자면 인간의 영혼(정신)이란 각각 대극, 대립적인 요소로 구성되어 있는데 이 요소들은 대립이 아니라 조화를 이룬다는 이야기이다. 건전한 정신이란 조화와 균형을 이룬 상태의 영혼이라는 말이다. 또한, 집단무의식, 콤플렉스, 그림자, 페르소나, 아니마와 아니무스 등의 개념을 도입하였다.

신경증 환자가 그 나름의 법칙을 갖고 있다는 통찰을 입증하기 위해, 융 자신이 치료 경험이나 그 당시 심리학에서 무관한 신화, 종교, 연금술, 신비주의 등 여러 분야를 끌고 와서 이론을 만들었기 때문에 문제의 여지를 보인다는 주장이 있다.

융은 동양사상에 대응하는 서구사상의 원류로 연금술을 재발견하였다. 연금술을 물질의 변화가 아닌 영혼의 연성으로 해석하였으며, 상징들이 가진 의미를 추적하고 해석하였다. 이러한 상징들에 대한 해석은 꿈이나 환자에게서 채집할 수 있는 인간 무의식에서 나타나는 상징들과 연결되어 사례 해석의 뒷받침이 되었다.

항목 "카를 융", 「나무위키」, https://namu.wiki/w/카를%20융

24) Stephan A. Hoeller, 「Gnosticism: New Light on Ancient of Inner Knowing」, op. cit., pp. 218-219.

25) Ibid., p. 221.

탁월한 능력 덕분이었다. 거기에 그는 영지주의자들에 대한 친근하고 호
의적인 정서를 발전시켰다고 스티븐 휠러는 보고 있다. 또한, 융의 제자
인 바바라 한나(Barbara Hannah)가 기록한 바에 따르면, 융은 영지주의
자들과 처음 만난 순간부터 마치 오랜 친구들 사이에 있는 것처럼 느꼈
다고 말했다고 한다.[26]

그런데 융이 평생 동안 관심을 기울여온 것은 정신치료와 종교와 연
금술에 관한 연구였다. 그에게 있어서 영지주의는 종교에 관한 연구와
연금술에 관한 연구에 다리를 놓는 중요한 위치를 차지하고 있다. 그래
서 융과 가까웠고, 나그 함마디 문서 번역에도 참여했던 퀴스펠(G.
Quispel)은 융이 프로이드와 헤어져 정신적 위기에 봉착했던 1912년부터
1921년까지 영지주의자들은 융의 유일한 동료들이었다고 주장하였다.[27]

그러나 융이 언제부터 영지주의에 관심을 가졌는지는 명확하지 않지
만, 융은 독일의 종교사학파를 통해서 고대 로마제국의 신비주의와 미트
라종교[28]에 대해서 이미 알고 있었다. 따라서 자연히 영지주의에 대해서
도 알고 있었으리라 생각된다. 융이 영지주의라는 단어를 제일 처음 쓴
것은 그가 1911년 프로이드에게 보낸 편지인데, 거기에서 융은 다음과
같이 말하고 있다.[29]

"당신의 발견 덕분에 우리는 정말 놀라운 어떤 것의 문턱에 들어
섰는데, 나는 그것을 당분간 영지주의에서 말하는 sophia(지혜)라는

---

26) Ibid., p. 219.
27) 김성민, "영지주의와 C.G. 융과 분석심리학", 「心性研究 24」, (서울: 한국
  분석심리학회, 2009), p. 268.
28) 미트라종교는 미트라를 주신으로 섬기는 밀교이다. 일명 '미트라교'는 미트
  라를 오르마즈드의 아들이자 태양신이라 전하며 천지를 창조한 창조신으로
  숭배한다.
  항목 "미트라", 「나무위키」, https://namu.wiki/w/미트라
29) 김성민, "영지주의와 C.G. 융과 분석심리학", op. cit., p. 268.

개념으로밖에 나타낼 수 없습니다. 그것은 알렉산드리아학파에서 사용했던 개념으로 정신분석학에서 고대의 지혜가 재성육신한 것에 특히 잘 들어맞습니다"[30]

융은 스스로를 영지주의자라고 밝힌 '필레몬'(Philemon)이라는 이름의 영적 인물과 관련된 일련의 환상을 경험했다고 한다. 융은 필레몬이 전해준, 상징의 의미에 관한 가르침을 책 속에 담아냈다. 이러한 융은 일종의 영지주의적 '복음서'를 저술했다. 발렌티누스 학파의 영지주의자들 - 하지만 자신들만의 복음서를 썼다는 이유로 이레니우스에게 맹렬하게 비난받은 - 처럼, 융은 영감을 받아 고대 영지주의 문서의 형식을 그대로 본떠서 한 권의 책을 저술했다. 「죽은 자를 위한 일곱 가지 설교」라고 제목을 단 이 책에 대해 융은 "동양과 서양이 만나는 도시 알렉산드리아의 바실리데스가 쓴, 죽은 자를 위한 일곱 가지 설교"라는 설명을 붙였다. 융은 자신의 심리학적 이론과 통찰 대부분이 이 책에 수록된 '초기의 환각들' 속에 종자의 형태로 존재했다고 고백했다 [C.G. 융, 「회상, 꿈, 그리고 사상」(Memories, Dreams, Reflections)]. 따라서 융의 과학적인 연구 너머에 영지주의적 영감이 있었음은 알 수 있다.[31]

융은 연금술이 영지주의와 매우 밀접한 관계에 있다고 생각했으며, 1928년부터 서양 연금술 연구에 몰두하였다. 이에 "내가 연금술에 대해서 이해하기 시작했을 때, 비로소 나는 연금술이 영지와 연결되어 있다는 생각이 들었다. 그리고 연금술을 통해서 과거와 현재 사이의 연속성이 이루어지게 된다."라고 융은 말하고 있다.[32]

---

30) Ibid., pp. 268-269에서 재인용.
31) Stephan A. Hoeller, 「Gnosticism: New Light on Ancient of Inner Knowing」, op. cit., pp. 220-221.
32) 김성민, "영지주의와 C.G. 융과 분석심리학", op. cit., p. 269.

융과 영지주의의 관계를 이탈리아 학자 G. 필로라모는 「영지주의 역사」에서 다음과 같이 밝히고 있다.

"영지주의자들을 '심층심리학의 실질적인 발견자'라고 인정할 정도로 융의 생각은 오랫동안 고대 영지주의자들의 사상에 깊이 몰입해 있었다. … 심층심리학은 존재론적 자기에 대한 연구를 필요로 하는바, '개성화'라는 현대적 방법에 선행하는 인지적 기술로서의 고대 그노시스는, 비록 보편 종교의 형식을 취하긴 하지만, 융의 영적 치료법의 특징을 앞서 보여줄 뿐만 아니라 그것을 더욱 명확히 드러낼 수 있도록 도움을 주었다."[33]

나. 융의 분석심리학과 영지주의

드힝(Dehing J)은 해석학적으로 볼 때, 프로이드의 해석방법론은 기호학적인(semiｦotic) 것이고, 융의 그것은 상징적인(symbolic) 것이라고 주장하였다. 프로이드가 의미는 표현된 것들 속에 억압되어 있어서 해석은 그 속에 숨겨진 의미를 찾아내는 작업이라고 생각한 반면, 융은 표현된 것들로부터 전혀 새로운 의미가 드러날 수 있다고 생각하여 그 속에서 초월적인 의미를 찾으려고 했다는 것이다.[34]

융에게 있어서 상징은 다층적으로 해석하였다. 융의 이런 태도는 그와 영지주의 사이에 많은 점에 있어서 다음과 같은 유사성이 있다고 김성민은 분석하고 있다.[35]

---

33) Stephan A. Hoeller, 「Gnosticism: New Light on Ancient of Inner Knowing」, op. cit., p. 221에서 재인용.
34) 김성민, "영지주의와 C.G. 융과 분석심리학", op. cit., p. 271.
35) Ibid., pp. 271-272.

첫째로 영지주의자들과 융은 내향적인 태도를 가지고 그들의 내면에서 싸우는 영과 육, 본능적인 충동과 정신성을 통합하여 구원받으려고 하였다.

둘째로 그들은 그 과정에서 솟아오르는 무의식의 상징적 이미지들을 체험하였고 그것들을 신화적이거나 상징적인 방식으로 표현하였다.

셋째로 그들은 일상적인 삶의 차원을 뛰어넘는 심층적인 실재를 추구하였는데, 그것이 영지주의자들에게 있어서는 최고 신이었고, 융에게서는 집단 무의식에 있는 자기였다.

넷째로 그들은 이 세상에 있는 악과 고통의 실재를 절감(切感)하였으며, 그 기원과 본성에 대해서 탐구하려고 하였다.

다섯째로 그들은 다른 존재가 체험한 것이나 주장한 것을 그대로 믿으려고 하지 않았고, 그들이 직접 체험하려고 했으며 그들이 체험한 것만 믿으려고 하였다.

다. 융의 신화와 상징

영지주의와 분석심리학에서 신화와 상징을 중요시한다. 그런데 영지주의가 무슨 말을 하는지 이해하기 쉽지 않고, 가까이하기 어렵다. 그것은 영지주의 문헌에 신화적 사변과 상징이 너무 많기 때문이다. 영지주의의 우주발생론과 인간발생론은 신화적 사변으로 가득 차 있고, 영지주의의 플레로마, 신방 예식, 영혼의 상승 등은 모두 상징이다. 그것은 영지주의가 본래 성경을 우의적으로 해석하려고 했다. 또한 영지주의에 고대 히브리적 사유, 그리스적 사유, 중근동 사유가 뒤섞여 있기 때문이다. 이는 그들의 종교사상이 무의식의 즉각적인 체험을 표현하기 위해서 어쩔 수 없는 것이었다. 그래서 융은 퀴스펠에게 보낸 편지에서 "우리는 히폴리투스가 전한 나아센느파의 일자(l'Un)에 대한 수많은 상징들을 보면서, 그것들이 정말로 내면의 직접적인 영감에서 나온 것이라는 사실을 인정하지 않을 수 없을 것입니다"라고 하였다. 이는 영지가들은 무의식의 본래적인 세계와 접촉하고 있던 사람이라는 것이다.[36)

이에 대하여 융은 그런 신화적 이미지들과 상징은 그들에게서만이 아니라 현대인들의 꿈과 환상에서도 나타나며 정신과 환자들은 특히 그와 비슷한 구태적 환상들을 많이 체험한다고 다음과 같이 주장하였다.[37)

"우리는 거의 매일 환자들 안에서 어떻게 신화적 환상들이 일어나는지 볼 수 있다. 그것들은 그들이 생각해낸 것이 아니라 … 무의식으로부터 뚫고 올라온 상들이나 일련의 관념들로 나타난다."[38)

원형에 대한 융의 생각도 사실 그가 만났던 정신과 환자의 무의식의 즉각적인 체험에서 발단이 된 것이다. 고대인들의 의식에 있던 것들은 현대인들의 무의식에 신화적인 상(像)들로 현존하며 현대인들의 사고에 영향을 주는 것이다. 융이 종교현상, 연금술에 관심을 가졌던 것은 그 때문이다.[39)

라. 악에 대한 문제

영지가들은 악은 인간의 몸을 통해서 들어온다고 생각하여 이 세상과 육신에 대해서 적대적인 태도를 취하였다. 그들은 악은 인간의 잘못 때

36) Ibid., p. 276.
37) Ibid., p. 277.
38) Ibid., p. 277에서 재인용.
39) Ibid., p. 277.

문에 생기는 것이 아니라, 열등한 신이 창조한 이 세상이 처음부터 불완
전하고 결함이 많다고 생각했던 것이다. 영지가들에 의하면 이 세상의
지배자들인 아르콘들은 인간이 그의 내면에 있는 신적 본성을 깨닫고 신
적인 존재와 하나가 되지 못하도록 사람을 육신에 가두고, 감옥을 더 완
전하게 하려고 운명을 만들었다. 즉, "운명으로부터 모든 죄악, 폭력, 신
성모독, 망각과 무지의 사슬, 모든 계명, 중요한 죄, 두려움 등이 흘러나
왔다."라는 것이다. 그래서 영지주의에게 있어서 무지와 망각은 또 다른
악이 된다. 사람들이 그의 신적 기원과 본성을 알지 못하면 이 세상에
파묻혀서 살기 때문이다.[40]

융 역시 이 세상과 인간의 심리에 있는 악의 본성에 대해서 깊이 있
게 탐구하였다. 그는 정신과 의사로서 한 사람의 삶을 파괴하는 정신질
환과 그가 살던 당시의 나치의 만행을 절감하였기 때문이다. 그 결과 융
은 어거스틴이 주장하였고, 그리스도교에서 일반적으로 받아들여지고 있
는 선의 결핍(privatio boni)으로서의 악의 관념은 너무 안이한 생각이라
고 비판하였다. 그 주장은 존재의 범주와 가치판단의 범주를 혼동한 견
해로서 이 세상에 있는 악의 현실성과 파괴성을 무시하고, 악을 모호하
게 만들기 때문이다. 그래서 그는 빅터 화이트에게 1949년에 보낸 편지
에서 "심리학적인 관점에서 볼 때, 악은 두려운 현실입니다. 악을 다만
형이상학적인 의미로만 보면서, 악의 힘과 현실을 축소시키는 것은 잘못
된 일입니다."라고 말하였다.[41]

그러면서 그는 경험적인 입장에서 볼 때 절대 악도 존재하지만, 악은
첫째로 상대적인 것이고, 둘째로 현실적인 것이며, 셋째로 비본질적인 것
이라고 주장하였다.[42]

---

40) Ibid., pp. 280-281.
41) Ibid., p. 281.
42) Ibid., p. 281.

첫째로 융은 어떤 것이 선인지 악인지 경험하기 전에는 알 수 없고, 악은 사람들의 판단에서 오는 것이라고 주장하고 있다.[43]

> "대극의 쌍들은 그것이 사람들의 행위의 영역이나 원망(願望)의 영역 안에 들어와야만 도덕적으로 인식될 수 있는 것이라는 사실을 잊지 말아야 한다. 그러므로 우리는 그것이 우리에게 받아들여졌을 때에만 어떤 것이 선이고, 어떤 것이 악이라고 정의내릴 수 있는 것이다."[44]

그래서 사람들은 어떤 것이 그에게 좋은 결과를 가져오면, 그것을 선이라고 말하고, 그렇지 않으면 악이라고 말한다. 절대 선이나 절대 악과 달리 선과 악은 심리학적인 의미에서 사람들의 반응에 따라서 결정되는 것이다.[45]

둘째로 융은 악을 현실적인 것이라고 강조하였다. 이는 융이 인간의 삶에서 악이 현존하며, 수많은 문제들을 일으킨다는 사실을 잘 알고 있었던 것이다. 악은 사람들의 마음속에 분노, 증오, 질투 등을 불러일으키고, 때때로 유혹으로 다가와 그들이 제대로 살지 못하게 하는 것을 너무 많이 보았던 것이다. 또한, 악은 신경증이나 정신병으로 나타나 사람들의 삶을 파괴하고, 집단적인 차원으로 나타나 범죄와 전쟁을 일으켜 무의미한 살육을 일으킨다. 종교에서 악의 상징에 관해서 많이 언급하는 것은 그 때문이다.[46]

---

43) Ibid., p. 281.
44) Ibid., p. 281에서 재인용.
45) Ibid., pp. 281-282.
46) Ibid., p. 282.

　　"다른 한편 마귀가 자유의지를 가지고 하나님으로부터 떨어져 나왔다면, 악은 사람들보다 먼저 이 세상에 존재하고 있었다는 사실을 말해주는 것이다."[47]

　셋째로 융은 악이 실재하기는 하지만, 악에 어떤 본질이 있다고는 생각하지 않았다. 즉, 이 세상에 악이 실제로 존재하여 여러 가지 어두운 문제들을 불러일으키고, 사람들에게 말할 수 없는 고통을 안겨 주지만, 그것은 악에 어떤 본질이 있어서가 아니라, 악이라는 현상이 결과적으로 생겨나서 여러 가지 문제들이 생기고, 고통이 찾아오게 된다는 것이다. 왜냐하면, 악에 어떤 본질이 있다면, 우리 삶에서 악이 주도적으로 작용해야 하는데, 악은 그런 법이 없고 이차적으로 생기기 때문이다. 사실 악은 어떤 본질에서 나와서 스스로 존재하는 것이 아니라 어떤 현상이 너무 일방적인 방향으로 나아갔기 때문에 생기는 경우가 많다.[48]

　그래서 융은 악이란 선의 그림자라고 주장하였다. 악은 그 자체로서 어떤 본질을 가지고 독립적으로 존재하는 것이 아니라, 빛을 받지 못하고 어둠 속에 남아 있는 그림자라는 것이다. 예를 들어서 말하자면 어떤 정신적인 요소가 제대로 실현되면 사람들에게 선을 가져다주는데, 악은 여러 가지 이유 때문에 그러지 못해서 악으로 나타나는 것이라는 말이다. 그러므로 융은 우리 삶에서 악의 현상들이 여러 가지 형태로 나타나 우리 삶을 왜곡시키지만, 악의 본질을 인정해서는 안 된다고 강조하였다. 그리고 사람들의 삶에서 악에 관한 모든 오해는 선의 결핍설 때문에 생겨난다고 덧붙였다. 이에 융은 사람이 악을 극복하려면 악을 직시하고, 악을 우리 정신에 통합시켜야 한다고 강조한 것은 그 때문이다. 영지가들 역시 악에 철저하게 맞서기는 하였다. 그러나 그들은 이 세상에서 물

---

47) Ibid., p. 282에서 재인용.
48) Ibid., p. 282.

러나서 초월적인 세계에서 통합하려고 하거나 금욕으로 맞서서 소극적인 느낌을 준다.[49]

마. 구원의 문제

영지가들은 이 세상에서의 삶이 고통과 덧없으므로 가득하다는 것을 절감했지만 그들은 그 고통과 무의미함에서 벗어나는 길이 있으며, 그것은 의식을 근본적으로 변화시키는 데 있다고 확신하였다. 그래서 그들은 인간의 신적 본성과 기원, 운명의 완전한 체계에 대해서 알려고 하면서 구속(救贖)을 위한 깨달음을 얻으려고 하였다. 그 깨달음이 있으면 그들은 이 세상과 육신이라는 감옥으로부터 해방될 수 있기 때문이다. 이에 빌립복음서에서 "진리가 무엇인지 아는(영지를 가진) 사람은 자유로운 사람이다. 무지는 노예이다"라고 말하는 것은 그들의 이런 태도를 잘 말해 준다. 그러나 초대교회의 교부들은 예수 그리스도의 복음 이외에 다른 구원의 길은 없다고 강조하면서 이들의 주장과 맞서 싸웠다. 교부들과 영지주의자들의 싸움은 믿음과 깨달음 사이의 대립이었던 것이다.[50]

융 역시 마찬가지다. 그 역시 믿기보다는 신성한 것(numen)과 무의식을 체험하려고 하였다. 그 역시 서간문에서 믿음은 은혜에 의해서 주어지는데 그에게는 은혜가 주어지지 않았다고 하면서 체험한 다음에 찾아오는 깨달음을 추구했던 것이다. 그래서 드힝(Dehing J)은 융에게 있어서 믿음은 하나님에 대한 것들을 믿는 것이지만, 깨달음(지식)은 그가 하나님에 대해서 체험한 것들과 관계되며 그에게 있어서 믿음은 외적인 사실이나 가르침을 말하지만, 깨달음은 내적인 확신을 의미한다고 주장하

---

49) Ibid., pp. 282-283.
50) Ibid., p. 283.

였다. 그래서 융은 비교종교사학자 프라이(G. Frei)에게 보낸 편지(1948)에서 "잘못은 나를 비판하는 사람들이 사실상 그 의미도 알지 못하면서 문자만 믿으려 하고 문자 속에 하나님의 실재를 담으려고 하는데 있습니다"라고 하였다.[51]

영지가들이 이 세상을 환영(illusion)이라고 생각하고 이 세상에서 벗어나 그들의 본성과 하나님에 대해서 알아야 한다고 주장한 것은 융이 모든 투사를 거두고 무의식을 의식화하려고 했던 것과 같은 태도이다. 융은 참된 영지를 추구했던 사람들처럼 그 스스로 체험하려고 했던 것이다. 융의 이런 태도는 프리맨이 그에게 하나님에 대해서 질문하였을 때 잘 드러났다. 그는 프리맨이 그에게 "하나님을 믿느냐?"고 질문했을 때, "나는 하나님을 믿지 않는다. 나는 하나님을 안다"고 대답했던 것이다. 그는 하나님에 대해서 말하기보다, 그가 체험한 하나님을 말하려고 했던 것이다. 그런 의미에서 융은 영지를 추구했던 현대인이었던 것이다.[52]

---

51) Ibid., pp. 283-284.
52) Ibid., p. 284.

1. 그리스도교회에 미친 영지주의 영향

그리스도교 영지주의는 교회가 시작될 무렵 시작되어 기원후 135년부터 160년 사이 세력을 크게 형성하다가 6세기경에 사라졌다고 하고 있기도 하다. 그러나 아직도 그리스도교에 여러 가지 형태로 영향을 미치고 있다.[1]

실상 영지주의는 기본적으로 그리스도교를 유대주의적 기원으로부터 분리하려고 노력하였다. 그 이유는 헬라사람들은 그리스도교를 자신들보다 열등한 유대인들이 믿고 있는 종교 중 한 종파로 보았다. 무엇보다 예수님이 유대인이었다. 이에 스스로 지혜롭다고 생각한 헬라사람들은 야만인에게서 진리가 나온다는 것은 말이 안 된다고 보았다. 하지만 영지주의자들은 그리스도교가 비록 유대교에 기원을 가지고 있지만 그리스도교의 어떤 진리들은 아주 매혹적이라는 것을 발견하였다. 그리스도교

---

1) 김성민, "영지주의와 C.G. 융과 분석심리학", 「心性硏究 24」, (서울: 한국분석심리학회, 2009), p. 266.

안에는 생명, 말씀(로고스), 빛, 메시아와 같은 보편적 종교 사상도 있었는데, 영지주의자들은 이런 개념들을 끌고 와서 그 당시 헬라문화에 끼워 맞추어서 복음의 진수를 변질시켰다.[2]

영지주의는 특히 헬라철학과 동방종교의 영향을 받은 혼합주의 종교운동이다. 초대 그리스도교에 부정적 영향을 주었다. 영의 세계는 선하고 물질세계는 타락하고 악한 신의 산물로 보아 금욕주의(골2:20~22)를 주장했다. 더 깊은 지식을 갈망하고(깨달음), 신과의 신비적 교제(신인합일)를 추구하며, 천사와 영들을 사색하거나(골2:18), 부활을 영적으로 해석했다(딤후2:18).[3]

영지주의는 자기들이 진리를 바로 안다고 하였다. 그러나 영지주의는 하나님의 창조, 성육신, 십자가와 부활 등 복음의 핵심을 부인하였다.[4] 영지주의자들이 이처럼 명백히 잘못된 교리들을 가지고 있으면서도 2세기 초엽에 들어서면서 그리스도교인들에게 호소력이 있었던 이유는 무엇이었을까? 영지주의자들 그들만이 그리스도와 구원에 관한 특별한 지식을 갖고 있다고 강조하였다. 이것이 일부 불안정한 그리스도교인들에게 호소력이 있었다. 영지주의자들은 자신들만이 악의 기원문제를 해결하여 주는 것처럼 과장했다. 영지주의자들이 사용하는 교리나 가르침이 그리스도교에서 말하는 교리와 유사한 점이 많았다.[5] 이는 마치 광명의 천사처럼 보였기 때문이다.

그러나 영지주의에 실상은 하나님에 대한 지식이나 하나님과의 교제

---

2) 이성호, "이단의 뿌리와 교회의 응전",
   https://cafe.daum.net/kcmc91/MbG7/175
3) 박문수, "이단사이비를 경계하라3: 이단과 정통교회의 성경론", 「활천」,
   2016년 7월 통권752호, (서울: 활천사, 2016), p. 61.
4) 빌립, "이단의 원조-영지주의(노스티시즘)",
   https://cafe.daum.net/kcmc91/MbG7/39
5) Ibid.

를 불가능하다고 보았다. 세상을 창조한 것은 열등한 신의 사역이라고
하였다. 세상과 물질은 악하다. 그리고 그리스도는 몸을 지니지 않았다.
따라서 그는 십자가에 죽지도 않았고, 부활도 부인하였다.[6]

이에 신학자 폴 틸릭은 그리스도교 영지주의는 그리스도교 내부의 적
으로 그리스도교의 존립에 커다란 위협을 주어 그리스도교는 영지주의와
싸우면서 카톨리시즘을 확립하였다고 주장하였다. 틸릭에 의하면 영지가
들이 제기한 가장 심각한 문제는 권위의 문제, 그 가운데서도 성경의 권
위였다. 그들은 예수가 부활한 다음 40일 동안 이 세상에 머무르면서 영
지주의 사상과 실천체계의 근간이 되는 비의를 전해주었다는 것이다. 그
러나 교부들은 그것을 물리치고 성경의 권위를 앞세웠다. 그래서 교회에
서는 정경(canon)의 기준을 세우고, 여러 가지 문서들 가운데서 정경을
확정하였다.[7]

그 다음에 제기된 것은 성경해석의 문제였다. 왜냐하면, 영지가들이
교회의 공식적인 해석과 다른 해석 방법을 주장했기 때문이다. 그래서
교부들은 사도 전승을 앞세우면서 그리스도교 신학 체계를 완성시켜 오
늘에 이르게 되었다. 이렇게 볼 때 그리스도교와 영지주의 사이의 갈등
은 공적인 믿음과 비의적인 영지 사이의 문제라고 할 수 있다.[8]

교부들이 영지주의자들을 비판한 것은 그들이 그리스도교 교리를 왜
곡하면서 이교주의와 신비술로 돌아가려고 했으며, 그들에게 거짓이 많
았고, 영지주의자들 사이에 통일성이 없다는 것이었다. 그래서 교부들은
그들의 주장은 교회를 타락시키려는 사탄의 술책이라고 비판하였다. 영
지주의 비판에 앞장섰던 교부는 저스틴, 이레니우스, 히폴리투스, 터툴리
안 등인데, 터툴리안은 복음이 예수 그리스도에 의해서 선포되었기 때문

6) Ibid.
7) 김성민, "영지주의와 C.G. 융과 분석심리학", op. cit., p. 266.
8) Ibid., p. 266.

에 이제 더 이상의 영지는 필요하지 않으며, 예수 그리스도에 대한 믿음으로 충분하다고 강조하였다. 그러나 알렉산드리아의 클레멘트와 오리겐은 영지주의에 비판적이었지만, 일부 영지주의자들의 주장에는 동조하기도 하였다.[9]

이에 교회는 영지주의와의 접촉을 통해 다음과 같은 몇 가지 결과를 낳게 되었다고 송광택은 밝히고 있다.[10]

* 영지주의가 스스로 보편적 종교임을 주장한 것은 교회로 하여금 자신의 보편성(Catholicity)을 주장하게 만든 계기가 되었다.

* 영지주의는 구약성경과 사도들의 저작에 대하여 큰 관심을 가지고 있었기 때문에 구약의 영감과 신약 정경의 내용을 영구적으로 확정해 놓는 일이 교회의 긴급한 과제가 되었다. 대부분의 경우 영지주의에 대항해서 행동하는 것은 신학자들이 아니라 '교회'였다. 교회는 받아들일 수 있는 책들의 권위 있는 목록을 발전시켰다.

* 그리스도교를 근본적으로 하나의 교리적 체계로 볼 수 있다고 하는 영지주의의 논란에 대하여 교회는 그러한 교리가 실제로 어떠한 것인가를 진술함으로써 답변을 주었다.

* 교회의 교리를 통일하기 위해서는 '신앙의 표준'(regula fidei)이 요구되었다. 지역에 따라서 상당히 다양한 것이기는 했지만 이러한 '신앙의 표준'으로부터 고대의 그리스도교적 신조들이 생겨나게 되었다.

* 영지주의가 말할 수 없을 정도로 극대 되기 시작하자, 교회는 유능한 수호자를 요구하지 않을 수 없게 되었다. 그리하여 감독이 선두에 나서서 이단 전체를 대항하여 싸우게 되었다. 그 결과로 감독의 우위성이 확보되었으며, 감독직의 발전을 촉진시키는 자극이 주어졌다.

---

9) Ibid., pp. 266-267.
10) 송광택, "영지주의(Gnosticism)", https://cafe.daum.net/KCSC 91/MBA 7/49

2. 영지주의에 대한 교부들에 의한 대처

영지주의의 이단적 주장에 대해 반영지주의 교부들, 특히 이레니우스(Irenaeus), 터툴리안(Tertullian), 히폴리투스(Hippolytus) 등이 나서서 교회의 입장을 다음과 같이 확고하게 세웠다.[11]

＊ 지존하신 하나님과 이 세상의 조물주를 구분하는 주장을 배격한다. 하나님은 창조주요 섭리주요, 구세주이시다.

＊ 물질과 영혼의 이원론적 분리를 배격한다. 선과 악을 두 개의 서로 대조적인 자연적 형질에 의하여 설명될 수 없다. 이는 인간의 책임을 없애버리는 결과를 가져오게 될 것이다. 영지주의자들에 의하여 죄란 물리적인 필요이지만 죄란 인간의 자유스러운 행위이다.

＊ 가현론적인 영지주의자들의 주장을 배격한다. 로고스의 성육신, 즉, 말씀이 육신이 되신 것이다.

＊ 부활은 육체의 부활을 포함한다.

따라서 이러한 영지주의(Gnosticism)는 그리스도교의 적이다. 신비적 의식과 혼합으로 환상적 유혹을 하였지만, 하늘의 별똥별처럼 곧 사라졌다. 반면에 영지주의의 득세를 통해 교회는 신약성경의 정경성을 더욱 확고히 다지는 계기를 가지게 되었다. 교부들은 신약성경의 정경성을 제한함으로써 영지주의를 극복했다.[12]

영지주의로 말미암아 역사적 그리스도교회는 계시의 한계를 분명히

---

11) 박상경, 「기독교교리사」, (서울: 리폼드북스, 2023), pp. 110-111.
12) Ibid., p. 111.

하고, 신약과 구약의 관계를 결정하는 것을 배웠다. 그리고 교리적 토대를 바로 세우므로 영지주의(Gnosticism)의 이원론(Dualism)과 가현설(Docetism)을 정복하고, 동정녀 탄생 부활, 이성 일인격과 그리스도의 속죄 사역을 통해서만이 구원이 이루어진다는 교리를 제창하였으며 예수 그리스도의 복음(福音)만이 범세계적인 참된 진리(眞理)임을 증명하게 되었다.[13]

이에 성경은 예수님을 육체를 입으신 하나님으로 고백하지 않는 영지주의를 이단으로 정죄했다(요일 4:1~3). 또한, 3세기 교부들인 저스틴, 오리겐, 이레니우스 등도 영지주의를 배격했다.[14]

그러나 영지주의의 주요 교리는 초기 그리스도교인들에게 중대한 문제를 일으켰다. 영지파들은 그리스도교의 핵심 교리를 당시 사람들이 이해하기 쉽게 제시하여 많은 호응을 얻었으나, 그리스도교 신앙의 근본 내용을 부정하거나 위협했다. 특히 창조론, 구원론, 신론, 그리스도론이 그랬다. 물질세계를 영원한 하나님의 창조물이 아니라 저급한 존재에 의해 이루어진 잘못된 결과로 간주하는 창조론은 하나님이 만물을 창조했으며 지금도 역사 속에서 활동한다는 전통적인 유대-그리스도교의 창조론과 신론에 정면 배치되었다. 또한, 영지주의는 믿음이 아닌 지식에 의해 구원을 얻으며, 육체적인 몸의 구원을 부정했다. 따라서 그리스도교는 이들의 주장을 수용할 수 없었다.[15]

이러한 영지주의에 대하여 초기 그리스도교는 두 가지 방법으로 다루었다. 즉, 이들 이단자들과 그 추종자들에 대해서는 출교 처분하는 한편, 교회 신자들에게는 훈계와 경고의 목회 서신을 발송했다. 그리스도교 교

---

13) Ibid., pp. 111-112.
14) 박문수, "이단사이비를 경계하라3: 이단과 정통교회의 성경론", 「활천」 2016년 7월 통권752호, (서울: 활천사, 2016), p. 61.
15) 목창균, 「이단논쟁」, (서울: 두란노서원, 2016), pp. 88-89.

부들은 영지주의를 그리스도교에 가장 위험한 적으로 간주하고 성경과 전통으로부터 교회의 참된 교리를 설명함으로써 영지주의의 교리를 논박하고 그 오류를 폭로했다.[16]

이러한 반영지주의적인 교부들로는 가이사랴의 유세비우스(lusebius), 에피파니우스(Epiphanius), 어거스틴(Augustine), 다메섹의 요한(John of Damascus) 등과 함께[17] 다음과 같은 주요한 교부들이 있다.

가. 저스틴(Justinus)과 테오필루스(Theophilus)

최초로 영지주의를 논박한 사람은 플라비우스 저스틴(Flavius Justinus), 테오필루스(Theophilus) 같은 초기 교부들이다.[18]

(1) 저스틴(Justinus)

철학자 저스틴(Flavius Justinus, 100~165)은 예수 신앙인들이 가장 극심한 공격을 당하던 시기에 예수 진리를 변호했고, 자신의 피로써 예수 구원의 복음의 진정성을 보여준 변증가이며, 최초의 그리스도교 철학자다.[19] 이러한 저스틴은 「모든 이단에 반대하여」(Against All Heresies)와 「마르키온에 반대하여」(AgainstMarcion)를, 테오필루스는 「마르키온에 반대하여」와 「헤르모게네스에 반대하여」(Against Hermogenes)를 저술했으나, 모두 소실되고 남아 있지 않다.[20]

---

16) Ibid., p. 89.
17) Ibid., p. 92.
18) Ibid., p. 89.
19) 최덕성, "초대 그리스도인들 '희생적 순교' 업신여겼던 영지주의자들", 「크리스천투데이」, 2021. 4. 20.
20) 목창균, 「이단논쟁」, op. cit., p. 89.

저스틴은 150~155년 사이에 로마 황제에게 보낸 첫 번째 변증서에서 영지주의에 속한 세 이단자인 시몬, 메난더, 마르키온에 대해 귀신들에게 영향을 받은 자들로 간주했으며, 두 번째 변증서에서는 시몬의 교리를 "사악하고 기만적인" 것으로 경멸했다.[21]

저스틴은 이교도 가정에서 자랐으나 지혜를 얻으려고 철학의 문들을 두드렸다. 스토아주의, 소요학파, 피타고라스주의, 플라톤주의를 접했다. 높은 수준의 고전 학문과 철학사상을 공부하고 폭넓은 독서를 하고 방대한 정보를 받아들였다. 이러한 저스틴은 어느 날 바닷가에서 낯선 노인으로부터 히브리 선지자들이 그리스도 곧 구원자의 강림을 예고했고, 그 예언이 예수의 생애와 사역에서 성취되었다는 이야기를 들었다. 구원의 복음을 들은 것이다. 그리고 복음서들이 말하고 구약시대 선지자들의 책들이 계시하는 무오하고 진정한 철학을 알았다. 저스틴은 예수를 그리스도로 인정, 환영, 신앙하고, 회심 뒤 그리스도인 무리를 찾아가 예수 복음의 역사와 교리를 배웠다.[22]

저스틴은 곧장 전도자로 나섰다. 철학자 신분으로 사람들을 만나고 대화했다. 로마에서 이단자 마르시온과 논쟁도 했다. 에베소에서 유대인 친구들을 설득하여 그리스도교 신앙을 가지도록 이끌었다.[23]

저스틴 신학의 핵심은 '로고스 사상'이다. 그는 로고스를 세 가지로 분류했다.[24]

첫째, 산출적(産出的) 로고스 곧 자연의 창조적 힘, 우주적 이성이다. 이 로고스는 전체 우주와 개체 사물들을 산출했다. 만물의 씨앗이 로고스 안에 내포되어 있다. 둘째, 내재적 로고스 곧 성부의 생각 또는 마음

21) Ibid., p. 89.
22) 최덕성, "초대 그리스도인들 '희생적 순교' 업신여겼던 영지주의자들", op. cit.
23) Ibid.
24) Ibid.

이다. 셋째, 성부의 생각에 외적 표현인 성육신한 그리스도이다. 선재(先在) 하는 그리스도는 성부의 생각, 성부의 마음이 창조와 계시에 드러났다. 그 로고스는 성부 안에서 성부의 이성적 성품으로 존재하다가 성부의 의지 작용에 의해 출생했다. 이 로고스는 주 예수 그리스도 안에서 형체를 가지고 사람이 되었다.

저스틴은 로고스를 성부의 지성 또는 하나님의 이성으로 파악했다. 로고스는 특수 기능을 가졌다. 로고스는 우주를 창조하고 질서 있게 만든 하나님의 대행자이며 인간에게 진리를 계시했다. 그리고 저스틴은 삼위일체 이론에서 성부, 성자, 성령을 '품격'으로 묘사하고, 삼위가 대등하게 통합되어 있다고 했다. 로고스는 모든 사람에게 이성과 자유를 부여했다고 말했다.[25]

(2) 테오필루스(Theophilus)

테오필루스는 그리스도교 이외의 종교를 격렬히 반대했고, 그리스도교 저자들과 수사들이 이단설의 영향을 받는 것을 신랄히 비판했다. 당시 헬라 정교회의 교회 정치에서 중요한 역할을 했다. 지적으로 탁월한 학생으로 알렉산드리아에서 명성을 얻었고, 사제로 있다가 385년 총대주교에 임명된 뒤 곧 북아프리카의 비(非) 그리스도교 신전들을 파괴하기 위해 원정을 시작했다. 황제 테오도시우스 1세의 허락을 받아 미트라·디오니시오스·사라피스 같은 신들의 유명한 신전들을 파괴했다.[26]

나. 이레니우스(Irenaeus)

25) Ibid.
26) 항목 "테오필루스", 「다음백과」,
   https://100.daum.net/encyclopedia/view/b22t2719a

이레니우스(Irenaeus)는 135년경 동방에서 태어나 170년경 리용으로 이주하였으며, 폴리캅(Polyca.p)의 제자가 되었다. 생애 대부분을 서방에서 보냈고 장로로서 리용(Lyons)의 감독이 되었다.[27]

교회가 영지주의와 대항하는 가운데 진정한 의미에서 신학적 발전을 가져왔던 것은 무엇보다 리용의 이레니우스에 의해서였다. 그는 사도 전승이 없이는 그 어떠한 사람도 참 영지나 참 지혜를 소유할 수 없다는 사실을 유독 강조하면서 발렌티누스와 말시온이 주장한 거짓 영지를 비판하였다.[28]

지금까지 남아 있는 반(反) 이단 문서들 가운데 가장 오래된 것은 이레니우스의 「이단논박」(Against Heresies)이다. 「이단논박」은 당시 교회가 영지주의의 다양한 체계에 대해 어떤 반응을 보였는지를 보여 주는 최초의 문헌이다. 그의 저서는 가장 포괄적이고 권위 있는 반 이단적 문헌 중 하나로 평가되고 있다. 그는 한 친구에게 영지주의자 발렌티누스의 교리를 고발하려는 목적으로 「이단논박」을 저술했다. 모두 5권으로 구성되어 있으며, 1권과 2권은 발렌티누스를 비롯해 여러 형태의 영지주의를 소개하고, 나머지 3권은 그리스도교의 건전한 교리를 제시하고 있다. 「이단논박」은 2세기 후반에 이루어진 영지주의에 대한 그리스도교의 주요한 진술이라는 점에서 고대 이래로 모든 이단 연구가들에게 가장 귀중한 자료로 취급되고 있으며, 그 신뢰성은 현대 학자들에 의해서도 충분히 입증되고 있다.[29]

이레니우스는 전통과 성경의 권위에 근거하여 이단들을 논박했다. 특히 그는 사도적인 토대를 가진 교회는 건전한 교훈의 단절 없는 전통을

---

27) 박상경, 「기독교교리사」, op. cit., p. 156.
28) 근광현, 「기독교 이단 길라잡이」, (서울: 도서출판 누가, 2003), p. 236.
29) 목창균, 「이단논쟁」, op. cit., p. 90.

소유하고 있다는 사실과 구약성경을 비롯한 사복음서, 사도행전과 바울 서신의 권위에 호소함으로써 그의 과제를 수행했다.[30]

이레니우스(Irenaeus)는 '경세 삼위일체론'(trinitarianism)을 야고보복 음에 도입했다. 그는 영지주의를 반대하고 하나님의 창조와 아들을 낳으 심과 성령의 보살피심을 동일한 선상에서 설명하고자 했다.[31]

이레니우스는 하나님은 구원을 위해 경세(경륜) 속에서 자신을 계시하 시며, 하나님의 존재와 본질과 본성으로 보아 하나님은 한 분으로 계신 다고 했다. 그러나 우리의 구속의 경세에 따라 성부와 성자와 성령으로 계시는데, 성부는 만물을 포괄하시는 지성으로 창조를 통해 자신을 계시 하시며, 하나님에 아들의 지식(知識)은 오직 성령을 통해서만 얻을 수 있 고, 성부가 원하시는 누구에게나 성자가 섬기고 성령이 나누어 주신다고 했다.[32]

(1) 신론

이레니우스는 영지주의자들이 하나님을 '선한 신'과 '악한 신'으로 구 분하는 행위라든지, 초월적인 하나님을 가리켜 결코 창조주 하나님이 될 수 없다고 주장하는 것에 대하여 강력히 반대했다. 이와 달리 하나님의 유일성과 그의 창조에 대하여 분명하게 언급하였다. 그에게 있어서 하나 님은 기원이 없고, 영원하며, 자기 충족적이면서 모든 것들에게 실존을 부여하는 자이다. 이레니우스가 가르친 하나님의 유일성과 하나님에 의 한 창조교리는 발렌티누스가 가르친 '에온'(Aeons)의 연속 이론을 비판하 기 위해서 제시한 교리였다. 다시 말해 그는 영지주의자들이 가지고 있

---

30) Ibid., p. 90.
31) 박상경, 「기독교교리사」, op. cit., p. 173.
32) Ibid., p. 173.

는 신화적인 하나님의 상을 비판하고, 하나님의 의지를 제시하기 위한 것이었다.[33]

신론에 있어서 영지주의와 마르키온 이단의 근본적 출발점은 참 하나님께서 물질적 우주를 창조하신 창조자임을 부인하는 것이다. 그러므로 이레니우스는 자신의 위대한 작품을 한 분이신 하나님, 하늘과 땅을 창조하신 창조자에 대한 믿음의 선언으로 시작한다. 오직 한 분이신 하나님만 계시다고 주장한다. 이와 상반된 것을 주장하는 영지주의와 마르키온주의와의 논쟁 때문에 하나님의 한 분이심을 강조할 필요성을 가졌지만, 이레니우스는 삼위일체에 대한 독특한 그리스도교 교리를 위한 토대를 세웠던 것이다. 하나님의 한 분이심을 분명히 강조하지 않고 성부, 성자, 그리고 성령의 신성을 고백한다는 것은 다신론일 수 있다. 이레니우스는 창조 전에 있었던 것에 관해 사색하거나 성자가 태어나신 방법에 대해 사색하는 행위를 경고한다.[34]

(2) 창조론

이레니우스는 '하나님의 두 손의 교리'를 제시하여 영지주의의 신화적 창조관을 비판하였다. 이는 일반적으로 하나님의 팔, 손, 그리고 손가락에 대하여 말하고 있는 구약성경의 은유적인 표현에서 나온 것이다. 구약의 이러한 은유들은 창조에 있어서 하나님의 행동이나 하나님의 직접적인 중재를 묘사하기 위해 사용된 표현이었다. 그는 하나님의 두 손을 가리켜 하나님과 늘 함께 하는 말씀과 지혜 혹은 아들과 성령이라고 불렀다. 모든 창조란 천사나 조물주 데미우르게에 의하여 간접적으로 창조

---

33) 근광현, 「기독교 이단 길라잡이」, op. cit., pp. 236-237.
34) Harold O. J. Brown, 「Heresies」, 라은성 역, 「교회사 안에 나타난 이단 &정통」, (서울: 도서출판 그리심, 2001), pp. 132-133.

된 것이 아니라, 하나님의 말씀과 성령 안에서 하나님의 의지적이고 자
발적인 창조행위에 의해 모든 만물이 직접 창조된 것이다. 따라서 그는
'하나님의 두 손의 교리'를 가지고 영지주의자들이 주장한 제2의 신에 의
한 간접 창조를 분명히 거부하고, 또한 그는 영지주의자들이 전개한 365
개의 에온으로 구성된 세계 즉, 창조란 '천상의 원형'에 따라 물질세계가
만들어진 것이라고 간주하는 무감각한 신화적 형상론을 단호히 거부하였
다. 그는 영지주의자들의 창조관에는 '하나님의 섭리'와 '하나님의 예지'
가 작용할 틈이 없다고 혹독하게 비판하면서 자신이 제시한 '하나님의
두 손 교리'를 구원사적인 창조관과 서로 연결시켰다.[35]

(3) 그리스도론

이레니우스의 신학 중 가장 두드러지는 특징은 그리스도론이다. 조직
적 방법으로 그리스도의 인격과 사역의 의미에 대해 공식화를 시도한 최
초의 그리스도교 사상가이다. 그의 작품에 두드러지는 3가지 특징은 ㉮
영지주의를 세부적으로 반대한다. ㉯그렇게 하므로, 탁월한 초기 그리스
도론을 우리들에게 소개하며, ㉰철저한 성경주의자로서 신학에서 성경
원리라 부르는 것을 최초로 설명한 인물이다.[36]

이레니우스는 로고스(Logos)는 육신을 취하고 이 세상에 탄생하여 예
수가 되셨다. 이때부터 참 하나님이시고 참사람이었다고 하면서 예수는
수난하고 죽으실 때 인간이 아닌 그리스도와 나누어졌다고 하는 그노시
스 이단(異端)을 물리쳤다. 그는 신(神)과 인성과의 연합에 가장 큰 의미
를 부여했다. 그리스도의 죽으심은 우리를 대신해서 죽으신 것이라 했고,

---

35) 근광현, 「기독교 이단 길라잡이」, op. cit., p. 237.
36) Harold O. J. Brown, 「Heresies」, op. cit., p. 134.

그리스도의 사역에 중심적 요소는 그분의 순종인데 그리스도의 순종으로 아담의 불순종이 없어졌다고 했다.[37]

이레니우스가 우선적으로 그리스도의 구원 사역에 관심을 가졌고 우주적 사색과 그리스도를 관련시키지 않았기 때문에, 그의 그리스도론은 우선적으로 구속론이다. 구속론은 그리스도께서 인류를 구원하시기 위해 이룩하셨던 것에 대한 교리였다. 이러한 구속론은 고차원적인 그리스도론으로 나아간다. 그 결과에 주목하는 것이 매우 중요하다. 즉, 그리스도의 역사적 사역의 이해는 그의 우주적 과업을 이해하고 궁극적으로는 그의 신성을 이해하게 한다. 그리스도의 사역을 이해할 때에 이레니우스는 영·육적 이원론을 가진 영지주의를 거부했다.[38]

이레니우스의 그리스도론은 인간론에 근거하고 있다. 즉, 인간은 선하게 창조되었으나 타락했다고 한다. 타락 후, 아담 안에서 모든 인류는 타락한다. 아담과 하나 되는 모든 사람들은 아담 안에서 형벌을 소유하는 것처럼 그리스도를 머리로 하는 사람들은 그의 순종으로 그 보상 역시 소유하게 된다. 이레니우스는 그래서 인류의 단일성에 대한 실질적 견해를 가지고 그리스도 안에 구원받은 인류의 실질적 결합을 바라본다. 그리스도는 창조를 '복제'(recapitulating)하는 임무를 가지고 있으며, 기원적이고 선한 창조는 폐기되지 않고 복원되었다. 그리스도께서 창조를 복제하신다는 사상은 보편구원론(universalism) 즉, 모든 사람의 궁극적인 구원, 하지만 이레니우스는 그것에 빠지지 않는다. 복제하기 위해 예수 그리스도는 신성의 속성들을 소유해야만 한다. 인류를 회복시키기 위해 그는 인간이 되어야만 한다.[39]

영지주의파에 반해, 이레니우스는 그리스도가 하나님의 성육신하신 분

---

37) 박상경, 「기독교교리사」, op. cit., p. 157.
38) Harold O. J. Brown, 「Heresies」, op. cit., p. 138.
39) Ibid., pp. 139-140.

이시지만 많은 이온들의 한 분이 아님을 확언했다. 마르키온에 반해, 그가 오신 세상은 그의 것이지 그에게 이질적이지 않다. 이레니우스에게는 그리스도의 구속적 사역이 전적으로 그의 인간성과 우리의 인간성 간의 동일함에 의존한다고 하고 있다.[40]

(4) 인간론

이레니우스에 의하면, 인간은 선하게 창조되었지만, 하나님을 불순종하는 것처럼 자발적인 죄의 행동으로 타락되었다고 한다. 피조물인 인간은 자유적이고 죽어야 할 운명이다. 영은 불멸한 존재이지만 통합을 이루지 못하면 형태를 가질 수 없다. 인류가 최초의 인간인 아담 안에서 연합되었다고 이레니우스는 보고 있다. 그리고 아담의 죄로 인하여 모든 인류는 죄성을 가지게 되었고 죽음의 먹이가 되었다는 것이다.[41]

이레니우스의 인간론이 보다 발전되지 못한 견해일지라도 몇 가지 중요한 특징을 가지고 있다. 즉, 현재 우리들의 말로 표현한다면, 인간의 궁지는 그 속성의 부분이 아니다. 죽을 수밖에 없는 운명이면서 육체적 결함이 있으며, 그러한 결함이 유전적이지만 사실이다. 이에 이레니우스는 타락한 인간이 진리의 빛과 자유의지의 부분을 가졌다고 가르쳤다.[42]

(5) 구원론

이레니우스는 하나님의 세계창조 목적을 인간과 그의 구원에 두었다. 그는 영지주의자들의 이원론적인 인간관 즉, 인간을 영적인 인간과 본성

---

40) Ibid., p. 140.
41) Ibid., p. 133.
42) Ibid., p. 133.

적인 인간으로 구분하는 운명론적 입장을 거부하고 인간이란 영적인 동시에 육적인 존재라고 주장하였다. 하나님의 손으로 만들어진 인간은 하나님의 모양을 따라 만들어진 영혼과 육의 합일체로서의 인간이라는 것이다. 이같은 이레니우스의 인간관은 영지주의자들의 운명론적 인간관을 거부하고 인간에게는 자유의지가 있다는 사실을 강조하기 위하여 제시한 것이다. 하나님은 자유로운 분이기 때문에 하나님의 형상을 따라 창조된 인간도 마땅히 자유로운 존재일 수밖에 없다는 것이다. 인간이 소유하고 있는 이 자유는 인간 자신의 행동뿐만 아니라, 신앙에 있어서도 동일하게 자기 관리하에 놓여 있다는 것이다. 인간은 선과 악을 동시에 인식할 수 있는 능력을 하나님으로부터 부여받았다. 그가 이 능력으로 하나님을 순종하느냐 아니면 불순종하느냐에 따라 선과 악이 결정되었다. 이레니우스는 최초의 인간을 자신의 판단과 선택에 따라 살도록 규정되어 있는 존재로 보았다. 인간은 엄격한 범주에 감금되어 있는 것이 아니라, 오히려 인간은 '성장해 가는 가능성'을 가진 존재였다.[43]

이레니우스는 아담을 성장해야 할 어린 유아로 간주하였다. 즉, 하나님의 형상을 따라 만들어진 최초의 인간은 본래 성장 가능성을 지닌 하나님과 같은 존재였지만, 아담과 하와가 사탄의 유혹을 따라 범죄함으로 말미암아 실패로 돌아봤다는 것이다. 그 결과 인간은 사탄의 지배로부터 해방되어 불멸에 도달해야 할 처지에 놓이게 되었다. 이와같이 이레니우스는 아담의 타락과 인간구원의 필요성을 제시함으로써, 그는 영지주의의 관념적인 죄 개념과 운명론적인 구원관을 과감히 떨쳐버렸던 최초의 교부가 되었다.[44]

이레니우스는 인간이 죄로 말미암아 타락했음에도 불구하고, 하나님께

---

43) 근광현, 「기독교 이단 길라잡이」, op. cit., pp. 237-238.
44) Ibid., p. 238.

서는 인간들에게 다음과 같이 네 단계의 계약 관계를 맺어 인간의 구속 사역을 전개하고 있다는 점을 강조하였다. 첫째는, 아담으로부터 홍수 때 까지의 단계이다. 둘째는, 노아부터 출애굽 때까지의 단계이다. 셋째는, 모세부터 예수의 초림 때까지의 단계이다. 넷째는, 그리스도부터 종말 매 까지의 단계이다. 하나님은 아 같이 그리스도로 말미암아 하나님의 창조 와 구속 사이에 지속적인 연속성이 유지될 수 있도록 하셨다. 그는 살아 계신 하나님께서 인간구원을 위해 그리스도로 말미암아 이 세상에서 지 속적으로 간섭하고 계시는 사역을 가리켜 '총괄갱신'이라 칭했다. 이 말 은 에베소서 1장 10절의 ἀναχεφαλαίωσιϛ에서 온 말이다. 이레니우스는 이 말을 "새롭게 시작하다" 또는 "다시 반복하다"라는 뜻을 가진 두 가 지 의미로 사용하였다. 전자는, 예수가 성육신하여 인간이 되심으로 자기 자신의 삶 가운데에서 인간을 새롭게 했다는 의미로서, 이는 그가 우리 를 위해 전 포괄적인 방식으로 구원을 담당하여 아담이 상실하였던 하나 님의 형상을 되찾아 주기 위한 행위라는 것이다. 그리고 후자는, 예수가 성육신함으로써 옛 아담의 역사가 그 안에서 다시 반복되었다는 사실을 말한다. 이는 한 인간으로서 그리스도는 아담이 행했던 모든 과정을 역 사 안에서 다시 밟았다는 의미이다.[45]

이와같이 '총괄갱신론'이란 비록 최초의 인간 아담이 불순종하여 타락 함으로 말미암아 악이 전 인류에게 파급되어 죽음의 세력이 인류를 지배 하게 되었다. 그러나 하나님께서 인류를 구원하기 위해 그 아들을 세상 에 보내주셨기 때문에, 이제는 성육신하신 아들 안에서 하나님이 처음에 가지셨던 구원계획을 회복하여 인류가 완전히 갱신되고 회복되었다는 내 용을 담고 있다. 부연하면 총괄갱신론이란 우리가 아담 안에서 상실한 하나님의 형상과 모양을 그리스도로 말미암아 다시 받아 누릴 수 있도록

---

45) Ibid., p. 239.

하나님께서 인류의 친 역사를 그리스도 안에서 압축 요약하였고, 이제는 그리스도가 성육신하여 사람이 됨으로써, 이것이 성취되었다는 것이다. 그러므로 이레니우스가 전개한 '총괄갱신론'은 단순한 회귀를 추구하는 영지주의자들의 신 인식과는 전적으로 다른 개념이다. 이는 창조에서부터 종말 시의 완전한 구원에 이르기까지의 전 과정을 아우르는 직선적 구속사(Heilsgeschichte)의 흐름을 의미한다.[46]

그런데 본질적으로 영지주의는 종교철학이다. 여기서 가장 중요하게 다루는 것은 신성, 이온들, 세계들, 그리고 우리 자신들과의 관계성을 이해하는 것이다. 역사 전에 끝없이 전개되는 우주적 비전을 가지고 있다. 이레니우스는 그리스도교 신앙과 우주의 관련에 중요성을 인식하면서도 이 세계의 실재 역사에 나타난 역사들의 과정에 보다 관심을 가진다. 인간을 다루시는 하나님 입장은 프레로마(Pleroma)의 이온들과 연루된 우주적 과정들 때문이 아니라 인간 자신이 인간 역사에서 행하는 것 때문에 달라진다. 그래서 이레니우스는 계약신학과 구속역사(Heilsgeschichte) 개념의 선구자로 불린다. 이미 신-인(헬라어로 diathekai, 라틴어로 foedero)간의 3가지 계약을 언급한 바 있다. 즉, 자연의 법이 그 첫 번째이고, 두 번째가 십계명과 이어서 의식법이 따르고, 세 번째는 그리스도 안에 이루어진 계약이다. 첫 번째 계약은 우주적이었고 두 번째는 유대인들만을 포함하였기에 특별하였고, 세 번째는 다시 우주적이 된다.[47]

이에 이레니우스는 인류 구속사의 정점인 그리스도의 인격에 대해서 "예수 그리스도는 참 하나님이면서 동시에 참 인간이다."고 말했다. 이 점은 예수그리스도의 '신-인'의 통일성을 강조함으로써 인간 예수와 천상의 그리스도 사이를 구분했던 영지주의 그리스도론을 철저히 배격하고자

---

46) Ibid., pp. 239-240.
47) Harold O. J. Brown, 「Heresies」, op. cit., pp. 133-134.

한 것이다. 이에 이레니우스는 예수 안에 있는 신-인의 통일성을 구원론적인 관점에서 제시하였다. 왜냐하면, 인간의 구원이란 영혼뿐만 아니라 몸까지도 포함한다. 만일 예수의 몸이 일반 사람의 그것과 다르다면 그리스도와 첫 아담 사이의 평행이 유지될 수 없게 되어, 그 결과로써 인간의 죄악 된 본성이 하나님과 결코 화해될 수 없게 되기 때문이다. 따라서 말씀은 친히 동정녀 마리아의 태내에서 자신의 인성을 조성할 수밖에 없었던 것이다. 이와같이 이레니우스는 예수 그리스도가 "참 하나님이자 참 인간"이자 두 본성을 동시에 소유하고 있는 분이라고 주장한 최초의 교부가 되었다.[48]

(6) 교회론

처음 수 세기 동안 초기교회는 교회 자체의 본질에 관하여 이해할 수 있을 만큼 교회에 관한 교리를 가지고 있지 못하였다. 그러다가 겨우 2세기 중반에 이르러서야 감독 정치 형태를 갖춘 동·서방 교회가 보편적으로 세워지게 됨으로써 어느 정도 교회의 본질을 파악할 수 있게 되었다. 초기교회가 지도자를 갖춘 교회를 세우기까지에는 다음과 같은 세 단계의 과정을 거쳤다. 첫째는, 시리아의 이그나티우스에 의해 최초로 보편교회라는 개념이 생겨나게 된 단계이다. 둘째는, 가울의 이레니우스에 의해 좀더 구체화 되었던 단계이다. 셋째는, 북아프리카의 키프리안 (Cyprian)에 교회 체제로 설립된 단계이다. 여기에서는 초기교회가 영지주의 가현설과 논쟁하는 가운데 최초로 보편교회 개념을 제시했던 이그나티우스와 이레니우스가 있다.[49]

---

48) 근광현, 「기독교 이단 길라잡이」, op. cit., p. 240.
49) Ibid., pp. 256.

그런데 19세기 중엽까지는 월터 바우어(Walter Bauer)가 주장했던 것처럼, 보편교회인 카톨릭교회는 1세기 또는 2세기 초에 그리스도교를 주도했던 두 개의 당파인 유대 그리스도교와 이방 그리스도교 사이에서 발생한 타협의 산물로 인식되고 있었다. 하르낙도 이 점에 대해서는 인정하였다. 그는 카톨릭의 실체를 '그리스도교의 헬라화'로 파악했다. 즉, 카톨릭교회는 영지주의와의 투쟁과 헬라화 사이에서 발생한 대결 가운데 나름대로 고정된 교리와 교회 개념을 정립했다는 것이다. 다시 말해서, 본래 '카톨릭교회'라는 어휘는 원시 그리스도교 시대에는 존재하지 아니했으나, 이는 그리스도교가 계속 발전해 나가는 과정에서 생겨난 개념이라는 것이다. 하르낙의 이러한 견해는 어떻게 보면 카톨릭교회란 사도들이나 예언자들에 의해 세워진 것이 아니라, 이는 사도적인 교리 규범이나 성경의 정경 규범과 사도적 감독 직무의 권위에서 생겨난 것이라는 의미를 가지고 있다.[50] 이에 대다수의 교회사가들은 하르낙의 입장을 지지하면서 '카톨릭교회' 혹은 '보편교회'란 원시 그리스도교의 변질이 아니라 영지주의와 투쟁하면서 생겨난 제도라고 하고 있다.[51]

그런데 최초로 '보편교회' 개념을 주장한 사람은 이그나티우스이다. 그는 교회를 가시적 교회와 비가시적 교회로 구분하지 아니하고 이를 실재론적 입장에서 하나로 간주하였다. 그가 쓴 서신들에서 제시된 그의 교회관은 사도 요한의 성육신 개념과 사도 바울의 예수 그리스도의 몸으로서의 교회 개념을 물질적으로 파악하여 예수와 교회 간의 특수한 결합을 꾀하는 것이었다. 그는 그리스도교회란 정통적인 감독에 의해 구성된 단

---

50) 그러나 루터파 신학자 조옴(R. Sohm)은 하르낙의 이런 견해에 강력히 반대하였다. 그는 가시적 교회든 아니면 비가시적 교회든지 간에 보편교회란 헬라 구조와 그들의 집단들에 의해서 생겨난 것이 아니라, 이는 교회가 첫출발할 때부터 이미 존재했었던 것이라고 주장하였다.
   Ibid., pp. 257.
51) Ibid., pp. 257-258.

체로 간주하였다. 그가 그리스도교회를 이렇게 규정한 것은 무엇보다 이를 예수 그리스도의 성육신 신비에 대한 연장으로 인식했기 때문이다.[52]

그러나 영지주의자들은 그리스도교회를 가리켜 진정한 교회를 흉내낸 가짜 교회라 부르고, 자신들만이 진리의 신비를 소유한 참 교인이라고 주장하였다. 또한, 영지주의자들은 소위 감독 제도하에 있는 그리스도교인들이야말로 비록 자신들 그리스도교인이라고 말하고는 있으나, 진작 그리스도인들은 그리스도가 누구인지 모르는 자들이라고 비아냥거렸다. 나아가 영지주의자들은 교회를 실제적이고 가시적인 공동체로서 이해하는 것을 반대하고, 진정한 교회란 비가시적이며, 영적으로 성숙한 교인들에 의해서만 증거가 된다고 말했다. 그리하여 영지주의자들은 조직체로서의 교회를 일해 거부하고, 오직 신비스러운 영지를 소유하고 있는 소수의 사람들로 구성된 비가시적 교회를 진정한 교회라고 주장하면서, 제도존중주의에 입각한 교회에 대해서는 아주 극단적으로 거부하였다.[53]

그러나 이레니우스는 2세기의 주요 교회 관념들을 모아 영지주의 교회관을 비판하였다. 그는 교회를 가리켜 '아브라함의 씨'라 칭하고, 오직 믿는 자만이 아브라함의 약속인 그리스도를 물려받는다 하였다. 그리하여 그는 아브라함의 약속의 씨인 예수 그리스도를 교회와 관련짓고, 오직 믿음을 통해 우리가 예수 그리스도를 역사적으로 소유할 수 있다고 말했다. 믿음을 강조라는 그의 가르침은 진정한 영지를 통해 참 교인이 될 수 있다고 주장했던 영지주의와 전적으로 다른 것이었다. 나이가 그는 교회를 가리켜 "그리스도의 영광스러운 몸"이라 정의했다. 이는 교회의 연합을 강조한 말이다.[54]

이레니우스에 있어서 교회란 단순히 인간의 이성에 의해 세워지는 것

---

52) Ibid., pp. 258-259.
53) Ibid., pp. 260.
54) Ibid., pp. 261.

이 아니다. 교회는 하나님의 사랑에 의해 세워지고 유지되는 그리스도의 영광스러운 몸인 공동체를 의미한다. 여기서 그는 교회를 가시적 교회와 비가시적 교회로 나누지 아니하였다. 오히려 그는 비가시적 교회를 가시적 교회의 틀 안에서 서로 밀접하게 연결시켰다. 그는 영광스러운 그리스도의 몸을 분열시키는 자들의 분열의 내용을 현 역사 내에서 주어진 것으로 언급하고 있다.[55)]

교회의 가시적 성격을 강조하는 이레니우스의 교회관은 성령과 교회와의 관계에서 더욱 더 심도 있게 나타나고 있다. 인간으로 하여금 구원에 이르게 하는 우리의 신앙은 교회로부터 전해 받는다. 그런데 그 교회 안에는 하나님의 영으로 가득 차 있다. 무엇보다 이 하나님의 영은 그리스도와 교제를 하기 위한 수단으로서 성령을 말한다. 그리하여 그는 교회가 있는 곳에 하나님의 성령이 없고, 성령이 있는 곳에 교회와 모든 은혜가 있으며, 그 어느 누구라도 성령에 참여하지 않고는 생명을 물려받을 수도 없다. 또 그리스도의 몸으로부터 나오는 가장 깨끗한 생명수를 맛 볼 수 없다고 하였다.[56)]

이레니우스는 제도화된 교회 설립을 통해 역사 안에서 활동하는 그리스도의 '총괄갱신' 즉, 그리스도의 사역이 가시적인 교회를 통해 지속적으로 연장된다는 사실을 강조하였다. 이와같이 이레니우스에게 있어서 교회란 그리스도의 총괄갱신 사역을 감당하는 역사 내 존재의 성스러운 기관이었다. 이에 이레니우스는 역사 내에서 그리스도의 총괄갱신을 구체화시켜 나갈 수 있는 교회 설립을 위해 감독을 중심으로 하는 교회 체제를 구축하였다. 그리고 급기야 이런 형태의 교회야말로 진정한 교회라고 주장하기에 이르렀다. 오직 이 체제만이 사도들의 저술에 기반을 둔

---

55) Ibid., pp. 261-262.
56) Ibid., pp. 262.

교회 체제라는 것이다. 이에서 벗어난 그 외의 다른 모든 주장들은 이단자들에 의해 쓰여진 거짓된 주장이었다고 하고 있다.[57]

이에 반해 영지주의 집단들은 오직 그노시스교 단체란 오직 하나의 기능만이 존재한다. 그것은 바로 인간의 마음속에 잠자고 있는 영 자체를 일깨워 준다. 이에 사람들로 하여금 '원 인관'(primal man)과 연합할 수 있도록 이끌어주는 일을 수행하는 것이라 하였다. 그래서 칼 안드레센(Carl Andresen) 같은 이는 영지주의자들을 가리켜 "그들은 교회 공동체에 대한 책임감을 전혀 가지고 있지 아니하고, 오직 그들 개인의 영적 계몽에만 관심을 쏟았던 종교적 유아론자들(Solipsists)이다"라고 혹독하게 비판하였다.[58]

이레니우스는 전통과 관련하여 교회가 사도 전통을 소유하고 있는 단체라고 주장하였다. 그의 이러한 주장은 비역사적 비밀전통에 의존했던 영지주의 교회관과는 달리 교회 제도 안에서 전통이 전승된다는 사실을 주장하기 위한 것이었다. 전통에 관한 이레니우스의 견해는 그가 적대적으로 대했던 영지주의 비판에 잘 나타나 있다. 그는 영지주의자들은 교회를 가지고 있지 않았다는 점을 지적하였다. 그러기에 이들의 전통은 신뢰할 수 없으며, 또한 이들은 그 어떠한 통일성도 소유하고 있지 않아 이들이 주장하는 비밀전통은 신뢰할 수 없다는 주장을 하였다.[59]

이레니우스는 영지주의자들이 자신들도 사도들로부터 전해 받은 비밀전통을 소유하고 있다고 주장한 데 대해서 강력하게 이를 반박하였다. 대신 참된 사도 전통이란 오직 교회가 소유할 수 있다. 또한 이 전통은 비밀스럽게 전달되는 것이 아니라 성경 속에서 모든 사람들이 활용할 수 있는 방식으로 전달된다고 말했다. 그러면서 이레니우스는 영지주의자들

---

57) Ibid., pp. 262.
58) Ibid., pp. 263.
59) Ibid., pp. 263.

이 말하는 불연속적인 비밀전통이라는 것은 신뢰할 수 없으며, 사실상 이것들은 통일성도 없고, 또 아무런 정통성도 없는 것이라고 일축했다.[60]

다. 터툴리안(Tertullian)

터툴리안(Tertullian, 150~220경)은 서구 신학의 기초를 놓았던 라틴 교부였다. 그는 영지파의 개별적인 교리를 취급한 많은 논문을 저술했다. 「이단을 논박하는 취득시효」(Pre-scription Against Heretics), 「마르키온 논박」(Against Marcion), 「헤르모게네스 논박」(Against Hermogenes), 「발렌티누스 논박」(Against Valentinus), 「그리스도의 육체에 관하여」(On the Flesh of Christ), 「육체의 부활에 관하여」(On the Resurrection of the flesh) 등이다.[61]

터툴리안은 이원론적 창조관을 갖고 있었던 영지주의자들 비판에 큰 관심을 가졌다. 그는 사도들의 전통과 그리스도의 교훈을 자료로 삼아 이들을 비판하였다. 무엇보다 그는 철학을 모든 이단의 원천으로 간주했다. 터툴리안은 특히 말시온과 발렌티누스 같은 이단자들의 철학적 주장과 그리스도교 진리는 상호 모순된다고 강력히 비판하였다. 그는 여러 저술을 통해 반영지주의 성향을 전개하였으며, 저술 속에서 우주 창조, 그리스도의 성육신, 그리고 교회의 메시지에 대한 권위 문제를 통해 반영지주의 성향을 드러내었다.[62]

터툴리안은 이단의 학설 자체를 논박하기보다는 오히려 이단이 정통과 반대되는 것을 주장할 권리가 없다는 것을 밝히려 했다. 그의 논박은

---

60) Ibid., pp. 264.
61) 목창균, 「이단논쟁」, op. cit., pp. 90-91.
62) 근광현, 「기독교 이단 길라잡이」, op. cit.,, p. 241.

이단에 대한 법률적인 측면의 응답이었다. 법률 용어 '취득시효'를 도입하여 이단은 정통에 반대할 권한 자체가 없다고 주장했다. 취득시효는 재판의 내용보다 재판의 절차에 문제가 있을 때, 재판이 더 이상 계속될 수 없다고 주장하는 것을 의미한다.[63]

터툴리안은 성경에 기초하여 이단과 토의하는 것은 절차가 잘못된 것으로 보았다. 왜냐하면, 이단은 성경에 관한 권리를 가질 수 없기 때문이다. 성경은 교회에만 속하고, 교회만이 성경을 사용할 수 있다. 그것은 사도들에 의해 그 계승자들에게 전달되었기 때문이다. 그러므로 이단들은 성경에 관한 모든 토의로부터 배제되며, 정통교회만이 어떤 것이 그리스도교 교리인가를 결정할 수 있는 권한을 가지고 있다. 한편, 터툴리안은 그리스도의 육체적 부활을 부정하는 영지파들을 신랄하게 책망하고, 부활은 불합리하기 때문에 믿어야 한다고 역설했다.[64]

(1) 신론

터툴리안은 북아프리카학파로서 하나님은 본질적으로 삼중적으로 계셨다고 했다. 성부는 만물 이전에 홀로 계신 분이시고, 아들은 자신과 함께 계신 자신의 말씀이다. 이 말씀이 출생된 말씀으로 아들의 위격이고, 성부에 덧붙여진 제2위라는 것이라 성령은 제3위의 어떤 것으로 성자의 대표 혹은 대리이면서 성령은 성부에게서 성자를 통해서 나오신다는 것이다. 그는 이것을 '나무 열매가 뿌리에서 나보고, 개울물이 샘에서 흘러 나오고, 빛의 일점이 태양으로부터 나오듯이 성령은 성부로부터 나오신다고 비유했다.[65]

---

63) 목창균, 「이단논쟁」, op. cit., p. 91.
64) Ibid., p. 91.
65) 박상경, 「기독교교리사」, op. cit., p. 174.

터툴리안은 성자와 성령을 성부의 제2의 어떤 곳, 그리고 제3의 어떤 것으로 표현함으로써 아들과 성령을 성부에게 종속시킨 점이 없지 않다. 그런데 삼위의 구별은 형태론적 군주론에 대한 반박으로서 의의가 있다. 그는 경세(경륜) 삼위일체론을 말함으로 영지주의와 군주신론에서 말하는 이단사상(異端思想)을 막을 수 있었다고 하고 있다.[66]

터툴리안은 모든 이단(異端)이 헬라철학에서 나온 것으로 생각하고 철학을 반대하고 제거하려고 했다. 그는 이단(異端)자들과 논쟁할 때는 간단한 이의로 반박하는 것이 좋다고 하였지만, 말년에는 몬타누스주의 (Montanism)를 옹호했다. 그는 하나님은 단 한 분으로 창조주이며, 구속주 하나님은 삼위일체이니, 세 인격으로 된 한 본체(本體)라고 주장하였다.[67]

(2) 창조론

터툴리안은 말시온이 주장한 선한 신과 악한 신이라는 이원론적 두 신개념을 거부하고, 한 분 하나님과 그분에 의한 직접적인 우주 창조를 주장하였다. 모든 물질은 선하신 하나님 자신에 의해 직접 무로부터 창조되었다. 그러기에 선하신 하나님에 의해 창조된 물질은 선하고 가치 있는 것이다. 나아가 그는 '무로부터의 창조' 개념을 가지고, 천사가 자존하는 기존의 물질로 자신의 육신을 취했다고 주장한 영지주의자들의 이원론적인 물질관에 대해서도 단호히 배척하였다.[68]

터툴리안은 이 물질의 선함의 원리를 인간론에 적용하여 인간의 죄문제를 취급했다. 그는 「육체의 부활」(On the Resurrection of the

---

66) Ibid., p. 174.
67) Ibid., p. 158.
68) 근광현, 「기독교 이단 길라잡이」, op. cit., p. 241.

Flesh)이라는 책에서, 물질세계 창조란 열등한 신에 의해 만들어졌기에, 인간의 육체도 악하다고 가르쳤던 영지주의자들의 잘못된 가르침을 비판하였다. 이와 달리 인간은 최고 신인 하나님의 분명한 의지와 목적에 따라 창조된 존재로서, 그가 소유하고 있는 영혼과 육체는 모두 다 선하며 고귀한 것이라고 가르쳤다. 그는 말시온 신학의 중심 주제인 이원론의 뿌리가 바로 물질을 악한 것으로 간주하는 데에서 기인했다고 보고, 그와 다른 관점에서 인간의 죄 문제를 제시하였다. 결코, 인간의 타락은 하나님의 선한 창조에 전혀 영향을 미치지 못했다는 것이다. 인간의 타락이란 인간의 자유의지에 따른 것일 뿐, 하나님의 무력함이나 악의에 의한 것이 아니다. 인간 자신이 바로 죄의 장본인이다.[69]

(3) 그리스도론

터툴리안은 실재론에 입각한 그리스도론 전개를 통하여 예수는 영혼적인 육신을 가지고 있었다고 가르쳤던 발렌티누스의 견해를 비판하고, 오히려 예수는 영혼과 육체로 구성된 인성을 소유하고 있었다는 사실을 강력하게 주장하였다.[70]

터툴리안은 실재론적인 방법으로 제시한 예수의 성육신과 그 사역의 의미를 단순히 구원론에 적용시키는 것으로 만족하지 아니하고, 이를 예수의 인격에까지 확대 적용시킴으로써 반영지주의적인 그리스도론 체계를 확립하고자 하였다. 즉, 터툴리안은 두 가지 형태의 군주론자들과의 논쟁에서 이를 실현해 나갔다. 하나는, 일명 '양자론'이라고 부르는 역동적 군주론이다. 이는 예수가 단순한 인간이었으나 성령이 그에게 임하여

69) Ibid., p. 242.
70) Ibid., p. 244.

점진적으로 신성이 되었다는 이론이다. 다른 하나는, 일명 '양태론'이라 부르는 단순한 군주론이다. 이는 하나님의 유일성 유지를 위하여 아버지와 아들과 성령 사이에 있는 구분을 제거한 일신론을 말한다. 그는 이와 같은 군주론에 반대하여 그리스도의 두 본성 교리를 강력히 주장하고, '실체'(Substance)라는 어휘를 사용하여 이를 체계화시켜 나갔다.[71]

터툴리안은 예수 그리스도의 두 인격은 결코 분리될 수 없다는 점을 분명히 밝혔다. 이뿐만 아니라 터툴리안은 「프락세아스 논박」(Against Praxeas)과 「말시온 논박」(Against Marcion)에서도 하나님의 아들의 성육신 교리에 입각하여 그리스도의 두 본성 교리를 제시하였다. 「프락세아스 논박」에서는 아버지와 인간이 된 아들 사이에는 명확한 구별이 있다는 사실을 강조하였다. 그리고 「말시온 논박」 후자에서 아들이 단순한 인간의 모습으로 변장하고 내려온 것이 아니라, 충분한 인간이 되었다는 사실을 강조하였다.[72]

터툴리안은 그리스도의 인성을 강조하면서도 그의 인격 구성 안에 있는 지배 원리가 언제나 신성인 로고스에 있었다는 점을 분명히 해 두었다. 그는 예수께서 소유하고 있는 두 본성은 신적 영이신 그분이 사람을 자신에게 취하였고, 또 하나님과 사람을 자기 안에서 뒤섞는 과정을 통하여 형성되었다고 하였다.[73]

터툴리안은 실재론적 입장에서 발렌티누스의 영혼적 육신론을 거부하고, 예수 그리스도의 두 본성 교리를 주장하면서, 아무래도 자신은 "예수의 죽음과 다시 살아나심에 관하여는 그것이 불합리하기 때문에 오히려 믿는다"는 표현으로 설명하였다. 또한, 다른 한편으로 "그것이 불가능하기 때문에 확실한 것이다"는 역설적인 표현을 하기도 했다. 터툴리안의

---

71) Ibid., p. 244.
72) Ibid., p. 244.
73) Ibid., p. 245.

이 같은 역설적 표현은 예수 그리스도의 두 본성의 문제란 인간이 이성으로 알 수 있는 것이 아니라, 이는 계시적 차원에서 알 수 있는 신앙의 문제라는 사실을 의미하는 것이다.[74]

(4) 인간론

터툴리안은 인간의 구성 요소를 영혼과 몸 두 실체의 연합에 의한 것으로 규정하고, 아담 이후의 모든 인간들의 영혼 문제와 죄 문제 사이를 서로 밀접하게 관련시켰다. 그는 최초의 아담이 모든 영혼의 원천이라 믿었다. 그리하여 그는 아담과 하와가 범죄한 이후에 그들의 자녀에게 이 죄악 된 영혼이 전해졌다고 주장하였다. 즉, 모든 인간들은 아담이 지은 죄를 물려받고 이 세상에 태어난다는 것이다. 이로써 그는 '원죄'를 최초로 주장한 교부가 되었다. 하지만 그는 자신의 원죄관이 결코 인간의 자유의지를 약화시키는 것이 아니라는 점을 영지주의자들과의 논쟁을 통해서 명백히 밝히고 있다. 비록 인간이 영혼의 유전에 따라 죄를 물려받긴 했지만, 그럼에도 불구하고 인간은 자신의 자유의지에 따라 선과 악을 선택할 수 있는 능력을 가지고 있다는 것이다.[75]

(5) 구원론

터툴리안의 구원교리는 이레니우스와 같이 육체 구원에 관한 문제의식으로부터 출발하였다. 그는 "육체는 구원이 달려있는 실제적인 조건"이라는 경구 표현을 사용하였다. 그는 로고스의 성육신 관점에서 인간의

---

74) Ibid., p. 246.
75) Ibid., pp. 242-243.

구원 문제를 조망하였다. 로고스의 성육신은 죄지은 인간구원을 위한 필수적인 사건이다. 또한, 터툴리안은 로고스의 성육신과 부활의 신비를 보다 더 긴밀하게 관련지었다. 그리스도는 죽기 위해서 태어났고 인간 종족과 같은 실제적인 인간이 되었다. 그 어떤 천사나 하늘의 존재라도 죽음을 통해 인간을 구원할 능력이 없으나, 오직 로고스가 실제적인 인간이 됨으로써, 그것이 가능하게 되었다. 나아가 예수의 동정녀 탄생이란 전혀 죄 없는 인간으로의 한 생이었다는 점을 명확히 하였다. 이와같이 터툴리안은 인간의 몸에 대한 구원을 그리스도의 성육신에서 구함으로써, 인간의 죄와 예수 그리스도의 대속적 죽음을 상호 밀접하게 관련지었던 사도 바울의 교훈과 매우 밀접하게 근접해 있음을 볼 수 있다.[76]

터툴리안은 로고스의 성육신과 인간구원의 문제를 취급하기 위해 철학적인 '실재론'을 차용해 쓰기도 하였다. 그는 신학이란 모든 점에서 명백한 실재와 연결되어야 한다고 생각했다. 왜냐하면, 물질적인 형체는 모든 존계에게 그 존재 양태를 제공해주는 수단이기 때문이다. 즉, 존재하는 모든 것들은 모종의 실재가 취하고 있는 몸(body)을 소유할 수밖에 없다는 것이다. 그리하여 그는 실제의 유형성(Corporeal)의 특징을 하나님의 속성에까지 연결 지은 뒤, 그리스도의 성육신론에 의한 구원관을 전개하였다.[77]

라. 히폴리투스(Hippolytus)

히폴리투스(Hippolytus, 170~235)는 이레니우스(Irenaeus)의 제자로 선생의 사상(思想)을 따랐으며,[78] 3세기 초 로마교회의 고해성사와 삼위

76) Ibid., p. 243.
77) Ibid., pp. 243-244.

일체 교리에 관한 논의에서 중요한 역할을 한 인물이다. 그의 저서 「제
이단논박」(Refutation of All Heresies)은 2부로 구성되어 있으며, 1부는
철학자, 마술가, 점성술가, 신비가 등 그리스도교 이전의 헬라의 오류를
지적하고, 2부는 33개의 영지주의 체계들을 비롯하여 그리스도교 이단들
에 대해 논의하고 있다. 히폴리투스는 영지주의의 교리는 그리스도교의
지혜가 아닌 이교의 지혜로부터 나온 것이며, 이단들은 헬라철학과 이교
에 근원을 두고 있다고 주장했다. 이러한 히폴리투스의 특징은 헬라사상
으로부터 모든 이단의 기원을 찾았다는 데 있다.[79]

마. 클레멘트(Clement)

살라미스의 에피파니우스는 클레멘트의 출생지에 관해 두 가지 상반
된 가설(클레멘트는 아테네 출신이다. 클레멘트는 알렉산드리아 출신이
다)을 제시한다. 이에 현대의 학자들은 클레멘트가 아테네 출신일 것이
라고 추정하지만, 클레멘트 본인은 자신의 출생지나 경력에 대해 거의
언급하지 않는다. 아마도 그는 202년까지 알렉산드리아에서 활동하다가
세베루스의 박해 당시 팔레스타인 지방으로 이주해서 211~215년 사이에
사망한 듯하다.[80]

그런데 알렉산드리아의 클레멘트(Clement of Alexandria)와 오리겐
(Origen)은 알렉산드리아 교회 학교를 대표하는 교수들로 사색적인 동방
신학을 대표한다. 이들은 이레니우스(Irenaeus)와 터툴리안(Tertullian)과
같은 정통신학자들처럼 정통적 신앙(信仰)의 법칙을 지키지 않고 자신들

---

78) 박상경, 「기독교교리사」, op. cit., p. 158.
79) 목창균, 「이단논쟁」, op. cit., pp. 91-92.
80) 오유석, "알렉산드리아의 클레멘트에 있어서 철학과 믿음 그리고 진정한 그
노시스", 「기독교철학 11호」, 한국기독교철학회(2010), pp. 56-57.

이 이해한 대로 시대의 철학과 그리스도교의 전통을 결합하려 했다. 그러므로 이들은 실제적인 면에서 정통주의자들보다 현실적(現實的)이며 그리스도교의 진리(眞理)를 철학적으로 이해하고 설명하고자 시도했다. 그러나 결국 혼합주의에서 탈피하지 못했다.[81]

클레멘트는 세계관과 종교에 관한 신념을 「이교도에 대한 권고」 (Exhortatio to the Heathaen), 「교사」(The Instrutor, 그리고 「잡다한 문집」(The Stromata or Miscellanies)에서 언급하였다. 이 책들 속에서 그는 '영지'에 관하여 '이단적 혹은 거짓 영지'와 '참 영지'로 구분하고, 그리스도인들이 소유하고 있는 영지를 가리켜 '참 영지' 혹은 '완전한 영지'라 하였다. 그리고 그는 영지 개념을 설명하면서 영지주의자들과 이교도 사이도 서로 구분하였다. 영지주의자들은 진리를 왜곡시키는 오류를 범했던 자들인 반면에, 이교도들은 진리에 대하여 등한시했던 자들이라는 것이다.[82]

그런데 클레멘트는 영지의 밀교적 특성에 대해서도 강조함으로써, 다른 사람들로부터 그는 일반적인 그리스도교 전통 이외에도 다른 비밀전통을 인정하고 있는 것이 아닌가 의심을 받기도 하였다. 그리하여 대닐로우(J. Danielou) 같은 이는 클레멘트가 가르친 이 밀교적 영지 개념이야말로 영지주의자 발렌티누스에게서 나온 것으로 간주해야 할 만큼 의심이 간다고 들었던 인물이기도 하다.[83]

클레멘트는 신적 지식의 근원은 성경이지만 이성적인 면에서 철학의 사유를 더 강조했다. 성경의 해석을 풍유적(Allegory)으로 시도함으로 인간의 다양한 사상적 자유의 문을 열었다.[84]

---

81) 박상경, 「기독교교리사」, op. cit., p. 161.
82) 근광현, 「기독교 이단 길라잡이」, op. cit., pp. 246-247.
83) Ibid., pp. 247.
84) 박상경, 「기독교교리사」, (서울: 리폼드북스, 2023), p. 161.

그러나 알렉산드리아 학파의 클레멘트는 적극적으로 영지주의의 대처하고 하였던 인물이다. 즉, 클레멘트(Clement, 150~216경)는 "모순되기 때문에 나는 믿는다"라거나 이단의 기원을 철학으로 보는 터툴리안과 히폴리투스의 소극적인 태도와는 달리, 적극적으로 그리스도교와 헬라철학을 조화시키려 했다. 영지주의의 주장을 단순히 부정하는 데 그치지 않고, 진리에 대한 그리스도교의 지식에 영지란 용어를 사용함으로써 신앙과 지식 사이의 틈을 극복하려 했다. 그리스도교인은 진리를 추구하기위해 부단히 노력하며 단순한 믿음을 넘어서 '참된 지식'(gnosis)을 이해할 수 있다. 이것은 이단의 '거짓된 지식'과는 전혀 다른 것이다.[85]

클레멘트에 따르면 대다수의 사람들은 철학의 성스러운 신비에 참여하지 않지만, 소수의 사람들은 선택된 자들, 즉, 덕과 철학의 신비에 입문한 자들이다. 그럼에도 불구하고 클레멘트는 인간이 본성에 의해 구원받는다는 영지주의의 견해를 거부한다. 진정한 그노시스를 가진 그리스도인은 세상이 선한 하나님의 창조물이라고 믿기 때문에, 세상의 선을 이용해서 도덕적 발전의 수단으로 삼는다.[86]

클레멘스는 그가 저술한 「양탄자」(stromata)에서 "가능한 쉽게 이교인들의 고유한 사고를 통해 올바른 방법으로 진리에 대한 신앙에 도달하도록 이교인들에게 익숙한 것을 제공하지 않을 수 없다."고 밝히고 있다.[87] 아울러 클레멘트의 「양탄자」(Stromata)는 이교도 사상가들과 영지주의의 도전으로부터 그리스도교의 가르침을 변증하는 동시에, 무지한 그리스도인들에게 철학의 필요성을 옹호하려는 흥미로운 시도였다. 그러나 클레멘트는 일반성도의 단순한 믿음이 그노시스로 발전하는 데 인간

---

85) 목창균, 「이단논쟁」, op. cit., p. 92.
86) 오유석, "알렉산드리아의 클레멘트에 있어서 철학과 믿음 그리고 진정한 그노시스", op. cit., pp. 78-79.
87) Skyblue fiat, "2-4. 알렉산드리아 교리학교-철학적 언어·형식 빌어 복음전파", 「가톨릭신문」, 2001년 3월 18일. https://skybluegirin.tistory.com/4907

의 자발적 노력뿐 아니라 하나님의 은총이 개입한다고 주장함으로써 그 노시스 획득에 인간의 믿음뿐 아니라 하나님의 도움도 필요함을 인정하는 듯하다.[88]

(1) 로고스 그리스도론

클레멘트는 신론에서 로고스(Logos)의 인격적 실존과 성부와의 하나됨과 영원 발생 등을 강조하였지만 한편 로고스는 신적 이성이며 성부에 예속된다고 하였다. 즉, 하나님의 참된 로고스와 육신으로 나타나신 성자 로고스를 구분했다. 로고스는 태초부터 창조의 사역에서 신적 지혜를 나타내며, 인간에게 이성(理性)의 빛을 주며, 진리(眞理)를 특별히 열어 보인다. 또 로고스는 이방인이 더 충분한 복음의 빛으로 갈 수 있도록 디딤돌의 역할을 했다고 했다. 더불어 로고스는 예수 그리스도 안에서 육신의 몸을 취하고 오심으로써 하나님을 계시했고, 근본적으로 성부이신 한 분 하나님이지만 오직 로고스를 통하여 자기를 계시하셨다고 했다. 이러한 주장을 하였던 클레멘트의 한계도 분명하다. 성령 하나님과 다른 위(person)들과의 관계를 설명하지 않았고, 성육신 로고스는 육신의 몸을 취하는 과정에서 완전한 인성을 취하여 참 인간이 되었다고 했다. 결국, 그는 가현설(Docetism)을 피하지 못했다.[89]

즉, 클레멘트는 로고스의 성육신을 인정하면서도 그리스도께서 육체적인 격정을 지니고 있는 일반 사람이 아니었다고 주장하는 이중적인 태도야말로 많은 사람들로 하여금 가현설자가 아닌가 의심을 사게 하였다. 그러나 클레멘트는 영지주의자들과 달리 로고스의 성육신을 강하게 변호

88) 오유석, "알렉산드리아의 클레멘트에 있어서 철학과 믿음 그리고 진정한 그노시스", op. cit., p. 56.
89) 박상경, 「기독교교리사」, op. cit., pp. 161-162.

하였다. 그는 그리스도께서는 비록 신-인이긴 하시지만, 그의 실체는 신적인 능력으로 지탱되고 있기 때문에 '신-인'의 지배적인 원리는 로고스일 수밖에 없다고 말했다. 그런데 그는 그리스도의 인간적인 영혼을 단순한 신적인 로고스에 불과한 것으로 이해하였다. 이로써 그가 주장한 예수 그리스도의 인성 문제는 구원론적으로 그리 중요하게 취급되고 있지 않았음을 알 수 있다. 바로 이런 점이 클레멘트의 그리스도론에 영지주의 성향이 있다는 비판을 받게 되는 빌미가 되었다.[90]

클레멘트의 '로고스 그리스도론'은 하나님께서 로고스를 통하여 모든 인류를 완전 가운데로 인도하며 훈육한다고 하는 소위 '하나님의 교육'(God's pedagogy)에 토대를 두고 있다. 그는 헬라철학과 그리스도교 사이를 경쟁 관계로 보지 아니하고, 철학을 그리스도교의 준비단계로 간주하였다. 특히 그리스도교를 철학의 성취단계로 간주하였다. 하나님은 여러 가지 방법으로 인류를 그리스도에게로 이끌었다. 즉, 유대인에게는 율법으로, 헬라인에게는 철학으로 이끌었다. 그러나 구약의 율법과 헬라의 철학에서는 로고스가 준비단계로서만 계시되었다가, 오직 로고스의 완전하고 최종적인 계시는 그리스도 안에서 성취되었다. 로고스의 이 같은 사역은 유대인과 헬라인들을 하나로 연합하기 위한 목적에서였다. 그래서 로고스는 본질적으로 세계의 이성적인 법이자 교사였을 뿐만 아니라, 이 로고스는 그리스도 안에서 사제의 직무를 수행하는 자였다.[91]

클레멘트에 의하면, 로고스는 세 가지 서로 다른 내적인 단계를 갖는다. 즉, 첫째는, 로고스가 하나님과 동일한 하나님의 정신을 유지하고 있었던 단계이며, 둘째는, 로고스가 우주 내재적인 법이나 세계 영혼으로 묘사되는 단계이고, 셋째는, 이 로고스가 세계 가운데 성육신 한 단계이

90) 근광현, 「기독교 이단 길라잡이」, op. cit., pp. 248.
91) Ibid., pp. 248-249.

다. 성육신이란 예수가 가시성 안에 있는 아들의 단계로서, 영원 안에 있
는 아버지에게서 출생한, 그리고 아버지와 하나이면서 그와 동일했던 예
수가 육신으로 되었다는 것을 의미한다. 이와같이 그는 역사적으로 표현
된 인격을 소유하고 있는 예수 그리스도께서 이미 선재한 로고스와 동일
한 분이라는 사실을 인정함으로써, 모든 비그리스도교인들이 가지고 있
었던 로고스 개념과 명확한 차이가 있음을 보여주었다. 뿐만 아니라, 그
는 로고스 그리스도론을 가지고 가현설을 뛰어넘어 그리스도의 인성을
나름대로 제시하고자 노력하였다.[92]

(2) 믿음(pistis)과 그노시스(gnosis)의 관계

영지주의자들은 그노시스를 가진 자들에게 믿음은 불필요하다고 주장
한다. 반면 클레멘트에 따르면 마치 호흡이 생명에 필수불가결하듯, 믿음
은 그노시스를 가진 그리스도인에게 필수불가결하며, 그노시스를 가진
자는 믿음에 뿌리박는다. 또한, 진정한 그노시스를 가진 자는 교회의 법
을 준수한다. 마치 그림자가 물체에 항상 따르듯, 행위는 그노시스와 항
상 수반된다. 결국, 클레멘트는 그노시스를 누구나 가지는 것은 아니라고
간주했지만, 영지주의의 주장처럼 선택된 자가 본성적으로 그노시스를
가진다고 생각하지는 않았다. 오히려 믿음과 그노시스가 불가분의 관계
임을 주장함으로써 하나님을 닮으려는 인간의 자발적 노력을 촉구했다.[93]
그러면서 클레멘트는 일반성도의 단순한 믿음과 그노시스를 구별하고 있
으며 그노시스를 가진 그리스도인만이 성경의 숨겨진 심층적 의미를 이
해할 수 있다고 주장하고 있다.[94]

---

92) Ibid., pp. 249-250.
93) 오유석, "알렉산드리아의 클레멘트에 있어서 철학과 믿음 그리고 진정한 그
노시스", op. cit., p. 79.

즉, 신앙과 그노시스가 불가분의 관계라고 주장한 클레멘트는 믿어야 그노시스를 얻을 수 있으며, 그노시스를 가진 자는 믿음에 깊이 뿌리박고 있다는 것이다. 그런데 클레멘트는 선택된 자들이 본성상 그노시스를 가진다는 영지주의 입장에는 반대했지만, 누구나 그노시스를 가지는 것은 아니라는 점에는 동의했다. 진리란 너무나 소중한 것이어서 아무에게나 접근 가능한 것은 아니며, 성경의 숨겨진 심층적 의미는 그노시스를 가진 소수의 사람들에게만 파악된다는 것이다.[95]

그런데 클레멘트는 믿음(pistis)과 그노시스(gnosis)의 관계를 다음과 같이 설명함으로써 그리스도교 신앙 변증에 대한 걸림돌을 제거하고자 했다. 이에 클레멘트는 믿음(pistis)이라는 용어를 크게 세 가지 의미로 사용한다.[96]

㉮증명의 제일 원리를 믿는 인간 정신의 태도 혹은 특정 형태의 직접적 앎이다.

그리스도교를 비판하는 이들은 그리스도인들이 말도 되지 않는 내용을 아무런 근거도 없이 맹목적으로 믿는다고 말한다. 이에 대하여 클레멘트는 반문한다. 과연 우리가 모든 주장에 대한 근거나 증명을 제시할 수 있는가? 오히려 모든 탐구나 논의의 출발점인 제일 원리는 더 이상의 근거나 증명 없이 그 정당성을 믿거나 받아들일 수밖에 없지 않은가?[97]

클레멘트는 모든 탐구나 논의의 제일 원리 자체는 증명 불가능하다는 것을 다음과 같이 논증한다. 모든 것이 증명을 필요로 하거나 어떤 것은 그 자체로 믿을 만하다. 그런데 만약 모든 진술이 증명을 필요로 한다면, 각각의 증명에 대해 또 다른 증명이 필요하게 되어 결국 무한 소급에 빠

---

94) Ibid., pp. 79-80.
95) Ibid., pp. 81-82.
96) Ibid., p. 67.
97) Ibid., p. 68.

지게 된다. 반면 두 번째 경우에는 그 자체로 믿을 만한 것이 증명의 제일 원리가 되는데, 철학자들도 모든 탐구와 논증의 제일 원리가 증명되지 않는 것임을 받아들였다. 따라서 증명이 존재하려면 그것에 선행하는 무엇인가가 필연적으로 존재해야 한다. 그리고 최초의 전제는 믿을 만하고 증명되지 않은 것이며 그 자체로 일차적인 것이어야 한다. 이 때문에 모든 증명은 증명되지 않은 믿음으로 소급되는 것이다.[98]

한편 클레멘트는 믿음(pistis)을 일종의 동의(synkatathesis)라고 간주하기도 한다. 동의(synkatathesis)란 감각기관에 포착된 감각 표상에 대한 마음의 능동적 반응 혹은 판단을 가리키는 스토아학파의 용어이다. 이처럼 클레멘트가 믿음을 동의와 같은 것으로 간주한 까닭은 아마도 영지주의를 비판하기 위해서였던 것 같다. 영지주의자 바실리데스나 발렌티누스는 믿음이 타고난 것이라고 보았기 때문에 믿음이 자유로운 선택의 문제라는 것을 부정했다. 반면 클레멘트에 따르면 믿음이란 자발적인 동의이며, 명확한 어떤 대상(즉, 하나님)을 향한 것이다.[99]

이 밖에도 클레멘트는 믿음의 정의를 선개념(prolepsis)과도 연관시키고 있다. 본래 선개념은 에피쿠로스학파의 철학용어였다. 에피쿠로스에 따르면 앎이란 감각에서 출발하는데, 감각 표상이 머릿속에 축적되어 기억된 것을 에피쿠로스는 선개념이라고 불렀다. 그런데 에피쿠로스 철학을 대표적 무신론 철학으로 간주하고 맹렬히 비판했던 클레멘트가 에피쿠로스 인식론의 주요 개념을 받아들였다는 사실이 이상할 수 있다. 그러나 스토아학파도 선개념이라는 용어를 사용했다는 사실을 고려할 때 선개념은 에피쿠로스학파의 고유한 개념이었다기보다는 헬레니즘 인식론의 주요 개념이었다고 보아야 할 듯하다. 이에 클레멘트는 선개념이 교

---

98) Ibid., p. 68.
99) Ibid., pp. 68-69.

육을 통해 인식(katalepsis)으로 바뀐다거나 선개념이 인식보다 앞선다고 주장하고 있다.[100]

믿음에 관한 클레멘트의 이론은 제일 원리에 관한 철학적 전제 또는 가정을 그리스도교 신앙과 결부시켜 설명하고 있다. 그런데 클레멘트가 믿음을 동의 혹은 선개념(헬레니즘 감각론의 주요 개념)과 동일시했다는 사실 또한 주목할 만하다. 클레멘트는 탐구의 제일 원리가 더 이상의 증명을 필요로 하지 않는 것이라는 플라톤의 견해를 받아들이면서도, 증명의 기초로서의 제일 원리가 보편적이고 신뢰가능할 뿐더러 감각과 사유에 명백히 드러난다(enargos phainomena)고 주장한다. 따라서 감각의 유용성도 부인하지 않았다.[101]

㉯학적 논증을 통해 어떤 것에 관한 앎에 도달한 후 인간 정신이 가지게 되는 확고한 신념이다.

클레멘트에 따르면, 증명을 통해 얻어진 믿음은 증명 자체가 학적일 경우에만 학적 성격을 가진다. 즉, 증명 중에는 학적인 것도 있지만 억견(臆見)[102]의 영역에 속하는 것도 있다. 따라서 두 종류의 믿음(학적인 믿음과 억견에 근거한 믿음)이 존재한다.[103]

학적 믿음이 학적 증명의 결과물이라는 점에서 (학적)믿음은 학적인 앎 혹은 그노시스와 동일시된다. 하지만 이성이 진리에 대해 확고한 믿음을 가질 때 학적 앎이 존재하는 것이기도 하다. 따라서 믿음(pistis)이란 앎(episteme)보다 중요한 것이며 앎의 판단 기준이라고 간주될 수 있다. 즉, 증명이 존재하려면 최종적 근거로서 자명한 전제가 있어야 한다. 이 때문에 모든 증명은 증명 불가능한 믿음에 기초한다. 믿음이란 영적

---

100) Ibid., p. 69.
101) Ibid., p. 70.
102) 억견(臆見)이란 근거가 없이 짐작이나 상상으로 하는 생각을 의미한다.
103) 오유석, "알렉산드리아의 클레멘트에 있어서 철학과 믿음 그리고 진정한 그노시스", op. cit., p. 70.

앎과 논리적 앎 모두의 기초이며, 진정한 그리스도인(즉, 그노시스를 가진 자)이야말로 영적이고 논리적인 앎을 가진 자이다. 이런 점에서 그노시스는 믿음의 완성이며, 우리를 하나님에 대한 영속적인 관상으로 이끈다.[104]

그런데 증명의 근거로서의 믿음과 증명의 결과물로서의 믿음은 완성 단계에 있어서 서로 다르다. 가령 믿는 자가 설령 자신이 믿는 하나님에 대해 심오한 이해를 가지지 않더라도 구원받을 수 있지만, 그의 믿음은 아직 정당화되지 않았다는 점에서 완전하지 않다. 이 때문에 일반성도의 믿음은 성장과 완성을 필요로 하며, 단순한 믿음이 논증에 의해 정당화되었을 때 그노시스(완성된 믿음)가 되는 것이다.[105]

클레멘트에 따르면 믿음은 하나님의 은총의 도움을 받아 발전하게 된다. 하나님이 우리에게 믿음을 허락하지 않으신다면, 우리 스스로는 믿음을 획득할 능력이 없다. 따라서 하나님이 잠시라도 은총을 거두어들이실 경우, 우리의 믿음은 사라져버린다. 그렇다면 하나님은 어째서 모든 사람에게 믿음을 허락하지 않으시고 일부의 사람들에게만 믿음을 허락하셨을까? 이에 대한 클레멘트의 답변은 다음과 같다.[106]

첫째, 불신자가 믿지 않게 된 것은 하나님 때문이 아니라 믿지 않는 자 자신의 책임이다.

둘째, 모든 사람이 하나님을 구하는 것은 아니며 구하는 자만이 믿음을 획득할 수 있다.

셋째, 하나님을 구하는 사람 중 모든 사람이 하나님을 발견하는 것은 아니며 올바르게 하나님을 추구한 사람만이 하나님을 발견하게 된다.

그런데 클레멘트는 믿음이 하나님의 선물인 동시에 인간의 자발적 행

---

104) Ibid., pp. 70-71.
105) Ibid., p. 71.
106) Ibid., p. 71.

위라고 말하고 있다. 이에 클레멘트의 주요한 관심은 구원이 본성에 의해 결정된다는 영지주의의 대항해서 자유의지와 믿음의 필요성을 주장하려는 것이었다. 그는 믿음이 인간의 전적으로 자유로운 의지에 의해 생겨나는지 아니면 믿음도 결국에는 하나님의 은총에 의한 것인지에 관해서 가능성을 열어 두었다. 아마도 클레멘트는 어떤 신적 능력이 인간에게 자연적 은사를 나누어주었으나, 인간의 의지로부터 생겨나는 믿음을 통제하지는 않았다고 주장함으로써 일종의 신인협력설을 주장하고 있는 듯하다.[107]

㉯성경에 관한 더 이상의 깊은 이해에 도달하려고 시도하지 않은 채 성경 가르침에 담긴 진리를 받아들이고자 하는 신도의 성향이다.

클레멘트에 따르면 믿음만으로도 구원에 이르는 데 충분하지만, 단순한 믿음은 아직 완전치 않다. 그래서 클레멘트는 단순한 믿음을 그노시스로 발전시킬 것을 강조한다. 다시 말해 그리스도교의 가르침을 완전히 이해하려면 단지 성경의 문자적 의미를 받아들이는 것으로는 불충분하며, 성경에 관한 연구와 해석이 필요하다는 것이다.[108]

성경에 기록된 것은 하나님의 영감에 의해 쓰여진 것이므로 진리이다. 하지만 과연 성경 말씀에 어떤 의미를 부여할 것인지 결정하는 일은 어려운 문제이다. 그러므로 성경 말씀을 진리로 받아들이는 것이 논증의 시작이고, 성경을 연구하고 해석하는 일이 학적 논증이다. 그 결과 발견된 성경의 내적 의미가 학적 앎이 되는 것이다.[109]

클레멘트는 탐구의 출발점으로서의 믿음을 일반적 그노시스(koine gnosis)라고 부르는 한편, 추론을 통해 확립된 학적 앎을 특별한 믿음(exairetos pistis) 혹은 학적 그노시스(epistemonike gnosis)라고 부른다.[110]

---

107) Ibid., p. 72.
108) Ibid., p. 72.
109) Ibid., p. 72.

믿음과 그노시스의 관계를 위와 같이 설명함으로써 클레멘트는 다음의 두 가지 효과를 노렸다.[111]

첫째, 믿음과 그노시스가 양립 불가능하다고 주장하는 발렌티누스 주의자에 대한 반박이다.

둘째, 무지몽매한 그리스도인들에게 더 나은 성경해석이 가능함을 증명하는 것이다.

그런데 지금까지 논의된 믿음의 세 의미 중 첫 번째와 두 번째 의미의 믿음은 인식론적 물음에 관계되는 반면, 세 번째 의미의 믿음은 종교적 영역에 속한다. 하지만 클레멘트는 세 가지 믿음이 서로 밀접한 연관을 지니고 있다고 보았다. 특히 첫 번째 의미의 믿음(탐구와 증명의 출발점으로서의 믿음)과 세 번째 의미의 믿음(성경에 대한 단순한 믿음)은 사실상 동일하다. 이 믿음이 논증과 증명을 통해 정당화되고 입증되었을 때 두 번째 종류의 믿음(학적 증명의 결과물로서의 그노시스)이 되는 것이다.[112]

(3) 영지주의의 중요한 특징

클레멘트는 그노시스에 관해 다음과 같이 세 가지 정의를 제시한 후 이 중 하나를 거부한다. 즉, 영적 앎은 그리스도 자신이 진정한 앎이다. 감각에 근거한 앎에서 감각은 진리를 발견할 수 없으므로 거부하고 있다. 논리적 앎은 판단(gnome)과 근거(logos)를 통해 성격 지워지는 앎이라고 한다. 그런데 클레멘트에 따르면 영적 앎과 논리적 앎은 모두 믿음을 토대로 하며 하나님에 대한 앎에 도달하는 데 중요하다. 두 종류의

---

110) Ibid., pp. 72-73.
111) Ibid., p. 73.
112) Ibid., p. 73.

앎은 서로 불가분의 관계라고 한다.[113)

하지만 이처럼 논리적이고 영적인 앎은 어떻게 획득되는 것인가에 대하여 클레멘트는 그노시스의 주요한 특징을 통해 살펴보면 다음과 같다.

①그노시스의 원천이자 가르치는 자로서 로고스의 역할

클레멘트에 따르면, 그노시스는 성자 예수 그리스도(혹은 로고스)에 의해서만 인간에게 전해진다. 성부가 우리 인식의 한계를 넘어서는 분인 반면, 성자야말로 지혜이자 학문이자 진리라는 것이다. 이 때문에 클레멘트는 로고스를 가르치는 자로, 그노시스는 (로고스의)가르침으로 규정한다.[114)

그렇다면 로고스가 아직 성육신하지 않았던 구약시대에는 어떻게 그노시스를 전하는 자일 수 있는가?

본래 (첫 번째 단계의) 로고스는 하나님의 마음이며 하나님의 생각을 담고 있었다. 하지만 두 번째 단계에서 로고스는 제일 원리(성부)와 구별되는 두 번째 위격이 된다. 두 번째 단계에서 로고스는 이데아 혹은 하나님에 능력의 총합으로 묘사되며, 창조된 감각 세계의 지성적 범형으로서 만물의 원리(arche)가 된다. 한편 로고스는 감각 세계를 넘어서는 초월적 범형일 뿐 아니라, 세 번째 단계에서는 우주에 내재하면서 우주를 다스리는 법칙(세계영혼)이 된다.[115)

따라서 하나님의 마음인 로고스는 태초에 만물의 범형으로서 창조원리이었으며, 천지창조 이후에는 창조 세계에 내재하면서 우주를 다스리는 내재적 원리로 작용하고 있었다. 그러다가 인간의 모습으로 성육신한 후 로고스는 인간에게 성부 하나님의 신비에 관한 진정한 앎(그노시스)를 가르치는 교사가 되었다.[116)

---

113) Ibid., pp. 74-75.
114) Ibid., p. 75.
115) Ibid., p. 75.

②관조적 삶의 이상과 물질세계·비 물질세계 이원론

클레멘트에 따르면 그노시스는 지성적 세계에 대한 관조를 통해서 얻어진다. 그런데 지성적 세계를 관조하는 완전한 그리스도인이 되기 위해서는 감각세계(특히 육체의 굴레)로부터 영혼을 분리해야 한다. 이를 정화의 과정이라고 할 수 있다. 지성적 실재는 육적인 것을 통해서는 알려지거나 관조될 수 없으며, 그노시스를 가진 자는 자신 안에 있는 신적 요소(즉, nous)를 통해서 지성적 실재를 관조할 수 있다.[117]

③그노시스를 얻는 데 필요한 교육과 철학의 역할

그노시스를 획득하는 데 필요한 교육은 변증술과 천문학, 그리고 기하학이 있다. 이 중 변증술의 주요한 기능은 그리스도인을 지성적인 대상에 대한 앎으로 이끄는 것이다. 천문학 또한 인간으로 하여금 감각계를 넘어서서 관조하게끔 해 준다. 우주에 존재하는 조화와 질서를 파악할 때 인간 영혼은 땅과의 접촉으로부터 자유롭게 되며 창조주의 능력에 접근하게 된다. 이에 클레멘트에 따르면 아브라함이 하나님을 알게 된 것도 천체를 관조함에 의해서였다고 하고 있다. 이와 마찬가지로 기하학도 불변하는 대상에 관한 것이므로 인간을 감각 세계로부터 벗어나게 해 준다.[118]

이렇듯 클레멘트에 따르면 변증술이나 기하학, 천문학은 인간을 감각 대상으로부터 자유롭게 해서 지성적 대상에 접근시켜 줄 수 있다는 점에서 철학 탐구를 위한 훈련을 제공한다. 또한, 철학은 진정한 그노시스의 획득을 위한 준비과정이라고 한다.[119]

물론 어떤 그리스도인들은 성경의 일관성에 관한 물음을 배제한 채

---

116) Ibid., pp. 75-76.
117) Ibid., p. 76.
118) Ibid., pp. 76-77.
119) Ibid., p. 77.

성경을 문자 그대로 이해하고자 한다. 이들은 자신이 본성적으로 완전히 갖춘 자라고 여기기 때문에 단지 신앙만을 필요로 할 뿐이다. 하지만 클레멘트는 준비와 연습 없이 아무것도 얻을 수 없음을 입증하기 위해 포도재배자, 운동선수, 의사, 사냥꾼, 항해사의 예를 든다. 가령 포도를 재배하는 사람이 여러 도구를 가지고 일하지 않으면 포도를 수확할 수 없다. 의사나 사냥꾼 등도 원하는 결과를 얻으려면 우선 많은 것들을 배워야 한다. 이와 마찬가지로 성경으로부터 무언가를 얻고자 하는 자는 합리적, 논리적 해석 기술을 배워야 한다. 즉, 그리스도교를 음해하려는 사람들로부터 신앙을 지켜내려면, 수학이나 예술, 문학, 철학 등에서 유용한 것들을 배워야 한다고 하고 있다. 성경구절의 애매성과 다의성을 파악하는 데 철학이나 다른 학문들이 도움을 주기 때문이다. 이런 이유로 그노시스를 획득한 그리스도인(다양한 기술을 습득한 그리스도인)은 소피스트술을 철학과 구별할 수 있으며 이단을 진리와 구별할 수 있게 된다고 하고 있다. 그리고 이러한 훈련을 통해 인간은 신이 되고자 한다. 그러나 이때 주의할 점은 그노시스를 가진 자가 신처럼 되는 것이지 본성상 신이 되는 것은 아니라는 점이다. 즉, 인간은 스승인 로고스의 완전한 닮은꼴이 됨으로써 하나님을 닮게 된다고 하고 있다.[120]

그런데 클레멘트에 따르면 선택된 자들 가운데 더 특권을 가진자(eklektoteroi)도 존재한다. 그리스도께서 세상의 빛 또는 세상의 소금(마 5:13~4)이라고 부른 것이 바로 이런 사람들이다. 그리스도는 전 인류의 교사(paidagogos)이지만, 인류에 대한 가르침은 하나님의 방식대로 완전히 교육받은 자들에 의해서만 성취될 수 있다. 이처럼 클레멘트가 신적 섭리의 보편성과 그노시스를 가진 사람의 특권을 동시에 강조하고 있다.[121]

---

120) Ibid., p. 77.

바. 오리겐(Origen)

오리겐(Oregenes, Adamantius)은 터툴리안(Tertullian)의 제자로 신자의 가정에서 태어나 신앙교육을 받았다. 그는 어릴 때부터 종교적 금욕주의(asceticism)를 실행하며 당대의 사조인 플라톤 철학과 이단적(異端的) 체계(體系)들과 그노시스주의를 연구했다. 그는 영지주의자들과 싸웠고, 단일신론을 반대(反對)했다.[122]

알렉산드리아 학파의 클레멘트와 함께 오리겐도 보다 적극적으로 영지주의의 대처했다. 오리겐(186~254) 역시 단순한 신앙에 반대하고 지식을 높이 평가했다. 그는 성경 해석을 위한 올바른 원리를 제시함으로써 이단들을 논박했다. 따라서 영지주의자 마르키온의 문자적 해석에 반대하고 우의적 해석(allegorical interpretation)을 변호했다. 그것이 문자 배후에 있는 심원하고 신비한 의미를 발견하는 해석 방법이라 생각했기 때문이다.[123]

오리겐은 영지주의의 헬라철학에 의한 삼위일체론을 배격하기 위해 활동했으나 스스로 그리스도교와 헬라철학을 혼합하는 우를 범했다는 지적을 받고 있다.[124]

오리겐은 통일성을 위해 플라톤(Plato)의 철학 개념인 '동일본질'(homoousios)이라는 개념과 개별성을 말하기 위해서 '본체'라는 개념을 도입했다. '동일본질'이라고 한 것은 아들과 성령이 아버지로부터 발출되었다는 개념이며 '본체'는 아버지 하나님은 존재 그 자체이며 초월해 계신다는

---

121) Ibid., pp. 77-78.
122) 박상경, 「기독교교리사」, op. cit., p. 162.
123) 목창균, 「이단논쟁」, op. cit., p. 92.
124) 박상경, 「기독교교리사」, op. cit., p. 171.

의미이다.[125)

오리겐은 신론에 있어 영지주의(Gnosticism)를 반대하고 하나님은 신약과 구약에서 동일한 분이라고 하였다. 하나님은 절대 원인이시며 전지전능하시며 공의로우시다고 하였다. 인간론에서 영혼의 선재설을 주장하였고 인간이 현재 존재하는 상태는 선재할 때 영들이 타락하여 범죄 함으로 그들을 위하여 물질세계를 창조한 것이라 했다. 또 타락한 영들은 영혼들이 되어 육체로 옷 입혀졌다고 했으며, 물질이 창조된 목적은 타락한 영들에게 거처를 제공하고 가르침을 통해 깨끗하게 하는 수단을 삼기 위해서라고 했다.[126)

영지주의는 성경적 전지전능하신 여호와 하나님의 창조는 거부하는 반면 그리스도는 표면적으로 수용한다. 하지만 창조와 악에 대한 관점이 다른 것처럼 그리스도에 대해서도 철저하게 다른 방법으로 해석한다. 신령한 지식으로 구원 받는 영지주의에서 오직 그리스도의 교리가 바로 설수는 없는 노릇이다. 이렇게 영지주의는 십자가 중심의 성경적 그리스도론과도 전혀 다른 길을 주장하였다. 이에 영지주의가 얼마나 그리스도교 교리와 대립하는 주장을 펴고 있는지 알 수 있다.[127)

그런데 오리겐은 이 같은 조물주 데미우르게를 내세우는 영지주의자들을 향해 유일한 창조주 하나님을 저버린 망상가들이라고 말한다. 육체는 더러운 것이 아니다. 오리겐은 "흙으로 돌아가리라"고 하나님께서 아담에게 하신 말씀도 인간의 더러운 육체가 사라진다는 뜻이 아니라 육체를 창조하신 분이 육체를 변형시켜 부활시킨다는 뜻이라고 해석한다. 오리겐이 영지주의자들과 달리 육체를 긍정적으로 보고 있음을 알 수 있

---

125) Ibid., p. 171.
126) Ibid., p. 163.
127) 조덕영, "초대교회와 영지주의: 오리겐의 영지주의 관점을 중심으로", 「바른 믿음」, 2019. 3. 23.

다. 육체는 영지주의자들이 말하듯 더러운 것이 결코 아니다. 오히려 흙
이 된 인간을 부활시키고자 그리스도께서 지상의 육체를 취하여 내려오
셨다.[128]

오리겐은 로고스(Logos)는 아버지로부터 분리되거나 나눔에 의하지
않고 영적인 방법으로 발출(拔出, proceed) 한다고 했다. 성부는 아들을
낳으시며, 한번 낳으시고 버리시는 것이 아니라 마치 광채가 빛의 근원
으로부터 방사되는 것처럼 언제나 낳으신다고 했다. 그러므로 로고스는
아버지와 동일본질이며, 두 본체는 동일한 의지와 행동을 가지고 있으며
조화를 이룬다고 했다.[129]

오리겐은 그리스도를 하나의 속성이라는 의미로서 그를 말씀, 지혜,
정의, 그리고 하나님의 진리로 불렀다. 동시에, 오리겐은 그리스도로 말
미암아 모든 것이 창조되었고 그가 창조하신 분이라고 주장한다. 오리겐
의 통찰력에서 가장 중요한 것은 로고스가 한 위라는 깨달음이다. 로고
스는 성부 하나님의 영향, 속성, 표명만이 아닌 한 위이시라는 확신 그리
고 하나님의 아들에 대한 그리스도교 교리를 신, 인간의 중간단계인 하
나님의 로고스에 대한 철학적 사색으로부터 구별한다는 확신이었다. 사
실상, 오리겐은 여러 번 이교 로고스 사색의 용어를 닮은 용어를 사용하
고 있다.[130]

그리스도의 성육신에 대해서는 그리스도의 영혼은 다른 모든 영혼과
같이 '저 세상'에 벌써 존재했는데 그것이 먼저 존재할 때부터 로고스와
연합했다고 했다. 즉, 육신으로 오기 전에 로고스와 영혼이 서로 완전히
교통하였다는 것이다. 로고스로 가득 찬 영혼은 신체까지도 침투(浸透)되

128) Ibid.
129) 박상경, 「기독교교리사」, op. cit., p. 172.
130) Harold O. J. Brown, 「Heresies」, 라은성 역, 「교회사 안에 나타난 이단
&정통」, (서울: 도서출판 그리심, 2001), p. 147.

어 신화(神化)하여 그리스도 안에서 신성과 인성이 섞여졌기 때문에 그는 영화에 의하여 사실상 무소부재(無所不在)하게 되었다고 보았다. 그러나 오리겐은 그리스도의 인성의 완전성에 성공하지 못했다.[131]

오리겐은 끝내 종속론의 범주를 벗어나지 못했다는 지적을 받고 있다. 성자는 성부보다 저급하며 성령은 성자보다 저급하다고 했다. 그는 플라톤의 계층 구조적인 것을 도입하여 아들은 두 번째 하나님이시며 아버지의 형상이시고, 아들은 절대적인 하나님은 아니며 절대적인 참이 아니라 다만 아버지의 형상으로서 그리고 유출하고 선하고 참될 뿐이라 했다.[132]

오리겐은 인간의 영의 선재설을 가르쳤다. 이것은 하나님에 선택의 독단성을 설명하는 방법이었다. 하나님은 처음 세상을 창조하실 때 인간의 영들을 포함한 형체가 없는 수많은 영혼들을 창조하셨다. 태어나기 전에 그러한 영들의 내린 자유의지의 결과로 하나님으로부터 돌아서게 되었고 그에 상응하여 각 영들은 물질적 육체를 수여 받는다고 하고 있다.[133]

오리겐(Origen)은 사후에 착한 사람은 낙원, 즉, 그들은 다시 더 교육을 받을 곳으로 들어가고, 악한 자는 불의 심판을 받지만 그 심판은 영원한 형벌이 아니라 깨끗게 하는 수단이라 했다. 그는 천년왕국(Millennium)을 부정하고 부활을 영적인 차원에서 일어나는 일로 보았다.[134]

오리겐(Orison)의 이런 설명은 영지주의적이며 신플라톤(New plato)적 사고이지만 당시에는 철학이 언제나 지식(知識)계층을 사로잡고 있었기 때문에 신학적으로 커다란 반대에 직면했지만, 완전히 배척받지는 않았다. 325년 니케아 회의 때까지 그의 사후 약 70년 동안 그의 발출설을

131) 박상경, 「기독교교리사」, op. cit., p. 163.
132) Ibid., p. 172.
133) Harold O. J. Brown, 「Heresies」, op. cit., p. 152.
134) 박상경, 「기독교교리사」, op. cit., p. 163.

따르는 우파들은 알렉산드리아(Alexandrin) 학파를 중심으로 활동했다. 이에 영원 동등을 따르는 좌파들은 안디옥(Antioch) 학파를 결성하여 교회는 두 파로 분열하여 서로 다투었다. 그리하여 삼위일체 논쟁은 알렉산드리아 학파와 안디옥 학파(School of Antioch) 간의 대결로 이어지고 '유사본질'(homo iusios)이 아니라 '동질본질'(homo ousios)로, 또는 '발출'(proceed)이라는 개념 정립에 기여했다. 또 알렉산드리아 학파(오리겐)는 성경을 철학적이며 영적으로 해석함으로 신앙을 옹호하였다. 반면에 소아시아 안디옥 학파(이레니우스)는 문법적·역사적 성경 해석을 강조하고, 북아프리카 학파(터툴리안)는 성경 해석에 이성과 권위를 강조했다.[135]

오리겐은 「원리에 대하여」를 통해 그리스도교 교리의 조직체계(組織體系)를 세워 신학 발전에 영향을 주었다. 또 그는 성경 해석의 표준으로서 하나님의 말씀이나 신앙(信仰)의 법칙에다가 자기의 입장을 바로 세우고 성경에 반대되는 것이나 합당치 않게 인출한 것과 반대되는 것을 받아서는 안 된다고 주장함으로 정통주의적 입장에 섰다. 그러나 그의 신학은 플라톤 철학의 빛을 띠고 풍유적(Allegory) 성경 해석을 통해 모든 종류의 사색과 개인적인 해석의 자유를 인정함으로 교회로부터 이단(異端)으로 정죄 받았다.[136]

박상경은 오리겐의 주요 이론을 다음과 같이 요약하고 있다.[137]

㈎성자를 성부보다 열등하다고 주장함으로써 성부와 성자의 동일본질을 부정한 4세기 아리우스주의의 선구자가 되었다.

㈏육체의 부활을 영적인 뜻으로 해석했다.

㈐지옥을 부정함으로써 사람들의 도덕적 열정을 무기력하게 만들었고

---

135) Ibid., pp. 172-173.
136) Ibid., p. 162.
137) Ibid., p. 164.

보편구원설을 주장하였다.

㉣영혼의 선재성과 세계의 순환을 주장했다.

㉤우화적 해석을 사용함으로써 구원사(救援史)를 무시간적인 신화로 전락시켰다.

3. 영지주의에 대한 유다서의 경고와 대처

영지주의는 초대교회 이후 교회를 위협해온 이단적 신학이다. 비록 성경에 노골적인 영지주의나 영지주의자라는 말이 등장하고 있지는 않으나 베드로와 야고보와 요한과 바울은 영지주의를 분명 잘 알고 있었다.[138] 이에 역사적으로 그리스도교 교회는 영지주의를 거부했다. 바울 사도는 "누가 철학과 헛된 속임수로 너희를 사로잡을까 주의하라 이것은 사람의 전통과 세상의 초등학문을 따름이요 그리스도를 따름이 아니니라"(골 2:8) 하였다. 특히 요한일서는 영지주의로부터 교회를 지켜나가기 위해 쓴 편지이다.[139]

또한 신약성경에는 영지주의 사상에 반대하는 문서 곧 요한일서, 요한이서 요한삼서, 야고보서, 마태복음, 디모데전후서와 같은 것들도 있고 요한복음이나 바울의 서신들 내에서도 반영지주의 사상을 암시하는 요소들이 있다.[140] 이와 함께 유다서는 초대교회 당시 최대의 이단인 영지주

---

138) 조덕영, "초대교회는 영지주의를 어떻게 보았는가?", 「크리스천투데이」, 2017. 5. 10.
139) 황의봉, "예수와 그리스도는 다르다? ⑫영지주의자들", 「아이굿뉴스」, 2016. 5. 25.
140) 조재형, 「초기 그리스도교와 영지주의」, (서울: 도서출판 동연, 2020), p. 145.

의(Gnosticism)에 대해서 언급하고 있다. 대부분의 바울 서신들이 주로 이론적인 측면에서 이단의 정체를 파헤치고 있다. 반면에 유다서에서는 주로 현실에 나타난 이단의 구체적인 측면에서 파헤치고 있다. 특히 유다서에서는 영지주의자들의 잘못된 이단 사상을 경계하는 입장에서 믿음의 도(道)를 힘써 지키라는 신앙교육을 기록하고 있다. 특히 유다는 영지주의자들의 육체적 정욕에 따른 생활, 영적 권위의 무시, 원망, 불평 등 비경건한 삶을 지적하며 성도들을 끝까지 신앙을 지키며 정결하게 살아야 할 것을 강조하고 있다.[141]

가. 유다서의 구조

유다서의 중요한 구조는 집필의 동기(3~4절), 영지주의 이단에 대한 규탄(5~16절), 신자에 대한 권면(17~23절)을 하고 있다.[142]

(1) 집필의 동기(3~4절)

"[3]사랑하는 자들아 우리가 일반으로 받은 구원에 관하여 내가 너희에게 편지하려는 생각이 간절하던 차에 성도에게 단번에 주신 믿음의 도를 위하여 힘써 싸우라는 편지로 너희를 권하여야 할 필요를 느꼈노니 [4]이는 가만히 들어온 사람 몇이 있음이라 그들은 옛적부터 이 판결을 받기로 미리 기록된 자니 경건하지 아니하여 우리 하나님의 은혜를 도리어 방탕한 것으로 바꾸고 홀로 하나이신 주재 곧 우리 주 예수 그리스도를

---

141) 강병도, 「호크마 종합주석 요한일서-요한계시록」, (서울: 기독지혜사, 1993), p. 148.
142) 이상근, 「신약주해 공동서신」, (서울: 예장 총회교육부, 1979), p. 370.

부인하는 자니라"(유1:2~4)

(2) 영지주의 이단에 대한 규탄(5~16절)

㉮심판의 전제(5~7절)

"⁵너희가 본래 모든 사실을 알고 있으나 내가 너희로 다시 생각나게 하고자 하노라 주께서 백성을 애굽에서 구원하여 내시고 후에 믿지 아니하는 자들을 멸하셨으며 ⁶또 자기 지위를 지키지 아니하고 자기 처소를 떠난 천사들을 큰 날의 심판까지 영원한 결박으로 흑암에 가두셨으며 ⁷ 소돔과 고모라와 그 이웃 도시들도 그들과 같은 행동으로 음란하며 다른 육체를 따라 가다가 영원한 불의 형벌을 받음으로 거울이 되었느니라"(유1:5~7)

㉯영지주의 이단자의 죄상(8~13절)

"⁸그러한데 꿈꾸는 이 사람들도 그와 같이 육체를 더럽히며 권위를 업신여기며 영광을 비방하는도다 ⁹천사장 미가엘이 모세의 시체에 관하여 마귀와 다투어 변론할 때에 감히 비방하는 판결을 내리지 못하고 다만 말하되 주께서 너를 꾸짖으시기를 원하노라 하였거늘 ¹⁰이 사람들은 무엇이든지 그 알지 못하는 것을 비방하는도다 또 그들은 이성 없는 짐승 같이 본능으로 아는 그것으로 멸망하느니라 ¹¹화 있을진저 이 사람들이여, 가인의 길에 행하였으며 삯을 위하여 발람의 어그러진 길로 몰려 갔으며 고라의 패역을 따라 멸망을 받았도다 ¹²그들은 기탄 없이 너희와 함께 먹으니 너희의 애찬에 암초요 자기 몸만 기르는 목자요 바람에 불려가는 물 없는 구름이요 죽고 또 죽어 뿌리까지 뽑힌 열매 없는 가을나무요 ¹³자기 수치의 거품을 뿜는 바다의 거친 물결이요 영원히 예비된 캄캄한 흑암으로 돌아갈 유리하는 별들이라"(유 1:8~13)

㉱심판의 확증(14~16절)

"¹⁴아담의 칠대 손 에녹이 이 사람들에 대하여도 예언하여 이르되 보라 주께서 그 수만의 거룩한 자와 함께 임하셨나니 ¹⁵이는 뭇 사람을 심판하사 모든 경건하지 않은 자가 경건하지 않게 행한 모든 경건하지 않은 일과 또 경건하지 않은 죄인들이 주를 거슬러 한 모든 완악한 말로 말미암아 그들을 정죄하려 하심이라 하였느니라 ¹⁶이 사람들은 원망하는 자며 불만을 토하는 자며 그 정욕대로 행하는 자라 그 입으로 자랑하는 말을 하며 이익을 위하여 아첨하느니라"(유 1:14~16)

(3) 신자에 대한 권면(17~23절)

"¹⁷사랑하는 자들아 너희는 우리 주 예수 그리스도의 사도들이 미리 한 말을 기억하라 ¹⁸그들이 너희에게 말하기를 마지막 때에 자기의 경건하지 않은 정욕대로 행하며 조롱하는 자들이 있으리라 하였나니 ¹⁹이 사람들은 분열을 일으키는 자며 육에 속한 자며 성령이 없는 자니라 ²⁰사랑하는 자들아 너희는 너희의 지극히 거룩한 믿음 위에 자신을 세우며 성령으로 기도하며 ²¹하나님의 사랑 안에서 자신을 지키며 영생에 이르도록 우리 주 예수 그리스도의 긍휼을 기다리라 ²²어떤 의심하는 자들을 긍휼히 여기라 ²³또 어떤 자를 불에서 끌어내어 구원하라 또 어떤 자를 그 육체로 더럽힌 옷까지도 미워하되 두려움으로 긍휼히 여기라"(유1:17~23)

나. 이단들의 본질

유다서를 내용으로 보아 크게 둘로 되어있다. 1부(1~16절)에서는 당시의 이단인 영지주의에 대한 위험을 경고하고 있으며, 2부(17~25절)에서는 하나님의 진리를 위하여 싸워야 할 의무에 대해 말씀하고 있다.

이들 영지주의와 같은 이단의 본질에 대해 유다서에서는 무엇이라고 가르쳐 주시고 있는가?

첫째는 가만히 들어온 자들이다.

"⁴이는 가만히 들어온 사람 몇이 있음이라"

"가만히 들어온"으로 번역된 헬라어 '파레이세뒤에산'(παρεδεύήσαν)의 기본형 παρεισδυνω(파레이스뒤노)는 '…옆에'에 해당하는 παρα(파라)와 '…안으로'에 해당하는 εις(에이스)와 '가라앉다' '잠기다'에 해당하는 δυνω(뒤노)가 결합된 단어로서 안으로 비밀스럽게 몰래 침투하여 들어와 자리를 잡았다는 의미를 가지고 있다.[143] 바울과 베드로는 이 단어를 사용하여 이단적인 가르침을 전하는 자들에 대해 경고하고 있다(갈2:4; 벧후2:1). 이러한 자들은 진정한 진리인 복음을 부정하고 그리스도인에게 거짓 교훈을 전하여 잘못된 길로 빠지게 하는 거짓 교사들로서 외적으로는 교회의 일원이었으나 내적으로는 교회에 속하지 않은 자들이었다.[144]

둘째는 영지주의적 이원론으로 인해서 쾌락주의를 주장하는 자들이다.

"⁴경건하지 아니하여 우리 하나님의 은혜를 도리어 방탕한 것으로 바꾸고"

"경건치 아니하여"에 해당하는 ασεβεις(아세베이스)는 '경외하지 않는'의 뜻으로서 거짓 교사들은 하나님께 대해 예배를 드리거나 계명을 순종하는데 있어서 하나님을 두려워하지 않는다. 그들은 하나님의 은혜를 도리어 방탕한 것으로 바꾸는 자들이다.[145]

이들은 하나님께로부터 나온 곧 하나님이 베푸신 은혜를 도리어 방탕

---

143) 차용철, "유다서 강해②＊영지주의", https://cafe.daum.net/kcmc91/MbG7/165
144) 강병도, 「호크마 종합주석 요한일서-요한계시록」, op. cit., p. 155.
145) 차용철, "유다서 강해②＊영지주의", op. cit.

한 것으로 바꾸는 자들이기도 하다. "방탕한 것"은 개역성경에서는 '색욕거리'로 번역했다. 이에 해당하는 기본형 ασελχεια(아셀게이아)는 '음란', '방탕', '방종', '무절제' 등의 의미를 가지고 있다. 성경에서 주로 성적 방종에 많이 사용되는 단어이기도 하다(막7:22; 롬13:13; 고후12:21; 벧전 4:3; 벧후2:2, 7, 18). 그러나 여기에서는 성적 방종을 포함한 모든 윤리적 무절제를 포괄적으로 한 말이라 할 수 있다. 영지주의(靈知主義, Gnosticism)자들은 영(靈)은 선하고 육(肉)은 악하다, 범죄 하는 것은 영이 아니라 육이다, 영만 영원하고 육은 소멸된다는 사상을 가지고 쾌락주의(Hedonism, 快樂主義)로 기울어졌다.[146]

영지주의자들은 계명(율법)에 대해서도 이미 예수 그리스도의 구속을 믿어 이미 구원을 받았으니 계명은 지키지 않아도 된다는 율법폐기론으로 기울어졌다. 그래서 이미 믿음으로 구원을 받아 영이 거듭난 자는 복음 안에서 자유함을 얻어 아무렇게나 살아도 된다는 생각을 가졌기 때문에 성적으로 방탕했고 윤리적으로 무절제했다. 하지만 성경은 육(몸)의 구속을 말하고 있다(롬8:23; 벧후3:18).[147]

"⁷소돔과 고모라와 그 이웃 도시들도 그들과 같은 행동으로 음란하며 다른 육체를 따라 가다가 영원한 불의 형벌을 받음으로 거울이 되었느니라"

따라서 이들은 경건하지 않은 자들로서 하나님의 은혜를 색욕거리인 성적인 탐닉으로 바꾸어 다른 육체를 따라가다가 결국에는 소돔과 고모라에 임한 영원한 불의 심판을 받게 될 자들이다.[148]

셋째는 육체를 입고 이 땅에 오신 그리스도를 부인했다.

"⁴…홀로 하나이신 주재 곧 우리 주 예수 그리스도를 부인하는 자니

---

146) Ibid.
147) Ibid.
148) 강병도, 「호크마 종합주석 요한일서-요한계시록」, op. cit., p. 155.

라"

"주재"(主宰)에 해당하는 헬라어 기본형 δεσποτην(데스포텐)은 '주', '주인', '통치자'의 뜻이다. 예수님은 우리의 한 분뿐인 통치자이시다. 그러나 영지주의는 그 예수 그리스도의 인성(人性)을 부인했다. 그들에게 있어서 육(肉)은 악하고 죄행의 주체이기 때문에 그리스도가 육을 취했다는 것은 죄를 취했다는 의미가 되기 때문에 그리스도가 육을 입고 오셨다는 것을 부인했다.[149]

이런 영지주의적 이단은 일곱 집사 가운데 하나인 니골라(계2:6, 15)를 통해서 많이 교회 안에 스며들었다. 영지주의가 교회에 큰 위협이 된 것은 그리스도론의 근본이 되는 그리스도의 인성과 신성 중에 인성을 부인, 속죄론을 근본적으로 부인하기 때문이고 다음은 육체를 악하게 봐 쾌락주의에 빠지게 해서 성도들을 방종케 만들기 때문이었다.[150]

넷째 이들은 당을 짓는 자들이다.

"¹⁹이 사람들은 분열을 일으키는 자며…"

이것은 거짓 교사들이 교회 안에서 다른 그리스도인들과 자신들을 구분하였음을 시사한다. 그들은 교회 밖으로 나가서 또 다른 그룹을 형성한 것이 아니다. 고라와 같이(11절) 교회 내에서 애찬에도 참여하면서 자신들만이 참된 영을 소유(所有)한 것처럼 인식하고 그룹을 형성하였다.[151]

다섯째 이들은 육에 속한 자로 성령이 없는 자들이다.

"¹⁹이 사람들은 … 육에 속한 자며 성령이 없는 자니라"

하나님과 전혀 관계가 없고 단지 세상적인 생활을 영위하는 자들이다. 그들은 스스로 영적인 존재라고 주장할지라도 실제로는 종말론적 선물인 성령을 소유하지 못한 세속주의자요, 비그리스도인이었다.[152]

---

149) 차용철, "유다서 강해②*영지주의", op. cit.
150) 신성종, "영지주의에 대한 경고 서신(유다서)", https://cafe.daum.net/kcmc91/MbG7/66
151) 강병도, 「호크마 종합주석 요한일서-요한계시록」, op. cit. p. 161.

다. 이단들을 위한 대처

영지주의자와 같은 이단들을 우리들은 어떻게 해야 하는가?

첫째로 믿음의 도를 위하여 힘써 싸워야 한다.

"³…성도에게 단번에 주신 믿음의 도를 위하여 힘써 싸우라…"

"힘써 싸우라"에 해당하는 헬라어 '에파고니제스다이'(ἐπαγωνίζεσθαι)는 본래 레슬링 경기에 선수들이 쏟는 노력을 의미하였다. 이에 유다는 '에파고니제스다이'라는 단어를 사용하여 수신자들 모두가 가만히 들어온 거짓 교사들이 변질시키고 있는 복음을 수호하기 위하여 운동선수가 경기에 애를 쓰듯이 노력해야 함을 강조하고 있다. 또한 유다는 현재 시상인 '에파고니제스다이'를 사용하여 복음 수호를 위한 그리스도인들의 노력이 항상 지속되어 믿음의 도를 지켜내라고 하고 있다.[153]

둘째로 거룩한 믿음 위에 자신을 세우며 성령으로 기도해야 한다.

"²⁰사랑하는 자들아 너희는 너희의 지극히 거룩한 믿음 위에 자신을 세우며 성령으로 기도하며"

흔들림이 없는 반석과 같은 믿음의 집을 세워나가는 그리스도인이 되어야 한다. 그리고 하나님의 성령을 소유한 진정한 그리스도인들은 하나님의 일을 수행하는 성령의 뜻대로 기도해야 한다(롬8:26~27; 갈4:6; 엡6:18).[154]

셋째로 자기를 지켜야 한다.

"²¹하나님의 사랑 안에서 자신을 지키며…"

---

152) Ibid., p. 161.
153) Ibid., p. 154.
154) Ibid., p. 161.

자신을 지킬 수 있는 비결은 하나님의 사랑 안에 있을 때이다.

넷째는 끝까지 주님의 긍휼을 기다려야 한다.

"²¹…영생에 이르도록 우리 주 예수 그리스도의 긍휼을 기다리라"

'영생'은 그리스도인들이 현재에도 향유하는 것이지만 그것이 궁극적으로 성취되는 때는 그리스도의 재림의 때이다. 한편 '긍휼'은 하나님의 백성이 고대하는 종말론적 소망으로(마5:7; 딤후1:18) 항상 하나님과 연관되어 사용되었다.[155]

다섯째로 이단에 빠진 자들을 불에서 끌어내어 구원하라고 하였다.

"²³또 어떤 자를 불에서 끌어내어 구원하라…"

여기서 이단을 불이라고 은유적으로 표현한 것은 마치 불에 빠진 것처럼 위험하기 때문이다.[156] 아울러 '불'은 지옥의 마지막 심판을 가리킨다(7절). 불 속에 떨어지기 직전에 있는 자, 즉, 그냥 내버려두면 불 속에 떨어질 수밖에 없는 자들을 "끌어내어"라고 하고 있다. 이는 스가랴 3:2을 반영하는 것으로 거짓 교사의 가르침으로 인해서 범죄 행위를 일삼는 자들을 구원하는 것을 의미한다. 그리스도인들은 거짓 교사의 영향을 받아 하나님께서 주신 계명을 거부하고 부도덕한 행위를 일삼으므로 지옥의 불에 떨어질 수밖에 없는 자들을 건져내어 형제애로써 책망하고 경고함으로 그들이 회개하고 돌아설 수 있도록 해야 한다(마18:15~17; 눅17:3; 갈6:1; 살후3:15; 딤전5:20; 딛3:10; 약5:19~20).[157]

---

155) Ibid., p. 161.
156) 신성종, "영지주의에 대한 경고 서신(유다서)", op. cit.
157) 강병도, 「호크마 종합주석 요한일서-요한계시록」, op. cit., p. 161.

제10장 끝맺으면서

　영지주의는 고대교회 거의 모든 지역에서 발견되고, 특히 그리스도교가 유대교와 이교와 밀접한 접촉이 있었던 지역에서는 넓게 뿌리를 내렸다. 그리고 2세기에 가장 번성하여 6세기에 사라지게 되었다고 보고 있다.[1]

　그러나 이러한 영지주의는 중세를 거쳐 근세에까지도 명맥을 이어가고 있는 실정이다. 명맥의 배경에는 1945년 이집트 남부 나그 함마디에서 한 농부에 의해 붉은색 큰 항아리가 발견된 것에서 알 수 있다.[2] 당시 항아리에는 영지주의 문서가 대량으로 담겨 있었다.[3] 여기에는 영지주의 사상에 영향을 받은 영지주의 문서들인 도마복음, 야고보복음, 빌립복음, 진리의복음, 마리아복음, 베드로행전, 유다복음 등으로 '사도들의 교훈'에서 벗어난 내용들을 담은 위서들이다.[4] 특히 영지주의 복음서라

---

1) Philip Schaff, 「History of the Christian Church, vol. 2」, (Grand Rapids: Wm. B. Eerdmans, 1992), p. 449.

2) 1945년 나그함마디에서 동쪽으로 5km 떨어진 제노보스키온 유적의 밭에서 한 농부에 의해 항아리 안에 밀봉된 3세기의 콥트어 파피루스 뭉치가 발견되었다. 367년 성 아타나시오가 부활절 서신으로 복음 외의 서적 사용을 규탄한 후 땅에 묻은 것으로 추정된다. 일명 나그함마디 문서라 통칭되는 이 사료는 초기 그리스도교와 영지주의 등 당대 사상이 집약되어 있어 있다.
항목 "나그함마디(Nag Hammadi)", 「나무위키」, https://namu.wiki/w/나그함마디

3) 남병곤, "[성경으로 돌아가자─성경 대탐구(제2편) 정경화 작업③] 영지주의란, '앎'을 통해 구원 얻는 종교운동", 「국민일보」, 2008. 2. 26.

할 수 있는 '도마복음'이 있다. 그러나 이러한 영지주의 문서들은 정경화 과정에서 이유가 있었기에 퇴출이 되었다. 그럼에도 불구하고 문제는 이러한 영지주의 문서들이 결코 이단 문서가 아니라는 견해를 밝히는 옹호자들이 이 시대에도 있다는 것이다.[5]

여기에 영지주의 영향을 받은 깨달음을 강조하는 세칭 구원파와 같은 문제단체들과 범신론적인 힌두교나 불교와 같은 종교와 뉴에이지 운동과 다원주의 사상 속에 스며들어 활동하고 있는 것이 오늘 이 시대의 모습이다.

예수님께서는 밭에 뿌린 천국의 비유 말씀에서 "25사람들이 잘 때에 그 원수가 와서 곡식 가운데 가라지를 덧뿌리고 갔더니 26싹이 나고 결실할 때에 가라지도 보이거늘"(마13:25-26)이라 하셨다. 그런데 가라지와 몰래 곡식 가운데 가라지를 뿌린 원수의 정체에 대하여 "38가라지는 악한 자의 아들들이요 39가라지를 뿌린 원수는 마귀"(마13:38-39)라고 하고 있다.

필자는 영지주의 사상은 마귀가 몰래 뿌려 놓은 가라지 사상이라고 보고 있다. 이러한 사상이 스며들게 되면 변질된 신앙이 되어 결국에는 심판의 대상이 될 수 밖에 없다.

에덴동산의 뱀을 통한 사탄은 오늘날 우리들에게는 뱀이 아니라 광명의 천사와 같은 모습으로 나타나 속삭이며 미혹한다.

"4뱀이 여자에게 이르되 너희가 결코 죽지 아니하리라 5너희가 그것을 먹는 날에는 너희 눈이 밝아져 하나님과 같이 되어 선악을 알 줄 하나님이 아심이니라 6여자가 그 나무를 본즉 먹음직도 하고 보암직도 하고 지혜롭게 할 만큼 탐스럽기도 한 나무인지라"(창3:4~6)

영지주의와 같은 가라지 사상은 보암직하고, 달콤하다. 지혜롭게 한다고 미혹한다. 특히 마지막 시대가 가까워질수록 더 집요하게 접근해 와

---

4) 박문수, "이단사이비를 경계하라3: 이단과 정통교회의 성경론", 「활천」2016년 7월 통권752호, (서울: 활천사, 2016), p. 61.

5) 권종술, "도마복음 아시나요? 개신교 신학자들, 연구회 만들고 학술대회 연다", 「민중의 소리」, 2023. 5. 17.

서 영지주의와 같은 가라지 사상을 심령의 밭에 뿌려 놓거나 스며들게 할 것이다.

박홍배는 영지주의가 다음과 같은 매력이 있음을 밝히고 있다.

> 사람들에게 영지주의 운동이 호감을 주었던 것은 생각이나 행동에 있어 어떤 종교적 계율에 크게 얽매이지 않고 다른 종교들에 비해 훨씬 자유롭고 독특한 개인적인 신앙의 형태라 해도 다 용납되었다는 점이다. 특히 독립적인 개인 신앙과 뛰어난 지식을 추구한다는 영지주의에 대한 사람들의 일반적인 관념은 기독교를 불완전하게 받아들인 많은 사람들로부터 크게 환영을 받았다.[6]

그러나 영지주의는 하나님에 존재와 속성, 그의 사역에 대한 잘못된 이해는 인간사회에 여러 가지 부정적인 영향을 미쳤다. 인간들은 하나님을 인격적 존재로 체험할 수 없게 될 때 개인적 허무주의, 물질에 대한 죄악시, 윤리적 도덕폐기론, 신앙적 신비주의와 금욕주의, 학문의 신지학적 경향성, 사상적 혼합주의, 그리고 신학적인 오류, 즉, 가현설적 그리스도론과 깨달음에 의한 구원론 등에 빠질 수밖에 없다.[7]

이러한 영지주의는 바울 서신과 사도 요한 서신과 유다서에 나타나는 것처럼, 초대교회에서 현시대까지 정통 그리스도교를 끊임없이 공격하는 이단 중의 이단사상이다.[8]

이러한 영지주의와 같은 이단 사상의 정체를 아는 것이 대처할 수 있는 중요한 방안이 될 수 있다. 아울러 이단 대처의 최선의 방법은 예방 사역에 있음도 함께 밝힌다.

---

6) 박홍배, "기독교 교회사 | 초대교회의 이단들, 영지주의 ③", 「크리스찬타임스」, 2021. 10. 2.
7) 봉서방, "초기교회 이단-영지주의 신관", https://cafe.daum.net/cgsbong/208g/3453
8) 박홍배, "기독교 교회사 | 초대교회의 이단들, 영지주의 ①", 「크리스찬타임스」, 2021. 9. 18.

참고문헌

단행본

강경호. 「바로알자! 뉴에이지 운동의 정체」. 경기: 한사랑가족상담연구소, 2016.
_____. 「바로알자! 세칭 구원파」. 경기: 한사랑가족상담연구소, 2015.
강문석·김일천. 「기독교 이단제설」. 서울: 도서출판 칼빈서적, 1991.
강병도. 「호크마 종합주석 요한일서-요한계시록」. 서울: 기독지혜사, 1993.
권신찬. 「성경은 사실이다」. 서울: 기독교복음침례회, 1996.
근광현. 「기독교 이단 길라잡이」. 서울: 도서출판 누가, 2003.
김건남·김병희. 「신탄」. 안양: 도서출판 신천지, 1984.
김인환·심창섭 공저. 「기독교 정통과 이단, 무엇이 다른가?」. 서울: 대한예수
　　　교장로회총회, 2012.
목창균. 「이단논쟁」. 서울: 두란노서원, 2016.
박상경. 「기독교교리사」. 서울: 리폼드북스, 2023.
박용규. 「초대교회사 교회사총서1」. 서울: 총신대학교출판부, 1994.
서요한. 「초대교회사」. 서울: 그리심, 2010.
신상언. 「사탄은 마침내 대중문화를?」. 서울: 낮은울타리, 1999.
심창섭 외 3인공저. 「기독교의 이단들」. 서울: 대한예수교장로회총회, 2000.
외경위경 편집부. 「외경위경전서9 신약외경Ⅲ」. 서울: 성인사, 1981.
이만희. 「계시」. 안양: 도서출판 신천지, 1998.
_____. 「성도와 천국」. 안양: 도서출판 신천지, 1995.
_____. 「요한계시록의 실상」. 경기: 도서출판 신천지, 2005.
이상근. 「신약주해 공동서신」. 서울: 예장 총회교육부, 1979.
이영헌. 「교회의 발자취」. 서울: 대한예수교장로회총회교육부, 1978.
유세비우스. 「유세비우스의 교회사」. 엄성옥 역. 서울: 도서출판 은성, 1990.
정동섭. 「이단 구원파와 정통 기독교는 어떻게 다른가?」. 대전: 침례신학대학
　　　출판부, 1993.
조재형. 「초기 그리스도교와 영지주의」. 서울: 도서출판 동연, 2020.
주승민 외 5인. 「기독교 사상사 1」. 서울: 대한기독교서회, 2004.
한교연 바른신앙교육원. 「바른신앙을 위한 이단·사이비예방백서 종합자료(1)」.
　　　서울: 도서출판 원더풀, 2014.
합신이단사이비대책상담소. 「이단사이비자료집 Ⅱ」. 서울: 대한예수교장로회
　　　(합신) 총회이단사이비대책위원회, 2008.

Alister McGrath. 「Heresy: A History of Defending the Truth」. New York : Harper Collins, 2009.

April D. DeConick. "The original Gospel of Thomas". 유병우 역. "원(原)도마복음". 「神學思想 194집」. 서울: 한신대학교 신학사상연구소, 2021.

Athur C. McGiffert. 「A History of Christian Thought, vol. 1」. New York: Charles Scribner's Sons, 1932.

Dennis L. Okholm and Timothy R. Phillips. 「Four Views on Salvation in a Pluralistic World」. 이승구 역. 「다원주의 논쟁」. 서울: 기독교문서선교회, 2001.

F. F. Bruce. 「NEW TESTAMENT HISTORY」. 나용화 역. 「신약사」. 서울: 예수교문서선교회, 1978.

F. F. 브루스. 「초대교회의 역사」. 서영일 역. 서울: 기독교문서선교회, 2011.

Hans Jonas. 「The Gnostic Religion, 326; Robert M. Grant, Gnosticism and Early Church」. New York: Columbia University Press, 1959.

_____. 「The Gnostic Religion: The Message of the Alien God and the Beginnings of Christianity」. London: Routledge, 1992.

Harold O. J. Brown. 「Heresies」. 라은성 역. 「교회사 안에 나타난 이단&정통」. 서울: 도서출판 그리심, 2001.

J. L. Neve. 「A History of Christian Thought」. 서남동 역. 「基督敎敎理史」. 서울: 대한기독교서회, 1965.

J. N. D. Kelly. 「古代基督敎敎理史」. 金光植 譯. 서울: 한국기독교문학연구소 출판부, 1982.

J.W.C.Wand. 「A History of the early church」. 이장식 역. 「교회사 상」. 서울: 대한기독교서회, 1981.

Justo L. Gonzalez(후스토 L. 곤잘레스). 「基督敎 思想史(I)」. 이형기, 차종순 공역. 서울: 한국장로교출판사, 2018.

Latourette Kenneth Scott. 「History of Christianity, Vol.1」. 윤두혁 역. 「기독교회사 상」. 서울: 생명의말씀사, 1979.

Irenaeus. Against Heresies. 「Ⅰ. 26, 1. in The Ante-Nicene Fathers, vol. 1. eds, Alexander Robert and James Donaldson 2d rev. ed」. Grand Rapids: Wm. B. Eerdmans, 1985.

Magaret Barker. 「The Great Angel, 165-67; R. M. Wilson, Nag Hammadi and Gnosis」. Leiden: E. J. Brill, 1978.

Philip Schaff. 「History of the Christian Church, vol. 2」. Grand Rapids: Wm. B. Eerdmans, 1992.

Philip Schaff. 「History of the Christian Church: Anti-Nicene Christianity」. Vol. Ⅱ. Grand Rapids: WM.B. EERDMANS PUBLISHING COMPANY, 1956.

Robert M. Grant. 「Gnosticism: An Anthology」. London: Collins Clear-Type Press, 1961.

Rudolf Bultmann. 「Das Urchristentum」. 허혁 역. 「西洋古代宗敎思想史」. 서울: 이대출판부, 1981.

Sarvepalli Radhakrishnan. 「동양종교와 서양사상」. 김형준 역. 서울: 무우수, 2004.

Stephan A. Hoeller. 「Gnosticism: New Light on Ancient of Inner Knowing」. 이재길 역. 「이것이 영지주의다」. 서울: 샨티, 2022.

Timothy Freke & Peter Gandy. 「The Jesus Mysteries: Was the "Original Jesus" a Pagan God?」. 승영조 역. 「예수는 신화다」. 서울: 동아일보사, 2002.

Williston Walker. 「A History of the Christian Church」. 강근환 외 3인 공역. 「世界基督敎會史」. 서울: 대한기독교서회, 1978.

_____. 「A HISTORY OF THE CHRISTIAN CHURCH」. 류형기 역. 「기독교회사」. 서울: 한국기독교문화원, 1979.

잡지 신문

권종술, "도마복음 아시나요? 개신교 신학자들, 연구회 만들고 학술대회 연다", 「민중의 소리」, 2023. 5. 17.

김재성. "신론을 중심으로 본 이단 사상". 「교회와 신앙」 1994년 1월호.

김정수. "유병언 구원파는 무엇을 주장하는가?". 「현대종교」. 2014년 6월호.

_____. "구원파의 원조, 기독교복음침례회의 정체". 「현대종교」. 2006년 10월호.

남병곤. "[성경으로 돌아가자-성경 대탐구(제2편) 정경화 작업③] 영지주의란, '앎'을 통해 구원 얻는 종교운동". 「국민일보」. 2008. 2. 26.

박문수. "이단사이비를 경계하라3: 이단과 정통교회의 성경론". 「활천」 2016년 7월 통권752호. 서울: 활천사, 2016.

박흥배, "기독교 교회사 | 초대교회의 이단들, 영지주의 ①". 「크리스찬타임스」, 2021. 9. 18.

_____. "기독교 교회사 | 초대교회의 이단들, 영지주의 ②". 「크리스찬타임스」, 2021. 9. 25.

_____. "기독교 교회사 | 초대교회의 이단들, 영지주의 ③". 「크리스찬타임스」, 2021. 10. 2.

_____. "기독교 교회사 | 초대교회의 이단들, 영지주의 ⑥". 「크리스찬타임스」, 2021. 10. 25.

이상규. "초대교회의 이단(異端)과 이설(異說) (10)". 「현대종교」. 2023. 1. 27.

이인규. "이요한 구원파의 구원관 비판(2)-이원론적인 인간론". 「교회와신앙」. 2014년 6월 20일.

윤지숙. "구원확률, 기성교회 10% 이요한 구원과 90% 믿음만으로 천국에 못간다?". 「현대종교」. 2006년 10월호.

정대운. "인간을 '작은 예수'로 만드는 초기 이단 영지주의". 「바른믿음」. 2017. 3. 7.

정동섭. "영지주의(gnosticism)와 이단". 「현대종교」. 2018. 2. 22.

정이철. "세월호 사건으로 다시 살펴보는 구원파". 「바른 믿음」. 2020. 9. 21.

조덕영. "기독교는 영지주의를 어떻게 볼 것인가". 「크리스천투데이」. 2011. 11. 9.

_____. "초대교회는 영지주의를 어떻게 보았는가?". 「크리스천투데이」. 2017. 5. 10.

_____. "초대교회와 영지주의: 오리겐의 영지주의 관점을 중심으로". 「바른 믿음」. 2019. 3. 23.

최덕성. "초대 그리스도인들 '희생적 순교' 업신여겼던 영지주의자들". 「크리스천투데이」. 2021. 4. 20.

피영민. "교회 역사에 나타난 이단 사상". 「교회와 신앙」 1994년 1월호. p. 125.

하성수. "교부들의 가르침(18) 영지주의". 「가톨릭신문」. 2003. 2. 16.

황의봉. "예수와 그리스도는 다르다? ⑫영지주의자들". 「아이굿뉴스」. 2016. 5. 25.

Skyblue fiat. "2-4. 알렉산드리아 교리학교 – 철학적 언어 · 형식 빌어 복음전파". 「가톨릭신문」. 2001년 3월 18일.

"달콤하게 젖어드는 사탄문화". 「국민일보」. 1992. 3. 13.

학술 논문

강경호. "초대교회의 이단 현황과 대처 분석". 제1회 한국기독교이단연구학회. 2024. 4. 13.

김성민. "영지주의와 C.G. 융과 분석심리학". 「心性硏究 24」. 서울: 한국분석심리학회, 2009.

김옥진. "고전적 영지 및 영지주의의 개념적 재구성을 위한 시론: 이만희의 사상을 중심으로". 「신학과 실천」. 서울: 한국실천신학회, 2022.

김종한. "이단 교주의 '인간 보혜사' 주장에 대한 비판적 고찰-신천지를 중심으로". 미간행박사학위논문: 평택대학교신학전문대학원, 2011.

김헌태. "영지주의와 신약성서에 나타난 그노시스". 미간행석사학위논문: 장로회신학대학대학원, 1984.

배본철. "한국교회사에 나타난 네오-몬타니즘". 「한국개혁신학」 43. 한국개혁신학회(2014).

배철현. "「도마복음서」에 나타난 영지주의". 「인문논총」. 서울: 서울대학교 인문학연구원, 2005.

소기천. "나그함마디 문서로 본 가현설과 영지주의". 「예수말씀연구」 제5권. 서울: 예수말씀연구소, 2015.

오유석. "알렉산드리아의 클레멘트에 있어서 철학과 믿음 그리고 진정한 그노시스”. 「기독교철학 11호」. 한국기독교철학회(2010).

유승종. “영지주의와 동양종교의 상관성”. 「철학・사상・문화 제7호」. 서울: 동국대학교 동서사상연구소, 2008.

_____. “영지주의와 불교의 상관성 연구”. 「철학・사상・문화 제17호」. 서울: 동국대학교 동서사상연구소, 2014

_____. “영지주의의 구원관 연구”. 「철학・사상・문화 제14호」. 서울: 동국대학교 동서사상연구소, 2012

_____. “영지주의의 궁극적 실재연구”. 「철학・사상・문화 제11호」. 서울: 동국대학교 동서사상연구소, 2011.

유영권. “이단 규정의 표준 제시와 한국 이단 규정 평가”. 미간행박사학위논문, 합동신학대학원대학교, 2022.

정연욱. “W.B.Yeats 그리고 그의 시에 나타난 영지주의의 시학과 앎의 시학에 대한 비교연구”. 「한국 예이츠 저널, Vol. 40」. 서울: 한국예이츠학회, 2013

주희연. “초대 교회에 출현한 이단”. 「신학과 선교」. 서울: 서울신학대학교 기독교신학연구소, 2019.

허호익. “영지주의의 기독교 왜곡과 사도신경의 형성”, 「신학과 문학 제14집」. 2005.

인터넷자료

동 녘. “초대교회사 1”. https://cafe.daum.net/kcmc91/MbG7/20

라은성. “영지주의자들(3)-바실리데스와 카르포크라테스”. https://cafe.daum.net/kcmc91/MbG7/92

_____. “초대교회 이단 영지주의(1)-영지주의란 무엇인가”. https://cafe.daum.net/kcmc91/MbG7/94

_____. “초대교회 이단 영지주의-영지주의 발전과 영향”. 2006. 6. 6. https://cafe.daum.net/kcmc91/MbG7/89

박찬희. “초대교회의 이단 - 영지주의”. https://cafe.daum.net/storyofchurch/RvXN/49

봉서방. “영지주의 연구”. https://cafe.daum.net/kcmc91/MbG7/65

_____. “중세의 이단들”. https://cafe.daum.net/cgsbong/208g/2845

_____. “초기교회 이단-영지주의 신관”. https://cafe.daum.net/cgsbong/208g/3453

뻔뻔요. “지식의 길 ‘즈나나 요가’와 지식의 네가지 기둥 및 수련법”. https://premislove.com/121

빌 립. “이단의 원조-영지주의(노스티시즘)”. https://cafe.daum.net/kcmc91/MbG7/39

송광택. "영지주의(Gnosticism)". https://cafe.daum.net/kcmc91/MbG7/49

신성종. "영지주의에 대한 경고 서신(유다서)".
   https://cafe.daum.net/kcmc91/MbG7/66

이성호. "이단의 뿌리와 교회의 응전". https://cafe.daum.net/kcmc91/MbG7/175

이인규. "구원파(이요한계열) 교리비판". http://cafe.naver.com/anyquestion/39

조윤호. "2. 기독교 역사와 관련된 초기의 이단 - 마르키온주의".
   https://blog.naver.com/bathys3410/223370915917

조재형. "나그함마디 문서-그리스도교 신학과 신앙생활을 위한 함의".
   https://cafe.daum.net/kcmc91/MbG7/182

죠수아. "영지주의(靈知主義 , Gnosticism)".
   https://cafe.daum.net/kcmc91/MbG7/53

차용철. "유다서 강해②＊영지주의". https://cafe.daum.net/kcmc91/MbG7/165

한국컴퓨터선교회. "영지주의-말시온주의의 배경".
   http://kcm.kr/dic_view.php?nid=38200

항목 "나그함마디(Nag Hammadi)". 「나무위키」. https://namu.wiki/w/나그함마디

항목 "미트라". 「나무위키」. https://namu.wiki/w/미트라

항목 "셋(창세기)". 「나무위키」. https://namu.wiki/w/셋(창세기)

항목 "쎄오도시우스 1세 (Theodosius I)".
   https://blog.naver.com/aromaticos58/222919033357

항목 "아브락사스(abraxas)". 「다음백과」.
   https://100.daum.net/encyclopedia/view/b14a1666a

항목 "얄다바오트", 「위키백과」, https://ko.wikipedia.org/wiki/얄다바오트

항목 "에비온-파".
   https://dic.daum.net/word/view.do?wordid=kkw000692569&supid=kku010623381

항목 "영지주의". 「나무위키」. https://namu.wiki/w/영지주의

항목 "영지주의靈知主義". 「위키백과」. https://kjn1217.tistory.com/15948434

항목 "카를 융". 「나무위키」. https://namu.wiki/w/카를%20융

항목 "카타르파(Cathari)". 「다음백과」.
   https://100.daum.net/encyclopedia/view/b21k1359a

항목 "케린투스". 「위키백과」. https://ko.wikipedia.org/wiki/케린투스

항목 "테오필루스". 「다음백과」.
   https://100.daum.net/encyclopedia/view/b22t2719a

항목 "플레로마". 「위키백과」. https://ko.wikipedia.org/wiki/플레로마

항목. "데미우르고스(Demiurgos)". 「다음백과」.
   https://100.daum.net/encyclopedia/view/b04d3871a

"영지주의(Gnosticism)". http://blog.naver.com/violjiny/40009291745

강경호 저서 안내

	**성 령 론** 강경호 저
	도서출판 요나 발행 신국판 514쪽
	성경적인 성령의 이해, 명칭, 품격성, 역할과 성령의 충만, 성령세례, 성령의 은사 등 성령과 연관된 제반 항목을 연구하였다.
	**믿 음 론** 강경호 저
	도서출판 요나 발행 160쪽
	신앙의 기본적인 개념인 성경적인 믿음론을 이해하고자 한 성경교재이다.
	**성경공부 씨리즈 1·2·3권** 강경호 저
	성경의 기본적인 항목이나 교리를 요약하여 체계적으로 교육하도록 한 성경공부 교안이다.
	**결혼과 부부 상담** 강경호·조성춘 공저
	도서출판 요나 발행 신국판 469쪽
	하나님께서 원하시는 바람직한 결혼관을 제시함으로써 건강한 가정을 세우고자 한 지침서이다.
	태교와 아기 양육을 위한 상담 강경호 저
	한사랑가족상담연구소 발행 신국판 576쪽
	태교의 중요성과 함께 영·유아기에 바람직한 양육을 위한 지침서이다.

	**자녀양육과 아동문제상담**　강경호
	한사랑가족상담연구소 발행　　신국판 704쪽
	어릴 때의 자녀 양육의 중요성과 함께 아동에게서 나타나고 있는 다양한 문제들을 해결하기 위한 상담 지침서이다.

	**내적 상처의 회복과 상담**　강경호
	한사랑가족상담연구소 발행　　신국판 512쪽
	숨겨져 있는 내면의 상처를 회복하여 전인치유의 삶을 살아가도록 하기 위한 내적인 문제를 중심한 치유상담연구서이다.

	**역기능 가정의 성인아이와 상담**　강경호
	한사랑가족상담연구소 발행　　신국판 704쪽
	잘못된 역기능적 양육으로 왜곡되어 있는 성인아이의 문제와 그에 대한 회복방안을 제시하고 있는 연구서이다.

	**위기와 상담Ⅰ**　강경호
	한사랑가족상담연구소 발행　　신국판 336쪽
	위기에 대한 이론과 우발적 위기 문제를 다루고 있는 연구서이다.

	**위기와 상담Ⅱ**　강경호
	한사랑가족상담연구소 발행　　신국판 704쪽
	발달단계에서 나타날 수 있는 각종 위기문제를 다루고 있는 연구서이다.

	**중독의 위기와 상담** 강경호
	한사랑가족상담연구소 발행 신국판 704쪽
	일반적인 중독의 이해와 함께 각종 중독의 문제를 상담하기 위한 연구서이다.
	**가정폭력의 위기와 상담** 강경호
	한사랑가족상담연구소 발행 신국판 432쪽
	가정폭력의 일반적인 이해와 배우자 학대, 아동학대, 노인홀대의 위기를 다루고 있는 가정폭력상담 연구서이다.
	**집단상담의 이론과 실제** 강경호
	한사랑가족상담연구소 발행 신국판 388쪽
	집단상담의 제반이론과 실제적인 집단상담인 감수성 훈련과 인간관계 등에 관한 방안을 제시한 지침서이다.
	치유 목회와 상담 강경호
	한사랑가족상담연구소 발행 신국판 284쪽
	성경에 나타나고 있는 예수님의 치유 상담 사역을 이론으로 하여 교회에서의 치유 목회 상담 사역을 실천하는 방안을 찾고자 하는 연구서이다.
	**웃음의 치유와 상담** 강경호
	한사랑가족상담연구소 발행 신국판 304쪽
	행복의 바이러스를 사람들에게 퍼트리는 웃음에 대한 이해와 웃음을 통한 각종 효능과 치유를 통한 건강한 삶의 방향을 제시하는 연구 이론서이다.

	**바른신앙을 위한 이단·사이비예방백서** 이영호·강경호 외
	한사랑가족상담연구소 발행 신국판 412쪽
	바른신앙을 위한 이단·사이비 예방백서로서 중요한 문제성 있는 곳에 대한 정보를 제공하고 있다.
	**이단학 개론과 상담** 강경호
	한사랑가족상담연구소 발행 신국판 528쪽
	기본적인 이단 이해를 돕기 위한 이론을 중심한 개론서이다.
	**바로알자! 세칭 구원파** 강경호
	한사랑가족상담연구소 발행 신국판 256쪽
	정통교회에서 세칭 구원파로 불려지는 세 곳을 중심한 정보를 제공함과 함께 정체를 밝힘으로서 정통교인들을 보호하기 위한 연구서이다.
	**바로알자! 뉴에이지 운동의 정체** 강경호
	한사랑가족상담연구소 발행 신국판 608쪽
	사탄적인 운동이라고 할 수 있는 뉴에이지 운동에 대한 정체를 드러냄으로서 영적인 분별력을 가질 수 있게 해주려는 연구서이다.
	기독교 입장에서 본 **바로알자! 요가(YOGA)의 정체** 강경호
	한사랑가족상담연구소 발행 신국판 144쪽
	교회 안에 침투해 들어오기 시작하는 요가에 대한 바른 이해와 대처하여 그리스도인들을 보호하기 위한 연구서이다.

	바로알자! **종교중독의 정체와 상담**　　강경호
	한사랑가족상담연구소 발행　　　　신국판 352쪽
	종교생활을 하는 사람들 가운데 누군가로부터 인정의 욕구에 배고파서 열심을 내는 사람들 있으니 이들 대부분 종교중독자들이다. 특히 이단에 심취한 사람들이 여기에 해당이 된다. 이들을 위한 상담연구서이다.
	바로알자! **전능신교(동방번개)의 정체**　　강경호
	한사랑가족상담연구소 발행　　　　신국판 244쪽
	중국에서 발생한 이단이요 사교인 전능신교(동방번개)의 정체를 드러내고 대처하기 위한 이단연구서이다.
	바로알자! **관상기도의 정체**　　강경호
	한사랑가족상담연구소 발행　　　　신국판 544쪽
	관상기도의 정체는 이교적인 영성으로 로마카톨릭에서 활성화시킨 신인합일을 목표로 하는 기도이다.
	바로알자! **영지주의의 정체**　　강경호
	한사랑가족상담연구소 발행　　　　신국판 384쪽
	초대교회에 나타난 이단사상인 지식을 강조하는 영지주의의 정체를 밝히는 이단연구서이다.

	바로알자! **포켓몬 고의 정체**　강경호
	(근간)
	바로알자! **정명석(JMS)의 정체**　강경호
	(근간)
	바로알자! **천주교의 정체**　강경호
	(근간)
	바로알자! 가짜 단군상을 세운 **단월드와 이승헌의 정체**　강경호
	(근간)

2024년 9월 11일 초판 인쇄

2024년 9월 12일 초판 발행

편저자 강 경 호

펴낸곳: **한사랑가족상담연구소**

(등록 제43호 1999. 4. 2)

⑨ 10271 경기도 고양시 덕양구 보광로 12번길 16

☎ 010-3218-4180

한국이단상담목회연구소

http://cafe.daum.net/kcmc91

E-mail/ ikcpe@hanmail.net

총판: 기독교출판유통

☎ 031-906-9191

ISBN 979-11-953788-8-3   93230